Early Childhood Mathematics Education

유아수학교육

몬테소리교육 응용

정 영 혜 저

동 문 사

Preface 머리말

유아의 생활은 수학과 밀접한 관련을 갖고 있다. 생활 속에서 일어나는 의(衣), 식(食), 주(住)의 실천에 있어서도 수(數) 개념을 사용하여 문제를 해결할 수 있어야 할 것이다. 따라서 유아의 수학교육 목표는 생활 속에서 일어나는 다양한 문제 상황을 탐색하여, 유아 스스로 창의적인 문제해결 방법을 찾고, 추론하여 새로운 개념과 지식을 획득하는 능력을 기르는 데 두고 있다.

일상생활에서 경험하는 여러 가지 사물과 사건을 분류하고, 비교하며, 서로의 관계를 찾아보는 조작활동을 통하여 수학적 능력과 태도를 기르고자 한다.

유아에 있어서 수학능력의 향상은 일상생활 속에서 개인의 활동을 심도 있게 하고, 주어지는 과제에 대한 주의집중과 학습능력을 체계적으로 발전시켜 기억 및 암산 등을 통하여 수학적 두뇌를 향상시킴으로써 생활에서 보다 수준 높은 변화를 도모할 수 있게 될 것이다.

이 책은 이러한 관점을 바탕으로 하여, 책의 구성을 제1장 유아 수학교육의 이해, 제2장 유아 수학교육의 이론적 배경, 제3장 유아의 수학교육의 통합적 교수-학습방법, 제4장 유아의 수학적 지식구성, 제5장 유아 수학교육의 내용과 실제, 제6장 유아 수학교육의 평가로 편성하였다.

또한 본서(本書)의 성격은 유아의 일반 수학능력을 향상시키기 위하여, 몬테소리교육에서 제시하는 기본적인 이론과도 상호 관련지어, 유아의 일상생활 경험과 감각교육을 토대로 한 수학적 사고활동 및 문제해결 능력을 기르고자 하는 데에도 역점을 두고 있다. 이러한 유아의 감각 요소들은 단계적으로 추상화 과정으로 발전되어 수 개념의 발달 및 생활 속에서의 적응행동에 적절하게 대응하여 나가는 능력을 갖추게 될 것이다.

이 책은 유아교육과 학생 및 유아를 지도하는 교사 그리고 학부모들의 지도에 도움을 줄 수 있는 기초이론서로 집필되었다. 그러나 아직 미흡한 부분이 많이 있을 것으로 안다. 더욱 좋은 유아수학교육 이론서가 될 수 있도록 많은 관심과 조언을 부탁드리며, 미진한 부분은 독자 여러분의 조언과 충언을 참고로 하여 더욱 보완하고자 한다.

끝으로 본서의 출판을 기꺼이 맡아주신 동문사 사장님께 감사드린다.

2013년 7월

저자 정영혜

Contents 목 차

제3장 >> 유아 수학교육의 통합적 교수-학습방법

제4장 >> 유아의 수학적 지식구성

제5장 >> 유아 수학교육의 내용과 실제

제6장 >> 유아 수학교육의 평가

>> 부 록

C

1 유아 수학교육의 이해

1 유아 수학교육의 필요성

미국수학교사협회(NCTM : National Council of Teachers of Mathematics, 2002)는 수학교육 대상의 연령 범위를 '유치원 이전시기'로 포함시키고 전미유아교육협회(NAEYC; National Association for the Education of Young Children)와 '유아 수학교육 : 좋은 출발을 촉진하기'라는 지침서에서 수학적 능력을 형성하는 유아기의 중요성을 인식하면서 체계적인 수학교육을 실시해야 할 필요성을 강조하였다.

1) 수학은 생활세계를 이해하는 도구이다.

수학은 계산 이상의 것으로 우리 생활과 관련되어 주변 환경과 사물을 이해하는 보이지 않는 문화(배종수, 2002)로써, 우리나라는 삼국시대부터 토지측량과 토목공사, 조세, 물물교환, 공예제작과 같이 실용적인 목적으로 수학을 이용하기도 하고(김용운 · 김용국, 2001), 현대에서는 일상생활에서 실용적 기능을 위해 지출계획, 공간배치, 인구증가 예측, 자연, 예술 등 일상에서 예술의 경지까지 곳곳에 스며들어 있는 학문이 수학이다(배종수, 2002).

천재 수학자 폴에르디시는 "수가 아름답지 않다면, 아름다운 것이 무엇인지 나는 정말 모르겠다."라고 말하면서 수학의 아름다움은 바로 생활세계에 대한 이해와 문제 해결을 간명하게 해 주는 수학의 기능에 있다고 하였다.

2) 수학은 정보화 사회의 시민이 갖추어야 할 소양이다.

정보화 사회에서는 수학교육을 통해 정보를 선별하고 논리적으로 조건화하여 적응할 수 있는 능력이 필요하다. 일상생활에서 보다 합리적이고 논리적인 사고력과 비판력, 창의적 사고력을 기르고 활용할 수 있는 방법으로 수학을 배우는 것이다.

실생활에서 부딪히는 다양한 문제 상황 간에 내재된 관계를 추론하여 창의적인 문제 해결 방법을 찾고 새로운 지식을 획득할 수 있는 수학적 소양을 가짐으로써 실생활에서의 합리적인 태도와 개인의 경쟁력을 강화해 나가야 한다.

3) 유아는 능동적인 수학자이다.

유아는 삶의 필요에 의해 수학을 경험하며, 수학적 개념을 이해하고 있다는 것을 알 수 있다. 실의 길이, 퍼즐 맞추기, 과자 세기, 수량 등 놀이와 삶에서 발생하는 수학적 문제 상황에서 문제를 해결하는 과정을 통해 수학자의 모습을 발견할 수 있다.

유아의 삶은 수학과 관련이 있고, 수학은 일상의 모든 측면에서 일어난다(Trafton & Shulte, 1989). 유아들은 실용적인 목적과 사회적 필요에 따라 수학을 경험하고 있지만 스스로 인식하지 못할 뿐 이미 생활 속에서 자연스럽게 수학을 인식하고 있다. 수학은 유아의 삶과 분리된 학문속의 지식이 아니라, 유아의 생활 그 자체인 것이다(근형숙, 2005).

따라서 유아의 수학적 탐구경험을 의미 있는 학습기회로 확장시켜 준다면 유아가 생활에서 발견한 비형식적인 수학지식은 형식적 수학에 대한 이해로 발전하며, 수학에 대한 긍정적인 태도를 형성하게 될 것이다.

2 유아 수학교육의 목적

1) 수학교육의 목적

유아 수학교육의 목적은 수학적 힘을 길러주는 것이라고 할 수 있다.

우리나라 영·유아 교육과정인 누리과정에서는 호기심을 가지고 주변세계를 탐구하며 일상생활 경험을 수학적·과학적으로 생각하고 이해하여 문제해결 능력을 기르는 것을 목표로 한다.

NAEYC와 NCTM(2002)은 유아 수학교육의 목표가 일상생활에서의 수학적 문제를 해결하고, 수학적 언어를 사용하여 서로의 아이디어를 의사소통하며, 추론하고, 수학적 개념과 수학적 절차를 이해하여 수행하는 것이 되어야 한다고 주장한다.

또한 일상생활에서 수학의 유용성을 깨닫고 수학에 대해 긍정적인 태도, 문제를 해결하기 위해 다른 사람과 협동하고 의사소통하는 것, 수학에 대한 열정과 끈기를 가지는 것, 자신의 수학적 능력에 대해 자신감을 갖는 것을 볼 수 있다.

유아수학 교육의 목적은(NCTM, 2000) 다음과 같다.

첫째, 수학의 내용지식을 이해한다.

둘째, 수학적 문제 해결, 의사소통, 추론하기, 연계하기, 표상하기 등의 수학적 과정기술을 증진한다.

셋째, 수학에 대한 긍정적 태도를 지니고 수학의 유용성을 인식하며, 자신의 수학적 능력에 대한 자신감을 갖는다.

2) 몬테소리 수학교육의 목적

몬테소리는 교육의 목적을 인간형성에 두었고 유아가 잠재적으로 가지고 있는 수학적 두뇌를 자연의 법칙에 따라 발휘하고 유아의 정신적 발달을 조성하여 유아가 매일의 문제를 해결할 수 있도록 판단력과 논리적 두뇌를 도와주는 것이라고 생각했다.

따라서 몬테소리 수학교육의 목적은 유아가 제시받은 자극을 논리적, 추상적으로 비교, 분석, 판단함으로써 수학적 사고의 가능성을 확대하는 것이다. 이를 구체적으로 살펴보면 유아가 수학적 사고능력을 요하는 환경 안에서 일상생활 경험을 통해서 막연하게 획득한 수량적 개념들을 논리적으로 사고하는 힘을 기르도록 하는 것에 직접적인 목적을 두고 있으며 유아가 문화 전체를 흡수하고 습득하며 인격을 형성하기 위해 필요로 하게 되는 추론력, 상상력, 이해력, 판단력 등을 기르는 데 간접적 목적을 두고 있다.

종합적으로 수학 교육의 목적을 도표로 나타내면 다음과 같다.

수에 관한 통계적 활동
↓
구체적인 산수 기능 습득
수, 양에 대한 기초적 지식
실생활에의 응용력 습득
↓
가감승제의 생활화
대수, 기하 등 추상의 도입
일상생활 사실의 수리적, 논리적 처리
↓
인격형성
이성의 발달
의지의 발달

3 유아 수학교육과정의 변천

우리나라 유치원 교육과정은 국가 수준에서 지침을 제정・발표하여, 지역이나 유치원의 특수성에 비추어 재구성, 운영, 평가하는 형태를 취하고 있다. 유아 수학교육은 유치원 교육과정 속에 포함하여 실시되고 있다.

1) 제1차 유치원 교육과정(1969년)

제1차 유치원 교육과정내용은 건강, 사회, 자연, 언어, 예능의 5개 생활영역별로 조직하고 수학교육 내용은 Dewey의 생활중심과 경험중심을 강조하였으며 자연 영역에서 수량과 도형의 내용에 포함되었다. 수량과 도형의 내용에는 물건을 비교・분류하기, 양과 부피 알기, 길이・넓이・높이・빠르기 알기, 방향과 거리 알기, 시간 지키기가 포함되었다. 그러나 수학교육 내용이 구체적・체계적이지 못하였다.

2) 제2차 유치원 교육과정(1979년)

제2차 유치원 교육과정내용은 사회정서, 인지, 언어, 신체 및 건강의 4개 발달 영역별로 조직하고 수학교육 내용은 Piaget, Bruner의 인지발달 영역의 세부영역인 논리-수학적 사고와 표상능력에 포함되었다. 수개념 발달을 위한 선행획득으로 1:1 대응, 분류하기, 유목 간 공통점 찾기, 계열화하기, 보존 개념 알기, 개수 헤아리기, 수의 대소 알기, 순서 알기의 내용이 포함되었다. 표상능력에는 형태 익히기와 비교하기, 형태의 부분과 전체 파악하기, 도형 찾기, 도형 만들기, 위치와 기호 익히기, 지도 보기의 내용이 포함되었다.

3) 제3차 유치원 교육과정(1981년)

제3차 유치원 교육과정내용은 신체, 정서, 언어, 인지, 사회성의 5개 발달영역으로 조직하였다. 수학교육 내용은 인지발달 영역에서 Piaget의 논리-수학적 사고의 개념으로 제시된 1:1대응, 개수 헤아리기, 수의 이름과 크기 알기, 위치 · 도형 · 양 알기, 사물의 공통점 찾기, 분류하기, 순서짓기, 보존성 알기, 시간 개념 알기, 사건의 순서알기, 부분과 전체 간의 관계알기 등의 내용이 포함되었다. 그러나 표상능력 부분이 논리-수학적 사고에 흡수 · 조정되어 구체적인 수학교육 내용이 조직되지는 못하였다.

4) 제4차 유치원 교육과정(1987년)

제4차 유치원 교육과정내용은 제3차 유치원 교육과정과 동일하게 신체, 언어, 인지, 정서, 사회성의 5개 발달영역으로 조직되었다. 수학교육 내용은 인지발달 영역 중 논리-수학적 사고의 기초 능력으로서 분류하기, 순서짓기, 수 개념, 측정, 공간관계, 시간관계, 사건 또는 현상의 원인과 결과관계 짓기의 내용이 포함되었다.

제4차 유치원 교육과정에서는 각 발달영역별로 달성할 교육목표 수준만이 제시되었고 구체적인 교육내용은 제시되지 않았다. 하지만 인지발달 영역에서는 상상력과 창의력이 추가되고 측정, 원인과 결과에 대한 추론이 포함되었다.

5) 제5차 유치원 교육과정(1992년)

제5차 유치원 교육과정내용은 건강생활, 사회생활, 표현생활, 언어생활, 탐구생활의 5개 생활영역으로 조직하고 수학교육과정과 관련된 내용은 탐구생활영역의 논리-수학적 사고에서 다루었다. 논리-수학적 사고에는 분류하기, 순서짓기, 수의 기초개념, 수의 활용, 전체와 부분, 측정, 시간, 공간, 기본 도형, 기초 통계의 내용이 포함되었다.

제5차 유치원 교육과정은 생활 중심 교육을 강조하는 생활영역으로 조직되었고, 교육내용을 I수준, II수준, 공통수준으로 발달수준에 적합한 교육에 중점을 두고 있다. 수학교육 내용으로 수의 활용, 구체물을 사용한 간단한 더하기와 빼기, 기초 통계가 처음으로 포함되었고 문제해결과 수학적 추론이 반영되었다.

6) 제6차 유치원 교육과정(1998년)

제6차 유치원 교육과정내용은 건강생활, 사회생활, 표현생활, 언어생활, 탐구생활의 5개 생활영역으로 조직하고 수학교육 내용은 탐구생활의 수학적 탐구에 포함되었다.

제6차 유치원 교육과정에서는 논리-수학적 사고에서 수학적 탐구로 조정하여 일상생활에서 경험하는 여러 가지 사물과 사건을 직접 분류, 비교해보고 관계를 찾아봄으로써 수학적인 기초능력과 태도를 기르기 위한 것이다. 수학적 탐구에는 분류와 순서짓기, 수의 기초, 측정, 시간, 공간과 도형, 기초적 통계의 내용이 포함되었다. 그러나 수준별 내용의 체계성과 구체성이 부족하고 초등 수학교육과의 연계가 부족하였다.

7) 2007 개정 유치원 교육과정

2007년 8월에 고시된 '2007 개정 유치원 교육과정'은 이전의 유치원 교육과정 개정과는 달리 '제~차'라는 명칭을 사용하지 않았다. 이는 교육과정 개정의 성격이 우리나라의 유치원과 초등학교 교육과정의 역사상 처음으로 실시된 '부분 · 수시 개정'이기 때문이다(김진숙, 2007).

2007 개정 유치원 교육과정은 5개 생활영역으로 구성되었으며, 수학교육과 관련된 내용은 탐구생활 영역의 탐구하는 태도 기르기와 수학적 기초능력 기르기에 포함되었다.

2007 개정 유치원 교육과정에서는 탐구하는 태도 기르기라는 내용 영역

을 신설하여 수학적 탐구과정을 중시하고 수학적 탐구 내용 영역을 수학적 기초능력 기르기로 변경하였고, 수 감각 기르기, 공간 및 도형에 대해 알아보기, 기초적인 측정해 보기, 규칙성 이해하기, 자료정리 및 결과 나타내기의 다섯 가지 하위내용으로 구성하였다.

개정 유치원 교육과정에서는 제6차 교육과정에서 제시되었던 하위내용 중, 분류하기와 순서짓기, 시간에 대한 기초개념 알기를 삭제하였다. 반면에 규칙성 이해하기의 하위내용을 신설하였다. 2007 개정교육과정에서 분류하기와 순서짓기는 기본적인 논리적 사고이므로 별도의 수학내용으로 분리하지 않고, 분류하기는 자료정리에 포함하고 순서짓기는 비교하기와 함께 측정에 포함하였다. 또한 분류하기와 순서짓기에 속하였던 규칙성 관련 내용이 규칙성 이해하기의 독립된 하위내용으로 제시되었다. 이와 함께 제6차 교육과정에서 제시하였던 수의 기초개념 이해하기는 심상(mental image) 형성을 강조하는 수 감각 기르기로, 그리고 기초적인 통계와 관련된 경험하기는 자료정리 및 결과 나타내기로 수정하였다.

8) 2019 개정 누리과정

2012년 3월 만 5세를 시작으로 2013년 만 3~4세까지 시행된 영유아 교육과정인 「3~5세 연령별 누리과정」은 유치원의 '2007 개정 유치원 교육과정'과 어린이집의 '표준보육과정'을 통합하여 신체운동 · 건강, 의사소통, 사회관계, 예술경험, 자연탐구의 5개 영역으로 구성하였다. 이 누리과정을 유아 · 놀이중심교육과정 개편방향을 반영하여 2019년 3월 개정 누리과정 으로 개정하여 2019년 7월 「2019 개정 누리과정」 이 고시되었고, 2020년 3월 시행되었다. 수학교육과정과 관련된 내용은 자연탐구영역에서 다루면서 목표를 '일상에서 호기심을 가지고 탐구하는 과정을 즐기며, 생활 속의 문제를 수학적, 과학적으로 탐구한다'로 정하였다. 내용범주는 '생활 속에서 탐구하기'이며, 생활 속에서 탐구하기는 일상의 문제를 수학적, 과학적 방식으로 탐구하는 유아의 경험을 반영한 것이다. 내용은 ① 물체의 특성과 변화를 여러 가지 방법으로 탐색한다, ② 물체를 세어 수량을 알아본다, ③ 물체의 위치와 방향, 모양을 알고 구별한다, ④ 일상에서 길이, 무게, 등의 속성을 비교한다, ⑤ 주변에서 반복되는 규칙을 찾는다, ⑥ 일상에서 모은 자료를 기준에 따라 분류한다, ⑦ 도구와 기계에 대해 관심을 가진다이다.

유아기에는 수학 및 과학적 지식을 많이 아는 것보다 주변의 다양한 사물과 자연현상에 대해 궁금증을 가지고 끊임없이 탐구하는 태도를 형성하는 것이 중요하다. 유아 자신이 알고자 하는 것이 무엇이며, 어떠한 방법이 적절한지를 찾아보고, 그 방법대로 시도해 보는 것이 중요함을 뜻한다.

수학적 능력은 논리적이며 합리적인 문제 해결 능력의 기초가 되며, 지식 정보화 사회에서 개인 및 국가의 경쟁력 강화를 위한 필수적인 능력이다. 수학적 능력은 직관이나 구체적인 경험을 통한 통찰로부터 시작하여 추상적인 수학적 관계나 형식, 원리의 이해로 발달한다. 유아기는 이러한 수학적 능력의 토대를 구축하는 시기이므로, 유아가 생활 속에서 다양한 수학적 경험을 하는 것이 중요하다. 놀이, 게임, 생활 속의 문제 해결과 같은 구체적 경험을 통해 수량 관계, 공간과 도형, 측정, 규칙성, 자료 수집과 정리 등에 관한 기초 지식을 구성하는 것이 중요하다.

2019 개정 누리과정 자연탐구영역 내용범주 '생활 속에서 탐구하기의 내용

영역	내용 범주	내용
자연탐구	생활 속에서 탐구하기	물체의 특성과 변화를 여러 가지 방법으로 탐색한다.
		물체를 세어 수량을 알아본다.
		물체의 위치와 방향, 모양을 알고 구별한다.
		일상에서 길이, 무게, 등의 속성을 비교한다.
		주변에서 반복되는 규칙을 찾는다.
		일상에서 모은 자료를 기준에 따라 분류한다.
		도구와 기계에 대해 관심을 가진다.

4 유아 수학교육의 방향

현대의 수학 교육의 동향은 다양한 문제 상황에서 탐색과 구체적 조작 활동을 통해 유아 스스로 창의적인 문제 해결 방법을 찾고, 추론하며, 나아가 새로운 개념과 지식을 획득하는 능력을 키워주는 방향으로 전개되고 있다. 효율적으로 수학교육이 이루어지기 위해서는 일상에서 경험하는 여러 가지 사물과 사건을 직접 분류·비교해 보고, 관계를 찾아보는 등의 구체적인 조작 활동을 통하여 수학적 기초 능력과 태도를 기르게 하는 데에서 출발한다고 할 수 있다. 즉, 학습하는 수학적 개념이 실제 상황이나 일상적인 경험과 연결될 때 유아들은 수학의 유용성을 인식하게 되며 주위의 많은 문제 해결에 적용될 수 있음을 깨닫게 된다.

유아 수학교육의 방향은 다음과 같다.

첫째, 유아가 일상생활의 경험에서 터득한 비형식적 지식이 의미 있는 방법을 통해 형식적 수학으로 연결되도록 돕는다.

둘째, 유아가 흥미를 느끼는 경험을 통해 수학교육에 대한 긍정적인 태도와 자발적인 탐구 활동이 일어나도록 한다.

셋째, 문제 해결, 추론, 관련짓기, 표상하기 및 의사소통하기 등의 수학적 과정이 강조되는 수학교육이 이루어져야 한다. 유아는 수학교육의 내용을 탐구하는 과정에서 문제 해결 방법을 발견하고, 주어진 단서를 기초로 결과를 추론하고, 하나의 개념이나 경험을 또 다른 경험들과 연계하고, 자신의 수학적 아이디어를 그림, 기호로 표상하면서 다른 사람과 공유한다.

넷째, 이전의 수학교육 내용이 분류하기, 순서짓기, 수 세기, 연산하기 중심이었으나 수와 연산, 대수·기하와 공간, 측정, 자료 분석과 확률 등 다양한 개념이 다루어져야 한다.

다섯째, 수학교육은 모든 시간에 각 영역에서 형성할 수 있어야 한다. 수학적 경험이 하루일과의 모든 상황에서 자연스럽게 일어나도록 하여 의미 있는 경험이 되도록 한다.

여섯째, 유아의 수학적 지식과 과정기술 및 태도를 다양한 방법으로 평가하여 유아의 학습을 지원한다. 유아를 지속적으로 관찰하여 기록한 정보, 결과물 등의 종합적인 자료를 통해 평가하도록 한다.

2

유아 수학교육의 이론적 배경

수학교육 이론은 수학교육의 기본개념과 수학 학습의 기초를 제공한다. 유아의 수학적 지식은 일상생활 경험과 사회·문화적 맥락 속에서 이해되어진 과정과 결과로서 교사와 유아가 함께 경험하고 조사하는 과정에서 도출되는 것이다. 따라서 유아기부터 수학적 경험을 통해 인지발달, 문제해결력, 논리적 사고의 기초를 형성하는 것은 중요하다.

1 Piaget의 인지발달 이론

1) Piaget 이론의 개요

Piaget는 유기체와 환경이 상호작용하는 과정을 통해 인간의 발달이 이루어진다고 하였다. 새로운 자극이 주어졌을 때, 유기체는 그 자극을 그대로 받아들이는 것이 아니라 자신의 적극적이고 능동적인 활동을 통해 재해석하여 자신만의 이론으로 받아들이며 발달한다. Piaget의 이론에서 수학교육은 유아들에게 '무엇을, 어떻게 가르쳐야 하는가' 라는 내용과 방법에 대한 해답을 제공하기보다는 유아들이 스스로 지식을 어떻게 구성하며 획득해 나가는가에 대해 설명하였다.

2) Piaget 이론의 중심 내용

(1) 인지구조

① 도식(schema)

도식은 사물이나 사건에 대해 유기체가 갖고 있는 전체적인 윤곽을 의미한다. 빨기, 잡기와 같이 선천적으로 갖고 태어나는 도식과 유아의 경험에 의해서 새롭게 구성되는 도식이 있다. 도식은 환경과 연령에 따라 변화하게 된다.

② 적응(adaptation)

적응은 유기체가 환경과의 직접적인 상호작용을 통해 도식을 형성하는 과정을 의미한다. 적응은 동화와 조절의 상호적인 과정을 통해 이루어진다.

③ 동화(assimilation)

동화는 새로운 자극이 주어졌을 때 기존의 도식을 이용해서 그 자극을 수용하고 해석하는 과정을 의미한다.

④ 조절(accommodation)

조절은 새로운 자극이 주어졌을 때 기존의 도식을 이용해서 해석할 수 없는 경우 그것을 변경하여 새로운 도식을 만들어 내는 과정을 의미한다.

⑤ 평형(equilibrium)

평형은 기존에 지니고 있는 도식과 새롭게 구성한 도식간의 차이를 인식하면서 인지적인 갈등이 없어지는 과정을 의미한다.

(2) 인지 발달 단계

Piaget의 인지 발달의 4단계는 각 발달 단계에서 개인 간, 연령간의 차이는 나타나지만 누구에게나 동일하게 순차적인 발달 순서를 거친다.

Piaget의 인지발달 단계와 주요 개념발달

발달단계	연 령	주요 개념발달
감각운동기	출생~2세	• 감각운동적 사고 • 목표 지향적 행동의 초기 형태 시작 • 대상영속성 개념 • 인과 개념의 시작(지능의 첫 신호) • 지연모방 가능
전조작기	2세~6・7세	• 상징적 사고 • 자기중심적 사고 • 물활론적 사고 • 인공론적 사고 • 보존 개념, 유목포함, 서열화 실패
구체적 조작기	6・7세~11・12세	• 보존 개념 획득 • 조망 수용 능력 • 유목화 가능 • 서열화 가능
형식적 조작기	11・12세~	• 추상적 사고 • 가설적・연역적 사고 • 논리적・체계적 사고 • 이상주의적 사고

① 목표 지향적 행동

자신이 얻고자 하는 것을 위해 행동할 줄 아는 것을 의미한다.

② 대상영속성 개념

출생에서 2세 사이에 일어나는 중요한 인지 발달적 변화로 어떤 대상이 감각에서 사라져도 그 대상은 계속 존재한다는 사실을 아는 것이다.

③ 자기중심적 사고

신생아는 자기 자신과 외부 환경을 구분하지 못한다. 영아는 자기 자신에게 초점을 맞추고 자신과 외부 환경을 독립적인 실체로서 인식하지 못한다. 유아기까지 지속적으로 나타나는 자기 중심적 사고로 인하여 물활론적 사고와 인공론적 사고 형태가 나타난다.

물활론적 사고란 이 세상에 존재하는 사물에는 모두 생명이 있다고 생각하는 것을 의미하며, 인공론적 사고란 이 세상에 존재하는 모든 사물은 누군가가 만든 것이라고 생각하는 것을 의미한다.

이와 같이 자기중심적인 사고를 가지는 유아의 특성은 수 개념에 대한 이해에서도 일대일 대응, 보존 개념, 유목포함 및 서열화에서 실패를 보이게 한다는 것이다.

④ 보존 개념

보존개념(conservation)이란 물체의 외형상 변화가 있어도 특정한 양은 그대로 보존된다는 것을 아는 능력을 의미한다. 피아제는 6세 이전의 유아는 수의 보존 개념을 획득할 수 없기 때문에 수의 연산을 연기할 것을 권하였으나 유아들이 보존개념 과제를 잘 수행하는 결과가 나타나 비판을 받았다.

⑤ 유목포함

유목포함(class inclusion)은 상위 유목과 하위 유목 간의 관계, 즉 전체와 부분의 관계를 이해하는 능력을 의미한다. 유아는 두드러진 지각 특성에만 주의를 집중하기 때문에 유목 간의 관계를 파악하는 데는 실패하게 된다.

⑥ 서열화

서열화(seriation)란 사물의 특성에 따라 순서대로 나열하는 것을 의미하며 구체적 조작기에 이르면 완전한 서열화 개념을 갖게 된다. Piaget는 유목포함과 서열화를 할 수 있는 능력이 논리-수학적 사고의 기초가 된다고 보았다.

(3) 지식의 종류

Piaget는 인간의 모든 경험은 물리적 지식과 논리·수학적 지식, 사회적 지식으로 분류되며, 지식의 종류에 따라 학습방법이 달라져야 한다고 하였다.

① 물리적 지식

물리적 지식은 환경에서 물체와 물체의 특성에 대해 학습하는 것을 말한다. 유아는 사물의 물리적 특징을 머릿속에서 추상화하는 과정을 '지식적 추상화 과정'이라고 명명하였다. 유아가 물체의 정보를 탐색하고 관찰함으로써 알 수 있는 물리적 지식은 동화와 조절의 두 과정과 연관된 논리·수학적 지식과 서로 연관되어 있다.

② 논리 · 수학적 지식

논리·수학적 지식은 관계에 의한 지식으로 사물과 사물과의 관계를 개인 내부에 있는 사고과정으로 스스로 지식을 구성하는 것을 말한다. 개인의 사고과정이 재조직되는 조절의 과정을 거친 상태이다.

③ 사회적 지식

사회적 지식은 사람들 간의 이루어진 약속을 의미하는 규칙과 가치, 도덕, 언어체계 등을 말한다. 사회적 관습 및 문화는 외부에서 배워야 알 수 있는 지식을 말한다.

3) Piaget 이론의 시사점

① 관계의 학습을 권장한다.

성인과 유아 모두는 의미 없는 정보의 학습보다 관계에 집중하는 것을 더 즐거워한다. 이와 같은 관계학습은 암기보다 기억의 '유보'가 쉬우며, 새로운 것에 '변형'을 시도하기가 용이하다.

② 학습의 연관성을 알도록 하고 시각을 변화시키도록 도와준다.

진정한 학습의 의미는 더 많은 정보의 축적과 생각하는 방법의 변화나 문제를 해결하려는 노력, 즉 의미 있는 학습이다. 의미 있는 학습은 정보 축적 이상의 의미를 가진 정보의 동화와 통합을 포함한다. 이와 같은 의미 있는 학습은 유아로 하여금 기존에 가지고 있던 지식들 간의 관련성을 알 수 있도록 한다.

③ 긴 시간을 투자하여 의미 있는 학습계획을 세운다.

의미 있는 수, 측정, 공간학습은 통찰력에 의해 점차로 획득되어지는 사고로 오랜 기간 준비해야 재조직이 생긴다.

④ 유아의 자기 발명적 수학을 격려하고 강화한다.

유아들은 선천적인 호기심과 지식을 갈망하며 지식이 증가할수록 어려운 도전 기회를 찾는다. 유아들은 흥미 없는 일에는 쉽게 포기하지만 흥미를 느끼는 일에 관해서는 완성을 위해 시간을 쏟는다. 인지이론은 학습이 그 자체의 보상이 될 수 있다고 제안한다.

⑤ 유아 개개인의 준비도를 고려한다.

의미 있는 학습은 새로운 것을 동화할 수 있는 지식이 있을 때에만 일어나기 때문에 수학은 유아의 준비도와 요구에 기초를 두고 집단을 나누어 가르쳐야 한다.

⑥ 놀이와 게임을 통해 유아의 자연스런 흥미를 이용한다.

유아들은 놀이를 통해 자연스럽게 환경을 탐구하고 지배한다. 게임은 의미 있는 학습의 방법으로 기본적인 수를 연습하는 기회를 제공한다. 기본적 수 기술을 획득하고 연관할 수 있도록 기회를 제공한다.

2 Vygotsky의 사회문화적 구성주의 이론

1) Vygotsky 이론의 개요

Vygotsky는 아동의 발달에 있어서 사회문화적인 가치와 신념, 관습의 습득을 중요하게 생각하였다. 아동과 성인의 사회적 상호작용, 특히 대화가 그 사회의 문화에서 적절하게 사고하고 행동하는 데 필수적이라고 보았다.

Vygotsky 이론은 아동의 발달에서 사회문화적 요인의 중요성을 강조하면서 모든 아동은 똑같은 인지발달 단계를 거치지 않고 환경이 어떻게 중재하는지에 따라 발달 양상이 다르게 나타난다고 하였다.

사회문화적 요인은 아동이 살고 있는 사회적, 문화적, 역사적 시점과 아동 주변의 사회적 환경, 물리적 환경으로 나눌 수 있다. 아동이 살고 있는 사회문화적인 가치에 따라 각기 다른 인지기능을 발달시키게 되며 아동의 사회적・물리적 환경인 부모, 또래, 교사들과의 상호작용에 따라 인지기능을 발달시키게 된다고 보았다. 아동은 성인, 유능한 또래와의 상호작용을 통해 잠재적 발달 수준의 영역을 넓힐 수 있게 된다는 것이다.

2) Vygotsky 이론의 중심 내용

① 근접발달지대

근접발달지대(zone of proximal development: ZPD)란 "유아가 독립적으로 문제를 해결할 수 있는 실제적 발달수준과 교사나 유능한 또래의 도움을 받아 문제를 해결할 수 있는 잠재적 발달 수준 간의 간격"을 의미한다. 필요한 시기에 적절한 도움을 받게 되면 유아의 정신기능은 더욱 발달하게 되며 근접발달지대는 점점 더 넓어지게 된다.

② 비계설정

비계(scaffolding)는 유아가 스스로의 힘으로 문제를 해결할 수 있도록 성인이나 유능한 또래가 도움을 제공하는 것을 의미한다. 교사는 유아의 근접 발달영역을 파악하여 그에 따라 발달할 수 있도록 유아의 인지능력을 자극하는 발판 역할을 해야 한다. 이때 교사는 문제를 직접 해결해 주는 것이 아니라 유아가 스스로 문제를 해결할 수 있도록 힌트나 도움만 주어야 한다. 비계설정의 초기 단계에서는 성인의 적극적인 개입과 많은 양의 비계설정이 요구되지만 학습이 진행되면서 유아는 점차 자기 주도적으로 문제를 해결하게 되고, 최종적으로는 성인이 설정한 비계를 제거해도 유아가 스스로 문제를 해결할 수 있게 된다. 이러한 과정을 반복적으로 경험하면서 유아는 사회문화적인 요소를 습득하게 되고 동시에 근접발달영역을 넓혀 가면서 인지적으로 발달하게 되는 것이다.

③ 매개체

학습에 대한 사회문화적 영향을 강조한 Vygotsky는 수학 교수학습과 수학적 태도에 대해서 새로운 방식의 접근을 시도했다. Vygotsky는 인간과 환경의 상호작용에서 다양한 매개체를 사용할 것을 제안하였다. 언어나 글, 수 체계와 같은 기초적인 매개체뿐 아니라 벤다이어그램, 단어지도, 개념조직망 등의 다양한 매개체는 유아의 사고와 추론의 발달에 도움을 준다. 따라서 다양한 매개체를 활용하면 보다 효율적으로 수학 문제를 해결하고 논리적인 사고를 기를 수 있다.

3) Vygotsky 이론의 시사점

Vygotsky 이론에서의 교사는 유아가 매일매일 새로운 기술을 숙련하고 새로운 것들을 배우도록 환경과 상황을 제공하는 일이다. Vygotsky 이론을 적용한 탐구학습과정에서 교사는 교수에 대한 생각을 근본적으로 수정해 나가야 한다. 학습은 학습자가 의미를 재창조하고, 환경이나 대상과 협상하는 것임을 지속적으로 인식해야 한다.

① 모델링

교사는 유아가 행동을 내재화할 때까지 가르치고 행동과 기술을 시범 보인다. 예를 들면, 교사가 지속적으로 블록으로 길이를 재는 모습을 보여준다면, 유아는 수학학습에서 사물을 측정하는 방법으로써 그 체계를 받아들일 수 있다.

② 또래의 개인지도

교사는 개별 유아들이 어떻게 서로서로 좋은 선생님이 되고, 개인지도를 받아들여야 하는지를 가르쳐 주어야 한다. 유아들 사이에 지도하고 지도를 받는 역할 분담이 될 수 있도록 활동을 계획해야 한다.

③ 협동학습

유아의 협동학습이 일어나도록 계획한다. 유아는 집단 활동을 통해 협동적 대화에 능동적으로 참여하면서 수학에 대한 상호적 이해를 더욱 효과적으로 구성하게 된다. 협동적 대화는 유아가 수학학습에서 중요한 해결방법을 받아들이고, 자료를 준비하고, 이해도를 높일 수 있도록 한다. 협동학습 방법은 학문적・사회적 학습을 격려하고 유아들이 상호작용하는 데 이점이 많다.

교사는 유아가 예기치 못했던 사건이 일어날 때, 교사와 상호작용하면서 점점 수학의 의미를 깨닫고 문제를 해결하기 위해 추측하고 논쟁하고 정당화하는 과정을 거치도록 지지한다.

3 Bruner의 표상이론

1) Bruner 이론의 개요

Bruner는 어떠한 지식이든 유아가 이해할 수 있도록 적절한 형태로 제시

될 수 있다고 주장하였다. 즉, 간단한 형태에서 상징적으로 추상적인 형태로 제시할 수 있다. 각 교과의 교육이 '지식의 구조'로 다루어지면 학습 내용은 더 쉽게 이해할 수 있다고 하였다.

2) Bruner 이론의 중심 내용

① 표현양식의 3가지 단계

지식의 구조는 동작적 표상, 영상적 표상, 상징적 표상의 세 가지 방식으로 나타낼 수 있다.

동작적 표상은 자신의 신체 감각을 이용하여 구체적인 자료를 다루고 조작하여 실행하는 것이다. 영상적 표상은 시각과 청각 등의 감각적 이미지에 의존하는 단계로 사진, 그림, 도표 등을 사용하여 나타내는 것이다. 상징적 표상은 언어, 문자, 기호, 공식 등을 사용하는 단계로서 추상적 의미를 이해하고 해결하는 것이다.

② 발견학습

유아가 스스로 탐구하여 어떠한 사물이나 현상에 대해서 규칙성, 유사성, 차이점을 발견하는 경험을 통해 희열을 느끼고 자신감을 갖게 된다는 것에 기초하여 발견학습 교수법을 제안하였다.

③ 나선형 교육과정

나선형 교육과정은 학생의 발달 수준이 높아짐에 따라 한 학문의 개념이나 원리, 태도, 사고방식들이 그 지적 성격의 동일성을 유지하면서 점점 세련된 형태로 습득되도록 계획된 교육과정을 의미한다. 나선형 교육과정에서는 같은 주제를 반복해서 다루면서 보다 더 깊이 있게 배울 수 있다.

3) Bruner 이론의 시사점

① 지식의 구조를 통해 원리를 근원적으로 이해할 수 있도록 교육과정을 구성해야 한다.

② 아동의 발달단계에 맞은 교수방식을 제공한다면 어떠한 주제라도 다룰 수 있게 된다.

③ 각 학년별로 특정 주제를 나선형 교육과정의 형태로 학습시키면 기본 분류체계(generic coding system)를 습득할 수 있다. 학습의 초기에는 일반적이며 개괄적인 개념으로 학습된 후 점진적으로 단순한 개념들의 연속체를 도입한다. 학습자는 이들 간의 상관성을 발견함으로써 전이나 회상으로 연결될 수 있는 체계를 형성한다.

④ 표상 수준을 고려한 교수 매체의 사용을 장려한다.

⑤ 발견의 기회를 제공한다. 추상적인 가설과 규칙성을 발견하는 것은 불가능하지만, 생활 체험과의 관련성을 가지고 구체적인 조작물을 다루어 봄으로써 유아들에게 적합한 발견학습이 가능할 것이다.

4 Gardner의 다중지능이론

1) Gardner 이론의 개요

Gardner의 다중지능이론은 지능의 다면성을 강조하면서 지능을 "문제해결능력 또는 특별한 것을 만들어 내는 능력"으로 정의하였다. 지능을 다원적인 시각으로 접근하고 다중 요인을 포함함을 의미한다. 지능은 지적 활동의 산물의 과정으로서 내용, 형태 모두를 의미한다고 보았다. 즉, 지능을 포괄적이고 다양한 능력을 포함하는 각각 다른 분야의 독립된 정보처리체계를 갖는 9개의 지능으로 구분하였다.

2) Gardner 이론의 중심 내용

① 논리 · 수학 지능

수리적 · 논리적 사고와 관련된 능력으로서 수학, 과학에서 발견되는 능력을 말한다. 추론과 문제해결을 체계적이고 과학적인 방법을 동원한다. 논리 · 수학적 지능이 우수한 사람으로서는 수학자 · 과학자가 많다.

② 언어지능

언어적 지능은 말과 글을 사용하여 언어를 효과적으로 구사하는 능력을 말한다. 단어의 소리, 리듬, 의미 언어의 서로 다른 기능을 민감하게 파악하는 능력이다. 언어를 담당하는 두뇌의 브로카 영역에 손상이 가면 문법적으로 정확한 문장을 만드는데 어려움을 겪는다. 언어지능이 우수한 사람으로는 시인, 정치가, 교사 등이 많다.

③ 음악 지능

음악적 지능은 음악적 표현 형색을 지각, 변별, 변형, 표현하는 능력을 말한다. 음악적 지능이 우수한 사람으로는 음악가, 작곡가가 많다.

④ 공간 지능

공간적 지능은 색, 선, 모양, 형태, 공간에 대한 지각과 서로 존재하는 관계에 대한 감수성이 포함된다. 공간적 지능은 시 · 공간적 세계를 인지하는 능력과 지각을 통해 3차원의 세계를 변형시키는 능력이다. 신경과학에서는 인간 두뇌의 우측반구가 공간적 지능에 관련되어 있으며, 시각능력과 깊은 관계가 있다고 한다. 공간 지능이 우수한 사람으로는 항해사, 건축가, 미술가, 발명가가 많다.

⑤ 신체 · 운동지능

자신의 신체적 동작을 이용하여 생각이나 감정을 표현하는 능력과 물체를 솜씨 있게 다루는 능력을 말한다. 자극에 대한 감수성, 촉각적 능력, 협응, 균형, 유연성, 속도, 손재주 등 신체적 기술이 포함된다. 운동감각 지능이 우수한 사람으로는 무용가, 운동선수, 배우 등이 많다.

⑥ 대인관계지능

대인관계지능은 다른 사람의 기분, 기질, 동기, 의도를 잘 파악하고 적절히 대하는 능력이다. 사교성이 있고 교우관계에서 중앙에 위치하는 정치인, 지도자, 성직자 등이 많다.

⑦ 자기이해지능

자기이해지능은 자신 존재에 대해 이해하고 느낄 수 있는 인지적 능력을 말한다. 자기 이해지능이 높은 사람은 자기 존중감, 자기향상을 위한 성격이 강한 소설가, 임상가 등이 많다.

⑧ 자연탐구지능

자연탐구지능은 사물을 구별하고 분류하는 능력과 환경의 특징을 사용하여 동・식물이나 사물을 자세히 관찰하고 차이점과 공통점을 찾고 분석하는 능력이다. 대표적인 인물로는 사냥꾼, 진화론 다윈이다.

⑨ 실존지능

영적지능으로서 인간존재, 생과 사의 문제, 인간의 본성, 가치 등 철학적 종교적인 사고를 할 수 있는 능력이다. 실존지능이 우수한 사람으로는 종교인, 철학자 등이 많다.

3) Gardner 이론의 시사점

① 다양한 실천적 지능이 존재한다.
② 통합적 교육과정으로 운영한다.
③ 개개인의 강점을 파악하여 개별화 교육을 한다.
④ 수행평가방법을 시사한다.

5 정보처리이론

1) 정보처리이론의 개요

유아들은 정보를 감각(시각, 청각, 촉각, 후각, 미각)을 통해 그들의 사고 속으로 들어간다. 인간의 학습은 학습자가 외부로부터의 정보를 획득하여 저장하는 과정이라는 가정 하에 두고 있다. 학습에 필요한 정보를 입력한 이후에 그 지식을 활용하기 위하여 기억의 저장고에서 정보를 인출하여 사용하는 것을 의미한다. 정보처리이론에서는 인간의 기억과 인출과정을 컴퓨터의 정보처리과정에 비유하여 설명하고 있다. 이 과정은 감각등록기 → 단기기억 → 장기기억의 단계이다. 정보처리모델의 구성요소는 정보가 저장되는 정보저장소와 정보의 이동을 의미하는 인지 처리과정이다.

2) 정보처리이론의 중심 내용

① 감각등록기

정보가 감각등록기에 들어오게 되면 이 정보는 아주 짧은 기간(1~2초)동안 보유되었다가 단기기억 저장고로 넘어간다. 이때 모든 정보가 단기기억으로 넘어가는 것이 아니라, 주의가 집중되었던 정보만 넘어가게 된다.

② 단기기억

컴퓨터의 중앙처리 기관과 비슷한 곳으로서, 필요한 지적 활동을 하기 위해 외부환경이나 장기기억에서 온 정보가 여기에 통합된다.

③ 장기기억

무한한 정보를 영구히 저장할 수 있는 곳으로 정보의 양이나 머무는 시간에는 한계가 없다.

④ 정보처리의 효율성

정보처리 이론에서는 인지 발달단계에서 중요하게 여기는 4가지 변화기제인 자동화, 부호화, 일반화, 전략 구성에 초점을 맞추고 있다(Siegler, 1991). 이 기제는 정보처리 이론에서 Piaget 이론의 동화와 조절 개념의 한 쪽 측면으로서 지식을 획득하기 위해 정보를 조작하는 방법들이다. 유아를 가르치는 데 가장 유용한 변화기제는 자동화의 이해라고 할 수 있다.

⑤ 지식기반

유아들이 이미 알고 있는 것은 새로운 정보를 처리하는 능력에 영향을 미친다. 수를 세거나 간단한 연산문제를 푸는 학습은 작용기억을 요구한다. 이들 영역과 다른 영역들에서 정보와의 친숙함은 유아들의 학습을 더 쉽게 만들 수 있고 가속화시킬 수 있다고 제안한다.

3) 정보처리이론의 시사점

① 정보는 유아에게 새로운 지식을 구성하는 데 사전 지식을 사용할 수 있도록 제시한다.
② 유아들은 정신적 · 신체적으로 문제를 정의하고 해결하기 위해 그들의 환경과 작용할 수 있도록 다양한 기회를 가진다.
③ 성인은 유아가 문제를 정하고 해답을 찾고 정보를 조직화하도록 돕는다.
④ 성인은 유아가 서로 서로 아이디어를 공유하고 상호작용하도록 고무한다.
⑤ 교실에 제시한 정보는 유아의 일상생활과 관련이 있다. 그래서 그들은 그것을 실제 상황에 적용할 수 있다.
⑥ 유아에게 한 내용 영역의 개념을 같은 영역의 다른 개념과 다른 내용 영역의 개념에 연계시키도록 도와주는 경험을 제공한다.

6 몬테소리의 교육이론

1) 몬테소리 교육이론의 개요

몬테소리는 '교육'을 아동 존중, 아동 존재의 발견으로 파악하고자 하였다. 아동만이 지니는 독특성을 인정하고 존중하는 것이 진정한 교육의 시작이라는 것이다. 교육에서 아동이 가장 우선되어야 하고, 그 다음으로 아동이 성숙하기 위해 필요한 환경이 제공되어야 한다고 강조했다. 이는 아동이 성인과는 다른 존재방식과 정신을 지니고 있으며, 성장과정에서 자연의 법칙에 따라 끊임없이 움직이고 변화하는 존재라는 것을 의미한다. 또한 아동은 정서적·지적·신체적으로 하나의 인격으로 존중받아야 하는 존재라는 것이다.

따라서 '교육'이란 성장기의 의미를 알고 성장 계획과 법칙을 알며, 그 계획과 법칙에 따라 아동의 생명을 자극하고 발전시켜 아동 속에 숨어 있던 본래의 모습을 실현시키는 것이다.

2) 몬테소리 교육이론의 중심 내용

(1) 민감기

민감기란 각 생물이 그 생물만의 고유한 능력을 갖추기 위하여 어린 시기에 환경 속의 특정한 요소에 대해 일정 기간 동안 특별히 예민한 감수성을 보이는 것을 의미한다. 유아는 민감기를 통해 자신을 환경에 적응시키고 자신이 처한 환경 속에서 오로지 한 가지에만 몰두하여 특별한 이유 없이 특정한 행동을 반복하고 집중적인 관심을 보여 그에 따르는 특성을 획득하는 것을 배운다. 몬테소리는 유아의 민감기는 0~6세에 해당되며 이 시기에 성인은 유아에게 세심한 지도와 적절한 환경을 제공해 주어야 한다고 주장하였다.

유아의 발달과정상 특정한 민감기

	연 령	특 징
흡수정신의 민감기	출생~6세까지	유아가 이미지 자체를 소유할 수 있는 거대한 능력을 갖는다.
질서에 대한 민감기	출생~6세까지	지적인 능력을 구성하는 필수적인 인상은 질서화된 형태에서 일어나며 세상에 대한 생각이나 언어를 질서적으로 표현할 수 있게 만든다. 내적 질서는 움직임과 위치의 관점에서 자기 신체의 일부분을 감지하는 것이고 외적질서는 환경과 자신을 관련시키고 사물과 공간의 관계에 대해 흥미를 느끼며 사물을 제자리에 갖다 놓는 것을 즐긴다. 유아는 정리된 환경을 내면화할 수 있게 됨으로써 정신내적 발달을 이룰 수 있게 된다.
언어에 대한 민감기	생후4개월~5.5세까지	타인이 말하는 것을 듣기 좋아하며 듣고 반복하고 모방하는 것을 즐긴다. 유아는 단어의 형태뿐만 아니라 문장을 올바르게 사용할 수 있는 능력이 생겨나므로 교육자는 정확한 발음과 풍부한 어휘로 유아를 격려해 주어야 한다.
근육발달의 민감기	2.5세~6세	사물을 만지고 조작하는 신체적 움직임이 나타나며 자기를 조절할 수 있는 운동능력뿐 아니라 인성까지도 개발되어진다.
운동의 민감기	2세~4세	협응과 자기조절이 요구된다. 운동은 작업과 협응력을 위한 민감기와 조화를 이루어나간다.
작업의 민감기	2세~6세	협응력은 자신의 신체를 원하는 대로 명백히 움직일 수 있는 조절의 의지를 의미한다. 협응력은 분명한 조절을 획득하는 것이다. 유아들은 무의식적으로 활동을 반복하고 수행하여 조절을 획득해 나간다.

(2) 흡수정신

몬테소리는 유아의 정신을 흡수하는 정신으로 정의하고 있다. 이는 유아가 내부에 잠재해 있는 흡수정신 능력을 통하여 환경을 받아들이고 스스로 경험하여 배우게 되는 유아의 특성으로 6세까지 지속된다.

유아의 흡수정신 단계

단 계	연 령	특 징
무의식적 단계	0~3세	유아기 인성의 대부분을 형성하는 시기는 모든 인상들을 무의식적이고 능동적으로 흡수한다. 모방·운동, 조작놀이와 쥐는 행동의 경험을 통해 정신을 개발시킨다.
의식적 단계	3~6세	인간, 환경, 교구와의 의식적이면서도 계획적인 환경과의 상호작용을 통해 확실한 인상을 얻는데 중점을 둔다. 유아는 0세부터 3세에 이끌어졌던 기본능력을 통합시켜 의식을 더욱 발달시킨다.

(3) 잠재력

잠재력은 인간에게 내재된 발달 가능성을 말하며, 인간은 동물처럼 태어날 때부터 완성된 잠재력을 소유하고 있는 것이 아니라, 발달을 촉진시키는 다양한 잠재력만이 존재한다.

(4) 네블레(Nebule)

네블레는 성운이란 뜻으로 천문학에서는 천체가 처음에는 성운으로 존재하다가 연속적 과정을 거치면서 형성된다(M. Montessori, Das kreative kimd, 73). 보이지 않는 구름과 같은 형태가 인력의 과정을 거쳐 구체적인 천체를 형성하게 된다.

인간에게 있어서 성운이란 주위 환경을 흡수하여 그 환경에 적응해 나갈 수 있는 창조적 에너지이다. 네블레는 환경을 흡수해 가는 기본 틀, 또는 에너지가 분화된 것을 말하며, 네블레의 에너지는 정신을 형성해 가는 기초가 되는 것이라고 설명한다.

(5) 무네메(mneme, 기억소)

출생 후에 최초로 접하는 문화와의 상호작용을 통하여 흡수된 최초의 기억을 말하며 어린이에게는 일생동안 살아있는 무의식적인 기억이 된다.

(6) 호르메(Horme)

어린이가 환경과의 상호작용을 통해 보이지 않는 네블레를 구체적인 형태로 발전시켜 나가려는 본능적인 힘을 호르메라고 하였다. 출생과 더불어 자신을 완성시키고자 하는 정신적인 에너지 즉, 생명력이다. 호르메는 그리스어로 '왕성한 생명력이 있는 원동력'을 뜻하며 프로이드의 '리비도(libido)'와 비슷한 개념으로 볼 수 있다. 어린이는 이 에너지의 작용에 의해서 스스로 자신의 정신을 형성해 간다.

(7) 정신적 태아

출생 이후의 신생아 시기를 말하며 아직 정신이 확립되어 있지 않는 시기이며 무한한 지적 발달을 위한 가능성을 가지고 태어나는 정신의 태아를 말한다. 정신적 태아기는 호르메라는 내적 에너지에 이끌려 자기 활동을 통하여 자신을 건설해 간다.

(8) 정신 내적 발달의 원리 양상의 이해

유아의 미발달된 정신구조를 개발하기 위해 민감기와 흡수정신의 내적 도움을 바탕으로 8가지 자연적인 법칙에 따라 정신 내적 성장이 이루어질 수 있다고 보았다(Cillard, 1973).

① 작업의 법칙

유아는 작업을 통해 자아의 통합을 성취한다. 작업 과정이 정신적 통합 과정이며, 자신의 정신세계를 완성한다.

② 독립성의 법칙

유아의 본성은 독립성의 기능을 갖고 있으며 유용한 활동을 할 수 있는 능력으로 변화된다. 내적 힘에 의한 기능이 타인의 잘못된 개입으로 자아 실현 능력을 저해한다면 인성발달에 영향을 미친다.

③ 집중력의 발달

발달단계에 맞는 과제를 준비하여 유아의 인성을 발달시키도록 도와주고 집중화의 새로운 능력을 사용하게 한다. 유아는 처음에는 사물의 외적으로 나타나는 특징에 본능적인 흥미를 나타내지만 많은 경험을 통해 내적 지식을 지적인 흥미에 의존하는 것으로 변화된다. 또한 인지적 흥미에 바탕을 둔 집중력을 성취하였을 때 유아의 내적 능력은 구조화되어지고 성장하게 된다.

④ 의지의 발달

의지는 주의력이나 집중력의 향상과 더불어 나타난다. 의지의 내적형성은 과제 선택의 한계를 받아들이면서 점차적으로 발달된다.

의지 발달의 세 단계

단 계	특 징
1. 활동의 반복	반복은 특정한 것에 주의를 기울이는 것과 집중적인 연습 정도에 달려 있으며, 독립심과 자기 확신감을 갖게 한다. 이 반복 주기 동안 성인이 간섭, 방해하여 활동을 중단시킨다면 유아는 자기 확신감과 과제를 지속하고자 하는 능력이 감소되어진다.
2. 자기 훈육	유아는 어떻게 생활할 것인가 하는 자기 훈육을 시작한다. 자기훈육은 자신에 대한 자각과 침착성을 야기한다. 유아는 창의성 발휘와 선택한 활동에 대한 책임을 받아들여 현실세계의 한계를 수용하게 된다.
3. 순종	순종은 성숙의 오랜 과정의 결과로서 자연적인 현상이다. 순종이란 인간의 삶을 영위하고 인간과 사회를 지속시키는 것을 가능하게 한다. 순종의 의미는 자신의 내부 분별력에서 나타나는 의지의 표현이다. 처음에는 부모를 통해서 이후 다른 성인과의 경험을 통해 자연적으로 성인의 분위기를 인식하게 된다(Lillard, 1973).

⑤ 인지의 발달

인지발달은 삶 전체를 이해하는 실마리를 결정한다. 유아는 감수성을 통해 지각을 형성한 후 그 다음 형성된 지각을 그의 정신세계에 질서 정연하게 구성한다. 이러한 유아의 인지발달을 위해서는 심상을 질서있게 도와주어야 한다(Montessori, 1965). 내적과정의 첫 징후는 자극에 대한 신속한 반응이고, 두 번째 징후는 신속한 반응의 질서 정연함 일 것이다.

⑥ 상상력과 창의력의 발달

유아가 지각을 구성할 수 있는 현실적이고 질서화된 환경에 바탕을 두어 삶의 지각을 발달시켰을 때 유아는 창의성을 발휘하는 선택 능력을 지니게 된다.

유아는 창의성을 발달 시키기 위해 사물의 독특한 특성을 추상하고 계속적으로 이미지를 연합하고 그 이미지를 의식영역에 유지시켜 나간다(Montessori, 1965).

유아의 상상력과 창의성을 발달시키기 위해 아름답고, 질서적이며 현실적인 환경에서 자유로운 선택과 집중하며 스스로 해답을 찾아 다른 사람과 의사소통을 하고 공유할 수 있는 자유가 보장되어야 한다고 보았다(Lillard, 1973).

⑦ 영적인 삶과 정서

유아는 태어나면서 정서와 영적 환경에 반응할 수 있는 감각을 소유하고 있으며, 신과 다른 사람의 반응을 이해하고 사랑하기 위한 능력을 발달시켜 나간다고 믿었다.

영적인 삶과 정서발달은 인간의 자극을 필요로 하며 어머니의 사랑을 통해 정서발달의 내적 감각을 형성한 후 다른 사람과도 사려 깊게 사랑으로 반응할 수 있게 된다. 성인이 유아의 발달에 필요한 것을 제시하고 도와 줄 수 있도록 준비되어 있다면, 유아는 성인의 사랑과 관심에 반응하고 복종하면서 성인과 공유하게 하는 힘이 되어 유아의 생활 속에 즐거움이 될 것이다.

정서와 영적 성숙을 이루기 위해 자신의 내적 능력뿐만 아니라 도덕적 감각을 발달시켜야 한다. 도덕적 감각과 사랑의 내적능력은 태어날 때부터 생기는 내적 감각으로 보았다.

⑧ 유아의 발달단계

유아의 발달단계는 연령에 따라 신체적 · 정서적 · 사회적 · 지적발달로 나타난다.

발달의 4단계

단 계	연 령	특 징
1단계	출생~3세	무의식적 성장과 흡수정신의 활동으로 주위환경을 완벽하게 받아들여 그 환경에 동화된다. 정서와 인지력 발달의 내적 구조는 민감기와 흡수 정신에 의해 이끌어진다.
	3세~6세	의식적 흡수 정신으로 훈련과 순종의 내적 구조가 확립되고 상상력과 창의력에 기본이 되는 현실의 내적 모형이 발달되어진다.
2단계	6세~12세	자신의 문화권의 삶을 위해 학구적 기술과 예술적 기술을 구성하는 능력을 갖추게 된다. 정신적 평화의 시기이며 균일한 성장을 이룬다.
3단계	12세~15세	삼라만상의 경험을 받아들일 준비가 되어간다. 의식적인 흡수정신으로 직접적인 환경에 한정되지 않고 우주까지로 범위를 넓힌다. 일생동안 지적흥미는 이 시기 동안에 경험하는 좋은 기회에 따라 좌우 될 수 있다.
	12세~18세	자신이 흥미 있어 하는 영역에 깊이 있게 집중하는 시기로서 선택의 한계를 정하는 시기이다.
4단계	18세~24세	청년기 · 성인기로서 신체적 성숙이 이루어지고, 심신이 안정되고 학구열을 불태우는 시기이다. 사람에 대해 관심이 많아지고 직업과 반려자를 선택한다. 인생의 계획을 세우는데 모델 · 상담자의 존재가 필요하다.

(9) 준비된 환경

준비된 환경이란 유아가 바르게 발달할 수 있도록 정신적인 양식이 되는 지적인 자극을 마련해 주는 것을 의미한다. 준비된 환경에서는 어떤 연령이라도 독립적으로 활동할 수 있으며 자유롭게 작업할 수 있다. 유아들의 발달에 필요한 활동을 자신들의 방법과 속도에 맞게 활동할 수 있도록 준비되어야 한다.

유아는 준비된 환경에서 능동적인 행동과 사고를 할 수 있으며, 건강한 정신을 지닐 수 있고, 정신적인 욕구와 사회적인 욕구를 충족할 수 있다. 준비된 환경을 구성하는 요소로는 유아의 자유, 체계적으로 구조화된 질서, 일상생활에서 사용하는 실제적 물체와 자연적인 요소, 미적이고 매력적인 분위기, 유아에게 적합한 교구, 타인과 협력할 수 있는 사회적 능력 등이 있다.

(10) 작업교육

준비된 환경을 통해 어른들의 세계와 유아의 세계 사이에 교구를 매개로 하여 이루어지는 자발적인 활동으로서 작업이 중요한 역할을 한다. 즉, 교구를 통해 스스로 학습이 이루어진다. 교구는 실수를 통제하는 조건을 갖추고 있어 문제 해결력을 얻게 된다. 유아가 작업을 통해 습득된 기술이 새로운 기능과 통합하도록 기회를 주어 유아 스스로 활동할 수 있어야 한다. 이때 환경이 정돈되어 있지 않으면 문제 해결력을 잃게 된다. 따라서 어른들은 그들이 필요로 할 때에만 도와주고 인도해야 한다.

개인의 능력을 최대한 계발해 주어 자율적, 반응적, 적응력 있는 개인으로 성장하게 하여 평생 학습자로서 문제 해결자가 되게 한다. 유아는 전인적인 존재로서 학습과 성장은 인간적인 삶, 사회적인 삶, 직업적인 삶 자체인 것이다.

3) 몬테소리 수학교육이론의 중심 내용

(1) 수학적 정신

파스칼은 “인간의 두뇌는 수학적이며 사물을 정확하게 관찰하는 것으로부터 지식과 진보가 생긴다” 라고 말했다. 유아의 정확성, 분류, 측정에 대한 본질적인 수학적 경향이 내재해 있는 이 상태를 프랑스의 물리학자이며 수학자였던 파스칼은 ‘수학적 두뇌’라고 정의했다. 몬테소리는 이 정확한 마음을 이름 지어서 '수학적 마음'이라 하였다. 유아는 태어날 때부터 수학적 두뇌를 지니고 태어나며 사물을 대할 때 순서 짓고, 예측하고, 상상하고, 정리하는 이 에너지는 수 활동을 통해 밖으로 나타나게 된다고 한다. 수학적이라는 것은 수학적 두뇌를 가지고 정확함과 질서로 판단할 수 있는 능력을 말한다.

수학적인 정밀성은 유아의 평범한 환경 안에서는 일어나지도 제공되지도 않는다. 유아의 수학적인 경향은 수학적 개념을 얻을 수 있는 기회의 부족으로 수 개념 발달에 손상을 초래하는 고통을 받게 된다. 그러므로 유아들이 수학의 기초가 되는 개념을 환경 안에서 감각을 통해 흡수하여 내재해 있는 수학적 정신을 발전시킬 수 있도록 환경을 마련해 주는 것이 중요하다는 것을 강조한 것이다.

수학적인 경향성은 영아의 신체에서도 자신에게 필요한 양을 알고 더 이상 필요하지 않을 때는 빠는 것을 그칠 뿐 아니라 혀로써 젖꼭지를 밀어낸다. 또, 영아가 기어가기 시작하면 매일 평균 30g씩 체중이 늘어가면서 엄마의 수유만으로는 영양이 충분하지 않는 시기에 이제는 모유를 끝내도록 7개월경에는 2~3일 정도, 10개월경이 되면 1주일 정도의 간격을 두면서 실행해 나간다. 그렇게 함으로써 수학적 특성은 영아의 마음으로부터 점점 물건과의 접점으로 이행된다.

유아의 수 활동 흥미는 일상생활의 연습이나 감각교육을 거치면서 즐겁게 행하는 가운데 강하게 되어가며 자기의 흥미를 이끌어내는 것을 만나면 왕성하게 몰두한다. 합치고, 비교하고, 분류 등을 확실하게 하도록 시각, 촉각, 청각 등을 발달해 간 유아는 관찰하는 힘, 탐구하는 힘, 집중력, 인내력도 성장되어간다. 주위의 물건의 양을 수(수사와 숫자)로 나타내는 것을 알게 되면 구체화된 수교구의 활동을 반복하면서 수학적인 경향성을 키워 나가게 된다.

수 교육은 유아들에게 십진법의 성립, 구성을 중심으로 어떤 단계에서도 조금씩 새로운 부분을 준비하여 수의 큰 범위를 즐기는 것을 도와준다.

(2) 수학적 문제 해결력

몬테소리 수학교육은 선천적으로 타고난 유아의 수학적인 정신을 바탕으로 주변 환경에서 경험한 사건과 사물을 주의 깊게 관찰하고 조직화할 수 있는 능력을 길러준다. 따라서 직면하는 실제의 문제들을 스스로 해결하게 되고, 수학의 구조를 이해하게 되어 수를 조작하는 능력을 발달시키는데 초점을 둔다. 몬테소리의 수학교육은 유아들이 어떻게 논리・수학적인 사고를 형성해 가는지에 관심을 두고 수교구를 개발하여 구체적으로 수교구의 활용 방법을 제시하여 유아기의 수학적 정신을 발달시키고 수학의 요소들을 배우도록 한다.

수 교구를 이용하여 개별 또는 소집단으로 구체적인 수학적 놀이 활동을 통하여 이루어지며 유아 스스로 문제를 해결할 수 있도록 교구 등에 실수의 통제가 가능하도록 하여 언어적, 시각적, 그리고 근육 운동으로 문제를 해결하도록 하고 있다.

몬테소리는 유아들이 자신의 방법으로 경험을 획득할 수 있도록 자유를 주어 탐색하고 조절하도록 도와야 한다고 하였다.

학습의 주체로서 개념을 획득하는 것은 자신의 관찰과 경험을 토대로 이루어진다. 유아는 원리를 발견하면 새롭게 획득된 통찰을 끝없는 반복을 통하여 연습하려는 충동을 일으키고 일단 반복에 의해 습득된 개념은 모든 종류의 대상을 다루는데 자발적으로 적용하면서 문제를 해결해 나간다.

유아는 일상생활 교육과 감각교육을 거치면서 길러진 독립된 경험과 반복 습관으로, 한 작업에 오랫동안 집중할 수 있는 능력을 바탕으로 자기 스스로 문제를 해결해 가면서 자신감을 갖게 된다.

(3) 몬테소리 수학교육의 특징

일상생활에서 접하게 되는 수학적 호기심을 충족시켜 주기 위해 구체물을 통해 쉽고 바르게 이해할 수 있도록 체계적으로 구성되어 있다.

① 감각교육이 기초를 이루고 있다.

유아를 둘러싸고 있는 여러 가지 물건의 속성(크기, 무게, 형태, 색 등)과 요소와의 관계를 먼저 감각기관을 통해 주의를 집중하고 이해하도록 한다.

② 감각적인 것에서 출발하여 단계적인 추상화로 이끌도록 고안되었다.

수를 소개할 때 양을 먼저 소개한 후 그에 일치하는 상징(숫자)을 소개하고 마지막으로 양과 수를 연합하는 방식으로 이루어진다.

그 다음 한 개의 구슬, 10개의 구슬, 100개의 구슬 판, 1,000개의 입방 구슬로 각각의 수를 소개하여 증가의 크기와 중량감의 차로 수를 익히게 한다. 10진법이 도입되면서부터는 숫자카드로 대치하여 카드의 크기와 색으로 수의 자릿수를 익히게 하고 있다. 즉, 일의 자릿수의 카드는 초록 숫자, 두 자리 수의 카드는 일자리 수의 두 배 크기로 파란색, 세 자리 수의 카드는 일의 자리 수 카드의 세 배 크기로 빨간색, 네 자릿수의 카드는 일자리 수의 네 배 크기로 다시 초록숫자가 각각 쓰여 있다. 숫자의 자릿수별로 색깔을 정해 놓아 유아가 감각적인 경험을 통하여 쉽게 자릿수의 개념에 접근하도록 한다.

후반에는 크기라는 감각적 요소를 제거하여 우표놀이와 색구슬틀로 똑같은 크기로 동일화하였다가 마지막으로 단 한 가지 감각적 요소인 색깔까지 제거하여 차츰 숫자만의 산수의 과정에서 기하에까지 이르도록 유도하고 있다. 즉, 수 개념은 쉬운 것에서 어려운 것, 그리고 구체적인 단계에서 추상적인 단계로 체계적이고 점진적으로 소개된다.

③ 연속 수보다 십진법이 먼저 제공된다.

수의 기초 단계에서 1~10까지의 양과 수, 양·수의 일치를 학습하고 그 다음 십진법의 체계로 1, 10, 100, 1,000의 양이 소개된다.

이와 같은 방법은 유아들로 하여금 수 개념을 쉽게 흡수하여 논리·수학적인 사고를 발달시키는 것을 용이하게 한다.

④ 각 개념의 난이도가 한 교구에 고립되어 있어야 한다.

교구가 갖는 여러 가지 성질을 모두 한 번에 변화시키지 않고 교구의 목적이 되는 유일한 성질만을 변화시키는 것이다. 이것은 물체의 차이를 변별하는 흥미의 기초가 된다. 특정한 사물의 성질이 두드러지게 하려면 불필요한 감각적인 자극들을 배제시켜야 한다. 한 번에 몇 가지 효과를 원하는 것은 어른들의 생각이며 어린이는 다양한 자극을 동시에 받아들일 수 있는 능력이 발달되지 않았다. 어린이들의 주의력을 집중하기 위해서는 가능한 한 가지 감각만으로 고립시켰다. 이것은 어린이들이 한 번의 작업에 한 가지 사물의 성질, 특성, 개념, 사고 등을 터득하게 하는 방법을 말한다. 특별한 움직임에 대해 행동하는 감각 자극은 교구가 다양할수록 어린이의 정신이 분산된다.

따라서 교사는 어린이가 주의력을 가지고 집중할 수 있도록 감각을 분류하여 사물이 갖는 여러 가지 특성 중에서 한 가지의 속성만을 다루고 이것을 다시 정리하여 구체화하여야 한다. 예를 들면 빨간 막대는 길이 변별이라는 것에 집중하기 위해 색과 모양을 통일하고 길이에만 주의가 집중될 수 있도록 되어 있다.

⑤ Seguin의 3단계 교수법에 의하여 수량의 명칭이 소개된다.

2세에서 6세까지의 어린이는 언어의 민감기로서 자연적으로 자기 주위에 있는 물체의 이름과 물체를 쉽게 연결시킬 수 있다. 3단계 교수법을 실시하기 전에 어린이가 혼자서 교구를 가지고 충분히 활동할 수 있도록 하고, 감각의 자극을 충분히 경험하게 한다. 감각적으로 그 교구에 대한 인상을 습득한 후 3단계 교수법으로 구체화시킨다.

명칭연습의 목적은 어린이가 환경에 적응하는 것을 돕고, 개념의 일반화를 위해서 필요하며 질서 있게 관찰하는 능력을 육성하기 위한 것이다. 그러므로 교사는 일방적으로 인식시키지 않고 어린이의 자연스러운 진보를 지켜보는 일이 중요하다.

3단계 교수법은 실시하는 과정에서 자연발생적으로 이루어지는 경우가 많다.

㉠ 1단계 : 이름과 구체물을 연결시켜 주는 명명의 단계

어린이가 받아들인 감각적인 인식을 이름과 연결시키는 단계로 성질의 요점을 한마디로 정확하게 발음한다.

- 구체물의 이름을 가르칠 때에는 주로 두 가지를 가지고 한다.
- 차이점이 많은 것을 가지고 시작하여 어린이가 쉽게 구별할 수 있게 한다.
- 사용되는 언어 : "이것은 ○○○입니다."라고 말한다.
- 방법 : 교사는 간단명료한 단어를 말해주며, 그것에 해당하는 사물을 가리킨다. 시작할 때 두 개 이상의 물체를 가지고 서로 반대의 특성을 가진 사물을 사용하는 것이 어린이들의 이해를 돕는다. 어린이가 관찰할 수 있도록 잠시 물체를 어린이의 가까운 곳에 두어서 첫 인상을 오래 간직하게 한다.

㉡ 2단계 : 이름에 대응하는 구체물을 인식하는 단계

이름에 부합되는 사물을 재인식시켜 앞 단계를 이해하고 있는가 아닌가를 알아보는 단계이다. 교사는 여러 가지 질문의 방법으로 어린이가 사물을 재인식할 수 있도록 한다.

- 긴 시간을 가지고 반복한다.
- 사용되는 언어 : "○○○이 어디 있니?"<br>"○○○을 선생님께 보여 주겠니?"<br>"○○○을 선생님께 주겠니?"<br>"○○○을 책상 위에 놓아 보세요."
- 방법 : 교사는 가장 나중에 가리켜 준 것을 먼저 물어보도록 한다. 왜냐하면, 어린이는 가장 나중에 들은 것을 가장 쉽게 기억해 내기 때문이다. 어린이가 자신 있게 교사의 지시를 따르면 그 다음 단계로 계속 진행한다. 그러나 어린이가 자신이 없어 하면 제시를 곧바로 멈추고 1단계로 돌아가 구체물의 이름을 다시 한 번 가르쳐 준다. 이 때 어린이가 자신이 잘 모르고 있다고 느끼지 않게 하는 배려가 필요하다.

ⓒ 3단계 : 구체물에 대응하는 이름을 기억하여 확인하는 단계

사물에 부합된 이름을 기억해 보게 하고 어린이가 가지고 있는 지식을 검토하는 단계이다. 이 단계에서는 어린이에게 말하게 하여 어린이 특유의 일상생활 용어의 결함이나 유아어에 주의하게 된다.

- 사용되는 언어 : 구체물을 질서 있게 정리한 후 교사는 "이것은 무엇이니?"라고 질문한다.
- 방법 : 어린이는 구체물을 직접 지적하면서 말한다. 어린이가 2단계에서 많은 연습을 통해 확신을 가지기 전까지는 절대 "이것은 무엇이니?"라고 묻지 않는다.

⑥ 동적인 활동에서 정적인 활동으로, 개인 활동에서 집단 활동으로, 집단 활동에서 다시 개인 활동으로 구성된다.

동적인 활동의 예는 수막대를 옮기고 세고, 구슬을 세고 정리하는 등 손과 몸을 움직이는 활동에서 점점 손과 머리만의 활동으로 이르는 암산의 정적인 활동으로 이루어진다.

활동의 형태도 개인 활동에서 집단 활동, 집단 활동에서 다시 정적인 개인 활동으로 심도 있는 주의 집중을 하면서 학습내용을 내면화시켜 기억에 의한 암산으로 수 개념을 터득할 수 있는 단계로 체계적으로 구성되어 있다.

⑦ 교구 안에 실수의 정정이 포함되어 있어 자율적 학습이 가능하다.

각 교구에는 실수의 정정이 들어 있어 교사의 제공이 있은 후에는 스스로 학습이 가능하다. 또, 혼자 학습한 후에는 정정판을 통해 스스로 점검할 수 있다. 몬테소리 수학교육은 매일의 생활 가운데 배려된 수학적 환경물 중에서 교사의 의도적인 유도에 의해 주어진 흥미 "어떻게 될까?", "어떻게 해서 이렇게 되는가?" 등의 과정에 대한 대답을 유아 자신의 힘으로 얻게 될 때까지 계속해서 추구하고 그 대답을 얻었을 때 "다음에 어떻게 되는가?"에 대한 관심과 기대로 싫증나지 않게 노력을 계속할 수 있도록 조직화

되어 있다. 유아들의 이와 같은 단계적 흥미의 자세는 '서둘지 않고', '쉬지 않고'라는 과학자의 목적을 향한 진지성과 상통한다고 표현하고 있다.

(4) 몬테소리 수학교육과 일상생활교육과의 관련성

유아는 일상생활의 다양한 활동들을 통해 수학적 정신을 개발하기 위한 직·간접적인 준비를 하게 된다. 유아의 생활 주위에는 수에 관한 것과 그 자체에 둘러쌓여 있다. 예를 들면 과자를 나눌 때에도 많고 적음, 심부름할 때, 접시와 스푼의 수와 사람 수, 모래놀이 할 때, 큰 양동이와 작은 양동이에 들어 있는 물의 양 차이, 신체 측정의 신장과 체중 등 모든 것들이 양과 관련되어 있다. 또, 유아의 유치원 생활 속에서도 하루일과, 일주일간의 흐름의 리듬과 질서에 있어서도 「수」적이라고 말할 수 있다. 예를 들면 교실에서 물 따르기, 빨래하기, 야채 썰기 등의 작업을 하면서 유아는 정확하게 측정하고, 비교하고, 순서를 지키고, 판단하고 결정하여야 한다. 이러한 활동들은 시작, 전개, 마무리 단계로 이루어지는 활동의 과정과 순서를 이해하는 데에도 도움이 되며 유아의 수학적 지성을 개발하는 데 요구되는 필수 과정들이다.

일상생활교육을 통해 얻어진 독립심, 질서감, 집중력, 근육 조절, 눈과 손의 협응력을 통해 자기 스스로 자신감을 키워 나간다. 일상생활훈련은 질서와 정확함을 통한 활동의 경제성과 주의를 집중하고 그것을 지속적으로 반복·연습할 때 유아의 내적인 욕구가 충족된다. 유아는 일상생활 교육을 통하여 수학적 지식을 획득하는 것이 아니라 수학적인 내적 욕구를 충족하는 것이다.

(5) 몬테소리 수학교육과 감각교육과의 관련성

몬테소리는 "감각은 정신의 입구이며 모든 인식은 감각에 의해서 시작된다. 외계에 대한 인지작업의 기초는 감각 인식이다. 사실을 수집하고 구별하는 일은 정신적 형성에의 제 일보이다. 감각교육은 감각기관의 기능을 보다 예민하게 발달시켜 주위 환경을 정확하게 지각하도록 지각작용을 도와주는 것이며, 감각기능의 변별력을 발달시켜 유아에게 정확하고 강한 지력을 쌓는데 기초가 되는 질서를 준비시키는 것이다."라고 말하였다. 유아는 감각적 활동을 통해 관찰, 비교, 판단, 추론, 결정하는 방법에 스스로 익숙해지도록 스스로의 훈련을 거쳐 수학적 정신을 계발한다.

어린이는 물건의 속성과 요소와의 관계를 먼저 각자의 감각기관을 통해서 주의를 집중하여 이해시켜 둔다. 그리고 수량 지도 이전에 수치화가 되어 있지 않는 양을 감각기관을 통해 먼저 익힌다. 감각기관에 통해 감각교구의 요소인 동일성, 대비성, 점차성을 기초로 하여 논리적으로 사물을 생각하는 힘, 분석과 통합의 사고와 관련되는 힘, 사물과 현상에 대한 구조를 아는 힘 등 수의 기본 개념을 형성하는 감각교육을 수학교육의 전 과정에 두었다. 즉, 수 개념을 기르는 조건으로서 짝짓기, 서열화, 분류화가 필요하며 짝짓기는 유아가 동일성을 깨달았을 때 처음으로 수 개념의 학습으로 진행할 수 있으며 분류화는 덧셈, 뺄셈을 할 때 전체와 부분의 내용이 중요하기 때문이다. 이러한 수학적 조작이 유아의 수학적 사고를 돕고 감각기관을 반복하여 자극해서 수 개념을 위한 논리적인 사고를 몸에 익히게 된다.

추상화된 것은 정확하면 할수록 더욱 더 가치를 가지며 그것은 공간 속에서의 방향을 잡는 데 필요한 도구와 같은 것을 정신세계에 만들어 준다. 몬테소리 수 교구는 이러한 개개인의 어린이의 내적 요구에 의하여 제공되고 있다. 교구·교재는 모든 유아를 관찰한 결과, '유아가 알고 싶다', '할 수 있게 되고 싶다'라고 요구하는 것에 대해 정리하여 단계를 두고 교재화한 것이다. 구체적으로 나타나고 있는 수량을 유아가 자기의 손을 사용하여 감각의 자극을 받으면서 반복하여 만지는 것에 의하여 수에 친숙하고 확인하면서 논리적으로 인식하여 나아가게 된다. 유아의 요구와 발달 단계를 생각하지 않고 교사와 성인이라는 이유에 의해서 강제적으로 학습하거나 기억시켜 가는 것은 근본적으로 잘못된 것이다.

유아의 내적 욕구에 따라 그것은 유아의 즐거움이며 만족이고 또한 자신감으로 연결되는 것이다. 우리들이 생각하는 것과 같은 것이 아닌 유아 스스로 뻗어 나아가려고 하는 생명에 응해 주는 것이 중요하다.

4) 몬테소리 교육이론의 시사점

① 흡수정신을 통해 학습한다.

영유아는 초기에 환경의 인상들을 무의식 흡수정신을 통해 주변 세계를 받아들이지만 성장함에 따라 의식적 흡수정신으로 동화하고 조절하면서 지식을 쌓아간다.

② 학습내용은 많은 것을 제공한 것보다 구조를 익힐 수 있는 학습을 강조한다.

구조를 학습한다는 것은 내적 구조가 질서 있게 성장하도록 돕는다는 것이다. 질서는 정신활동을 통해 전체와 조화롭게 결합되어 구성 할 수 있는 능력을 말한다.

③ 민감기에 맞는 환경을 제공한다.

인간은 발달시기마다 특정한 것에 대해 민감한 반응을 보인다. 따라서 유아들이 그의 민감기를 통해서 그에 따르는 특성을 획득하도록 도와주는 것이 중요하다. 민감성을 자극 할 수 있는 적절한 환경을 제공하여 인간 형성의 활동을 수행한다.

④ 학습은 내면에서 시작되는 자발적인 활동에 근거를 두고 있다.

어린이는 자발적이고 자유 선택에 의한 자유로운 작업을 통해 변화하고 성장하여 자립한다.

⑤ 학습은 어린이가 주변세계에 적응하는 과정이며 감각과 관계된다.

관련성있는 학습경험과 연관된 교구를 통한 감각적 인식전달을 한다.

⑥ 학습에서 관심의 집중화를 경험하게 한다.

어린이는 자발적이고 자유로운 작업을 반복하는 과정 속에서 긍정적인 인격을 발달시켜 정상화된다. 그 결과 어린이들은 자기 결정력과 행위 능력이 있는 자유로운 주체를 인식하게 된다.

⑦ 학습은 습득하는 것이다.

사물들을 비교하고 판단하고 반복 선택을 하면서 서로의 관계를 인식하고 사고할 수 있는 능력을 습득하게 된다. 교사는 학습자가 스스로 학습할 수 있도록 간접적으로 자극하고 지원한다.

⑧ 몬테소리 교구는 자기조정과 자아형성·정신발달을 돕는다.

교구는 유아의 발달 원리에 따라 사물의 구조적 특징이 과학적·논리적으로 개발되었다. 인간 본성의 자아 실현적 특성을 가진 주도성·책임감·자율성·다양성·창의성을 교구를 통해 자기 스스로 학습을 장려한다.

⑨ 작업을 통해 자아를 통합한다.

유아는 신체·마음·정신이 통합되는 신체적 요구와 정신적 요구를 육성할 것을 강조한다. 정서는 인지와 통합되고 학습은 생활과 통합된다.

⑩ 개별교육과 사회교육으로 이루어진다.

개별교육은 '자유로운 선택'에 근거하고 사회교육은 자유로운 학습과정 속에서 협동과 연대감을 통해 이루어진다. 개개인의 유아가 갖는 성장의 가능성 및 준비성의 실현을 위하여 개별교육을 실시한다.

개별교육은 유아의 개인차를 인정하며 개별적인 생명을 지닌 인격체로 존중하고 유아 자신의 발달적 요구와 흥미를 충족시킬 수 있는 교구선택, 방법, 시간의 자유를 허용하는 것을 의미한다.

유아의 개인적인 의미와 학습의 준비도를 강조한 개인적 적절성으로서의 개인의 성장과 방향이다.

사회성은 유아 개인과 전체가 조화를 이루는 가운데 발달하는 것이다. 타인과의 자율적인 상호작용을 통해 자신의 사회적 능력을 자연스럽게 발달시키게 되는 것이다. 학습은 협력과 공동체를 통해서 일어나는 일련의 과정으로서 학습자는 서로를 가르치고 서로에게 배운다.

Chapter 3

유아 수학교육의 통합적 교수-학습방법

1 유아 수학교육의 교수-학습 기본방향

수학을 효과적으로 학습하도록 격려하고 돕기 위해서는 아동들이 무엇을 알고 있으며, 무엇을 학습할 필요가 있는지 이해하여 그들이 수학 세계에 대한 지적 구조의 구성에 목적을 두어야 한다. 이러한 수학교육의 목적을 달성하기 위해서는 탐색, 문제해결, 사고력, 의사소통, 그리고 연계성, 아이디어의 표상이 수학교육의 중심이 되어야 한다는 것이다. 즉, 교사는 그들에게 가치 있는 수학 과제를 제공하고 과제에 대한 토론과 탐구, 문제해결을 돕도록 한다. 그러기 위해서 토론을 고양시키기 위한 효율적인 교수전략을 마련하고 학습 환경을 제공해야 한다. 효과적인 교수전략은 교수와 아동의 학습을 분석하여 현 상황을 개선하려는 지속적인 노력과 반성을 필요로 한다. 교사는 자신의 지식을 향상시키고 새롭게 할 기회와 수단을 폭넓게 가져야 한다(NCTM, 2000).

① 문제해결을 강조한다.

단순한 수학 개념의 획득이나 계산능력의 증대가 아니라 문제해결이 수학교육과정의 핵심 관점이 되어야 한다. 문제해결은 수학활동의 중요한 목적이며, 유아가 환경과 상호작용하고, 그 결과를 새로운 환경과 관련시킬 때 새로운 정신적 관계를 창조해 내는 내적 과정이다.

유아는 스스로 수학문제를 정의하고 자신의 생각과 문제해결 방법을 교사 및 또래들과 상호작용해야 하며 문제를 표상하는 다양한 방법과 문제를 해결하는 전략을 활용해야 한다. 또, 수학이 유아에게 의미가 있고, 문제 상황이 그들의 주변 환경에서 자연스럽게 전개될 때 유아에게 적절한 것이 되며 지식을 다양한 상황에 연결시키도록 하는 데 도움을 준다. 유아가 문제해결 과정에서 성공을 경험하게 되면 수학을 학습하는 데 자신감을 가지며 수학적으로 의사소통하고, 추리적 사고를 사용하는 능력이 증대된다.

② 수학의 영역 간, 개념 간 연계성을 중시하며 통합교육과정으로서의 수학교육을 강조한다.

수학교육은 순수한 수학적 주제보다는 영역 간, 개념 간 연결 짓는 기회를 제공해야 한다.

'교과 내 통합'은 수학 교과 안에 해당하는 수 감각 기르기, 공간과 도형, 규칙성, 통계 등 모두가 서로 관련이 있는 수학내용영역이 함께 통합되는 형태를 말한다(Clements, 2004). 따라서 각 영역별 내용들을 통합적으로 제시하여 내용 간에 강화 및 확장이 될 수 있도록 한다(이정욱 · 유연화, 2006).

'교과 간 통합'은 서로 다른 교과를 함께 통합시키는 것을 말하며 두 가지로 나눌 수 있다. 하나는 한 교과가 다른 교과를 위한 수단으로 사용되는 것이고 또 다른 하나는 두 교과의 공통적인 요소나 관련된 내용을 추출하여 통합하는 것이다. 교과 간 통합으로 일상생활을 통한 수학교육은 수학과 일상생활을 자연스럽게 연결시켜 수학적 사고의 표현과 어휘를 사용할 수 있는 기회를 제공하여 일상생활에서 수학이 유용하게 사용 될 수 있음을 깨닫고 수학에 대해 긍정적 태도를 갖도록 하는 것이다.

수학교육과정은 수 개념, 연산, 기하, 측정, 자료 조직들을 연관지어 가르치도록 구성해야 한다. 또한 수학적 개념이 매일의 일상생활 경험과 연결될 때 유아들은 수학의 유용성을 인식하게 되며 교실 상황에서 사회, 언어, 과학, 미술 등 다른 영역과 연결될 때 수학의 적용성과 유용성이 증대된다.

③ 수학적 의사소통의 기회를 강조한다.

의사소통은 유아로 하여금 비형식적이고 직관적인 사고와 수학적 개념을 구체물, 그림, 그리고 기호를 통해 서로 연결하도록 돕는데 중요한 역할을 한다. 대화를 통해 다른 사람의 생각을 듣는 것은 지식을 형성하는 데 도움을 주며, 자신의 생각을 전달함으로써 아이디어를 명료화시킬 수 있다. 수학적 아이디어를 탐구하고 조사하고 기술하고 설명하는 것은 의사소통 능력을 촉진시킨다.

④ 수학적 사고력과 추리능력 발달을 중시하며 증거에 의한 결론을 격려한다.

수학이 의미있고 논리적이며 즐거운 것이라는 것을 인식할 때 추리력은 발달하게 된다. 수학적 사고력과 추리력을 발달시키기 위해서는 비판적 사고가 격려되는 환경이 마련되어야 하고, 교사와 유아 모두 교실 내에서 서로 질문하고 상호작용하며 자신의 생각을 정교화 시키기 위해 개방적이어야 한다. 이러한 분위기는 학급의 모든 구성원들이 서로의 생각을 진심으로 존중하고 지지할 때 생긴다. 자신의 생각을 이미 알려진 사실과 원리 그리고 수학적 관계를 사용하여 설명할 수 있고 입증할 수 있다는 것은 중요한 일이며 문제의 정답뿐 아니라 다양한 방법으로 자신들의 답을 증명하고 가설을 입증하는 사고과정을 존중해야 한다. 또, 구체적 조작은 유아로 하여금 사고과정과 개념적 지식을 관련짓는 일을 돕는다.

⑤ 수학적 아이디어의 표상을 중시한다.

유아는 물리적 세계의 탐색, 구체적 사물의 조작, 교사 및 또래들과의 상호작용을 통해 수학적 지식을 구성해 나가고 문제해결 능력을 발달시킨다.

이러한 수학적 지식의 구성은 학습과정에서 유아의 경험과 구체적 표상의 직접 탐색이 요구된다. 지식의 구성은 유아의 사전 경험을 통해 이루어지므로 활동과정에서 유아의 현재의 생각과 경험을 중요시한다. 또, 구체적 조작물, 그림, 사진과 같은 조작적 자료의 사용은 새로운 수학 개념을 구체화하여 유아의 개념 형성 및 내면화를 돕고 유아에게 사고를 자극하거나 확장시키는 기회를 제공한다.

2 유아 수학교육의 교수-학습방법

1) 구성주의 교수-학습방법

(1) 구성주의 교수-학습방법의 원리

① 구조적 특성으로 인간의 발달적 구조와 수학적 구조의 차이를 인정하며 성취된 결과에 기초하기보다 정신적 조작에 의하여 전개된다.

② 사건이나 획득된 지식이 겉으로는 다르게 보일지라도 그들 간의 유사점과 차이점들로 서로 관련지어 기술할 수 있다.

③ 학습 환경은 유아의 경험세계와 학습되어야 할 내용과의 관계 속에서 설정되어야 한다. 또한, 학습되어야 할 수학내용과 이미 존재하고 있는 유아의 인지구조 간의 차이를 고려한다.

④ 학습은 재구성의 과정이며 인지구조의 발달에 따라 일반적으로 '지식'이라고 간주되는 개념·구조·기술들은 이미 준비되어 있다가 교사로부터 유아에게 전달되는 성질이 아니다.

⑤ 의미 있는 문제해결을 통한 학습자의 능동적인 참여활동에 의해서 지식을 구성한다. 즉, 학습은 주어진 환경에 학습자의 동화와 조절 작용이 있을 때에만 일어난다.

⑥ 더 많은 지식이 있는 또래와 성인과의 상호작용을 통해서 이해를 구축해 간다. 또래와 교사와의 토론은 아동의 이해의 폭을 넓힌다.

(2) 구성주의 교수-학습방법의 교육적 가치

① 학습의 이해와 의미를 깊게 한다. 유아로 하여금 사고하는 태도를 기르고 탐구하도록 격려함으로써 그들의 지식 획득을 촉진한다.

② 유아들이 다루려는 주제에 대해 어떤 사전 지식을 가지고 있는 한 여러 가지 활동 주제들 가운데서 선택하도록 허용함으로써 아동의 활동 욕구를 만족시키고 학습에 흥미와 활력을 주어 학습내용을 풍부하게 한다.

③ 또래와의 상호작용을 통해 문제를 정의하고 해결하도록 허용한다. 공동으로 학습을 계획하고 수행하는 과정을 통해서 공동의식과 집단의식을 높여 사회생활에 필요한 협동과 책임 등 아동의 바람직한 사회성 발달을 도모한다.

(3) 구성주의 교수-학습 모델

지식은 유아들이 사전 학습과 일치되는 방법으로 자신들의 경험을 조직할 때 구성된다. 이것은 유아의 비평형의 개념과 일치하는데, 이 과정에서 상반되는 아이디어는 학습자가 사실이라고 아는 것과 일치되어 정교화되고 수정된다. 실제 교수-학습과정에서 구성주의 견해를 실행하는 접근을 학습 순환과정 모델이라고 말할 수 있다. 이 모델에서 교사와 학습자들은 다음과 같은 과정을 거치게 된다.

- 사전 지식을 통해 참여하고 접근한다.
- 직접(hands-on)활동과 정신(minds-on)활동을 통해 문제를 탐색한다.
- 의미 있는 설명을 개발하고 명료화하고 구성한다.
- 새로운 이해의 확대와 적용한다.
- 새로운 이해 정도를 판단하기 위해 사실 평가방법을 활용한다.

이러한 모델을 사용하기 위해서는 학습 방향을 조절할 때 조직화된 다양한 방법의 수용과 융통성 있는 탐색을 고안해야 한다.

2) 문제해결접근방식의 교수-학습방법

(1) 문제해결 능력 발달수준과 교사의 역할

진정한 문제해결은 교사가 유아의 발달에 따라 역할을 바꾸면서 유아 스스로의 능력을 발달시켜 문제를 정의하고 해결하도록 한다.

① 유아는 문제가 무엇인지 정의할 수 있어야 한다.

유아는 문제가 무엇인지 또 문제해결 전략의 의미, 문제의 수학적 구조에 대한 이해가 없을 경우 교사는 모델 역할을 담당한다.

② 유아는 문제에 대한 답을 구하려고 한다.

문제해결과 해결방법의 의미를 이해하고 문제의 수학적 구조를 파악한다. 유아는 다른 사람의 해결방법을 따를 수 있고 전과 같은 전략을 사용한다. 집단적 문제해결이나 교수적 상황에는 능동적으로 참여하지만, 혼자서 독립적으로 문제를 해결하는 데는 어려움이 있으므로 교사는 보조자와 같은 역할을 한다.

③ 문제를 해결하기 위해 요구되는 효과적인 과정을 선택한다.

유아들은 문제에 편안함을 느끼기 시작하므로 다른 방법을 제안한다. 그들은 문제가 다양한 해결책을 가지고 있거나 또는 완전한 해결이 될 만한 방법이 없다는 것을 이해하고 인식한다. 교사는 문제 제공자가 된다.

④ 스스로에게 만족스런 문제해결 방법을 선택한다.

유아들은 직면한 대부분의 문제에 대한 적절한 문제해결 방법을 선택할 수 있으며 문제해결의 정밀성과 효율성, 대안적 방법을 찾는 일에 흥미를 보인다. 교사는 촉진자로서의 역할을 한다.

(2) 실제 적용방법

① 함께 계획하기(무엇을 사용하여 어떻게 할 것인가를 결정)

② 목표 설정

③ 목표 실행

④ 실행 결과 인식(아이디어 결과가 어떤 것인지 알 때 자신의 전략을 바꿀 수 있다)

3) 몬테소리 교육의 교수-학습방법

(1) 몬테소리 교수-학습방법의 원리

몬테소리 교육과정은 일상생활연습 · 감각교육 · 수학교육 · 언어교육 · 문화교육으로 아동의 발달과 교육의 내용이 일관성있게 연결되어질 때 달성된다.

몬테소리 교육의 교수-학습 방법은 작업을 통해 이루어짐을 알 수 있다. 작업의 진행은 유아와 교구, 유아와 교사, 유아와 유아간의 상호관계를 통해 학습이 이루어진다.

① 자동교육

유아는 교구를 통해서 스스로 배우는 자동교육에 의해 학습한다. 자유활동의 개념에 입각하여 유아는 교육 프로그램 속에서 스스로 자유롭게 선택한 교구를 통해 자신의 능력을 개발하고 자율성을 향상시킬 수 있게 한다. 몬테소리 교구는 자신이 잘못하면 그 오류를 스스로 고칠 수 있도록 고안되어 있다. 그렇기에 교사의 적극적인 개입은 오히려 유아의 학습을 방해할 수 있다.

몬테소리 교육에서 교사는 유아와 환경의 촉매자로서의 역할을 하게 된다. 즉, 교사는 유아와의 상호작용을 통해 유아를 하나의 인격체이며 능동적인 학습자로 인정하고, 유아의 정신세계를 발전시킬 수 있도록 관찰 · 보호 · 촉진해 주는 역할을 하면서 도움을 주게 된다.

② 3단계 교수법

교사는 유아에게 시범을 보일 때 3단계 교수법을 사용한다. 3단계 교수법을 통해 유아는 생각을 일반화시키는 능력을 갖게 된다.

③ 정상화

정상화(normalization)란 유아가 작업에 진정한 흥미를 갖고 집중 · 반복하여 만족감을 가짐으로써 자신의 내적 훈련을 도모하고 자신감을 발달시키며 목적 지향적인 작업을 선택하게 되는 과정을 의미한다. 처음에 유아는 무엇을 해야 할지 모르고 주로 다른 유아를 관찰하거나 다른 유아가 갖고 온 교구를 즉흥적으로 사용해 보지만 목적대로 사용하지 못한다. 차츰 교구를 선택하여 작업을 하기도 하지만 교사가 제시한 방법대로 사용하고 진정한 흥미를 느끼지 못한다. 그러다 진정한 정상화에 도달하게 되면 유아는 스스로 교구를 선택할 수 있고 그 교구에 대하여 진정한 흥미를 보이며 반복 · 집중할 수 있게 된다. 또한, 교사가 제시한 방법 이외에도 응용적이고 창의적인 방법으로 사용할 수 있고, 자신의 작업과 휴식을 조절할 수 있게 된다.

4) 문학을 통합 교수-학습방법

유아기 아동의 대부분은 동화나 이야기를 좋아한다. 수학과 문학을 통합하는 교수방법은 재미와 논리적 통합(union)이라는 것이 입증되고 있다. 문학에 의해 자극되는 수학활동은 개념을 탐색하고 탐구하도록 하며 관련어휘와 비판적 사고능력을 발달시킬 수 있다.

(1) 책 읽기의 역할

읽기는 그들이 이미 알고 있는 것과 교과서 속에 있는 정보를 기술적으로 수학, 문학, 사회생활, 과학학습을 통합해 주는 활동이다. 이들 영역들 간의 연계가 개발될 때 유아들은 동기와 행위, 형태와 함수, 원인과 결과를 더 잘 이해할 수 있게 된다. 유아를 성공적인 학습자가 되도록 하려면 읽기와 수학적 기술이 손잡고 가야 한다.

(2) 아동문학을 통한 통합

유용하고 창의적인 문제해결 활동을 통한 수학과 언어 및 과학과의 통합은 유아 학습관계에서 항상 일어난다.

언어는 듣기·말하기·읽기·쓰기, 느낌의 의사소통 기술의 교육과정이며, 과학은 학습과정의 다양한 발달과 사실 이해를 위한 교육과정으로 본다. 수학은 관계성과 순서 자료를 모으고 비교하는 의사소통의 교육과정 영역으로 본다. 언어와 수학을 위해 필요한 의사소통 기술은 정보를 받고 공유하도록 허용되는 통합을 교육 현장에 적용하면 유아에게 더 복합적인 학습기술을 성취하도록 도울 수 있다.

- 사실 재진술
- 유아가 사실 재진술 발표
- 정보 제시와 사용
- 전체를 부분으로 나누기
- 부분을 새로운 전체로 구축하기
- 사실에 입각해서 판단하기

(3) 수학교육을 위한 이야기책의 선정기준

Tischler(1992)는 아동 문학을 사용하여 수학교육을 실시하기 위한 도서의 분류 범주를 정하여 아래의 조건을 갖춘 도서를 수학교육활동과 관련시켜 활동이나 주제를 전개할 때 통합시킬 수 있다고 하였다.

① 수학활동의 맥락을 제공하여야 한다.
② 다양한 활용방법을 소개하여야 한다.
③ 유아에게 창의적인 수학 경험을 촉진시킬 수 있어야 한다.
④ 흥미 있는 문제가 이야기 안에 있어야 한다.
⑤ 수학 개념이나 기술을 위한 준비가 포함되어 있어야 한다.
⑥ 수학 개념이나 기술을 점검하도록 하는 것이어야 한다.

(4) 수학 학습과 문학의 적용방법

① 수학적 내용을 다룬 상황을 활용한다.

이야기 내용이나 줄거리의 구성이 수학적 개념이나 기술의 적용을 가능케 하는 이야기책을 선정하여 실행해 봄으로써 수학 관련 경험으로 유도하는 방법이다. 이야기책 내용 자체가 일상생활에서의 문제 상황을 제공하며 문제의 해결 경험을 통해 자연스럽게 일상생활에서 수학의 적용에 대한 이해를 도울 수 있게 하는 활용방법이다.

② 수학적 활동을 위한 조작적 물체로 활용한다.

이야기책에 소품으로 등장하는 조작 가능한 물체를 활용하여 의미 있는 수학 활동으로 제시할 수 있는 경우이다.

③ 수학적 상황을 표상하는 기회로 활용한다.

정보나 개념 책은 이야기 상황과 관련된 수학적 이해를 영상적, 상징적 표현으로 나타내는 기회를 갖도록 활용할 수 있다.

④ 문제를 제기하는 상황을 탐색하여 다양한 해결책으로 활용한다.

⑤ 새로운 내용을 통해 유아에게 수학적 개념에 대한 이해를 도와주는데 활용한다.

⑥ 수학적 언어의 사용을 위한 기회로 활용한다.

이야기책에서 유아의 수학적 이해와 관계를 나타내는 어휘에 대한 획득과 의사소통의 기회로 활용될 수 있다.

⑦ 수학적 사고의 기회를 위해 개작하여 활용한다.

이야기 맥락을 수정·보완하여 유아에게 수학적 사고를 하도록 유도하는 기회로 활용할 수 있다.

Chapter 4

유아의 수학적 지식구성

1 수학적 내용지식

수학 내용지식은 상황이나 사물의 관계를 유아가 수학에 대해 논리적으로 구성할 수 있는 지식을 의미한다(NAEYC & NCTM, 2002; Payne, 1990).

수학교육의 최근 경향은 현재와 미래에 필요한 수학적 요구를 반영할 수 있도록 광범위한 영역의 내용과 수학적 소양을 증진시키고 수학적 힘을 길러줄 수 있는 내용으로 구성되어야 한다고 주장한다(교육부, 1998; NAEYC & NCTM, 2002; Richardson & Sallceld, 1995).

우리나라 유아교육과정인 누리과정에서는 자연탐구 영역의 '수학적 기초능력 기르기'에서 수학적 탐구하기로 '수와 연산의 기초개념 형성하기', '공간과 도형의 기초개념 형성하기', '기초적인 측정하기', '규칙성 이해하기', '기초적인 자료수립과 결과 나타내기'로 세부 내용을 선정하였다. 전미 유아교육협회와 미국수학교사협회는 3~6세까지 유아수학교육 내용을 수와 연산, 공간과 기하, 측정, 패턴과 대수, 자료의 조직과 분석을 제시한 것을 고려하여 수학내용지식을 선정하였다.

2 수학적 과정기술

수학적 과정기술은 유아가 수학적 지식을 획득하고 이를 사용하는 방법을 의미한다. 유아가 수학을 경험하는 과정에서 수학적 아이디어를 이해하고 수학적 능력을 확장시키는 데 필요한 기술로서 문제 해결하기, 추론하기와 증명하기, 의사소통하기, 연계하기, 표상하기 등 다양한 방법을 사용한다.

1) 문제 해결하기

문제 해결하기는 문제의 답을 찾아가는 과정이다. 유아는 선천적으로 문제를 해결하고자 하는 성향을 지니고 있기 때문에 지속적으로 유지할 수 있도록 교사는 적절한 상호작용을 할 수 있어야 한다.

문제 해결 지도 방법

① 스스로 문제를 해결할 수 있는 기회를 제공한다.
② 풍부한 문제 해결을 위한 환경을 제공한다.
③ 단계적으로 사고할 수 있도록 한다.
④ 문제를 이해하여 계획하고, 실행한 후 해결방법을 평가한다.

2) 추론하기

추론하기는 사물이나 사실들이 갖고 있는 규칙성과 관계성을 발견하여 논리적으로 결론을 내는 것이다. 즉, 사물이나 사실들을 추론하여 예측하는 것이다. 유아는 자신의 경험으로부터 추론할 수 있는 능력을 가지고 있으며 (Branstord, Brown, Cooking 1999), 경험에 따라 계속적으로 수정해 나간다. 그러므로 일상생활에서 경험하는 것들을 일반화하고 추론해 볼 필요가 있다.

추론하기 지도방법

① 추론적 사고와 관련된 어휘사용을 돕는다.
'아마도', '만약', '절대로'
② 자신의 생각을 검토하고 추론하기의 질문을 사용한다.
'확실하니?', '왜 그렇게 생각하니?'
③ 유아의 이야기에 귀 기울인다.

3) 의사소통하기

의사소통하기는 일상생활에서 사용하는 언어를 수학적 언어 및 상징과 관련시키는 것과 수학적 상황을 다른 사람에게 말이나 글로 이야기 하는 것을 의미한다(Alrhous, 1994; NCTM, 2000).

교사는 여러 가지 방법으로 의사소통을 촉진하는 수학적 환경을 만들어 주어 유아들의 생각을 설명하고 문제에 대해 이야기해 볼 수 있는 기회를 제공하는 것이 필요하다(나귀옥 · 김경희, 2004).

의사소통의 과정에는 언어적인 것과 비언어적인 것이 포함되며, 서로의 의견을 듣고 이야기하거나 글로 쓰면서 수학적 언어를 더 정확하게 사용하여 형식적 상징을 통해 수학적 사고를 표현하는 단계로 발전해 간다.

의사소통 지도방법

① 교사는 유아가 이해할 수 있는 수학적 언어를 사용한다.
② 유아 자신의 생각을 정리 · 확장할 수 있는 질문을 사용한다.
'어떻게 알 수 있었니?', '다른 사람에게 들려 줄 수 있니?'
③ 유아들의 이야기를 귀 기울여 듣는다.
④ 친구와 함께 문제를 해결할 수 있는 기회제공과 해결방법에 대해 이야기해 보도록 한다.

4) 표상하기

표상하기는 유아가 말, 그림 등 다양한 매개물을 통해 자신이 지닌 수학적 개념이나 내적사고를 표현하는 것을 의미한다.

유아들이 그리고 쓰는 표상활동은 수학적 개념과 관계를 이해하도록 지원하는데 본질적인 요소로 다루어져야 하며(홍혜경, 1999), 교사는 유아가 설명하도록 하여 무엇을 얼마나 이해했는지 정도를 알 수 있다(Cmytren, 1996)는 것이 중요하다.

표상하기 지도방법

① 교사는 유아에게 다양한 표상방법을 소개한다.
② 유아에게 의미 있는 상황을 제공하여 수학적 표상에 관심과 유용성을 이해하도록 돕는다.
③ 유아의 그림, 표는 자신의 경험을 기억하고, 생각을 정리하는 방법이라는 것을 이해하도록 돕는다.

5) 연계하기

유아들이 일상생활에서 경험하였던 비형식적인 수학 경험을 교육기관에서 학습하는 수학개념과 연계하여 수학이 의미 있고 유용한 것으로 생각하도록 한다. 수학적지식과 다른 교과의 지식을 연결할 수도 있고 유아가 이미 알고 있는 개념을 새로운 개념과 연계할 수도 있다.

연계하기 지도방법

① 유아들의 경험을 연결할 수 있는 기회를 제공한다.
② 타 영역활동에서의 경험을 자연스럽게 수학활동과 연결할 수 있는 기회를 제공한다.

3 수학적 태도

수학적 태도는 수학에 대한 일반적 감정적 성향이며, 수학을 하는 과정에서 나타나는 특별한 행동양식으로 이전의 수학·경험에 의해 형성된다.

유아에게 길러 주는 수학적 힘은 인지적 영역과 수학에 대한 긍정적 성향, 태도를 함양하는 것까지 표상한다(NCTM, 2000).

정서, 상태, 신념, 태도와 같은 정의적 영역으로서 유아의 행동에 영향을 미친다(황정숙, 1997; Goleman, 1995; Kennedy & Tipps, 2000).

Copley(2000)는 수학에 대한 긍정적 성향은 '지속하는 것', '위험을 무릅쓰고 도전하는 것', '자기 조절하는 것'이라고 하였다.

수학적 태도는 호기심, 주의집중, 개방성, 적극성, 지속성들이 포함된다(Copley, 2000; NCTM, 2000).

호기심은 수학적 문제 해결과 학습의 동기, 관심의 행동이 포함되고, 주위집중은 수학적 상황이나 활동의 과정에 주의를 기울이는 태도, 개방성은 수학 활동과정에서 자기의 주장에 대한 비판과 타인의 의견을 수용하고 결과를 인정하는 태도이다.

적극성은 적극적으로 참여하는 태도이며 지속성은 끈기를 갖고 지속적으로 해결해 보려는 태도이다.

수학적 태도는 정서적 부분과 문제 해결력, 수학적 성취 등과 관련된다는 점에서 중요하다.

유아발달에 적합하고 구체적인 경험의 학습활동은 유아에게 즐거움과 자신감을 갖게 하고 긍정적인 태도를 형성시킨다.

Chapter 5

유아 수학교육의 내용과 실제

1 분류하기

사물을 유사한 것끼리 모으거나 순서화하는 것은 수학적 개념의 이해를 위한 논리적 사고의 기초 개념으로서 중요하다.

분류란 수 기능의 기초로서 물체를 속성에 의해 범주나 영역으로 모아 물체 간의 차이를 유목으로 조직하는 것이다. 분류는 Piaget의 논리적 사고 발달로부터 기인하게 되었다고 볼 수 있다(이경우 외, 1997). Piaget에 의하면 수의 이해는 논리의 발달과 병행하며, 논리 · 수학적 조작은 단일 체제로 구성되어 있다는 것이 기본 가정이다. 수의 이해를 위해서는 위계적 포함 관계, 연속적 비대칭적 관계, 수의 보존관계의 이해가 기초되어야 한다는 것이다(Copeland, 1974; DeVries & Kohlberg, 1989). 유아의 분류, 서열화 능력은 논리 · 수학적 개념발달에 전제가 되는 기초능력으로 수 이전 학습에 주요 부분을 차지하게 되었다.

유아의 분류능력은 신생아기부터 시작하여 생후 1년이 되기 전에 지적체계나 구조를 구축해 나가며, 새로운 현상들을 분류할 수 있고, 생후 2세 정도가 되면 그림을 사용한 집합을 만들 수 있게 된다. 3~4세가 되면 언어를 사용한 질문을 통해서 더 많은 정보와 관찰력으로 물체를 인식하는 능력을 발전시킨다. 유아는 사물에 이름을 붙이고 또 특성도 알게 된다. 유아가 사물에 이름을 붙이는 것도 하나의 분류유형이다.

분류의 기능은 다음의 네 단계를 거쳐서 발달하게 된다(Copeland, 1989).

1) 분류의 발달과정

2~3세 유아들은 나누어 놓은 정도이지만 4~6세경에는 색, 모양, 크기 등 외형적 속성의 준거로 분류하지만 기능이나 재질의 속성에 따른 분류는 어렵다.

2) 분류의 내용

짝짓기, 단순분류, 논리적 분류, 복합 분류, 유목포함 관계

(1) 짝짓기

공통점, 유사점, 관련 있는 것끼리 일대일 대응.
예를 들어 연필과 지우개, 치약과 칫솔 등

(2) 단순분류

한 가지 속성에 따라 사물들을 집합하는 것으로써 약 2세경에 발생한다. 색과 모양을 1차적으로 분류 준거로 하고 크기, 사용 용도와 기능 등의 다양한 준거에 의해 분류하는 경험을 제공한다.

단순분류 지도방법
- 교사가 분류 준거를 제시하고 유아가 분류해 본다.
- 유아 스스로 분류 준거를 정하고 설명해 본다.
- 다른 사람이 분류한 것을 어떤 준거에 의해 분류했는지를 추측해 본다.

(3) 논리적 분류

한 집합의 사물들에서 공통된 속성을 추출, 다른 집합의 사물들에서도 같은 속성을 발견해 내는 두 과정이 동시에 발생하는 분류 활동으로 약 3~5세경에 발생한다.

(4) 복합 분류

한 번에 한 가지 이상의 속성을 고려하여 분류하는 것으로, 한 가지의 사물이 동시에 여러 유목에 속할 수 있다는 것을 인식하여 분류하는 활동으로 약 6~7세경에 발생한다.

- 같은 종류이지만 크기가 다른 것
- 같은 종류이지만 모양이 다른 것

복합분류 지도방법
- 한 가지 준거로 분류한 뒤, 다른 준거로 재분류해 본다.
- 두 가지 속성의 기준으로 분류해 본다.
- 유사한 두 물체의 유사점과 다른 점을 발견해 본다.

(5) 유목포함 관계

사물들의 위계적인 관계를 말하는 것으로 하위의 집단에 포함된 개념이 다시 상위의 집단에 포함될 수 있음을 의미한다.

6~7세 전에는 눈에 띄는 '부분개념'만을 고려하고 전체개념은 고려하지 않는다.

유목포함 지도방법
- 전체와 부분이라는 용어를 사용하여 상호작용한다.
- 전체와 부분관계를 떠올릴 수 있는 질문을 한다.
- '~이 아닌'이라는 용어를 사용함으로써 보충 유목개념을 경험한다.

가장 멋진 선물(이은선 | 베틀북)

1) 동화를 들려준다. 2) 동화내용을 회상한다.

이야기 나누기 talk

- 오늘은 무슨 날인가요? 엄마생신
- 통실이, 통통이, 통동이는 삼촌의 빵가게에 가서 엄마에게 드릴 선물을 무엇으로 결정했나요? 과자 만들기
- 누가 어떤 모양을 만들기로 했나요?
  - 통통이는 돼지 모양 2개, 곰모양 2개입니다.
  - 통동이는 돼지 모양 2개, 곰모양 2개, 커다란 코끼리 모양 2개입니다.
  - 통실이는 돼지 모양 2개입니다.
- 어떤 모양들이 만들어 졌나요?
  - 돼지모양, 곰모양, 코끼리 모양입니다.
- 돼지 모양은 모두 몇개였나요? 6개입니다.
- 곰 모양은 모두 몇개였나요? 4개입니다.
- 코끼리 모양은 모두 몇 개였나요? 2개입니다.
- 과자의 수는 모두 몇 개였나요? 12개입니다.
- 삼촌은 통통이, 통동이, 통실이가 만든 과자로 무엇을 만들었나요?
  - 하나로 합쳐 케이크를 만들었어요.

생글이가 이겼어요.(이상현·강욱 | 지식더미)

1) 동화를 들려준다. 2) 동화내용을 회상한다.

이야기 나누기 talk

- 아기 고양이 생글이와 동글이는 왜 표정이 어둡게 되었나요?
  - 여덟 개나 되는 문어 쭉쭉이와 로봇 빨리 만들기 경기를 하기 때문이에요.
- 누구를 찾아 가나요?
  - 염소 할아버지요.
- 생글이는 어떻게 되었나요?
  - 생글이는 생각처럼 쉽지 않았어요.
- 힘들어하는 생글이에게 염소 할아버지가 어떤 좋은 방법을 가르쳐 줬나요?
  - 순서를 외우면 된다고 했어요.
- 순서를 외우면 좋은 점이 무엇이었나요?
  - 시간을 절약할 수 있다고 했어요.
- 생글이는 어떻게 했나요?
  - 연습을 했어요.
- 어떻게 하면 팔이 많은 문어보다 빨리 만들 수 있나요?
  - 분류해서요.
- 어떻게 분류했나요?
  - 모양끼리, 크기끼리, 색깔끼리 분류했어요.
- 겨루는 날에 쭉쭉이는 어떻게 되었나요?
  - 여덟 개 팔이 모두 꼬여 버렸어요.
- 생글이는 어떻게 했나요?
  - 꼬인 팔을 풀어 주어 좋은 친구가 되었어요.
- 손발이 수십 개나 되는 지네 형제 손손이와 발발이가 와서 생글이와 쭉쭉이에게 무엇을 하자고 했나요?
- 어떻게 됐을까요?

분류하기

1. 대상 연령 : 2.5세 이상
2. 선행 학습 : 옮기기의 활동들, 숟가락으로 분류하기의 활동
3. 교 구 : 3~4종류의 분류를 할 수 있는 내용물
   분류할 수 있는 그릇, 쟁반, 집게
4. 제시 방법 : 개별 또는 그룹제시

1) 모양이 다른 물건이 담긴 그릇을 보여주며 탐색한다.
   "무엇인 것 갔니? 어떤 모양이니?"
   "여기에 여러 가지 모양이 모두 섞여 있구나. 이제 집으로 돌아가야 하는데 각자 자기 집으로 갈 수 있도록 우리가 도와줄 수 있을까?"
2) 모양이 같은 것끼리 집게를 사용해서 분류해 본다.
   ※ 처음에는 교사가 먼저 1가지 종류를 분류하며 시범을 보일 수 있다(유아의 수준에 따라).
3) 각각의 그릇에 담긴 물건을 보며 어떤 준거로 분류하였는지 이야기 나눈다.
   "왜 이렇게 넣었니?"
4) "각각 몇 개이니?"

5) "모두 몇 개이니?"
6) 집게를 집어 분류된 내용물을 다시 한 그릇에 담는다.
"다른 친구가 할 수 있도록 다시 처음 그릇에 담아보자."
7) 집게를 제자리에 놓는다.
8) 교구를 제자리에 정리한다.

5. 흥미점 :
   1) 집게를 사용하여 내용물을 분류한다.
   2) 내용물과 집게에 관심을 가진다.
6. 오류의 통제 : 분류를 하지 못한다.
7. 직접 목적 : 집게를 사용하여 내용물을 분류할 수 있다.
   간접 목적 : 질서감, 독립심, 협응력, 집중력
8. 변형 및 응용 : 다양한 종류의 내용물과 도구
9. 언어 : 분류한다
10. 비고 :
   1) 분류는 사고 발달의 첫 번째 단계이다.
   2) 분류 작업은 유아에게 외적인 질서를 배우게 하고 과학의 기초를 마련해 주는 작업이다.
   3) 유아의 수준에 따라 내용을 나눌 그릇에 분류될 준거의 그림이나 글자 카드를 붙일 수 있다.

빨래집게 집고 빼기

1. 대상 연령 : 2.5세 이상
2. 선행 학습 : 열고 닫기 활동들
3. 교　　구 : 빨래집게, 쟁반, 지침판
4. 제시 방법 : 개별 또는 소그룹 제시

집 기

1) 교구를 탐색하고 활동방법에 대해 이야기 나눈다.
   "우리 반에 놀러온 친구를 소개할게요."
   "애벌레와 곰 친구의 몸에는 여러 가지 색깔의 무늬가 있어요.", "무늬와 같은 색깔의 집게를 찾아 꽂아 봐요."
2) 집게 사용방법에 대해 알아본다.
3) 집게를 하나 들어 열고 닫기를 천천히 보여준다.
4) 왼손으로 지침판을 잡는다.
5) 지침판의 색에 맞는 집게를 찾아 놓는다.
6) 오른손 세 손가락으로 집게를 정확하게 잡는다.

7) 집게를 눌러 천천히 벌린다.
8) 집게를 밀어 넣는다.
9) 천천히 집게를 집는다.
10) 나머지 집게도 동일한 방법으로 진행한다.
11) "어떻게 다르니?"
12) "각각 몇 개이니?"
13) "모두 몇 개이니?"

빼 기

1) "집게를 빼보자."라고 말하고 세 손가락으로 집게를 잡는다.
2) 천천히 집게를 눌러 벌린다.
3) 집게를 빼낸다.
4) 천천히 집게를 닫는다.
5) 집게를 놓는다.
6) 교구를 제자리에 정리한다.

5. 흥미점 :
 1) 정확하게 집게를 집고 뺀다.
 2) 지침판의 색에 맞추어 집고 뺀다.
6. 오류의 통제 :
 1) 빨래집게를 정확히 집고 빼지 못한다(손 전체 사용, 힘으로 밀어 넣는 것).
 2) 분류를 하지 못한다.
7. 직접 목적 :
 1) 빨래집게를 집고 빼기한다.
 2) 빨래집게를 사용하여 분류한다.
 간접 목적 :
 1) 쓰기 위한 준비

2) 질서감, 독립심, 협응력, 집중력

8. 변형 및 응용 :

1) 여러 가지 지침판을 경험한다(자주 바꾸는 것보다는 단순하고 반복하는 것이 효과적이다).

2) 실생활에 적용한다(빨래하기, 이젤 대용, 삼각대 사용, 작업한 종이를 분류해 묶어 둘 때, 종이 자르기를 집게로 묶어 둘 때).

3) 집게 패턴으로 만들 수 있다.

9. 언어 : 빨래집게, 지침판, 누른다, 벌린다, 넣는다, 잡는다.

10. 비고 :

1) 빨래집게는 힘과 크기가 유아에게 맞는 것으로 세 손가락 사용이 가능한 것을 선택한다.

2) 지침판은 집기가 명확하게 보일 수 있도록 하고 적당한 크기를 선택한다.

2 순서짓기

순서짓기 혹은 서열화는 사물의 어떤 특징적 속성의 차이를 순서대로 배열하는 것을 의미한다. 사물을 순서짓기 위해서는 비교, 배열, 방향, 규칙이 반영되게 된다(이경우 외, 1997).

3세경의 유아는 크기 비교기술 및 능력이 나타난다.

전희영(2001)은 유아들이 삼각형의 크기 비교문제를 처음에는 '시각적으로 변별하기'로 시작하여 '한 변을 기준으로 맞대어 비교하기', '밑변과 높이를 동시에 고려하여 겹쳐놓고 비교하기'의 과정을 거친다고 하였다. 크기 비교를 통해 여러 사물 간의 반복적이고 연속적으로 비교하여 방향성 있는 배열을 이루는 것을 순서짓기라고 할 수 있다. 유아들에게 크기 비교에 있어서 두 가지 차원을 동시에 고려하는 것은 어렵기 때문에 구체물 조작을 통해 이루어지는 것이 적합하며, 길이나 크기 등의 비교 과제가 적절한 것으로 보인다.

1) 순서짓기의 발달과정

3~4세는 물체 간의 차이를 비교하여 2~3개는 순서대로 순서화하며 5~6세는 순서대로 놓을 수 있지만 한두 개 빼놓고 배열한 후 적절한 위치에 놓으라고 하면 다시 처음부터 순서짓기를 한다.

2) 순서짓기의 내용

(1) 단순 순서짓기

단순 순서짓기는 한 가지 속성에 따라 물체를 순서대로 배열하는 것이다. 순서화하기 위해서는 시작하는 방법과 기준점을 맞추어야 한다는 것을 알게 된다. 일반적으로 유아들은 길이에 대한 순서 짓기가 가장 쉽다. 처음에는 3개 정도 제시하고, 가장 긴 것과 가장 짧은 것을 비교하는 경험을 제시하며, 사물의 수를 늘려 가는 것이 좋다.

예를 들어 키 크기 순서짓기, 길이크기(시각적 정보), 온도감각, 주관적 감정(가장 좋은 것 과 가장 싫은 것), 경험 순서짓기로 할 수 있다.

순서짓기 지도방법

- 교사가 준거를 제시하고, 유아가 순서짓기를 한다.
- 유아가 준거를 제시하고, 그 준거를 설명한다.
- 다른 사람의 순서를 관찰하고, 준거를 말한다.
- 서열화되어 있는 상태에서 한 개~두 개를 빼고 제자리 찾아 넣어본다.

(2) 이중 순서 짓기

두 집단의 사물들을 일대일 대응하면서 순서대로 배열하는 것이다.

예를 들면 동물과 동물의 집, 아빠 곰과 큰 그릇, 엄마 곰과 중간크기의 그릇, 아기 곰과 작은 그릇을 짝지으면서 이중 순서짓기를 한다.

(3) 복합 순서 짓기

두 가지 다른 속성(길이와 높이)을 동시에 고려하면서 순서화하는 것이다.

빨간막대

1. 영역 : 길이의 시각적 변별
2. 연령 : 3세 이상
3. 교구 : 빨간색으로 통일된 10개의 목재 막대로 가장 짧은 것은 10cm, 가장 긴 것은 100cm로 10cm씩 증가한다.
막대의 단면은 2.5cm×2.5cm로 굵기가 일정하다.
길이를 식별하는 1차원의 교구로 1 : 10이다.

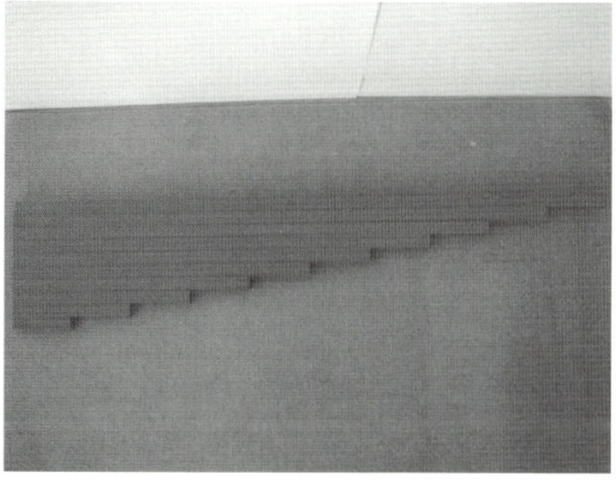

커다란 순무(알릭세이 톨스토이 | 시공 주니어)

1) 동화를 들려준다. 2) 동화 내용을 회상한다.

이야기 나누기 talk

- 할아버지가 땅에 심은 것은 무엇이었나요?
- 할아버지가 심은 씨는 어떻게 자랐나요?
- 무가 뽑히지 않자 할아버지는 누구를 불렀나요?
- 할머니는 또 누구를 불렀나요?
- 손녀는 어떤 동물을 불렀나요? 검둥개는? 고양이는?
- 점점 길이가 어떻게 되었나요?

▶ 이야기 상황에서 기수와 서수의 차이를 비교할 수 있는 기회를 갖게 하여 유아에게 수학적 사고를 하도록 활용하는 것이다.

4. 제시 방법 :

제시 I

1) "오늘은 선생님과 빨간막대 교구를 해보자."
   교구장에 가서 가장 짧은 막대부터 양손으로 막대의 양끝을 수평으로 잡고 매트에 순서 없이 옮겨 놓는다. 이때 가장 긴 막대는 수직으로 세워서 들 수도 있다.
2) 교구를 소개한다.
   "어떻게 생겼니?
   무슨 색깔이니? 길이가 어떤 것 같니?
   이름이 뭘까? 이것은 빨간 막대란다. 어떤 놀이를 할 수 있을까? 함께 알아보자."
3) "길이가 가장 긴 것부터 짧은 것까지 차례대로 놓을 수 있니?"
   "가장 긴 빨간막대의 길이가 얼마나 긴지 손가락으로 재어볼까?"
   가장 긴 막대를 찾아서 왼손으로 막대의 왼쪽 끝을 잡고 오른손 검지와 중지로 왼쪽에서 오른쪽 끝까지 쓰다듬는다(근육의 움직임을 통해 길이감을 느낀다).
   어린 유아는 막대 한가운데를 중심으로 잡고 양손으로 쓰다듬는다.
4) "그 다음 긴 것은 어떤 것일까?"
   그 다음 긴 것을 찾아 가장 긴 막대의 왼쪽 끝에 맞추어 그 아래에 붙이고 위와 같은 방법으로 진행한다.
5) 빨간 막대의 왼쪽 면의 길이가 같아지도록 손으로 쓰다듬어 맞춘다.
6) 동일한 방법으로 가장 짧은 막대까지 붙인다.
7) 오른쪽의 길이의 차이를 본다.
   "어떻게 달라 보이니?"
8) 가장 긴 막대부터 교구장에 정리한다.

제시 Ⅱ

1) 제시 Ⅰ의 1)~6)번까지 동일한 방법으로 진행한다.
2) "가장 긴 막대는 어떤 것이니?"
   "가장 긴 빨간막대처럼 같은 길이를 어떻게 만들 수 있을까?"
   "어떤 길이의 막대를 놓으면 될까?"
   가장 짧은 막대를 오른손의 세 손가락으로 쥐고 바로 위의 막대 끝에 밀어 넣는다.
3) 동일한 방법으로 가장 긴 막대의 바로 아래 부분까지 대어본다.
4) 같은 방법으로 가장 긴 빨간막대처럼 만들어 본다.
5) "모두 어떻게 되었니?"
6) 빨간 막대를 길이 순서대로 놓는다.
7) 가장 긴 막대부터 교구장에 정리한다.

5. 흥미점 :
   1) 빨간 막대를 옮긴다.
   2) 빨간 막대의 색깔과 길이를 느껴 본다.
   3) 길이를 손으로 쓰다듬어 본다.
   4) 일정한 간격의 길이 차이를 안다.
   5) 가장 짧은 막대로 그 차이를 재어 본다.
   6) 순서대로 놓아 본다.
6. 오류의 통제 :
   1) 빨간 막대를 길이의 순서대로 나열하지 못한다.
   2) 빨간 막대를 같은 길이로 만들지 못한다.
7. 직접 목적 :
   1) 시각을 통한 길이의 변별력
   2) 길이의 점차성과 대조성의 인식
   3) 빨간 막대의 순서짓기

간접 목적 :

1) 수학과 10진법의 준비
2) 논리 · 수학적 사고력(서열화 · 측량개념)
3) 쓰기의 준비
4) 주의력, 관찰력, 협응력, 집중력

8. 변형 및 확장 :

1) 10개의 빨간 막대를 일렬로 나열하여 하나의 막대로 한다.
2) 지적하는 막대의 바로 위의 것, 바로 밑의 것을 찾는다.
"이것보다 더 긴 것은 어떤 것이니?"
"이것보다 더 짧은 것은 어떤 것이니?"
3) 순서적으로 나열하고 유아에게 눈을 감긴 후 한 개를 빼서 숨기고 빠진 막대의 위치를 찾도록 한다.
"이 빨간 막대는 어디쯤 놓으면 될 것이라고 생각하니?"
"왜 그렇게 생각하니?"
4) 여러 가지 구성 작업을 한다.
① 긴 막대 순서대로 서로 90°를 만들 수 있도록 끝을 연결시켜 나간다(사각의 나선 모양이 된다).
② 긴 것부터 짧은 것으로 나열하되 양끝의 길이가 같은 삼각형을 만든다.
③ 수직이 될 수 있도록 겹쳐서 만들어 본다.
5) 막대 하나를 지적하여 환경 안에서 같은 길이를 찾는다.
6) 물건의 길이를 막대로 재어본다.
7) 유아에게 막대 하나의 길이만큼 팔을 벌려 보게 한다.

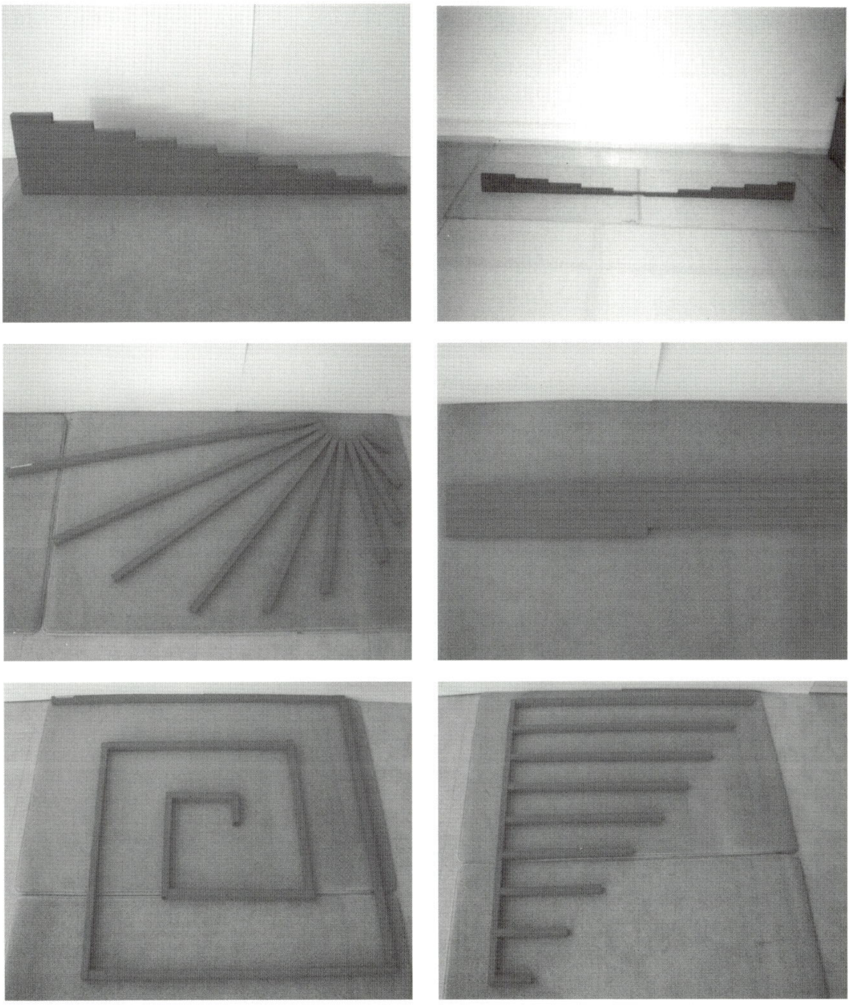

9. 언어 3단계 : 길다 → 짧다, 더 길다 → 더 짧다, 가장 길다 → 가장 짧다

10. 비고 :

   1) 이 교구는 길이의 변별과 동시에 숫자 지도로서의 준비를 가지고 있다. 10cm를 단위로 하여 1~10까지의 10개의 막대로 구성 되어 있다. 10까지의 수의 합성분해의 기초적인 조작이 가능하며, 길이만으로 주의를 집중시킬 수 있는 것이 특징이라 할 수 있다.

   2) '길다, 짧다'라는 개념을 정확하게 한다.

① 처음의 혼란을 피하기 위해 가능한 조건을 단일화하여 학습시키는 것이 중요하다. 예를 들면 길이가 확실하게 다른 2~3개의 막대를 사용하여 "어느 쪽이 길까(짧을까?)", "제일 긴 것(짧은 것)은?"이라는 기준을 확실히 하여 길이를 비교한다.

② 막대를 사용하여 같은 길이를 만들어 봄으로써 이해시킬 수 있다.

게임) 치키피키(Beleduc)

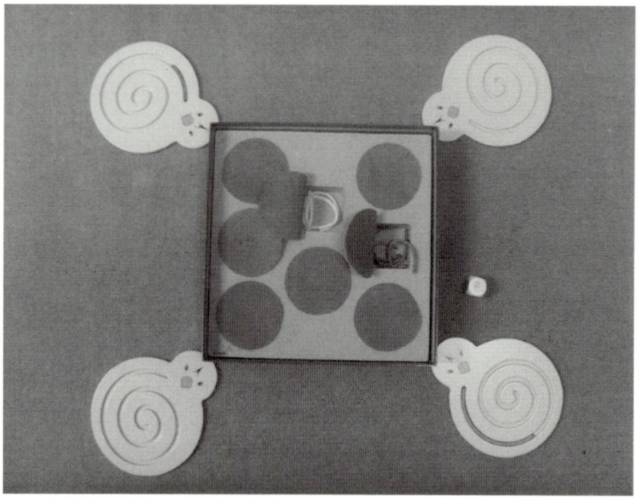

빨간막대 – 변형

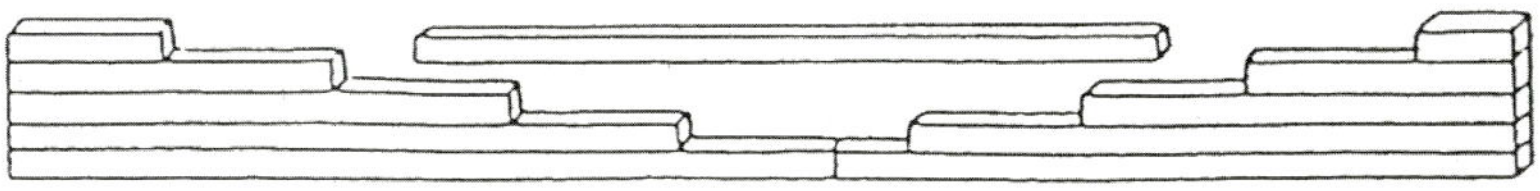

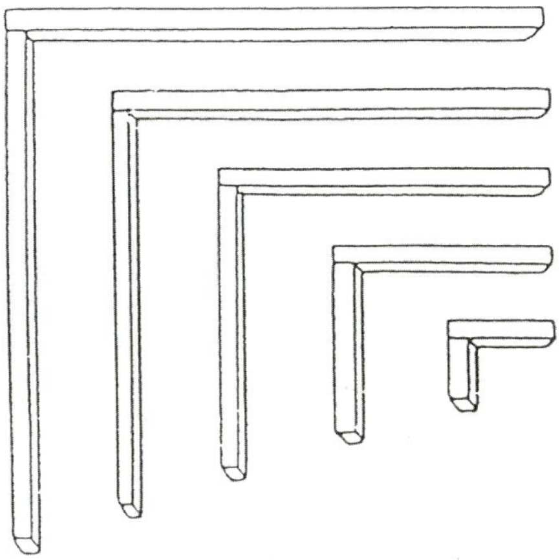

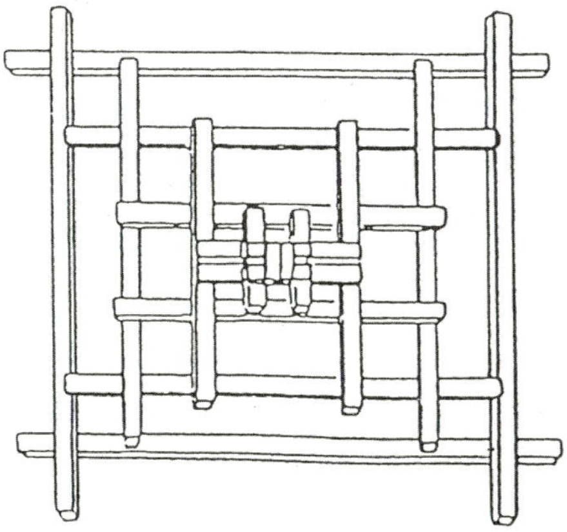

빨간막대 – 변형

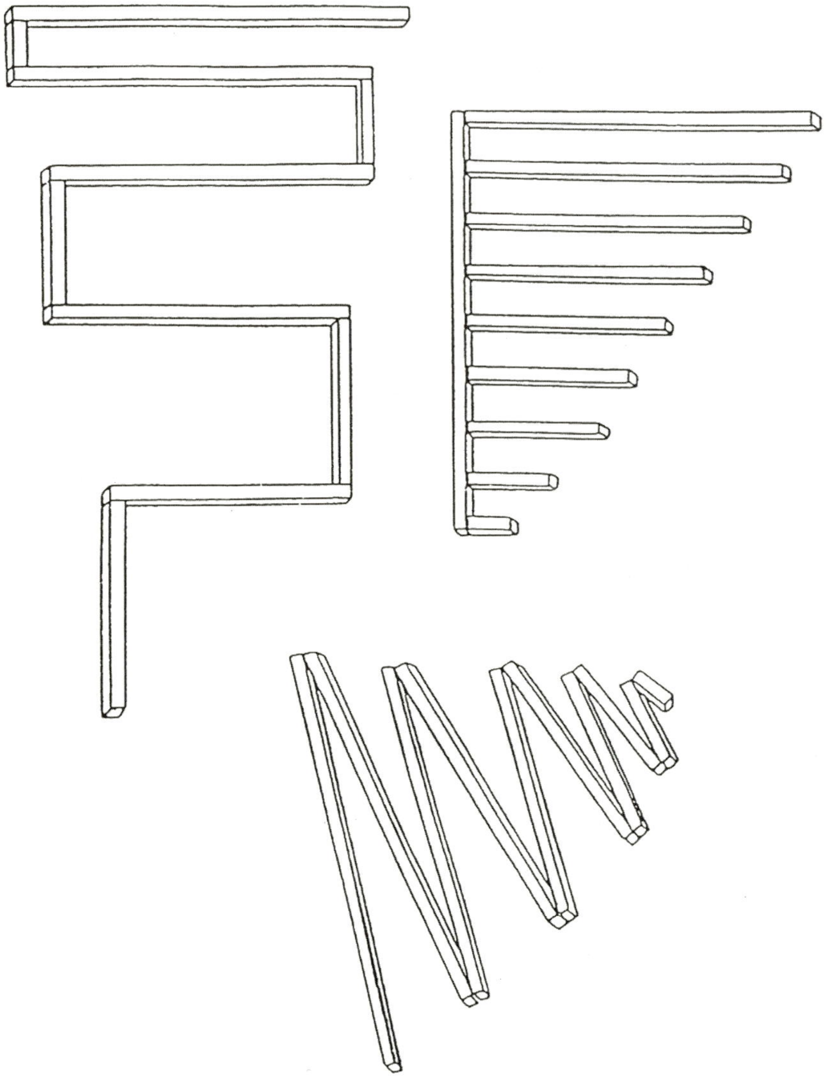

빨간막대 – 변형

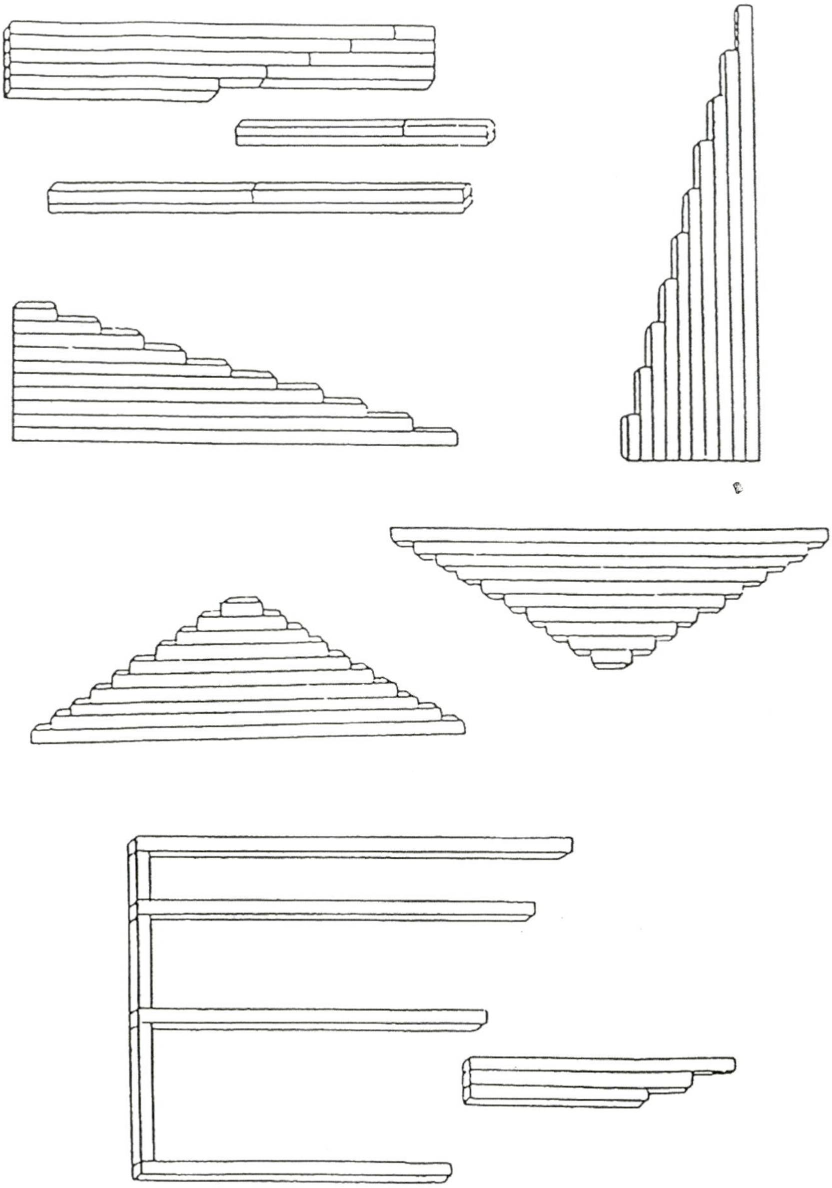

빨간막대 – 변형

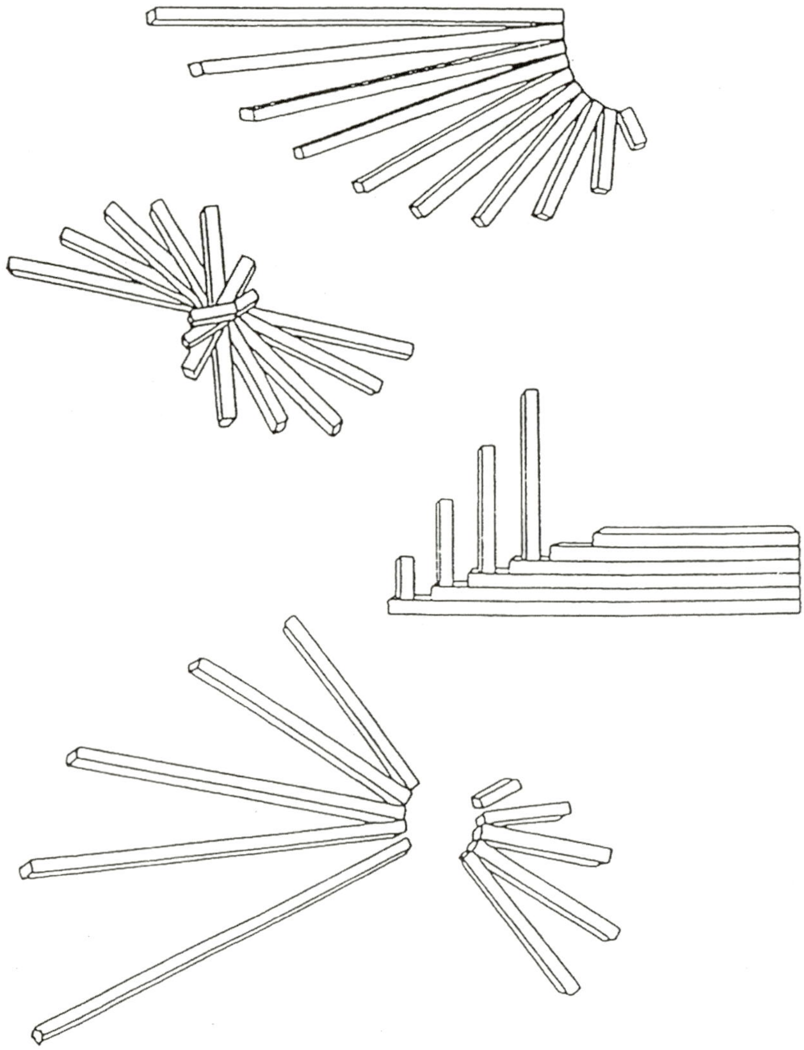

분홍탑

1. 영역 : 부피의 시각적 변별
2. 연령 : 2.5~3세
3. 교구 : 분홍색으로 통일된 10개의 목재 정육면체로 변의 길이가 최대 10cm에서 최소 1cm로 1cm씩 감소한다.
   제일 큰 정육면체는 $10cm^3$(10cm×10cm×10cm),
   제일 작은 정육면체는 $1cm^3$(1cm×1cm×1cm)로 변화한다.
   크기를 식별하는 3차원의 교구로 1 : 1,000이다.

낮잠 자는 집(오드리 우드 저 | 보림)

1) 동화를 들려준다.
2) 동화 내용을 회상한다.

이야기 나누기 talk

- 동화 속에 어떤 집이 있었나요?
- 침대 위에는 누가 있었나요? 할머니가 무엇을 하고 있었나요?

- 할머니 위에는 누가 있었나요? 그리고 꼬마 위에는 누가 있었나요?
  - 조는 개 위에는 고양이
  - 고양이 위에는 쥐
  - 모두 다 잠을 자요
  - 쥐 위에는 벼룩 한 마리
  - 벼룩은 말똥말똥 깨어 있어요.
  - 벼룩이 쥐를 꽉 물어서
  - 쥐가 고양이를 깜짝 놀래키니까
  - 고양이가 개를 할퀴어서
  - 개가 꼬마 위에 떨어지는 바람에
  - 할머니와 쿵 부딪쳐서
  - 할머니가 떨어져 의자가 와지끈
  - 이젠 아무도 안 자요.
- 위로 갈수록 크기가 점점 어떻게 되었나요?
- 제일 위에 앉았던 벼룩이 어떻게 했나요?
  그래서 어떤 일이 일어났나요?

4. 제시 방법 :

제시 I

1) 교구를 소개한다.
   "너희들은 탑을 본 적이 있니? 어디서 보았니? 어떻게 생겼었니? 오늘 너희들에게 소개할 교구도 탑이란다. 어떤 모양이니? 무슨 색이니? 그래서 분홍탑이라고 한단다."
2) 교구가 있는 곳으로 가서 분홍탑 옮기는 법을 보여준다(작은 분홍탑은 세 손가락으로 옮기고 큰 분홍탑을 옮길 때는 오른손은 분홍탑 위를 잡고 왼손은 밑을 받친다. 부피가 커지는 것을 감각적으로 느끼면서 한 번에 한 개씩 작은 것부터 무순서로 매트에 옮겨 놓는다).

3) 쌓는 모양이 유아에게 명확하게 보여질 수 있는 곳에 교사가 앉는다.
"이것으로 탑을 쌓으려면 어떻게 할 수 있을까?"
4) 가장 큰 정육면체를 매트의 왼쪽 중앙에 옮겨 놓는다.
"가장 큰 분홍탑은 어떤 것이니?"
5) 그 다음 크기의 정육면체를 찾아 가장 큰 정육면체의 한가운데에 올려놓는다.
6) 동일한 방법으로 가장 작은 것까지 쌓는다.
7) 전체적인 조화와 균형으로 된 탑을 동서남북으로 돌면서 본다.
8) "어떠니?" 하고 유아에게 묻는다.
9) 맨 위에 것부터 매트에 무순서로 내려놓는다(2개 정도 보여준 뒤 유아에게 권한다).
10) 가장 큰 것부터 교구장에 정리한다.

제시 Ⅱ

1) 제시 Ⅰ의 1) ~ 4)까지는 동일하게 진행한다.
2) 그 다음 큰 것을 찾아 왼쪽 윗 모서리를 중심으로 2변을 맞춘 다음 왼손으로 확인하듯 만진다.
3) 마지막 1번까지 진행한다.
4) 탑의 맨 위 1번을 오른손으로 집어 들고 맨 밑 부분 10번과 9번사이의 공간을 지나간다.
5) 맨 위 부분까지 진행한다(1번만큼의 부피가 점차적으로 줄어드는 것을 확인한다).
6) 맨 위에 것부터 매트에 무순서로 내려 놓는다.
7) 가장 큰 것부터 교구장에 정리한다.

5. 흥미점 :

1) 정육면체를 쌓아 올린다.

2) 정육면체의 크기와 무게가 다른 것을 느낀다.

3) 탑의 조화를 본다.

4) 보는 위치에 따라서 다른 모양으로 보인다.

6. 오류의 통제 :

1) 분홍탑을 크기의 순서대로 쌓지 못한다.

2) 분홍탑의 크기의 차이를 변별하지 못한다.

7. 직접 목적 :

1) 시각을 통한 크기의 변별력

2) 부피의 점차성과 대조성의 인식

3) 분홍탑의 순서짓기

간접 목적 :

1) 수학과 10진법의 준비

2) 논리 · 수학적 사고력(비교 · 서열화 · 기본수 10의 이해)

3) 쓰기의 준비(손과 팔의 근육 조정 능력)

4) 주의력, 관찰력, 협응력, 집중력

8. 변형 및 확장 :

1) 한 꼭지점을 기준으로 쌓기를 한다.

2) 한 모서리를 기준으로 바닥에 놓기를 한다.

3) 빠진 부분 찾기 : 분홍탑을 쌓고 유아에게 눈을 감게 한 후 한 개를 뺀다.

4) 한 변 또는 두 변을 모아서 탑 쌓기를 한다.

5) 여러 가지 방법으로 구성하기를 한다.

6) 분홍탑 책 만들기(분홍색 종이에 분홍탑을 대고 책 만들기)를 한다.

7) 눈을 감고 쌓아보기를 한다.

8) 밑면카드와 분홍탑 맞추기를 한다.

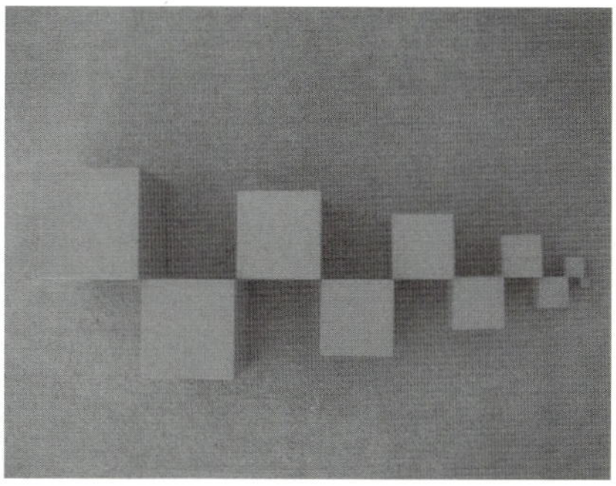

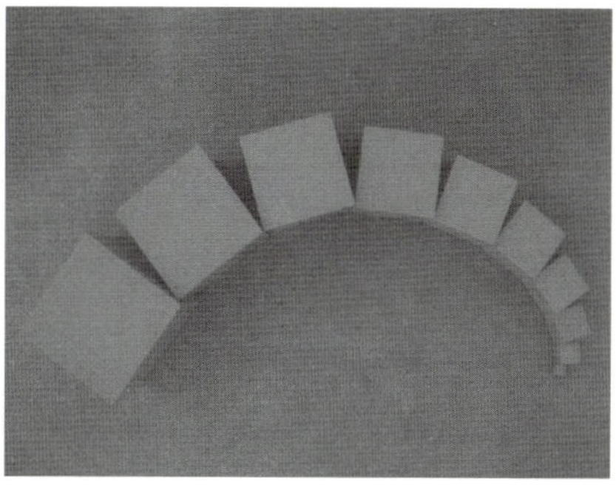

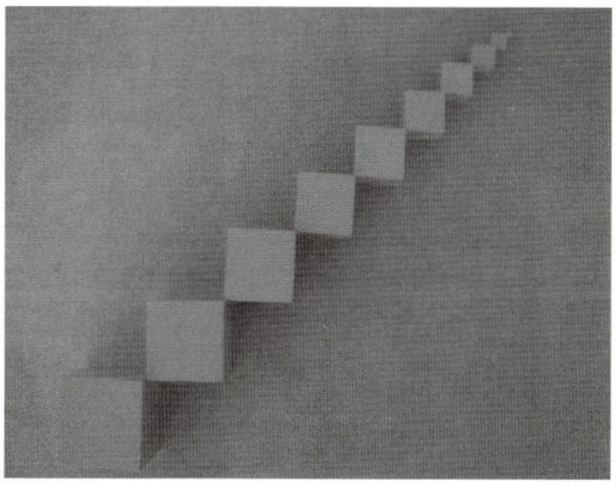

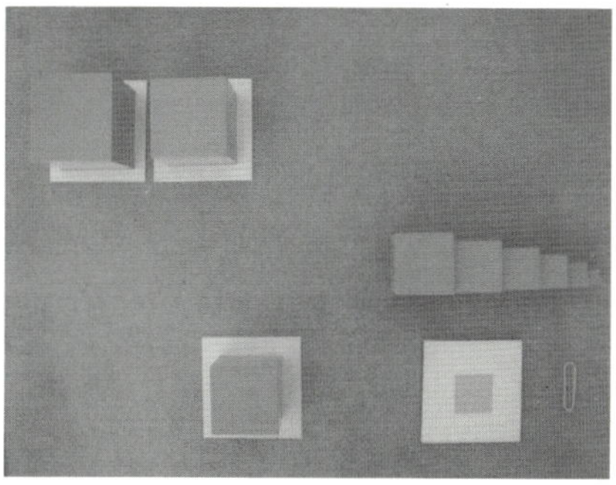

9. 언어 3단계 : 크다 → 작다

1) 가장 큰 것과 가장 작은 것을 놓고 "이것은 크다.", "이것은 작다." 라고 말한다.

2) "큰 것은 어느 것이니? 작은 것은 어느 것이니?"라고 묻는다.

3) 작은 것을 가리키며 "이것은 어떻니?" 큰 것을 가리키며 "이것은 어떻니?" 하고 묻는다.

10. 비고 :

1) 교사는 유아의 실수에 대해 간섭하지 않아야 한다. 유아가 같은 실수를 하게 되는 것은 자기 교육이 부족하기 때문이다. 자기의 관찰력을 세련되게 해서 자기의 실수를 스스로 되잡게 만드는 것은 연습의 반복이다. 연습의 목적은 유아가 '혼자서 연습한다.'는 것이기 때문에 개입할 필요가 없다. 이 교구들을 다루면서 '식별력'을 반복적으로 훈련함으로써 크기의 차이를 인식할 수 있게 된

다. 감별력은 교구 자체에서 실수를 바로잡을 수 없으며 바로 잡을 수 있는 것은 아동의 눈뿐이다.

2) 어린 연령일 경우에는 탑의 수를 반만 사용하기도 한다(1, 3, 5, 7, 9).

3) 9~12세 아동에게는 부피를 소개할 수도 있다.

4) 이 교구는 대소의 변별을 하면서 크기 순서대로 나열하거나 쌓아 올린다. 따라서 이 과제를 해결하기 위해서는 다음과 같은 전제가 있다.

* '크다', '작다'는 말의 의미 해석

주변의 가까운 것으로부터 '크다', '작다'라는 말의 의미를 충분히 이해시킨다. 예를 들어 '크다.'라는 의미를 확실하게 나타내는 그림책과 수첩, 선생님과 아이, 어른용 구두와 아이용의 구두 등이 있을 것이다.

* 차이가 작은 경우의 크기 비교 방법의 이해

겹쳐보아 옆으로 삐쳐 나오는 쪽이 큰 것이라는 것을 이해시키고 차이가 큰 경우부터 시작하여 점점 차이가 적은 경우로 이동하는 방법으로 겹쳐서 비교할 수 있는 것을 충분히 이해시킬 필요가 있다.

5) 쌓아 올리기에 대한 흥미는 평소 적목놀이 때 충분히 개발시켜 둔다. 이 학습의 발전으로서 크고 작은 나무 쌓기를 혼합시켜 능숙히 쌓는 방법을 알게 하면 나무 쌓기 놀이의 내용도 변화해 갈 것이다.

6) 정육면체의 분홍탑은 $1 : 2^3 : 3^3 : 4^3 : 5^3 : 6^3 : 7^3 : 8^3 : 9^3 : 10^3$과 같이 수의 세제곱의 관계에 있다.

갈색계단

1. 영역 : 넓이의 시각적 변별
2. 연령 : 2.5~3세
3. 교구 : 갈색으로 통일된 10개의 목재 직육면체로 길이는 모두 20cm이고, 단면의 면적은 1cm²(1cm×1cm)에서 10cm²(10cm×10cm)로 변화한다.
   굵기를 식별하는 2차원의 교구로 1 : 100이다.

신체활동(산책, 탐색활동) talk

- 몸으로 나무의 굵기를 재어보세요.
- 여기 있는 나무들 중에서 가장 키가 큰 나무는 무엇일까요?
- 나무들 중에서 가장 굵은 나무는 어떤 나무일까요?
- 무엇으로 재어보면 좋을까요?
- 우리 친구들의 몸으로 재어볼까요?

▶ 굵은 나무는 여러 명의 유아가 손을 잡고 둘레를 재어보고 가장 굵은 나무를 찾는 게임을 해 본다.

4. 제시 방법 :

제시 I

1) 교구를 소개하고 탐색한다.
"어떻게 생겼니? 무엇처럼 생긴 것 같니? 무슨 색깔이니? 이것은 갈색계단이란다."
2) 교구장에 가서 갈색계단을 매트에 옮기는 법을 보여준다(가장 가는 것부터 오른손으로 집어서 매트로 옮긴다).
3) 한 손으로 옮길 수 없는 갈색계단은 왼손으로 감싸면서 옮긴다.
4) 동일한 방법으로 진행한다.
5) 가장 굵은 갈색계단을 매트 왼쪽 끝 부분에 맞추어서 놓는다.
6) 그 다음 굵은 것을 찾아 가장 굵은 것 옆에 붙인다(양손으로 직육면체의 양끝을 잡아 밀어붙인다).
7) 가장 굵은 것의 측면부터 그 다음 측면까지 쓰다듬는다(측면의 굵기를 보면서 쓰다듬는다).
8) 위와 동일한 방법으로 진행한다.
9) 계단의 조화를 본다.
10) "무슨 모양 같니?" 하고 유아에게 묻는다.
11) 가장 굵은 갈색계단부터 교구장에 정리한다.

제시 II

1) 제시 방법 I 의 1)~8)까지 동일한 방법으로 진행한다.
2) 가장 좁은 계단 1번을 오른손으로 들어 바로 다음 계단 2번에 올려놓는다.
3) 면을 밀면서 계단의 차이를 잰다.
4) 같은 방법으로 9번째 계단까지 진행한다.
5) 1번 계단을 제자리에 정리한다.
6) 가장 큰 갈색계단부터 교구장에 정리한다.

5. 흥미점 :

   1) 완성된 갈색 계단의 모습을 본다.

   2) 각 직사각형의 두께와 무게의 차이를 느낀다.

6. 오류의 통제 :

   1) 갈색 계단을 굵기의 순서대로 나열하지 못한다.

   2) 갈색 계단의 굵기의 차이를 변별하지 못한다.

7. 직접 목적 :

   1) 시각을 통한 굵기의 변별력

   2) 넓이의 점차성과 대조성의 인식

   3) 갈색계단의 순서짓기

   간접 목적 :

   1) 수학과 10진법의 준비

   2) 논리 · 수학적 사고력(비교 · 서열 · 십진법)

   3) 제곱에 대한 준비

   4) 쓰기의 준비

   5) 주의력, 관찰력, 협응력, 집중력

8. 변형 및 확장 :

   1) 위로 쌓는다.

   2) 한 측면을 붙여 위로 쌓는다.

   3) 세워서 수평으로 붙인다.

   4) 여러 가지 방법으로 구성하기를 한다.

   5) 갈색계단 책 만들기를 한다.

   6) 밑면카드와 갈색계단 맞추기를 한다.

   7) 분홍탑과 갈색계단의 동일성을 찾는다.

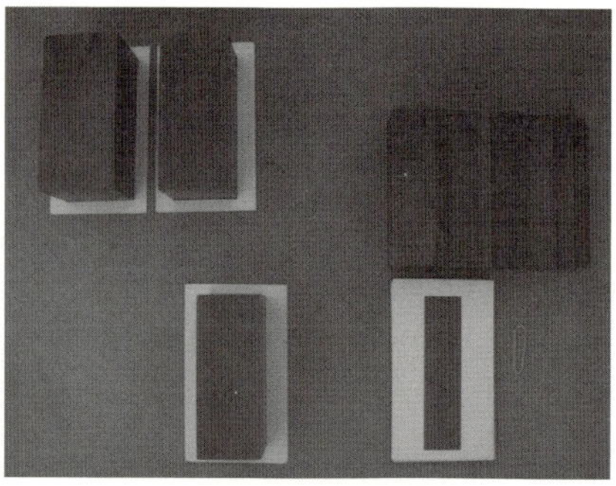

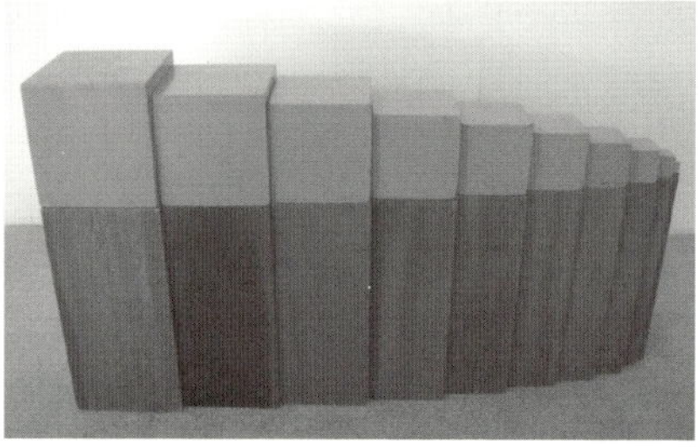
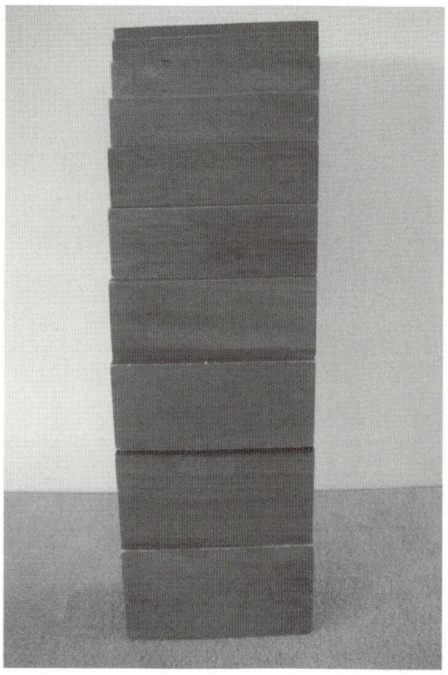

9. 언어 : 굵다 → 가늘다

10. 비고 :

1) 이 교구는 '굵다, 가늘다'의 식별에 중점이 있다. '크다', '작다'라는 개념 중에 '굵다, 가늘다'라는 사실이 뒤섞여 식별이 잘되지 않는 유아가 많다. 그러므로 일상 활동 중에 '크다, 작다'와 '굵다, 가늘다'는 말을 정확하게 사용하는 교사의 배려가 대단히 중요하다.

2) 굵기의 비교를 경험하면서 다음의 방법으로 작업을 하는 것도 좋다.

① "제일 굵은 것은 어느 것이니?"이라는 방법으로 오르막 계단을 만들어 본다.

② 계단이 만들어지면 작은 인형을 사용하여 계단을 오르내려 보게 한다.

3) 10개 중에서 한 개를 빼서 빠진 부분의 위치를 찾도록 한다. 이때 가장 작은 갈색계단과 가장 큰 갈색계단을 빼는 것은 대단히 어려운 학습이므로 크기의 분별력이 충분히 학습된 다음 행하도록 하는 것이 좋다.

4) 직육면체의 갈색계단은 $1 : 2^2 : 3^2 : 4^2 : 5^2 : 6^2 : 7^2 : 8^2 : 9^2 : 10^2$과 같이 수의 자승관계에 있다.

갈색계단– 변형

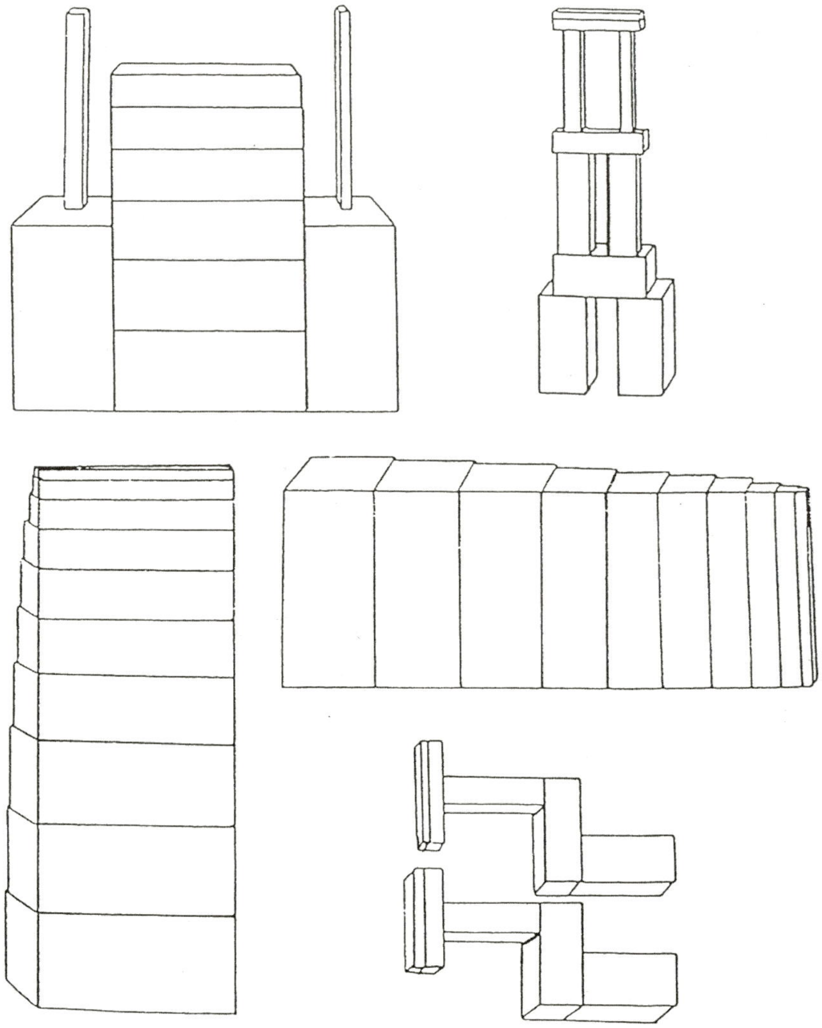

분홍탑과 갈색계단 – 응용

분홍탑과 갈색계단-응용

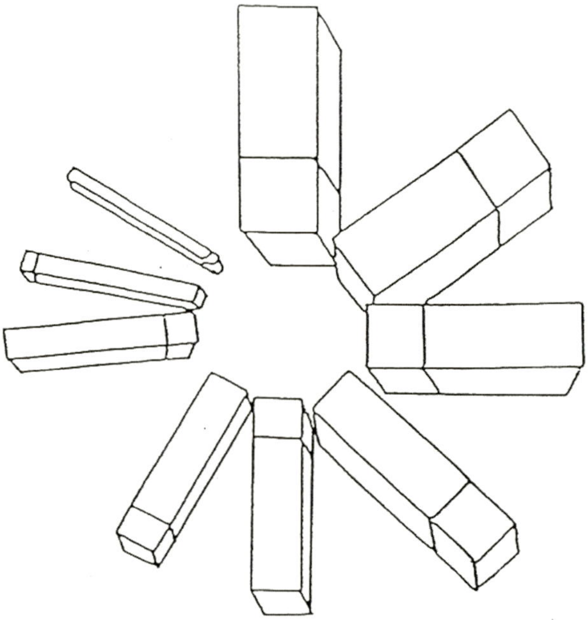

분홍탑과 갈색계단 – 응용

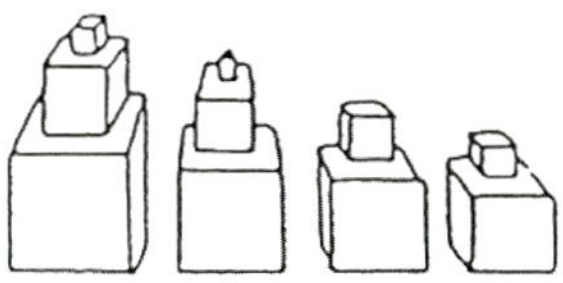

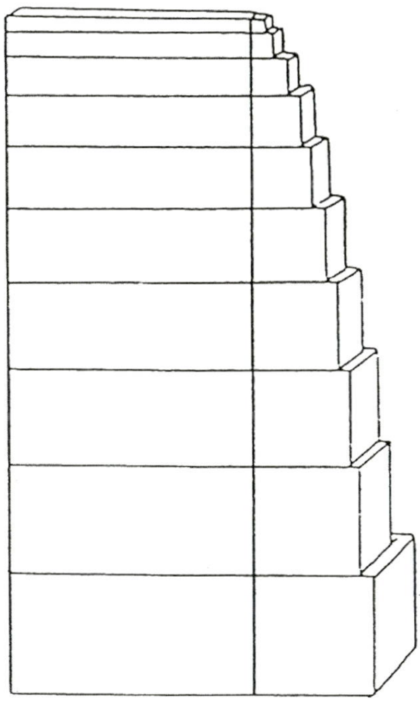

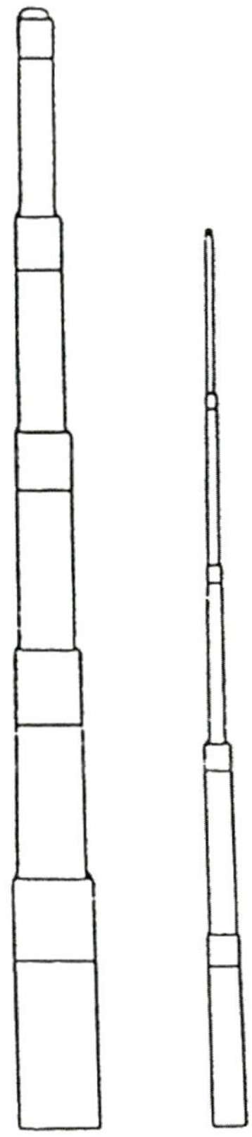

분홍탑과 갈색계단－응용

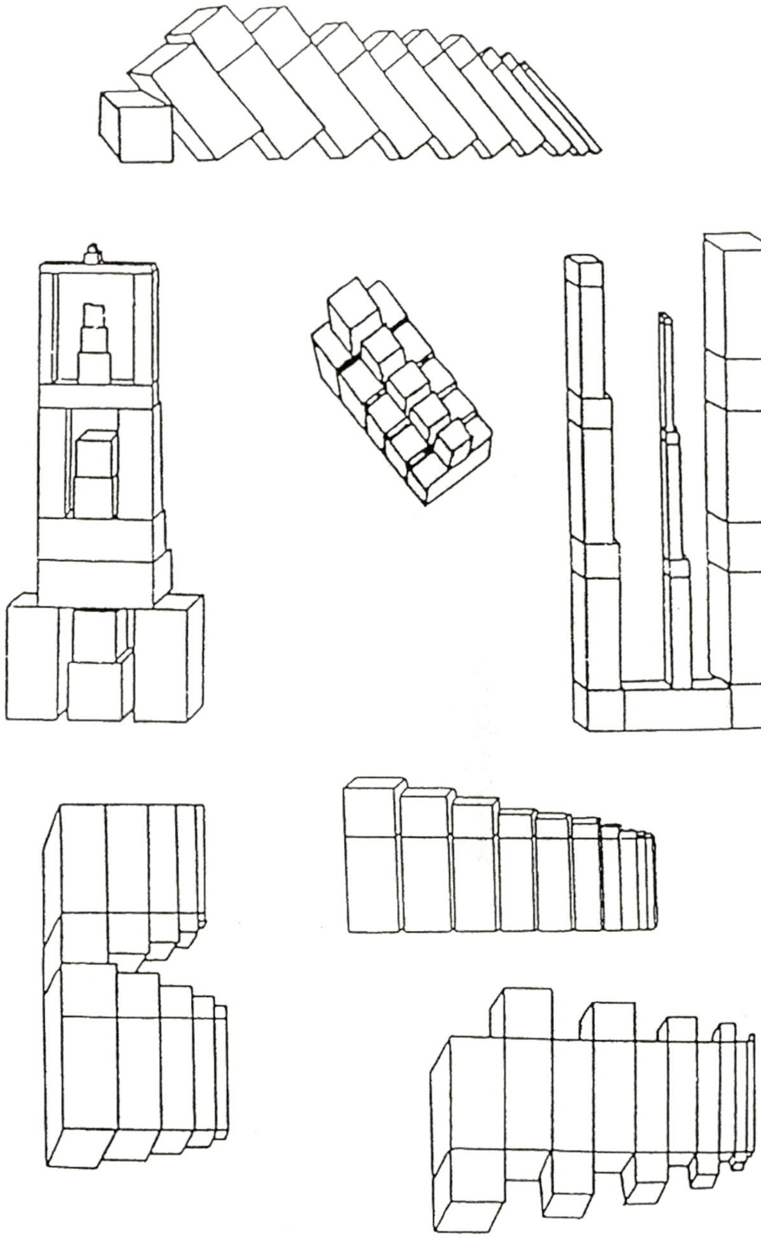

꼭지원기둥

1. 영역 : 크기의 시각적 구별
2. 연령 : 2.5~3세
3. 교구 : 꼭지가 달린 10개의 원기둥과 10개의 구멍의 점차성을 가진 4개의 틀로 되어있다.
   1) 굵기가 변화하는 2차원의 원기둥(굵다 → 가늘다) : 높이는 같고 넓이가 0.5cm씩 감소한다.
   2) 굵기와 높이가 변화하는 3차원의 원기둥(크다 → 작다) : 넓이와 높이가 모두 0.5cm씩 감소한다.
   3) 높이가 변화하는 1차원의 원기둥(높다 → 낮다) : 넓이는 같고 높이가 0.5cm씩 감소한다.
   4) 굵기와 높이가 반대로 변화하는 3차원의 역 비례(굵고 낮다 → 가늘고 높다) (얕다 → 깊다) : 넓이는 0.5cm씩 감소하고 높이는 0.5cm씩 증가한다.

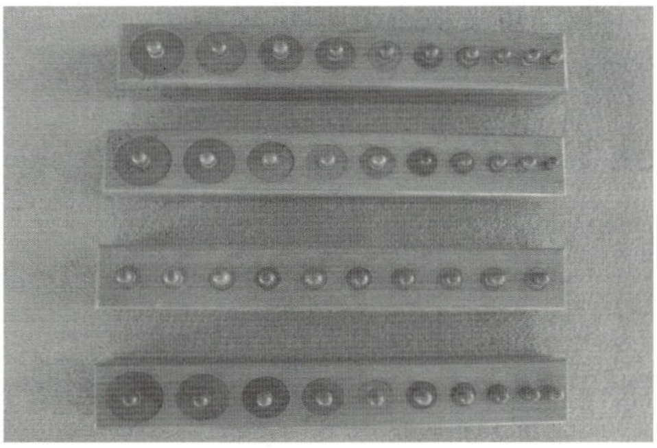

옛날 옛날에 파리 한 마리를 꿀꺽 삼킨 할머니가 살았는데요(심스 태백 | 베틀북)

1) 동화를 들려준다. 2) 동화내용을 회상한다.

이야기 나누기 talk

- 옛날 옛날에 할머니가 처음에 꿀꺽 삼켜버린 것은 무엇이었나요?
- 그래서 할머니는 파리를 잡기 위해서 또 무엇을 삼켰나요?
- 또 어떤 동물을 차례로 삼켰나요?
- 차례대로 할머니가 삼킨 동물의 크기가 점점 어떻게 되었나요?
- 구멍 크기가 점점 어떻게 되었나요?

4. 제시 방법 :

제시 I

1) 교구장에 가서 꼭지원기둥을 가져와 책상에 옮긴다.
2) 교구를 소개한다.
   "선생님이 구멍 크기가 다른 교구를 소개할게요."
   "이 교구의 이름은 꼭지원기둥입니다."
   "선생님과 함께 꼭지원기둥을 배워 볼까요?"
3) 꼭지원기둥의 큰 원이 왼쪽, 작은 원이 오른쪽에 오도록 놓는다.
4) 꼭지원기둥 잡는 법을 보여준다(엄지, 검지, 중지로 꼭지원기둥의 꼭지부분을 잡는다).
5) 왼쪽의 가장 굵은 원기둥부터 천천히 수직으로 꺼내 순서대로 앞에 놓는다.
6) 동일한 방법으로 꺼내 놓는다.
   "모두 몇 개이니?", "무엇이 다른 것 같니?"
7) 틀의 구멍에 꺼내 놓은 원기둥을 뒤집는다.
   - 오른손 검지로 가장자리를 천천히 만진다(중앙에서 왼쪽, 오른쪽 방향).
   - 원기둥 틀의 가장자리를 동일한 방법으로 한다.
8) 왼쪽의 원기둥부터 틀에 부딪히지 않고 차례로 넣는다(5~6개를 교사가 시범을 보이고 유아를 해 보게 한다).
9) 교구를 교구장에 정리한다.

제시 II

1) 제시 1)~4)번까지는 동일한 방법으로 진행한다.
2) 왼쪽 첫 번째 원기둥부터 꺼내어 무순서로 놓는다.
3) 틀과 원기둥을 인식하여 왼쪽 원기둥부터 차례로 넣는다.
   "같은 크기끼리 짝을 맞추어 볼까?"
4) 교구를 교구장에 정리한다.

5. 흥미점 :
   1) 원기둥의 모양, 무게를 느낀다.
   2) 원기둥의 꼭지를 세 손가락으로 잡는다.
   3) 구멍을 찾아 원기둥 틀에 넣는다.
6. 오류의 통제 : 꼭지 원기둥 틀과 원기둥의 크기가 일치하지 않는다.
7. 직접 목적 :
   1) 시각을 통한 크기와 부피의 변별력
   2) 크기의 점차성과 대조성의 인식
   3) 꼭지 원기둥의 순서짓기

   간접 목적 :
   1) 수학과 10진법의 준비
   2) 논리 · 수학적 사고력(일대 일 대응 · 분류 · 비교 · 서열)
   3) 쓰기의 준비와 어휘력의 증가
   4) 주의력, 관찰력, 협응력, 집중력
8. 변형 및 확장 :
   1) 나머지 3개의 원기둥도 동일한 방법으로 제시한다.
   2) 원기둥을 섞어 놓고 끼우기를 한다.
      ① 왼쪽의 꼭지원기둥부터 차례로 뺀다.
      ② 원기둥의 위치를 바꾸어 놓는다(바꿀 원기둥을 들어 바꾸어 놓을 자리의 원기둥 밑에 놓고 바꾸어 놓은 자리의 원기둥을 들어 바꿀 원기둥

위치에 놓는다).

③ 왼쪽 원기둥부터 구멍을 보고 원기둥을 찾아 넣는다.

④ 동일한 방법으로 나머지 원기둥을 한다.

⑤ 교구장에 정리한다.

3) 지적한 구멍에 원기둥을 찾아 넣는다.

① 위의 ①~②와 동일한 방법으로 한다.

② 교사가 임의로 구멍을 지적한다(교사는 오른손 검지로 구멍의 틀 위를 가르킨다).

③ 유아는 구멍을 잘 보고, 맞는 것을 찾아 넣는다(교사 없이 유아 혼자 할 때는 화살표를 틀 위에 놓고 한다).

④ 동일한 방법으로 나머지 원기둥을 한다.

⑤ 교구장에 정리한다.

4) 거리감 두고 끼우기(기억력)를 한다.

① 원기둥을 꺼내어 놓은 후, 거리를 두고 다른 책상에 틀만 옮긴다.

② 교사가 임의로 구멍을 선택하여 연필을 꽂는다.

③ 유아는 구멍을 잘 보고 맞는 것을 찾아 넣는다.

5) 눈감고 끼우기(실체 인식 감각)를 한다.

6) 꼭지원기둥을 2조, 3조, 4조를 섞어 놓고 끼우기를 한다.

- 원기둥이 2조일 때는 원기둥 틀을 세로로 놓고 위는 붙이고 아래는 벌려 놓는다.
- 원기둥이 3조일 때는 원기둥 틀을 삼각형으로 놓고, 4조일 때는 원기둥 틀이 네모가 되도록 놓는다.

① 원기둥을 빼서 가운데에 섞어 놓은 후, 찾아 끼우기를 한다.

가) 구멍에 맞는 것 끼우기

나) 굵기가 같은 것 찾기, 높이가 같은 것 찾기

다) 굵기와 높이가 같은 5쌍 찾기

7) 색원기둥과 동일성 찾기를 한다.

① 꼭지원기둥과 색원기둥의 같은 차원을 준비한다.

② 모두 꺼내 놓는다.

③ 꼭지원기둥 밑에 크기가 같은 색원기둥을 순서대로 나열한다.

◆ 모든 원기둥을 이와 동일한 방법으로 한 조씩 연습한다.

8) 털실을 이용하여 길이, 넓이 재어보기(그래프 만들기)를 한다.

9) 우리 몸(손목, 발목, 목, 손가락 등)과 같은 꼭지원기둥의 넓이 찾기를 한다.

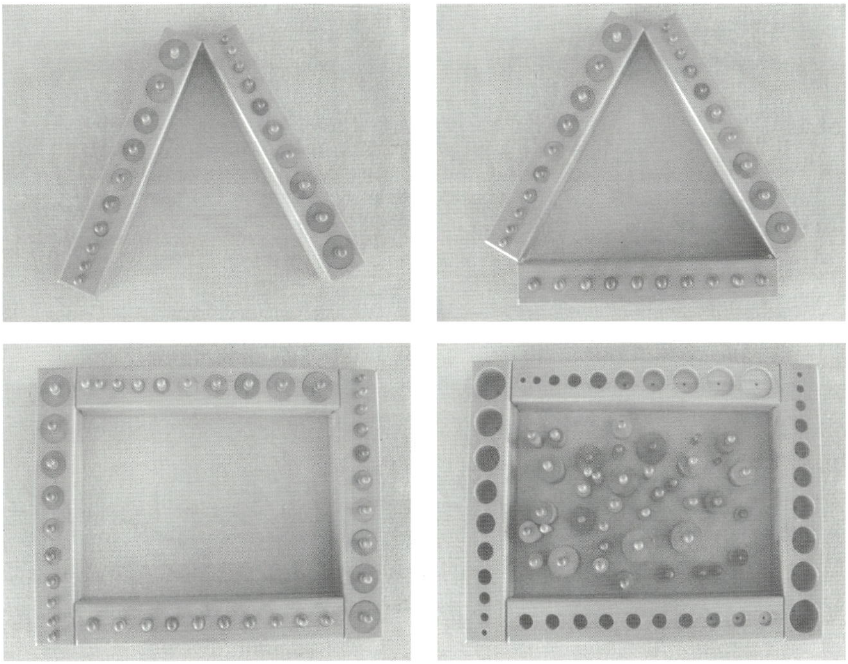

9. 언어 3단계 : 3단계 교수법은 제공의 각 단계에서 적절할 때 사용한다. 3단계 레슨 중 유아가 힘들어하면 중지하고 다른 날 다시 실시한다.

1) 원급

① 각 차원의 양극단의 원기둥을 꺼내 놓는다.

② 굵은 것을 손바닥 위에 놓고 만져 본 후 "굵다."
가는 것을 만져 본 후, "가늘다."라고 말한다.

③ 명칭에 대응하는 실물 인식

"선생님한테 굵은 것을 줄래?"

"굵다."(교사는 유아가 찾아주면 다시 반복해 말한다)

④ 실물에 대응하는 명칭 기억

교사는 임의로 지적하여 "이것은?" 하고 묻는다.

2) 최상급, 최하급

① 꼭지원기둥 한 개를 선택하여 모두 꺼내어 놓는다.

② "이것은 가장 굵다, 이것은 가장 가늘다."

③ "어느 것이 가장 굵니? 어느 것이 가장 가느니?"

"여기서 가장 굵은 것을 찾아보자."

"여기서 가장 가는 것을 찾아보자."

④ "이것은 어떻니?"

3) 비교급 :

① 꼭지원기둥 한 개를 선택하여 모두 꺼내어 놓는다.

② "여기에 있는 것들 중 두 번째로 굵은 것을 찾아보자."

"여기에 있는 것들 중 여섯 번째로 굵은 것을 찾아보자."

③ "이것은 이것보다 굵고, 이것은 이것보다 가늘다."

10. 비고 :

1) 유아는 꼭지원기둥을 처음부터 다시 시도해 보고 싶어 하고, 그 과정에서 경험적으로 학습하게 되어, 성공하면 또다시 반복한다. 3~3세 반까지의 어린 유아들은 흥미를 잃지 않고 40번이나 연습을 반복했다.

2) 꼭지원기둥은 시각적으로 차이를 식별할 수 있도록 고안되어 유아 스스로가 실수를 알고 조정해 가는 자기 교육과정의 시작이다. 자기 교육의 목적은 외적인 것이 아니다. 유아가 원기둥을 제자리에 넣는 법을 배워야 한다. 이 연습을 어떻게 하는지를 알아야 한다는 것 등이 목적이 될 수는 없다.

자기 교육은 내적인 것으로 유아 스스로 관찰하는 법을 훈련하여 사물을 비교, 판단, 추리하고 결정하도록 하는 것이 목적이 될 수 있다. 실제적인 발달은 주의력과 집중, 지능 훈련을 무한히 반복함으로써 가능하다.

3) 원기둥 손잡이를 정교하게 집어 올리고 손과 팔을 움직여서 원기둥을 떨어뜨리지 않고 시끄럽게 소리를 내지 않는다. 원기둥을 섞고 다시 제자리에 끼워 넣는 동작을 통하여 섬세한 손놀림을 연습한다.
4) 유아들은 자기 또래가 하는 것을 보고 따라 하려고 하기 때문에 교사의 개입은 불필요한 것이 된다. 유아들은 혼자서 하고 싶어 하고 불필요한 도움을 받게 될까 두려워한다. 그렇지만 교사는 유아들이 노력하는 것에서 눈을 떼지 말고 계속 지켜보아야 한다.
5) 이 교구는 크기, 굵기, 높이, 무게 등의 식별뿐만 아니라 구멍의 형태에 정확하게 대응하는 것이기 때문에 어려운 내용이라고 할 수 있다. 따라서 이 교구에 들어가기 전에 다음과 같은 유의점이 필요하다.
   '크다, 작다', '굵다, 가늘다', '길다, 짧다' 등의 의미를 감각적으로 충분히 이해해야 한다. 그러므로 가능한 한 차이가 큰 두개의 사물을 대비적으로 활용할 수 있도록 한다.

색원기둥

1. 영역 : 크기의 시각적 구별
2. 연령 : 3세 이상
3. 교구 : 빨강, 파랑, 노랑, 초록의 원기둥으로 꼭지원기둥과 내용·크기는 같으나 꼭지가 없다.
   - 빨간색원기둥 → 직경의 감소
   - 노란색원기둥 → 굵기와 높이의 감소
   - 초록색원기둥 → 높이의 증가와 직경 감소
   - 파란색원기둥 → 높이의 감소

＊이 교구는 본래 몬테소리 여사가 고안한 것은 아니다. 인도에서 몬테소리를 공부하던 몬테소리의 제자가 고안한 것으로 감각교구의 순서에 들어가 있다.

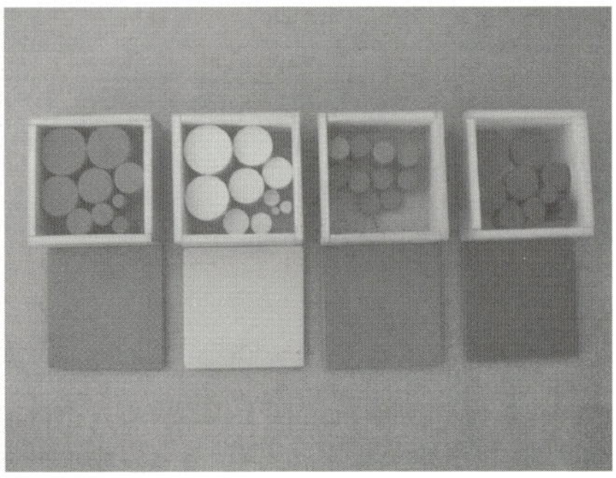

요셉의 작고 낡은 오버코트가(심스 태백 | 베틀북)

1) 동화를 들려준다.

2) 동화 내용을 회상한다.

이야기 나누기 talk

- 동화 속에서 요셉은 어떤 옷을 오래 즐겨 입었나요?

• 오버코트가 낡아서 요셉은 어떻게 하였나요?
• 재킷이 낡아서 그 다음 무엇을 만들었나요? 그 다음에는요?
• 요셉의 오버코트는 점점 크기가 어떻게 되었나요?
• 점점 작아진 요셉의 오버코트는 무엇으로 만들어졌나요?

▶ 크기와 규칙성 개념을 찾아보는 문제 상황을 제공한다.

▶ 신문지를 이용하여 오버코트 만들기

4. 제시 방법 :

제시 Ⅰ

1) 교구를 소개한다.
   "이 상자 속에는 색깔과 크기가 다른 각각의 가족들이 살고 있단다. 이 가족들의 이름은 색원기둥이야. 어떤 가족들이 있는지 함께 알아보자."
2) 상자를 선택하여 책상 위에 놓는다.
3) 상자 뚜껑을 열고 그 위에 상자를 놓는다.
4) 원기둥을 하나씩 무순서로 매트에 놓는다.
5) 다 꺼낸 후 상자 뚜껑을 닫고 상자를 오른쪽 책상 아래로 놓는다.
6) 밑면이나 높이의 변화에 따라 크기 순서대로 옆으로 나열한다.
   "가장 큰 가족부터 순서대로 놓아볼 수 있겠니?"
7) 가장 큰 색원기둥부터 상자에 넣어 정리한다.

제시 Ⅱ

1) 제시 Ⅰ의 1)~2)까지 동일하게 진행한다.
2) 상자 뚜껑 위에 제일 굵은 색원기둥을 찾아 중앙에 올려놓는다.
3) 나머지 색원기둥을 차례대로 탑을 쌓는다.
4) 쌓은 원기둥을 책상(매트) 위에 놓는다.
5) 가장 큰 원기둥부터 상자에 넣어 정리한다.

5. 흥미점 :
   1) 원기둥을 나열하여 여러 가지 형태의 변화를 본다.
   2) 세 손가락으로 원기둥을 잡는다.
   3) 크기가 다른 원기둥을 보고 무게의 차이를 느낀다.
   4) 꼭지원기둥과의 관계를 안다.
6. 오류의 통제 : 수평 배열과 수직 배열이 순서대로 되어 있지 않다.
7. 직접 목적 :
   1) 시각을 통한 크기의 변별력
   2) 크기의 점차성과 대조성의 인식
   3) 색원기둥의 순서짓기

   간접 목적 :
   1) 수학과 10진법의 준비
   2) 논리·수학적 사고력(분류·비교·서열화)
   3) 쓰기의 준비
   4) 주의력, 관찰력, 협응력, 집중력
8. 변형 및 확장 :
   1) 동일한 방법으로 다른 상자의 점차성을 본다.
   2) 한 상자씩 크기 순서대로 위로 쌓는다.
   3) 네 상자 모두 위로 쌓아 높이·모양을 비교해 본다.
   4) 두 상자로 같은 단면을 맞추어 쌓는다.
   5) 세 상자로 같은 단면을 맞추어 쌓는다(노란색의 원기둥과 녹색의 원기둥을 쌓으면 빨간색의 원기둥과 같은 높이가 된다).
   6) 네 상자에서 동일성을 찾는다(높이, 넓이).
   7) 꼭지원기둥과 색원기둥의 동일성을 찾는다.
   8) 여러 가지 방법으로 구성하기를 한다.
   9) 지구본을 가운데 놓고 동서남북으로 꼭지원기둥을 놓는다.
      ① 4개의 색원기둥을 빼서 대각선으로 놓는다.
      ② 그 위에 꼭지원기둥을 놓는다.

10) 원기둥과 밑면카드 맞추기를 한다.
11) 원기둥과 높이카드 맞추기를 한다.
12) 두개의 밑면카드 맞추어 쌓기를 한다.
13) 밑면과 높이가 같은 카드 맞추기를 한다.
14) 색원기둥과 꼭지 원기둥을 조합한다.

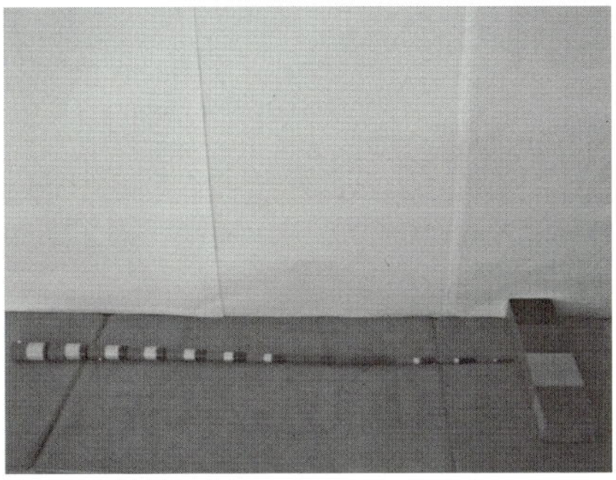
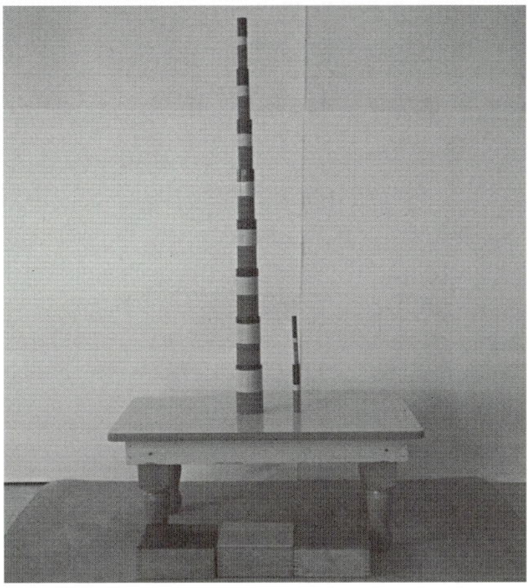
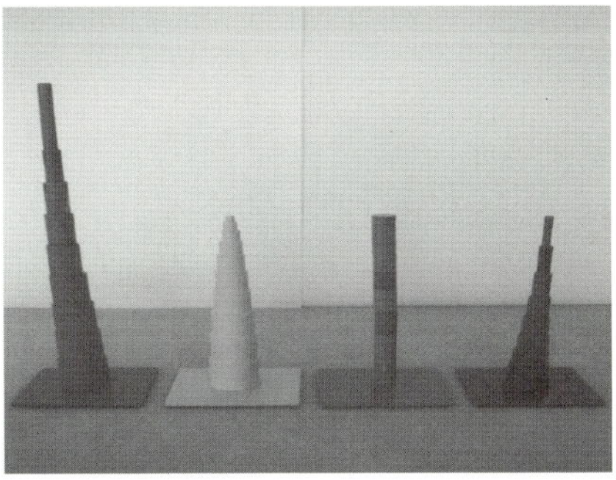
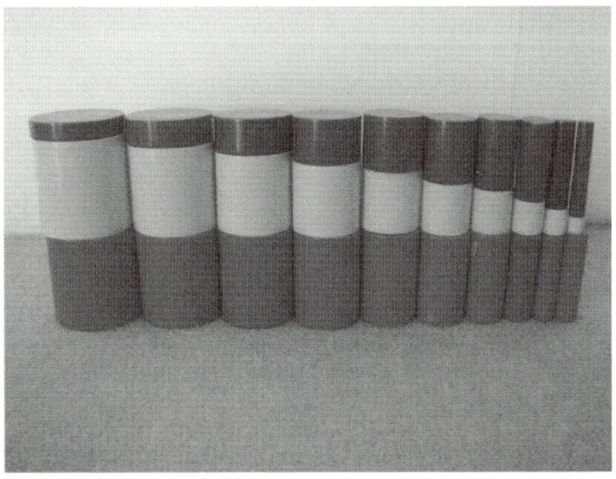
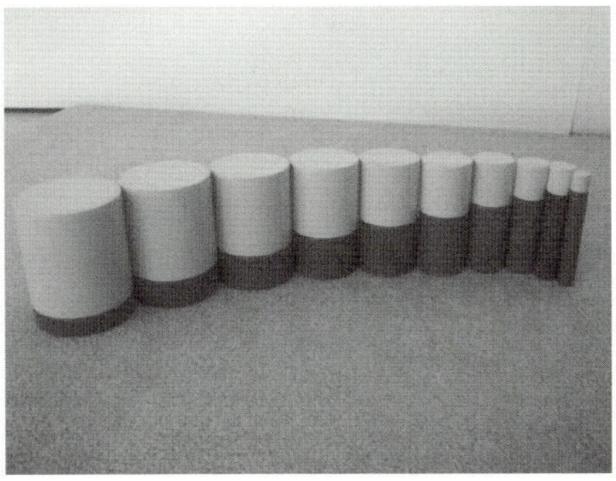
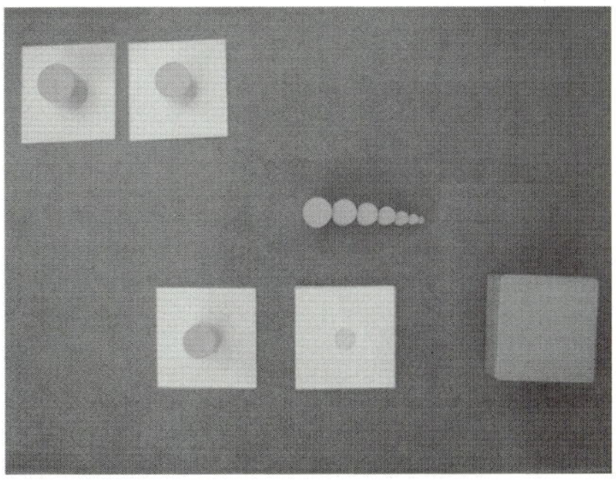

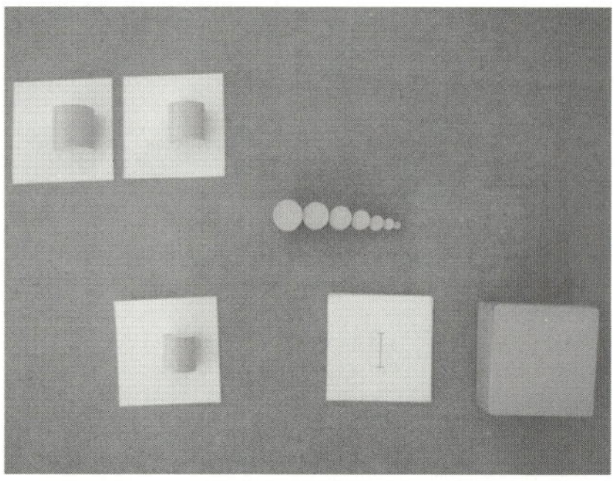
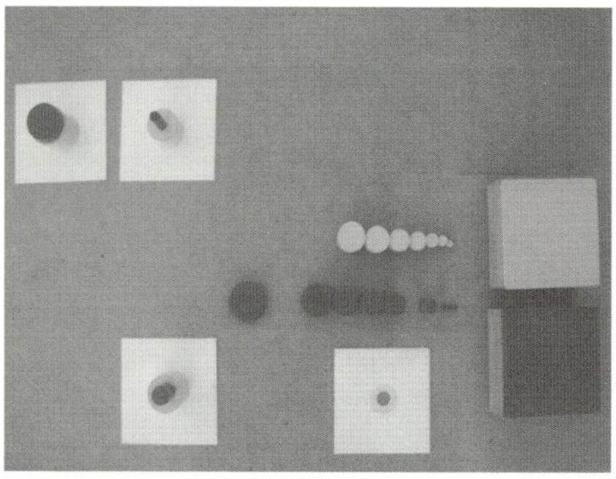
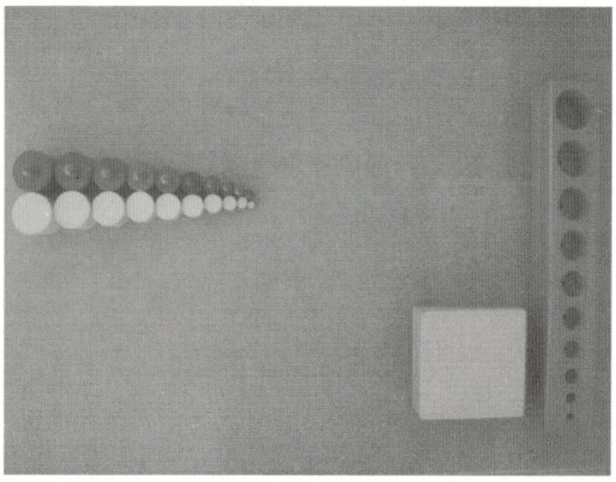
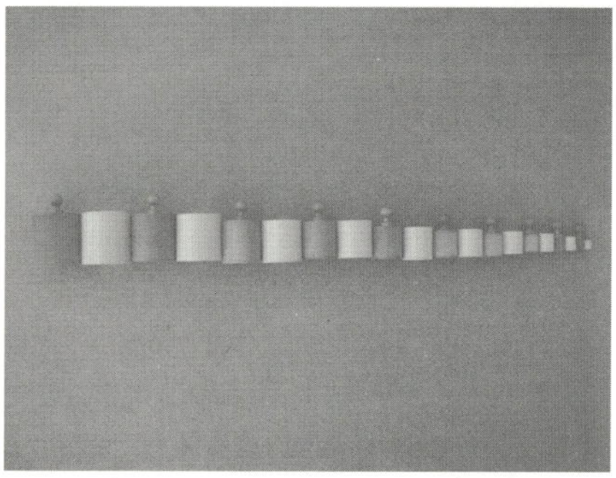
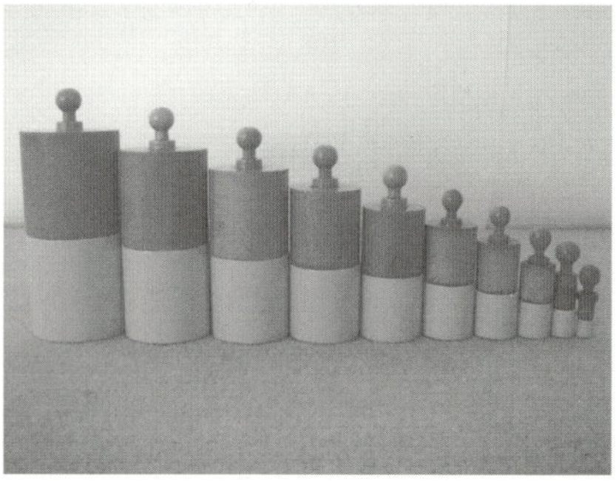
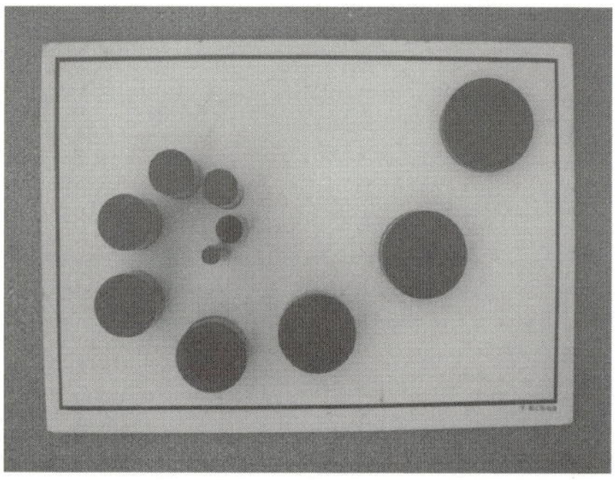
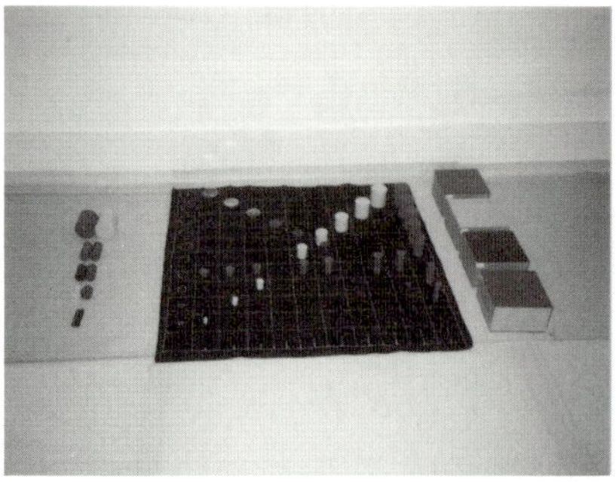
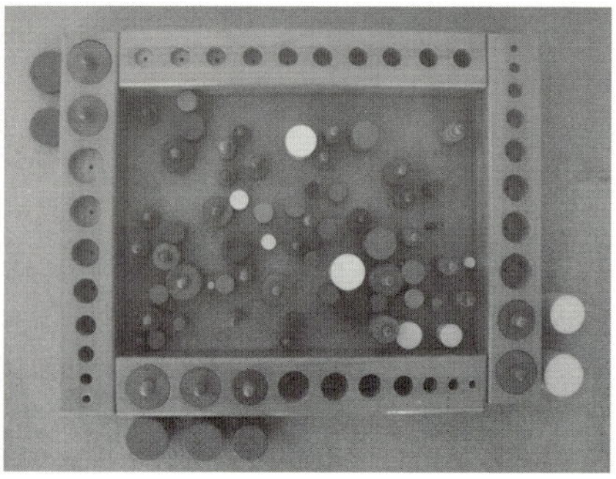

9. 언어 3단계 : 꼭지원기둥에서 3단계 교수법을 제공하였기 때문에 실시하지 않는다.

10. 비고 :
   1) 꼭지원기둥에서 각 차원을 식별한 것을 색원기둥을 통해 차이점, 공통점, 비교 관련성을 알아본다.
   2) 꼭지원기둥과 함께 학습할 때에는 색원기둥을 꼭지원기둥의 구멍에 넣으면 쉽게 빠지지 않으므로 주의하도록 한다.
   3) 색원기둥을 상자에 정리할 때에는 큰 것부터 넣도록 한다.
   4) 이 교구는 크기의 식별로서 순서에 따른 배열이 중심 목표이다. 순서대로 배열 했을 때의 명쾌함과 안정감을 알게 해주는 것이 우선 과제이다. 순서에 상관없이 나열하거나 쌓아올리는 유아가 많기 때문에 여기에서 어려운 것은 '순서대로'라는 의식을 어느 정도 가지게 할 수 있느냐 하는 것이다.
   5) 교구(4조) 전부를 보여 주면 주의 집중이 안 되기 때문에 하나씩 충분히 달성하고 난 후 다음 색깔로 하는 배려가 필요하다. 이것이 흥미와 의욕의 점에 있어서 유효할 것이다.

게임) 알록달록 탑 쌓기(Beleduc)

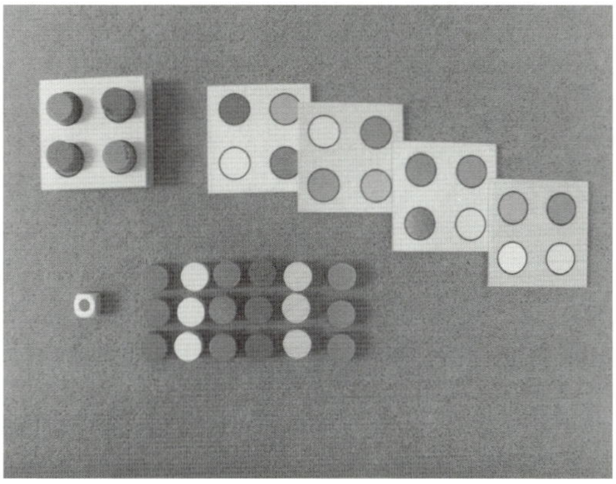

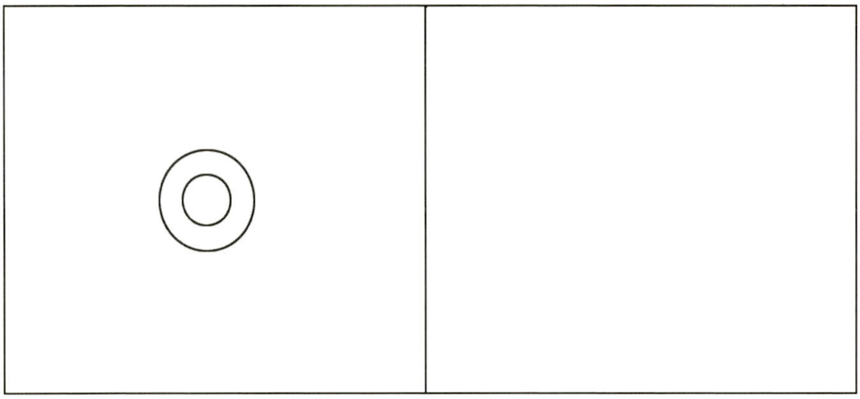

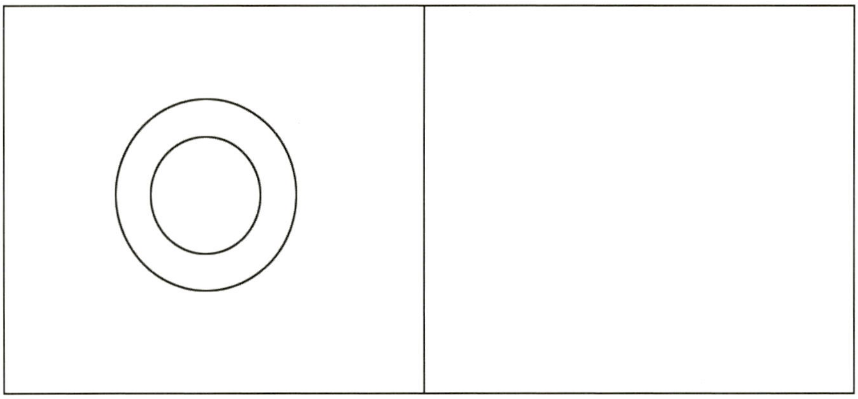

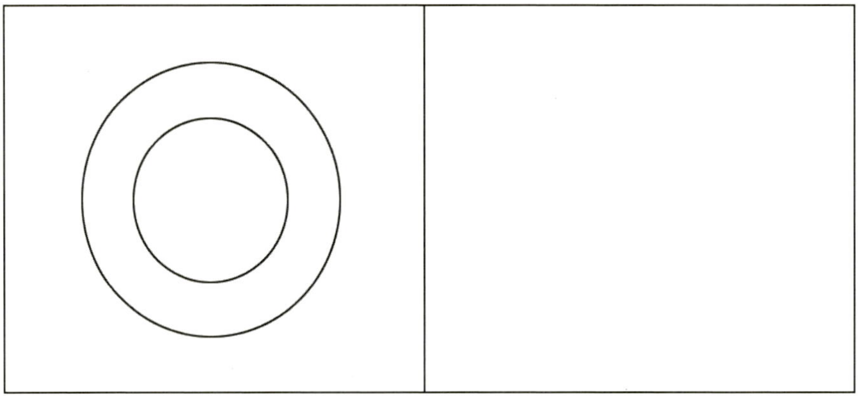

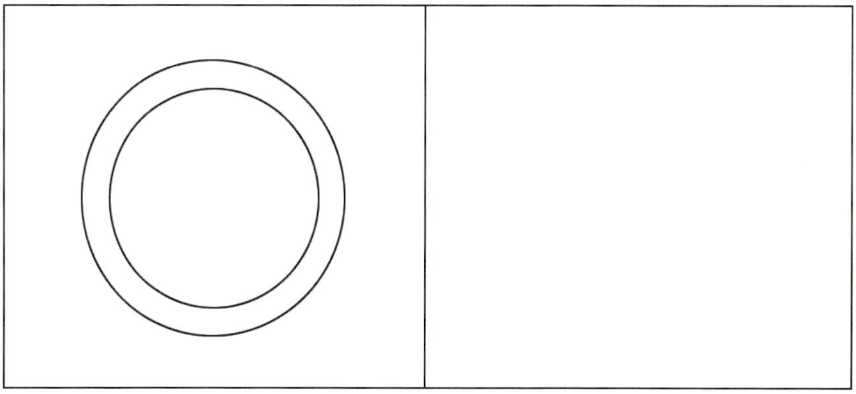

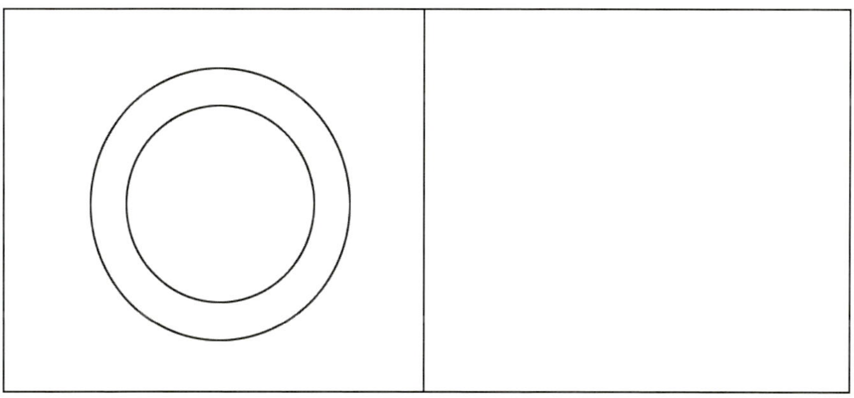

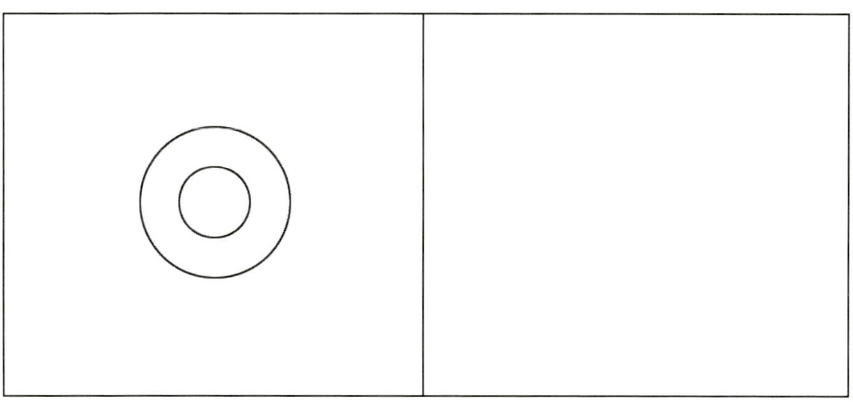

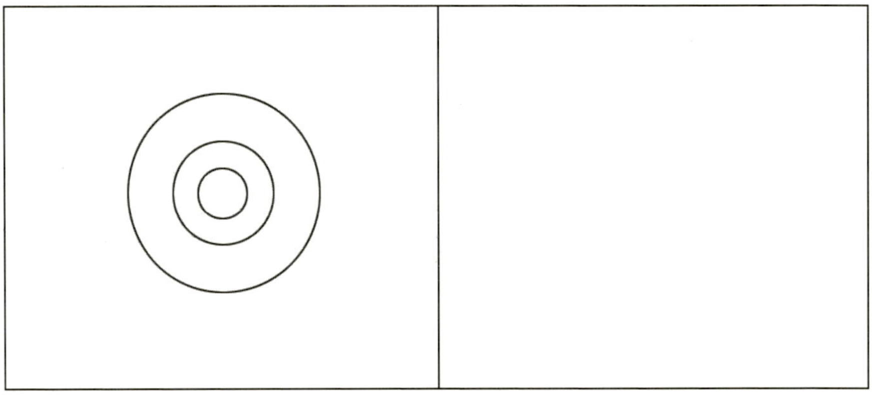

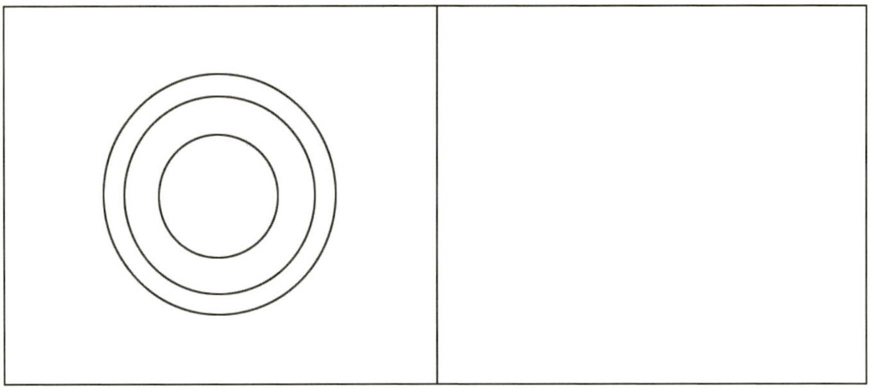

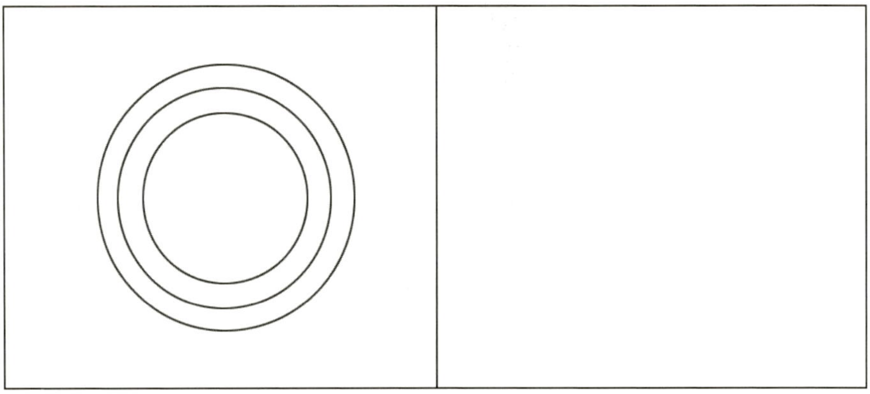

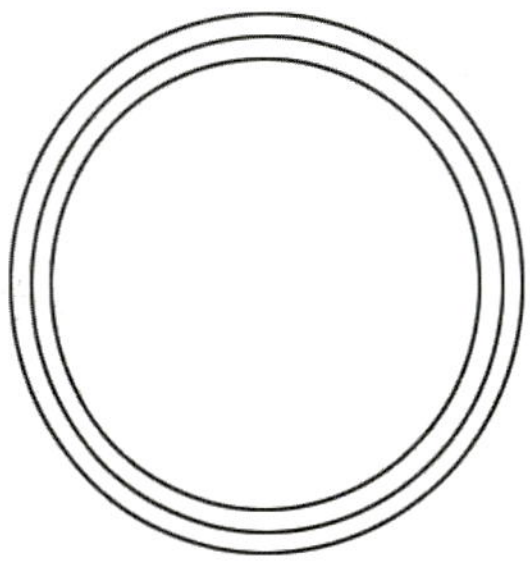

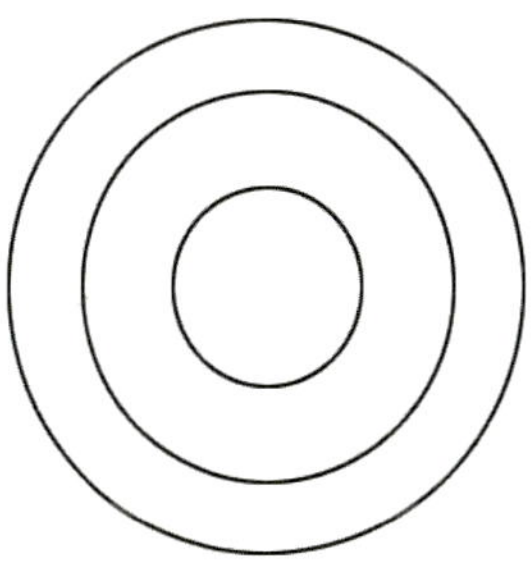

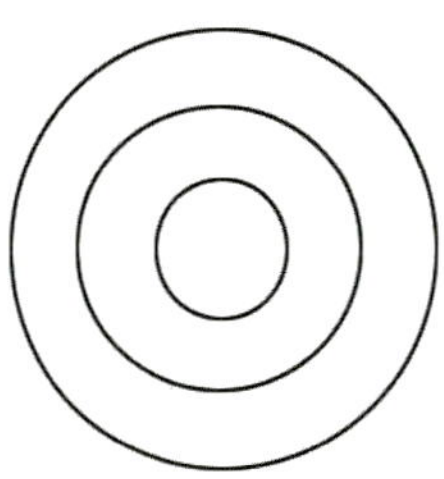

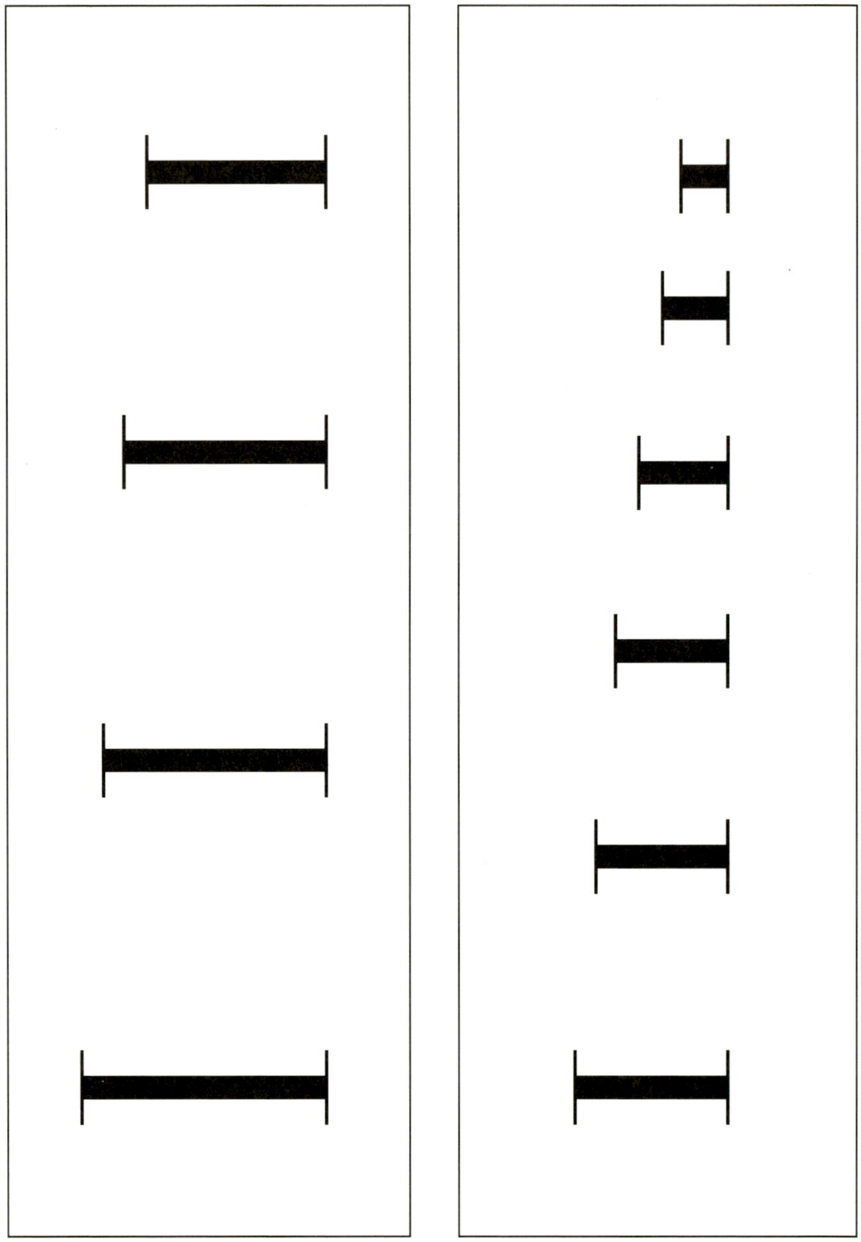

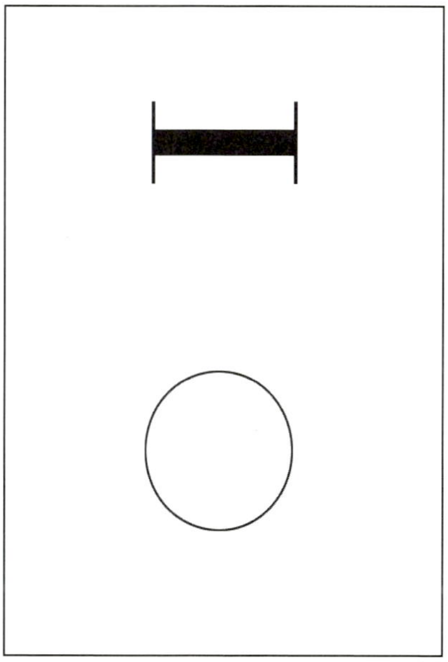

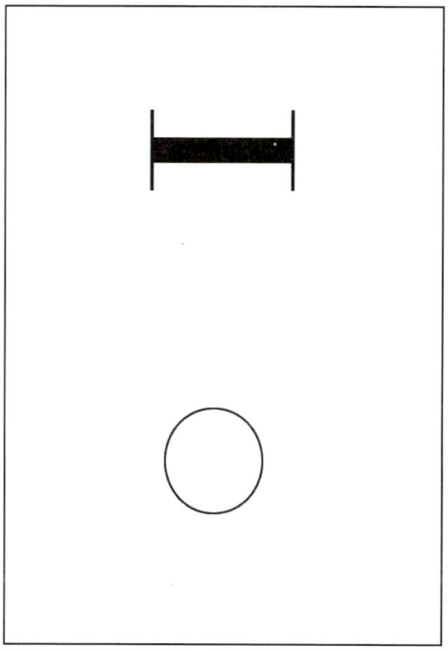

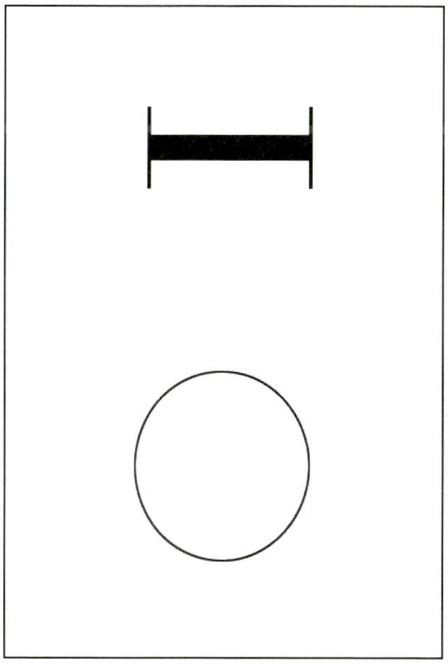

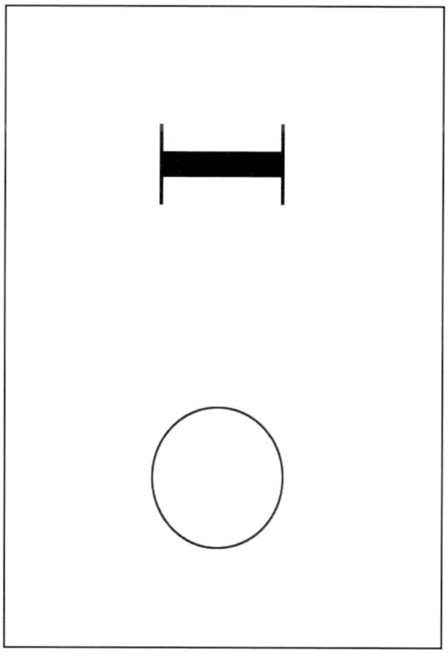

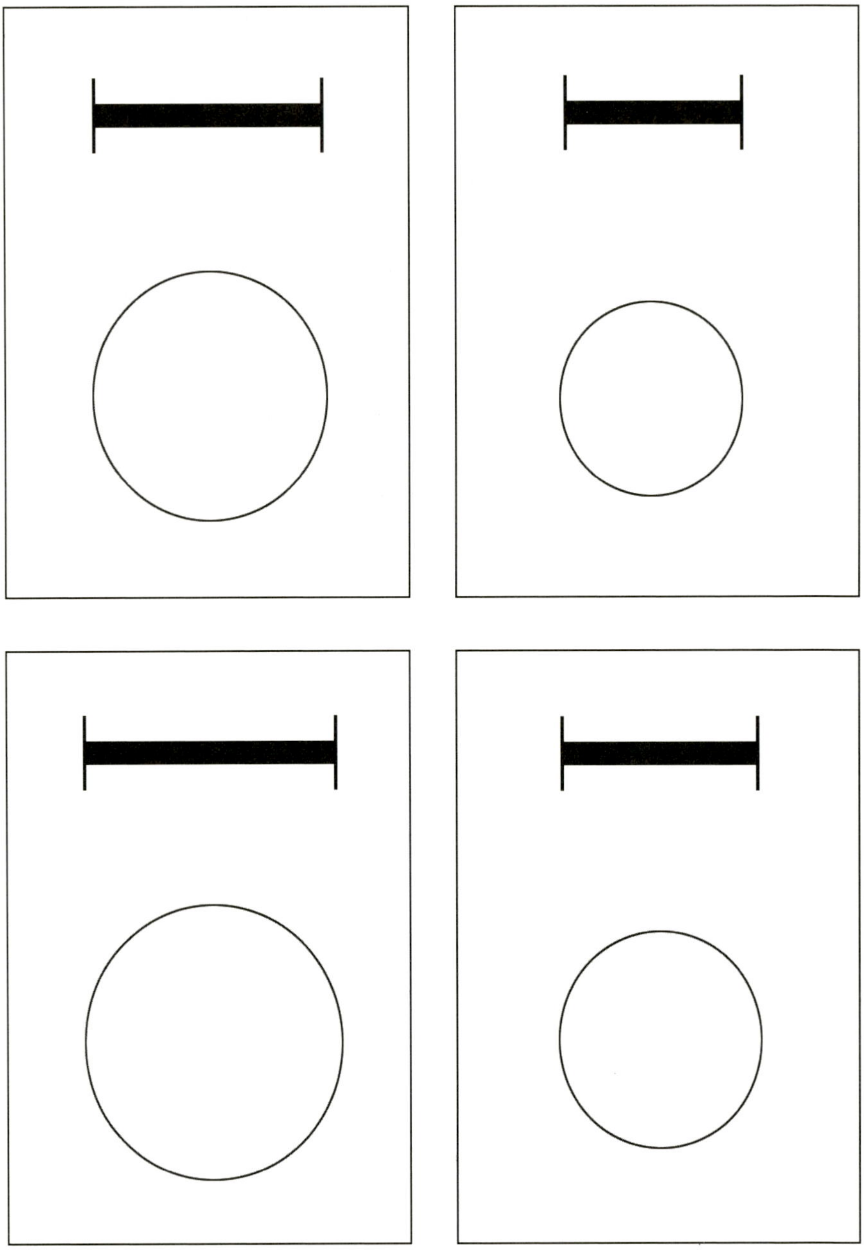

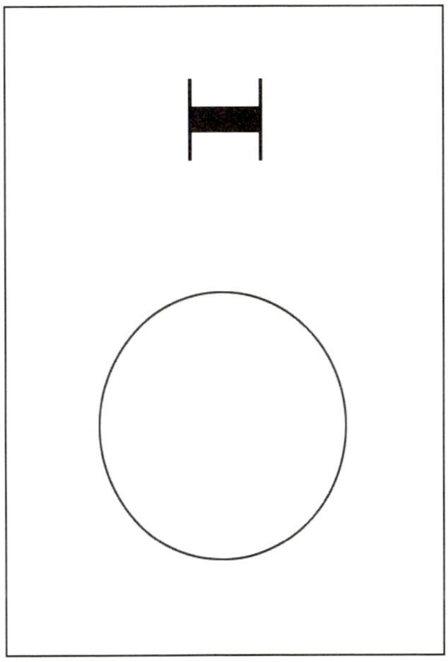
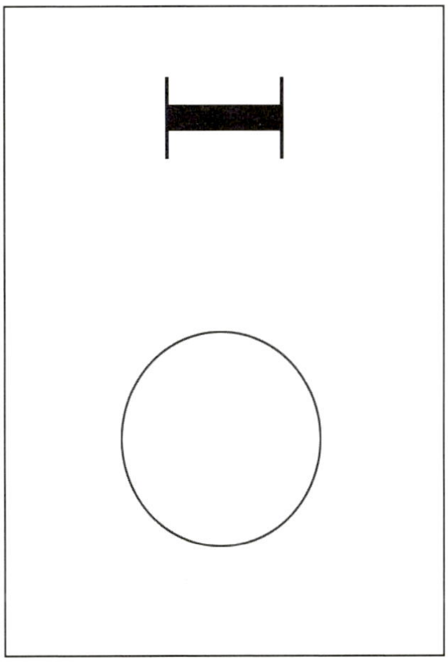
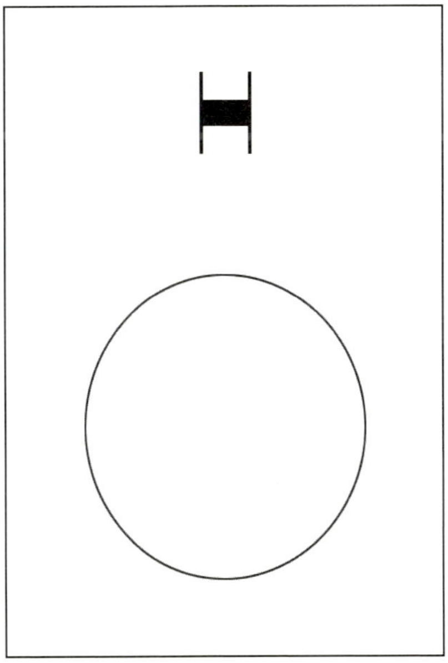
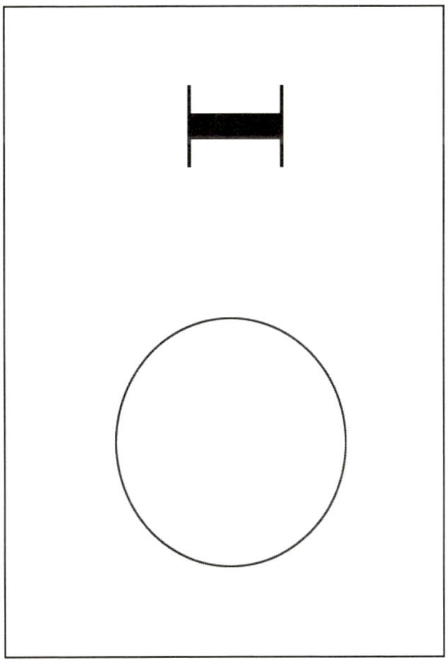

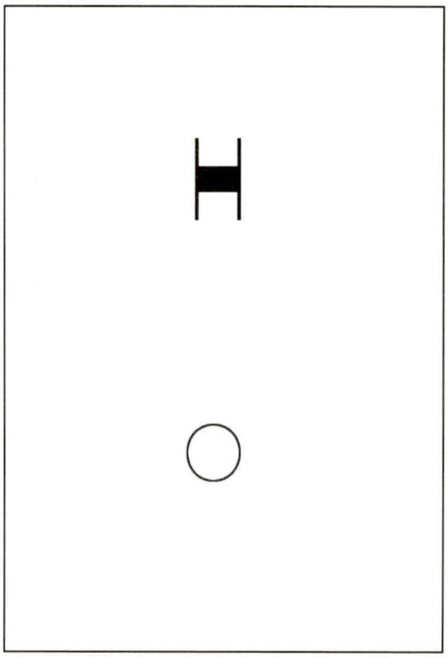

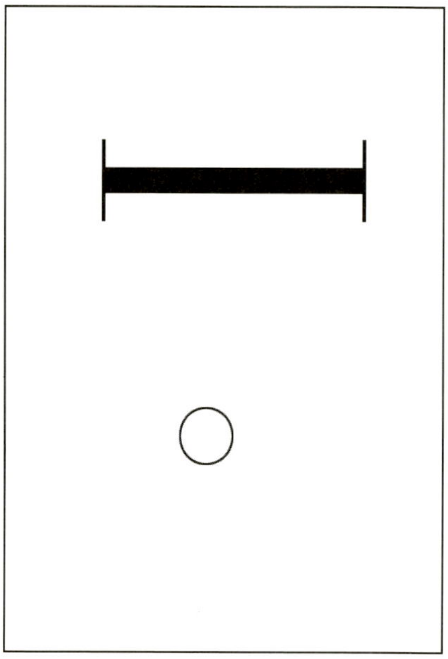

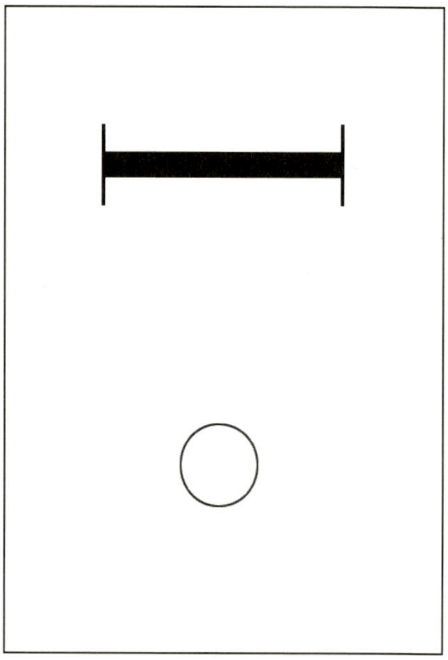

색원기둥－응용

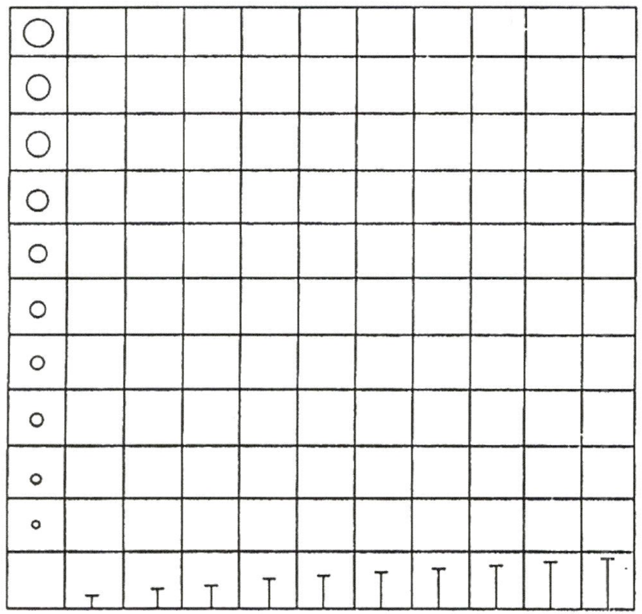

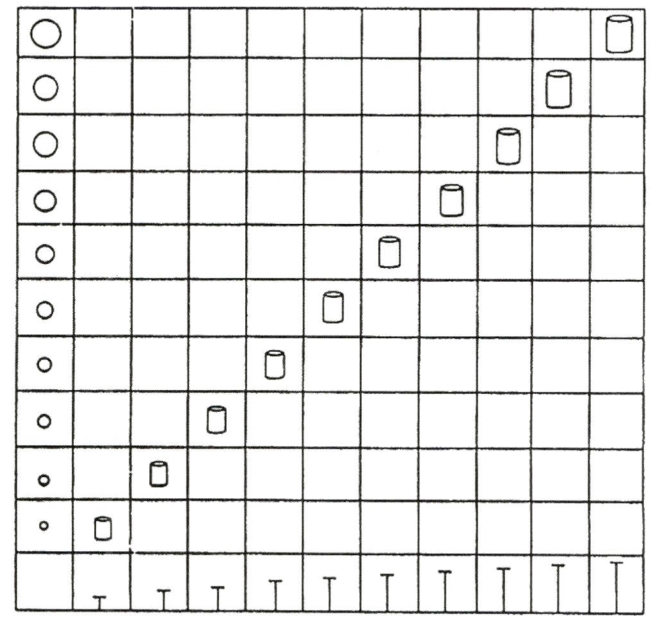

3 수의 이해

수의 이해는 수를 세는 능력이나 숫자를 인지하는 능력 이상으로 수 세기, 숫자읽기와 쓰기, 비형식적 수 연산에 대한 내용을 통합시키고 있다.

1) 수 세기

유아는 일상생활 속에서 다양하게 활용되는 수를 경험하면서 실제생활에서 수를 사용하고 해석 할 수 있는 능력의 수 지식을 발달시킨다.

Piaget(1952)는 유아의 수 개념 획득은 분류, 서열화, 1 : 1 대응을 통한 논리적 조작이 선행되어야 가능하며 수 세기 이전에 논리적 조작 능력의 발달을 강화하여야 한다. 예로, 보존개념은 물질의 양이 차원의 변화에 관계없이 같다는 것을 개념화한 것이다. 어떤 물질이 전체적인 형태나 지각적인 특성이 더 변하더라도 물질의 전체적인 양이나 속성은 변하지 않는다는 개념을 말한다.

Piaget는 6~7세에는 물질보존이 가능하며, 9~10세에 무게보존, 11~12세에 부피보존을 인식할 수 있다(Piaget, 1965)고 하였다.

Parsonson Naughton(1988)은 보존개념의 발달에서 수(6세), 양, 길이, 면적(6~7세), 무게(9세), 부피(11~12세)의 순으로 발달하고, Kingma(1983)는 수, 길이, 크기, 양, 무게의 순서로 발달한다고 하였다.

Piaget는 전조작기의 유아에게는 보존개념이 형성되지 않는다고 주장했다.

Gelman과 Gallistel(1978)은 유아가 수 세기를 사용하여 수에 대한 이해를 발달해 가고, 수량에 대한 기본 개념을 발달시키는 수단이 되며, 동등성과 비동등성, 수 크기의 순서, 수의 기본 규칙과 수들 사이의 관계에 대해 추론하는 데 기초가 된다고 하였다.

인간은 무리지어 살기 시작하면서 수 세기의 필요성이 대두되어 문명과 함께 사회적 · 문화적으로 전수된 수 세기는 2세경부터 발달하기 시작하는 말로 세기와 물체 세기 혹은 합리적인 세기로 나누어진다.

우리나라는 고유단어와 한자 수 단어의 이중 수 체계를 가지고 있으며, 유아가 말로 세기가 가능해지면 물체세기를 셀 수 있게 된다.

일상의 상황에서 물체 수 세기 기회를 제공하여 수 세기 상황을 만들어 준다. 유아가 사물의 수를 잘 세기 위해서는 일대일 대응의 원리, 안정된 수 세기의 원리, 기수의 원리, 추상화의 원리, 순서무관의 원리의 5가지 수 세기 원리를 발달시켜야 한다(Gelman & Gellistel, 1978).

숫자가 사라졌어요(로렌 리디 | 웅진주니어)

1) 동화를 들려준다. 2) 동화내용을 회상한다.

이야기 나누기 talk

• 어느 날 우리 마을에 어떤 일이 일어났니?
 –숫자가 몽땅 사라졌어요.
• 숫자가 사라져서 어떻게 되었니?
 –엉망진창이 되어 골치 아픈 일이 터졌어요.
 –수를 세지도 못하고 더하기, 빼기, 곱하기도 할 수 없게 되었어요.
 –축구, 농구, 야구도 할 수 없었고 TV도 볼 수 없고 설거지도 할 수 없었어요. 또 돈도 쓸 수 없게 되었어요.
• 왜 돈도 쓸 수 없게 되었니?
 –편지도 소포도 보낼 수 없었어요.
 –시간을 알 방법도 없었어요.
 –달력, 하루생활, 생일, 몇 살인지, 전화도 걸 수가 없었어요.
 –컴퓨터도 전자계산기도 사용할 수 없었어요.
 –내 키 몸무게, 체온도 잴 수 없었어요.
 –모자, 부츠, 구두의 치수도 알 수 없었어요.
• 누가 사라진 숫자를 찾아 나섰니? 고야옹 탐정요.

- 누가 숫자를 가져갔니? 너구리요.
- 어떻게 숫자를 가져갔니? 청소기로 빨아들였어요.
- 너구리가 왜 그랬을까?
  –세상에서 가장 긴 숫자를 만들어 보고 싶어서요.
- 숫자가 없어서 어떤 마음이 들었니? 아쉬웠어요.
- 숫자를 다시 찾아서 무엇을 했니?

(1) 1:1 대응의 원리

한 개의 물체에 한 개의 수 단어를 부여하는 것으로, 1:1 대응의 원리가 암기적 수 세기에 첨가되어야만 합리적 수 세기가 가능하게 된다.

센 것과 세지 않은 것을 인식하지 못하거나, 한 물체에 두개의 수 단어를 부여하거나 건너뛰어 셈을 하기도 한다.

곰돌이의 생일잔치(강경숙 | 아이세움)

1) 동화를 들려준다. 2) 동화내용을 회상한다.

이야기 나누기 talk

- 곰돌이의 생일날이에요.
- 곰돌이는 친구들을 위해 과자, 케이크, 과일을 준비했어요.
- 무엇이 보이니?
  –의자 4개, 똥차 4개, 과자 4개, 과일 4개, 고깔모자 4개
- 친구 몇 명이 왔니? 3명 - 외투와 옷걸이(각각 3개)
- 옷걸이는 몇 개니? 3개
- 곰돌이가 뭐라고 중얼거렸니?
  –고깔모자를 한 개씩 나누어 주었는데 "한 개가 남네?"
- 곰돌이가 뭐라고 중얼거렸니?
  –풍선을 한 개씩 나누어 주었는데 "한 개가 남네?"

- 식탁 위에 접시와 포크가 4개씩 놓여 있었어요.
- 한 사람에게 한 개씩!
- 과자를 한 사람에게 한 개씩!
- 곰돌이가 뭐라고 중얼거렸니? "과자가 한 개 남았네."
- 과일을 한사람에게 한 개씩!
- 곰돌이가 뭐라고 중얼거렸니? "과일이 한 개 남았네."
- 곰돌이는 남은 과일과 과자를 가리키며 뭐라고 했나요?
  –아직 안 온 친구가 있어.
- 친구들이 뭐라고 했니? "곰돌이 바로 너야!"

마른 것 붓기

1. 대상 연령 : 2.5세 이상
2. 선행 학습 : 옮기기
3. 교 구 : 같은 크기의 용기 2개, 내용물(콩), 쟁반

콩 옮기기(게임)

- 2팀을 나누어 서로 마주보고 한 줄로 앉는다.
- 제일 앞의 유아는 왼손에 투명 컵을 오른손에는 콩이 든 컵을 잡고 있는다.
- 교사가 신호를 보내면 제일 앞에 있는 유아부터 오른손에 있는 컵 속의 콩을 왼손의 투명 컵에 흘리지 않고 끝까지 붓는다.
- 왼손 컵을 다음 유아의 오른손에 전달한다. 오른손 컵을 다음 유아의 왼손에 전달한다.
- 동일한 방법으로 마지막 유아까지 한다.
- 마지막 유아가 반대로 같은 방법으로 진행한다.

4. 제시 방법 :

1) "컵 안에 무엇이 들어 있니?"
2) "컵 속에 있는 콩을 비어 있는 컵으로 옮겨보자."
3) 한 손은 용기의 손잡이를 잡고 다른 한 손은 용기를 받친다.
4) 빈 용기에 붓는다(먼저 기울기를 조절하여 일정한 양이 지속적으로 쏟아지도록 하여 끝까지 붓는다).
5) 용기를 바로 하여 내용물이 남아 있는지 확인한다.
6) 용기를 제자리에 놓는다. "콩의 양이 달라졌니?"
7) 내용물이 오른쪽으로 오도록 쟁반을 돌린다. 다시 오른쪽에 있는 내용물을 왼쪽으로 옮긴다.
8) 내용물이 남아 있는지 확인하고 용기를 제자리에 놓는다.

5. 흥미점 :
1) 내용물이 떨어지는 소리를 듣는다.
2) 내용물의 모양, 색깔, 종류에 관심을 가진다.

6. 오류의 통제 :
1) 쟁반이나 책상 위에 내용물이 떨어진다.
2) 내용물이 남아 있는 채로 다른 용기에 옮긴다.

7. 직접 목적 :
1) 용기의 내용물을 부을 수 있다.
2) 1 : 1 대응의 원리

간접 목적 :
1) 질서감, 독립심, 협응력, 집중력
2) 쓰기와 읽기의 준비

8. 변형 및 응용 :
1) 다양한 모양의 용기와 내용물을 경험한다.
2) 양손 붓기를 한다.

9. 언어 : 붓는다, 쏟는다.

10. 비고 :

1) 붓기에 익숙해지면 자발적으로 양손을 사용한다.

2) 용기는 큰 것에서 작은 것으로, 손잡이가 있는 것에서 없는 것으로 교체한다.

색물 붓기

1. 대상 연령 : 2.5세 이상
2. 선행 학습 : 마른 것 붓기
3. 교　　구 : 비이커 2개, 젖은 스펀지, 스펀지 담을 그릇, 색물, 쟁반
4. 제시 방법 :

1) "비이커가 몇 개이니?"
"비이커 안에 무엇이 들어 있니?"
"비이커 안에 얼마만큼의 색물이 들어 있니?"
2) "색물을 비어 있는 비이커 안에 부어보자."
3) 천천히 옮겨 부은 후 비이커 입구를 젖은 스펀지로 닦고 제자리에 놓는다.
4) "색물의 양이 달라졌니?"
5) 동일한 방법으로 비이커의 색물을 옮겨 붓는다.
6) 비이커 입구를 젖은 스펀지로 닦고 제자리에 놓는다.
7) 교구를 교구장에 정리한다.

5. 흥미점 :
   1) 물의 색깔, 용기의 모양에 관심을 가진다.
   2) 물을 따르는 소리를 듣는다.
   3) 마지막 한 방울까지 붓는다.
6. 오류의 통제 :
   1) 쟁반에 물을 흘리거나 엎지른다.
   2) 물이 남아 있는 채로 다른 용기에 옮긴다.
7. 직접 목적 :
   1) 물 따르는 법을 배운다.
   2) 1 : 1 대응의 원리

   간접 목적 :
   1) 질서감, 독립심, 협응력, 집중력
   2) 질량 보존의 개념
   3) 쓰기와 읽기의 준비
8. 변형 및 응용 :
   1) 용기의 종류와 크기가 다양한 것을 경험한다.
   2) 용기의 크기와 형태는 달라도 양은 일정하다(질량 보존의 개념).
   3) 분배의 개념(큰 비이커 → 작은 비이커)을 경험한다.
   4) 다양한 도구로 옮겨 붓기를 한다(깔대기, 스포이드 등).
9. 언어 : 색물, 비이커, 돌린다, 잡는다, 붓는다
10. 비고 : 처음에는 손잡이가 있는 것, 크기가 큰 것에서 점차 복잡한 것, 붓기가 까다로운 것으로 제공한다.

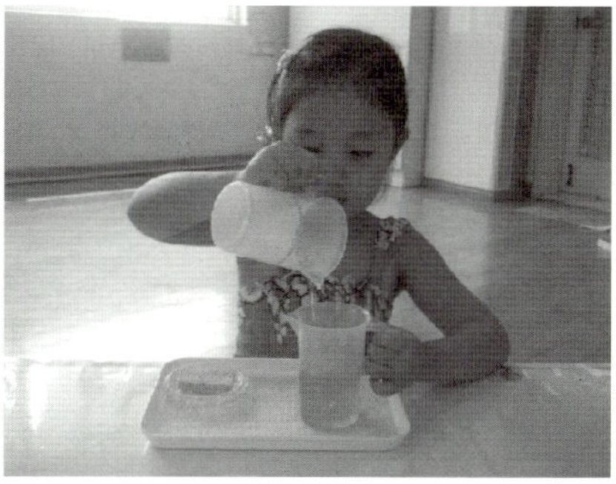

게임) 행운의 딱정벌레(Beleduc)

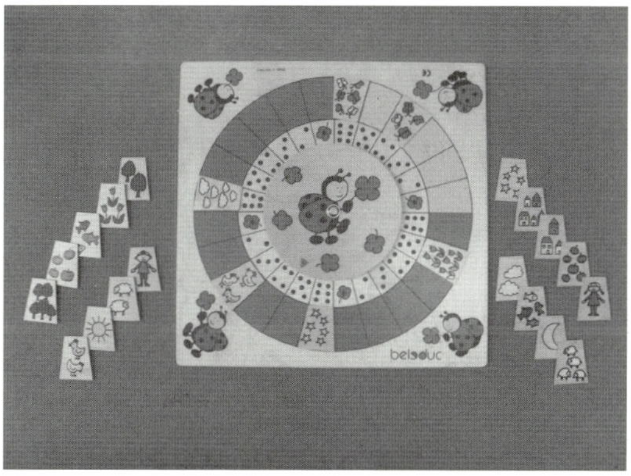

볼트와 너트

1. 대상 연령 : 2.5세 이상
2. 선행 학습 : 병뚜껑 열고 닫기
3. 교 구 : 크기가 다른 볼트 · 너트(3~4개), 쟁반
4. 제시 방법 :

교실에서 볼트와 너트 찾기

1) 비밀 상자 안에 무엇이 들었는지 알아맞힌 후, 볼트, 너트를 살펴보고 이야기를 나눈다.
   "볼트, 너트는 어떻게 생겼니? 볼트, 너트를 만져보니 느낌이 어떻니?"
2) 교실에서 볼트, 너트가 있는 것을 찾아 본 후 이야기를 나눈다.
   "우리 주변에 볼트, 너트가 어디에 있을까?"
   "볼트, 너트가 어디에 쓰이는지 한번 알아보자."
   "책상과 책상다리를 연결 시켜주기 위해 볼트, 너트가 쓰이는구나."
   "손목시계에 쓰이는 볼트, 너트는 손목시계 부품들이 안 떨어지게 하기 위해서 볼트, 너트로 고정을 한단다."
   "이건 콘센트라고 해."
   "콘센트를 쓸 수 있게 볼트로 고정을 시키는 거지."
   "이제 볼트에 맞는 너트를 찾아 끼우고 빼는 놀이를 해 보자."

3) 교구를 활동할 장소로 옮긴다.
4) 큰 볼트를 책상에 놓고 쟁반은 책상 오른쪽 하단에 놓는다.
5) 잠겨있는 볼트와 너트를 옆으로 잡는다(왼손은 볼트를 잡고 오른손 세 손가락은 너트를 잡는다).
6) 천천히 열리는 방향으로 너트를 돌린다.
7) 동일한 방법으로 끝까지 연다.
8) 볼트와 너트를 분리해 책상에 나열한다(거의 다 돌렸을 때는 주의해서 천천히 돌린다).
9) 동일한 방법으로 진행한다.
10) "너트를 잠그자."라고 말하고 볼트를 세우고 윗부분에 너트를 올린다.
11) 천천히 너트를 두세 번 돌린다.
12) 볼트를 옆으로 잡고 천천히 너트를 돌려 잠근다.
13) 동일한 방법으로 진행한다.

5. 흥미점 :
   1) 너트를 돌린다.
   2) 여러 가지 크기의 볼트 · 너트를 경험한다.
   3) 볼트와 너트를 정확하게 맞춘다.
6. 오류의 통제 :
   1) 끝까지 잠그지 못한다.
   2) 볼트와 너트가 비틀어지게 잠긴다.
   3) 볼트와 너트가 맞지 않는다.
7. 직접 목적 :
   1) 너트 열고 닫기를 한다.
   2) 시각을 통한 크기의 변별력
   3) 1 : 1 대응의 원리
   4) 크기의 점차성과 대조성의 인식(서열화)

간접 목적 :

1) 질서감, 독립심, 협응력, 집중력

2) 쓰기의 준비

8. 변형 및 응용 :

1) 도구(드라이버(일자, 십자), 렌찌)를 이용해 열고 닫기를 한다.

9. 언어 : 볼트, 너트

10. 비고 :

1) 어린 유아는 너트 1개를 제공하며 볼트에서 너트를 빼지 않고 열고 닫기만 할 수 있도록 한다.

2) 제공 시 팔을 붙이지 않는다.

3) 너트는 중량감을 느낄 수 있는 실물이 좋으며 연령에 따라 굵기와 길이를 고려한다. 즉, 볼트가 짧고 돌렸을 때 거칠지 않으며 끝까지 들어가는 것을 선택한다.

열쇠와 자물쇠

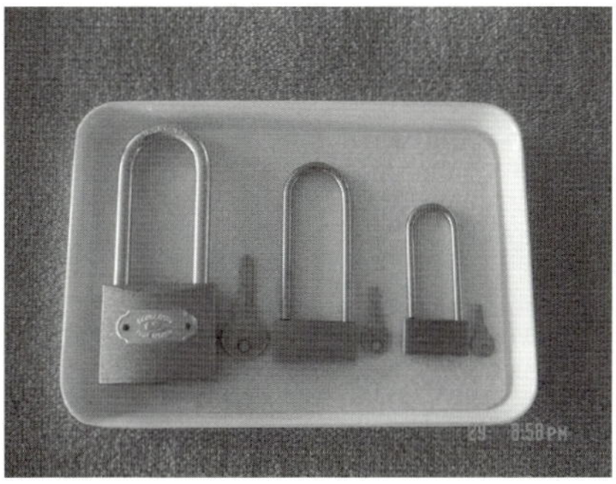

1. 대상 연령 : 2.5세 이상
2. 선행 학습 : 옮기기, 열고 닫기의 활동들
3. 교　　구 : 크기가 다른 자물쇠와 열쇠(3~5개), 쟁반
4. 제시 방법 :

짝을 찾아주세요

• 준비물 : 자물쇠가 채워진 상자, 자물쇠와 열쇠 4개

1) 열쇠를 채운 상자를 보여 주며 이야기 나눈다.

"선생님이 어제 교실에서 여기 있는 상자를 발견했어요. 이 상자 안에 무엇이 들어 있는지 너무 궁금한데 자물쇠가 채워져 있어서 볼 수가 없어요. 어떻게 하면 볼 수 있을까요?"

"자물쇠를 열려면 무엇이 필요할까요?"

"선생님이 서랍장 열쇠로 열어 볼까요?"(열쇠를 넣어 보고 열리지 않음을 보여 준다)

"열쇠를 넣었는데 왜 열리지 않을까요?"

"여기 열쇠가 4개 있어요. 이 중에 자물쇠를 열 수 있는 열쇠가 있을까요? 어떤 열쇠로 열어볼까요?"

2) 유아가 나와 열쇠로 자물쇠를 열어 본다.

자물쇠에 따라 맞는 열쇠가 있음을 이야기한다.
"오늘은 열쇠와 자물쇠로 열고 닫기 해 봐요."

4) 교구를 활동할 장소로 옮긴다.
5) 자물쇠 한 개를 놓고 열쇠는 꺼내 놓는다.
6) 자물쇠에 맞는 열쇠를 찾는다.
7) 왼손은 자물쇠를 잡고 오른손은 열쇠를 잡아 열쇠를 자물쇠 구멍에 넣은 후 딱 소리가 날 때까지 열쇠를 비틀어 돌린다.
8) 열쇠를 뺀다. 자물쇠는 세워놓고 고리는 반대편으로 돌린 후, 열쇠를 자물쇠 밑에 놓는다.
9) 동일한 방법으로 진행한다.
10) "자물쇠를 잠궈보자."라고 말한 후 자물쇠 고리를 제자리에 돌려놓는다.
11) 고리 위 부분을 양손 세 손가락으로 잡고 구멍에 맞추어서 딱 소리가 날 때까지 눌러 잠근다.
12) 동일한 방법으로 활동한다.
13) 자물쇠와 열쇠를 쟁반에 넣어 정리한다.

5. 흥미점 : 잠그고 열 때 소리를 듣는다.
6. 오류의 통제 : 자물쇠와 열쇠가 맞지 않아서 자물쇠가 열리지 않는다.
7. 직접 목적 :
   1) 자물쇠 열고 닫기를 한다.
   2) 시각을 통한 크기의 변별력
   3) 1 : 1 대응의 원리
   4) 크기의 점차성과 대조성의 인식

   간접 목적 :
   1) 질서감, 독립심, 협응력, 집중력
   2) 쓰기의 준비
8. 변형 및 응용 :
   1) 다양한 종류의 자물쇠와 열쇠를 경험한다.

2) 실생활에서 자물쇠로 열고 닫기를 경험한다.

9. 언어 : 자물쇠, 열쇠, 돌린다, 열다, 닫다

10. 비고 :

1) 연령이 어릴 경우에는 자물쇠와 열쇠를 리본으로 연결하여 열고 닫기만 가능하도록 한다.

2) 크기의 식별과 손목 강화운동이 포함되어 있다.

수막대와 빨간막대의 연결

1. 영　　역 : 기본 수 0~10의 소개
2. 연　　령 : 3세 이상
3. 교　　구 : 수막대와 빨간막대
4. 제시 방법 :

1) 교구장에서 빨간막대를 매트에 옮겨 놓고 긴 빨간막대부터 왼쪽 매트 위에 나열한다.
2) "꼭꼭 약속해."노래를 부르며 친구에 대해 이야기 나눈다.
   "친구가 뭘까?", "친구가 없으면 어떨까?", "빨간막대가 친구를 찾고 있단다. 우리가 빨간막대의 친구를 찾아줄 수 있을까?"
3) 다른 매트를 펴고 수막대의 가장 짧은 것부터 옮겨 놓고 빨간막대처럼 나열한다(이때 수막대의 빨강이 왼쪽에 오도록 옮겨 놓는다).
4) 교구의 이름을 알려주고 활동을 소개한다.
   "이것은 수막대란다.", "빨간막대에게 친구를 만들어 주려고 하는데 어떤 방법이 있을까?"
5) 빨간막대와 같은 길이의 수막대를 찾아본다.
   교사는 가장 짧은 빨간막대를 매트의 왼쪽 밑에 옮겨 놓는다.
   "이것과 똑같은 길이의 수막대를 찾아올 수 있겠니?"
6) 유아가 찾아온 수막대를 빨간막대 밑에 놓아보고, 같으면 빨간 막대 바로 위에 붙인다. "똑같네, 친구가 될 수 있겠구나."라고 말한다.
7) 동일한 방법으로 10의 막대까지 제공한다.
8) 어떤 방법으로 친구를 찾았는지 이야기 나눈다.
   "어떻게 빨간막대의 친구를 찾을 수 있었니?"
   "무엇이 똑같았니?"
9) 교구장에 정리한다.

5. 흥미점 :
    1) 빨간막대와 길이가 같은 수막대를 찾는다.
    2) 수막대의 색이 빨강, 파랑으로 연속적으로 되어 있다.
6. 오류의 통제 : 빨간막대의 길이와 같은 수막대를 찾지 못한다.
7. 직접 목적 :
    1) 수막대와 빨간막대의 관계를 본다.
    2) 1 : 1 대응의 원리

    간접 목적 : 수학활동을 하기 위한 준비
8. 변형 및 확장 :
    1) 2개의 빨간막대를 합하여 같은 수막대의 길이를 찾는다.
    2) 미로 만들기, 지그재그로 놓기, 피라미드 모양으로 쌓기를 한다.
    3) 기억놀이를 한다.
    4) 빨간막대와 수막대 조합하기를 한다.
9. 언어 : 빨간막대, 수막대, 똑같다
10. 비고 :
    1) 매트를 2장 준비하여 한 매트에 빨간막대를 옮기고 정리한 후 다른 매트에 수막대를 옮겨 정리한다.
    2) '똑같다'는 것을 강조하여 인식시킨다.

(2) 안정된 순서의 원리

사물의 수를 셀 때 하나, 둘, 셋, 넷, 다섯 …… 열하면서 수 이름을 일관성 있게 세는 것이다.

하지만 유아들은 하나, 둘, 셋, 넷, 다섯, 여섯, 일곱, 아홉, 열하면서 수의 순서를 부정확하게 세기도 한다.

잘잘잘 123(이억배 | 사계절)

1) 동화를 들려준다.

2) 동화내용을 회상한다.

이야기 나누기 talk

하나 → 할머니가 호박을 이고서 잘잘잘
둘 → 두더지가 땅굴을 판다고 잘잘잘
셋 → 생선장수가 생선을 사라고 잘잘잘
넷 → 넷 하면 네 쌍둥이가 나팔을 분다고 잘잘잘
다섯 → 다람쥐가 도토리를 나른다고 잘잘잘
여섯 → 여우들이 연날리기한다고 잘잘잘
일곱 → 이발사가 머리를 깎는다고 잘잘잘
여덟 → 영감님이 염소를 끌고서 잘잘잘
아홉 → 아이들이 윷놀이를 한다고 잘잘잘
열 → 여럿이서 여행을 한다고 잘잘잘

수막대

1. 영역 : 기본 수 0~10의 소개
2. 연령 : 3.5세 이상
3. 교구 : 빨간막대와 같은 길이로 되어 있지만 10cm씩 빨간색과 파란색이 교대로 칠해져 있다.

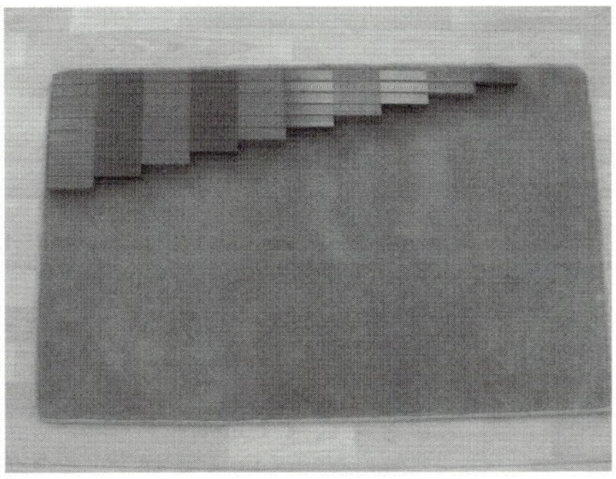

4. 제시 방법 :

1) 유아를 초대하고 활동명을 알려준다.
2) "오늘은 선생님과 수막대를 해 보자."라고 말하고 교구장에 가서 가장 짧은 막대부터 가져와 매트에 옮겨 놓는다.
3) 가장 긴 막대부터 찾아 매트 위에 차례로 놓는다(빨강이 왼쪽 끝에 오도록 한다).
4) 1의 수막대부터 가져와 "일."이라고 말하고 매트 아래에 내려 놓고 검지로 일의 막대의 끝 부분에서 "일."이라고 말한다.
5) 1의 수막대를 매트 왼쪽에 맞추어 놓는다.
6) 2의 막대를 가져와 "이."라고 말하고 매트 아래로 내려놓고 검지로 "일, 이."라고 말한다. 1의 수막대 위에 놓는다.
7) 1의 수막대를 2의 수막대 위에 올려놓고 "일, 이."라고 말하면서 센다.

8) 3의 수막대도 동일한 방법으로 진행한다.
9) 수막대를 섞어 놓고 말한다.
"1의 수막대는 어디 있니?"
"가져와 세어보자."
"2의 수막대 어디 있니?", "가져와 세어보자."
"3의 수막대 어디 있니?", "가져와 세어보자."
10) 교사가 원 위치를 가르치면서 말한다. "1의 수막대를 여기 놓아보자."
동일한 방법으로 3의 수막대까지 진행한다.
11) "이 수막대의 숫자는 무엇이니?" 라고 묻는다.
12) 동일한 방법으로 10의 수막대까지 진행한다.
13) 10의 수막대부터 교구장에 정리한다.

5. 흥미점 :
   1) 1~10까지 수막대를 센다.
   2) 1의 수막대로 수를 세어본다.
   3) 손가락으로 짚어가면서 수를 센다.
6. 오류의 통제 :
   1) 빨강색을 왼쪽에 놓지 않는다.
   2) 수를 빠트리고 센다.
7. 직접 목적 :
   1) 1~10까지 양의 인식
   2) 수 세기
   3) 순서의 원리(연속 수 개념)
   4) 기수의 원리

   간접 목적 :
   1) 수학적 두뇌 형성
   2) 십진법의 준비

8. 변형 및 확장 :
   1) 매트 두 장을 편다.
      ① 한 장의 매트에 수막대를 차례대로 놓는다.
      ② 다른 매트에 임의로 수막대 하나를 옮겨 와 세어 본 후, 그 수막대 다음 것, 또는 앞의 것을 찾아오게 한다.
   2) 종이에 색칠하기를 한다.
   3) 손가락으로 수 세기를 한다.
9. 언어 : 수막대, 1~10까지의 수
10. 비고 :
   1) 수막대를 제공할 때 먼저 명칭을 주고 수막대를 센 후 다시 수막대로 세는 것은 수의 서열을 정착시키기 위함이다.
   2) 하루에 전체의 막대를 제공하지 않고 유아의 발달 단계와 흥미에 맞추어 제공한다.
   3) 새로운 막대를 제공할 때에는 이미 제시한 1의 막대부터 반복학습한 후 시작한다.
   4) 3단계 학습 중 막대를 섞어 놓았으면 순서적으로 묻고, 순서적으로 놓았으면 섞어서 묻는다.
   5) 빨간색이 항상 왼쪽으로 오도록 한다.

모래숫자

1. 영역 : 기본 수 0~10의 소개
2. 연령 : 3.5세, 수막대를 경험한 유아
3. 교구 : 직사각형 판에 0~9까지의 숫자가 사포지에 적혀 있다.

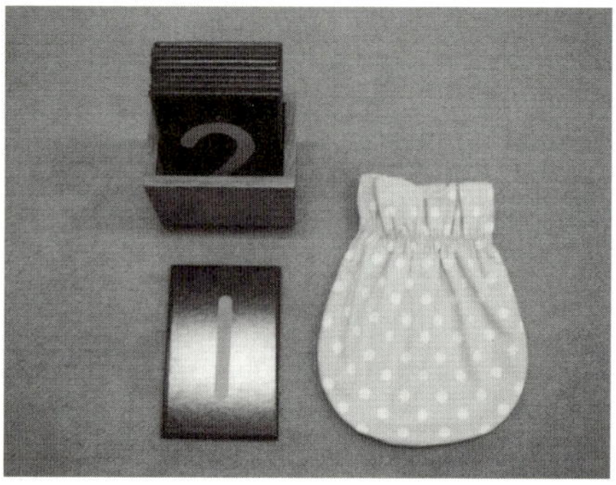

4. 제시 방법 :

1) 모래숫자 하나를 꺼내어 주머니 속으로 넣는다.
   "이 안에 어떤 숫자가 숨어 있단다. 손으로 만져보고 어떤 숫자인지 맞춰 볼 수 있겠니?", "어떤 숫자인 것 같니? 왜 그렇게 생각하니?"
2) 모래 숫자를 꺼내어 확인하고 교구를 소개한다.
   "이것은 모래로 숫자를 만든 모래 숫자라고 한단다."
3) 1~9까지의 모래 숫자를 순서대로 하나씩 탐색한다.
   숫자 1을 책상 중앙에 놓고 손으로 가르키며 "일."이라고 말한다. 왼손으로 숫자판을 잡고 오른손 검지로 천천히 1의 숫자를 써 내려온다. 끝 부분에서 "일."이라고 말한다. 두 번 더 반복한다.
4) 유아에게 권한다. "한 번 해 보겠니?"
5) 동일한 방법으로 제공한다.

6) 순서대로 놓여진 모래숫자를 "3은 어디에 있니? 만져 보자.", "1은 어디에 있니? 만져 보자."라고 한다.
7) 숫자판을 섞어 놓은 다음 순서대로 질문한다.
8) 임의의 숫자판을 가리키며 "이것은 어떤 숫자이니?"라고 질문한다.
9) 동일한 방법으로 4~9까지 진행한다.
교사가 숫자 1을 부르면 유아가 상자 안에 넣는다.
동일한 방법으로 9까지 진행한다.

5. 흥미점 :
   1) 모래숫자를 만질 때의 느낌에 흥미를 가진다.
6. 오류의 통제 :
   1) 숫자를 필순으로 적지 않는다.
   2) 숫자의 형태가 다름을 안다.
7. 직접 목적 :
   1) 0~9까지 수의 인식
   2) 0~9까지 필순의 동적인 근육기억
   3) 순서의 원리
   4) 기수의 원리

   간접 목적 :
   1) 수학적 두뇌 형성
   2) 십진법의 준비
   3) 쓰기 위한 준비
8. 변형 및 확장 :
   1) 새로운 숫자를 제시할 때에는 반드시 먼저 학습한 것을 반복 경험한 후 제시한다.
   2) 0은 마지막에 제시한다.
   3) 모래숫자를 만진 후 벽용숫자에서 같은 수를 찾아본다.
   4) 공간에서 써 보게 한다.

5) 교사가 유아의 등 뒤에 쓰고 난 후 알아 맞추어 보게 한다.
6) 종이에 써 본다. 유아가 종이에 쓴 것을 교사가 확인 한 후 정확하게 쓰지 못했을 경우에는 다시 모래숫자를 제공한다.
7) 수만큼 손뼉 치기 등 동작활동으로 연결한다.
8) 나와 주변숫자에 관심을 갖도록 한다(달력, 주소).
9) 숫자도구를 관찰한다(전화기, 계산기).
10) 쌀 위에 숫자쓰기, 끈으로 숫자쓰기 등 다양한 방법으로 경험한다.

9. 언어 : 모래숫자, 0~9까지의 수

10. 비고 :

1) 모래숫자는 반드시 개인별로 제시한다.
2) 모래숫자는 시각, 청각, 촉각을 이용하여 숫자를 근육의 기억에 의해 익히는 것이므로 수를 만질 때 부드럽고 자연스럽게 하며 발음도 정확하게 한다.
3) 감각교구의 촉각판을 제공하고 난 후 제시하면 좋다.
4) 숫자의 수는 유아의 발달에 따라 달리 제공한다.
5) 초기 숫자 쓰기 단계에는 숫자를 거꾸로 쓰거나 획순이 틀리거나, 다른 숫자로 바꿔 쓰는 오류를 보이나 시간이 지나면 저절로 고쳐진다.
6) 숫자를 쓰기 전에 숫자의 의미를 이해하는 것이 중요하다.
숫자를 따라 쓰는 것은 소근육 발달, 눈과 손의 협응력, 좌우변별, 개폐개념이 형성된 후 가능하다(김숙자 · 김현정, 2005).
7) 숫자 쓰기는 정신적 이미지와 운동적 계획이 포함된다. 운동적 계획이란 어디서 시작할지, 어떤 방향으로 진행할지, 어떻게 방향을 바꿀지, 어디서 멈출지 등을 계획하는 것이다.

숫자놀이

김재복 작사
류장렬 작곡

수 나열하기

1. 영역 : 기본 수 0~9의 소개
2. 연령 : 수를 아는 유아
3. 교구 : 72cm×12cm의 화살표 천 매트(천 매트에 숫자들의 자리가 가운데 표시되어 있고 흰색 선이 수평으로 되어 있다)
   0~9까지 이동 숫자, 용기

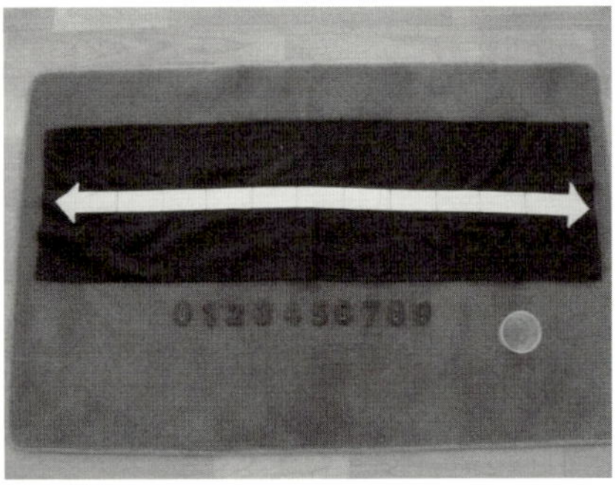

4. 제시 방법 :

1) "오늘은 선생님이 긴 화살표와 숫자를 가지고 왔단다."
2) 화살표 천 매트를 펴고 바구니에서 숫자를 꺼내 나열한다.
3) "선생님과 함께 순서대로 수 나열하기를 해 보자."
4) 교사가 손가락으로 화살표 매트의 왼쪽 첫 번째 자리를 가리키면서 "영." 이라고 말하고 숫자 0을 가져다 그 자리에 놓는다.
5) 화살표 매트의 자리를 "영, 일."이라고 세면서 숫자 1을 가져다 놓는다.
6) 화살표 매트의 자리를 "영, 일, 이."라고 세면서 숫자 2를 가져다 놓는다.
7) 동일한 방법으로 9까지 한 후 유아가 할 수 있도록 숫자들을 내려놓는다.
8) 활동을 마치면 "이제 네가 수를 순서대로 놓았구나. 함께 읽어보자."라고 말하고 "0, 1, 2, …… 9." 하고 읽는다.
9) 교구장에 교구를 정리한다.

5. 흥미점 : 0에서 9까지 수를 순서대로 놓아본다.
6. 오류의 통제 : 화살표 매트에 0~9까지 순서대로 수를 나열하지 못한다.
7. 직접 목적 :
   1) 0~9까지 수 세기
   2) 숫자 개념의 강화
   3) 순서의 원리
   4) 기수의 원리

   간접 목적 :
   1) 수학적 두뇌형성
   2) 십진법의 준비
8. 변형 및 확장 :
   1) 수열의 순서를 안다.
      순서대로 수를 놓은 후 "6 앞에 있는 수는 무엇이니? 8 다음에 있는 수는 무엇이니?" 등 수열의 순서를 안다.
   2) 1~9까지 수를 순서대로 읽고 반대로 읽는다.
   3) 몸으로 숫자를 표현하고 느낀 점을 이야기한다.
   4) 주변의 물건에서 숫자를 찾아본다.
   5) 여러 기관의 전화번호를 알아본다.
9. 언어 : 0~9까지의 수
10. 비고 :
   1) 유아가 내적으로 가지고 있는 숫자를 표현하게 하는 방법으로 항상 처음부터 세어 나간다(예 : 0/ 0, 1/ 0, 1, 2, / 0, 1, 2, 3/……).
   2) 이 교구는 몬테소리 교구는 아니다.

10의 노래

강신욱 작사
이수인 작곡

열 작은 인디언

미국 민요

(3) 추상화의 원리

서로 다른 물체로 된 집단의 수도 셀 수 있고, 경험, 사건 등도 수 세기를 할 수 있다는 것을 의미한다. 추상화의 원리는 어떠한 물체의 집합으로서 수 세기를 할 수 있다는 것을 의미한다. 추상화의 원리를 이해 못하는 유아는 이것은 두 개, 저것은 다섯 개라고 말한다. 영유아는 스스로 실수를 고치면서 수 세기 원리를 습득하므로 교정하기보다는 모델링이 더 나은 교수방법일 수도 있다(Prairie, 2005).

예) 여러 종류 동물 수 세기

숫자야 어디 있니?(윤아해 · 혜경 | 뜨인돌 어린이)

1) 동화를 들려준다. 2) 동화내용을 회상한다.

이야기 나누기 talk - 숫자 찾기 놀이

- 하나가 있는 것은 어떤 것이 있을까?
  - 해, 달, 나, 까만 점
- 둘이 있는 것은 어떤 것이 있을까?
  - 눈, 귀, 콧구멍, 털장갑, 안경알
- 셋이 있는 것은 어떤 것이 있을까?
  - 자전거 바퀴, 돼지 세 마리, 단추 3개, 트라이앵글, 선풍기 날개
- 넷이 있는 것은 어떤 것이 있을까?
  - 하얀 이, 클로버 잎, 계절, 자동차 바퀴, 강아지 다리
- 다섯이 있는 것은 어떤 것이 있을까?
  - 기차 칸, 콩깍지 속, 초록 콩, 피아노 악보 줄, 손가락
- 여섯이 있는 것은 어떤 것이 있을까?
  - 개미다리, 주사위, 우리 가족 수, 밥공기, 국그릇, 숟가락
- 일곱이 있는 것은 어떤 것이 있을까?
  - 무지개 색깔, 백설 공주의 난쟁이, 일주일, 내 나이
- 여덟이 있는 것은 어떤 것이 있을까?
  - 계이름, 리코더 구멍 수, 문어다리 수, 거미다리 수, 눈사람
- 아홉이 있는 것은 어떤 것이 있을까?
  - 구구단, 야구팀, 내가 잠자는 시간
- 열이 있는 것은 어떤 것이 있을까?
  - 꼬마 인디언 수, 오징어 다리, 달걀, 볼링 핀, 손가락 발가락
- 열하나에 있는 것은 어떤 것이 있을까?
  - 축구 형, 백조의 왕자, 마을버스 11, 아폴로 11호
- 열둘에 있는 것은 어떤 것이 있을까?

–일 년, 동물 수, 색연필 열두 자루, 전화기 버튼

• 백은 어떤 것이 있을까?

–우리 할머니 소원 백 살, 시험점수, 백 원

• 100보다 더 큰 수는? 1,000

–하늘 천, 종이학 천 마리, 별님, 좌석버스

난 뭐든지 셀 수 있어(발레리 고르바초프 | 예꿈)

1) 동화를 들려준다.

2) 동화내용을 회상한다.

이야기 나누기 talk

• 염소 선생님이 오늘은 무엇을 할 것이라고 했니?

–"수 세는 법을 배울 거라고 했어요.
하나, 둘, 셋, 넷, 다섯 …… 열."

• 토끼 수우는 무엇을 좋아 했나요? "수를 세는 거요."

• 토끼 수우는 어떻게 했니?

–"공책, 연필, 크레용, 물고기, 장난감, 접시, 컵, 장화, 구두, 운동화, 나비, 개미 집안에 있는 건 몽땅 다 세어 보았어요."

• 수우는 비버와 무슨 놀이를 하면서 수를 세었니?

–"계단, 꽃잎, 물 위에 던진 돌이 몇 번 튀는지 알아 보았어요."

• 수우는 다람쥐와 무슨 놀이를 하면서 수를 세었니?

–"농구를 하면서 공이 몇 번 들어갔는지 보았어요."

• 수우는 두더지와 무슨 놀이를 하면서 수를 세었니?

–"숨바꼭질을 했어요. 눈을 감고 '하나, 둘, 셋 …… 열.', 친구들을 찾으면서 '하나, 둘 …… 열.' 하고요."

• 수우는 집으로 돌아가서 저녁을 먹으면서도 무엇을 했지?

–"완두콩도 세고, 수프에 들어 있는 당근도 세었어요."

• 수우는 밤하늘에 있는 무엇을 세었지?

–"별요."

- 별을 셀 수 있었어?

  –"너무 많아 셀 수가 없었어요."

(4) 기수의 원리

기수의 원리는 물체의 마지막 항목에 적용되는 전체의 수량을 나타내는 것이다.

일대일의 원리나 안정된 순서의 원리 이후에 발달된다.

1부터 10까지(척 머피 | 비룡소)

1) 동화를 들려준다.

2) 동화내용을 회상한다.

이야기 나누기 talk

- 1을 펼치면 개구리 1마리
- 2를 펼치면 앵무새 2마리
- 3을 펼치면 벌레 3마리
- 4를 펼치면 의자 4개와 고양이 4마리
- 5를 펼치면 조개 5개
- 6을 펼치면 개 6마리
- 7을 펼치면 물고기 7마리
- 8을 펼치면 나비 8마리
- 9를 펼치면 앵무새 9마리
- 10을 펼치면 사람 10명

브라이언 와일드스미스의 숫자책(브라이언 와일드스미스 | 웅진주니어)

1) 동화를 들려준다.　　2) 동화내용을 회상한다.

이야기 나누기 talk

▶ 동물의 수와 숫자를 알 수 있는 책이다.

- 사슴 한 마리 1 "어떤 동물이니?", "사슴은 모두 몇 마리니?"
- 호랑이 두 마리 2 "어떤 동물이니?", "호랑이는 모두 몇 마리니?"
- 쥐 세 마리 3
- 곰 네 마리 4
- 딱따구리 다섯 마리 5
- 염소 여섯 마리 6
- 족제비 일곱 마리 7
- 펠리컨 여덟 마리 8
- 나비 아홉 마리 9
- 여우 열 마리 10

수막대와 수카드

1. 영역 : 기본 수 0~10의 소개
2. 연령 : 수막대와 모래숫자를 경험하고 수와 양을 아는 유아
3. 교구 : 수막대(1~10까지), 수카드(1~10까지)와 상자

4. 제시 방법 :

제시 Ⅰ : 수막대에 수카드 일치-양에 수를 일치한다.

1) 교구장에 가서 수막대를 가져와 순서대로 매트에 놓는다.
2) "수막대에게 이름을 붙여보자."
3) 수카드 상자를 가져와 매트에 놓고 숫자를 읽으면서 꺼내어 매트에 흩어 놓는다.
   "10의 카드는 1과 0으로 되어져 있고 10이란다."
4) 수막대 1을 가져와 "어떤 이름을 붙여주면 될까?"라고 묻고 수막대와 같은 수카드를 찾아서 막대 끝에 세워 놓는다.
5) 동일한 방법으로 제공한다.
6) 수카드를 먼저 상자에 정리하고 수막대를 교구장에 정리한다.

제시 Ⅱ : 수 카드에 수막대 일치-수에 양을 일치한다.

1) 수카드를 매트에 순서적으로 놓고, 수막대를 섞어놓은 후, 수카드 1부터 수막대를 찾아 순서적으로 일치시킨다.
2) "수카드와 수막대를 순서대로 나열해 볼래?"

5. 흥미점 :
   1) 양과 수가 같다.
   2) 서수 익히기와 수막대 길이의 변화를 안다.
6. 오류의 통제 : 수막대와 수카드가 일치하지 않는다.
7. 직접 목적 :
   1) 1~10까지 양과 수의 일치
   2) 1~10까지 수 세기
   3) 순서의 원리
   4) 기수의 원리

   간접 목적 :
   1) 수학적 두뇌형성
   2) 십진법의 준비
   3) 10의 구성·분해로 감각적으로 사칙연산에 대한 인상
8. 변형 및 확장 :
   1) 교실의 환경에서 제시된 숫자만큼 물체를 찾아온다.
   2) 수막대와 빨간 막대, 모래숫자를 일치한다.
      ① 임의의 수막대를 놓고 같은 길이의 빨간 막대를 찾아온다.
      ② 모래숫자를 일치시킨다.
   3) 활동지를 연습한다.
   4) 4칙 연산을 감각적으로 연습한다.
      ① 덧셈 : 수막대로 10 구성(두 개의 수막대로 10 만들기, 세 개의 수막대로 10을 만들기)

② 빨셈 : 덧셈에서 10을 만든 후 10에서 1을 빼면 9가 된다. 동일한 방법으로 다른 막대도 해 본다.

③ 곱셈 : 5의 수막대를 1번, 2번 더하면 10이 된다(5×2=10).

④ 나눗셈 : 10막대는 5의 수막대 둘로 나누어짐을 알고 다른 막대에서도 찾아본다(8÷4, 6÷3, 4÷2).

5) 긴 매트를 깔고 수막대 전부를 이어서 그 길이를 알아본다 (10+9+8+7+6+5+4+3+2+1).

9. 언어 : 1~10까지의 수

10. 비고 :

1) 수를 읽을 때 흥미 있게 리듬을 넣어서 정확하게 발음한다.

2) 수막대로 4칙 연산을 제공할 경우 수 개념이 형성된 유아에게만 제공한다.

게임) 펭귄가족의 물고기 잡기(Beleduc)

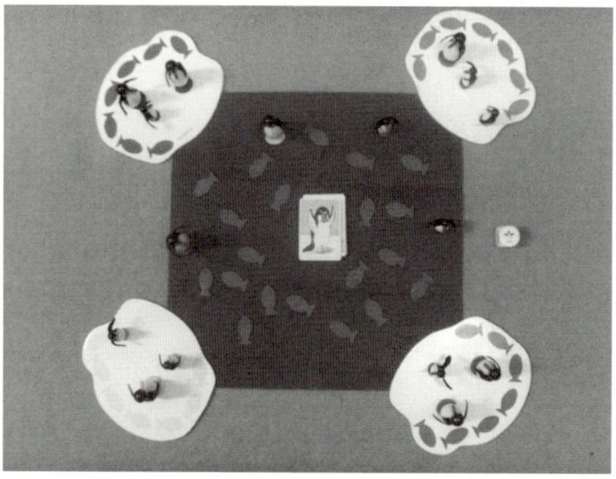

셈막대 상자

1. 영역 : 기본 수 0~10의 소개
2. 연령 : 수와 양을 아는 유아
3. 교구 : 다섯 칸으로 나누어진 2개의 나무상자에 0~4, 5~9까지 숫자가 쓰여 있다.
   셈막대가 10개 들어가 있는 나무상자
   셈막대가 35개 들어가 있는 나무상자

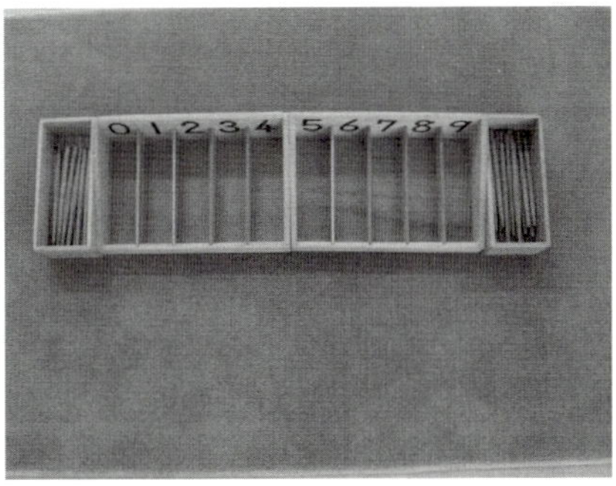

발타자의 산책(마리엘렌느플라스 | 청어람미디어)

1) 동화를 들려준다.

2) 동화내용을 회상한다.

이야기 나누기 talk

- 날씨가 몹시도 고약한 어떤 날
  발타자와 빼빵은 창밖을 내다보다 무엇을 보았나요?
  -갈색토끼 한 마리
  -두 친구는 비옷을 입고 우산을 쓰고 토끼를 찾아 뛰어갔어요.
- 무엇을 보았나요?
  -두 개의 파란 눈

- 발타자와 빼뺑은 물웅덩이 안에서 무엇을 보았나요?
  - 세 마리 새하얀 토끼
- 닭장 안에서 무엇을 보았나요?
  - 네 마리 암탉
- 마당에서 무엇을 보았나요?
  - 다섯 마리 달팽이가 빗속을 산책하며 즐거움에 젖어 있어요.
- 오래된 밤나무 아래에서 무엇을 보았나요?
  - 여섯 마리 박쥐
- 창고에서 무었을 보았나요?
  - 일곱 개의 안경을 정리해요.
- 벽에는 무엇이 걸려 있었나요?
  - 여덟 개의 나사 돌리개
- 작은 연못 바로 옆에서 무엇을 보았나요?
  - 아홉 개의 알
- 발타자의 호주머니 안에는 무엇이 있었나요?
  - 열 개의 과자
- 발타자와 빼뺑은 몇 마리 토끼를 잡았을까요?
  - 한 마리도 못 잡았어요
- 꿈속에서 하얀 토끼를 몇 마리 잡았나요?
  - 백 마리

4. 제시 방법 :

제시 Ⅰ : 1~9까지 양과 수의 일치

1) 교구장에 가서 교구를 가져와 매트에 놓는다(이때 셈막대가 들어가 있는 상자를 각각 양쪽 옆에 놓는다).
2) "막대들이 2개의 통 속에 들어 있는데 너무 많은 막대친구가 들어 있어서 답답해 하고 있어. 막대들은 방에 들어가 쉬고 싶어하는데 각 방에는 들어

갈 수 있는 숫자가 적혀 있단다. 막대가 방에서 잘 쉴 수 있도록 각 방에 넣어주자."

3) 셈 상자에 적힌 수를 손가락으로 가리키며 읽는다.
4) "각 칸에 숫자만큼의 막대를 넣어보자."
숫자를 가르키며 "일." 하고 읽고 막대를 집어 손바닥 위에 놓으면서 "일.", 상자에 넣으면서 "일(하나)."이라고 말한다.
5) 동일한 방법으로 2에서 9까지 수량을 일치시킨다.

제시 Ⅱ : 0에 대한 제공

1) 1 ~ 9까지 수량을 일치시키고 난 후 상자에 막대가 있는지 물어본다. 0의 칸에 막대가 없는 것을 보고 "0은 아무것도 없는 수이지만 중요한 역할을 한다."라고 말한다.
2) 칸 안에 있는 셈막대를 1부터 "일."이라고 말하면서 상자 안에 넣는다.

5. 흥미점 :
   1) 0에서 9까지 수와 양을 일치한다.
   2) 셈막대를 세는 방법을 익힌다.
   3) 각각의 수에 막대들을 연결해 세어본다.
6. 오류의 통제 :
   1) 셈막대가 남거나 모자란다.
   2) 셈상자의 수와 셈막대의 수가 일치하지 않는다.
7. 직접 목적 :
   1) 0의 개념
   2) 0~9까지의 양과 수의 일치
   3) 기수의 원리
   4) 순서의 원리
   5) 자릿수의 개념

간접 목적 :

1) 수학적 두뇌형성

2) 십진법의 준비

8. 변형 및 확장 : 모래숫자와 일치시킨다.

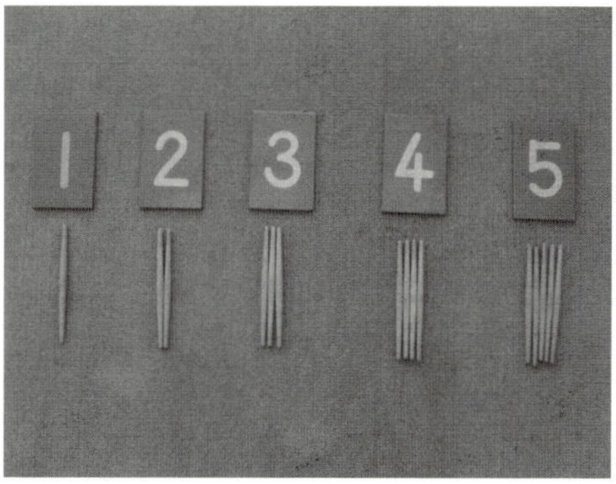

9. 언어 : 셈막대 상자, 0~9까지의 수 세기

10. 비고 :

1) 수와 양을 일치시키는 것은 수막대와 동일하지만, 셈막대 상자는 집합 개념이 들어 있다.

2) 0~9까지 십진법의 구성요소가 들어 있다. 즉, 아무리 큰 수라도 0~9 이외의 수는 존재하지 않는다.

3) 셈막대를 세면서 중량감, 부피감을 감각적으로 느낄 수 있다.

기억 놀이

1. 영역 : 기본 수 0~10의 소개
2. 연령 : 4세 이상, 0의 개념, 수와 양을 아는 유아
3. 교구 : 0~9까지 숫자카드가 담긴 상자
   구체물(은행) 45개가 담긴 바구니

4. 제시 방법 :

1) 교구를 가져다 매트에 놓고 유아 9명을 초대한다.
2) 교구를 탐색하며 활동방법에 대해 이야기 나눈다.
   "카드에는 무엇이 적혀 있니?", "어떤 놀이를 할 수 있을까?",
   "카드와 은행을 가지고 기억놀이를 해 보자.", "카드에 적힌 수를 잘 기억해서 은행을 가져 오는 놀이란다."
3) 교사가 숫자카드를 집어 눈으로 숫자를 읽은 후 접어서 자기 앞에 놓는다.
4) 동일한 방법으로 한 명씩 진행한다.
   자기 숫자카드의 수만큼 은행을 세어 카드 밑에 놓는다.
5) 교사는 "너는 얼마를 가지고 갔니?"라고 유아에게 물으며 카드에 적힌 수를 읽고 은행을 나열한다.
6) 교사는 은행을 갖고 있지 않는 유아에게 "너는 왜 은행을 가지고 있지 않

니?"라고 질문을 하여 유아들이 0에 대한 개념을 알고 있는지 확인한다.
7) 카드와 은행을 정리한다.

5. 흥미점 :
   1) 은행 개수와 카드의 수가 일치한다.
   2) 각 카드에 적혀 있는 숫자만큼 은행을 정확하게 세며 기억한다.
6. 오류의 통제 :
   1) 은행이 남거나 모자란다.
   2) 카드의 수와 은행의 개수가 일치하지 않는다.
7. 직접 목적 :
   1) 0~9까지 양과 수의 일치
   2) 0의 개념
   3) 기수의 원리
   4) 수의 기억

   간접 목적 :
   1) 수학적 두뇌형성
   2) 추상을 위한 준비
8. 변형 및 확장 :
   1) 동작 게임을 한다.
      "3번 손뼉을 쳐보자.", "0번 손뼉을 쳐보자.", "0번 돌아보자."
9. 언어 : 0~9까지의 수, 은행, 기억놀이
10. 비고 :
    1) 기억놀이를 통해 규칙, 기다림, 질서, 사회성을 기를 수 있도록 한다.
    2) 바구니에 담긴 내용물의 수가 45개가 되어야 한다.
    3) '0'에 대한 개념을 인식시키면서 가지지 못하는 것을 이해하도록 한다.
    4) 내용물에 따라 숫자 세기를 한다.

숫자와 바둑알

1. 영역 : 기본 수 0~10의 소개
2. 연령 : 4세 이상
3. 교구 : 1~10까지의 이동 숫자, 바둑알 55개가 담긴 상자

4. 제시 방법 :

제시 I

1) 활동방법에 대해 이야기 나눈다. 10의 노래를 부른다.
   "여기 숫자와 바둑알이 있단다. 숫자에 맞춰 바둑알을 놓아보도록 하자."
2) 숫자를 읽으면서 매트 위에 놓는다.
3) 1~10까지 숫자를 순서대로 나열하고 손으로 짚어가며 읽는다.
4) 숫자에 바둑알을 일치한다.
   숫자 "1"을 가리키며 "일."이라고 말하고 바둑알을 손바닥 위에 놓으면서 "일."이라고 말한다.
   다시 숫자 밑에 바둑알을 놓으면서 "하나."라고 말한다.
   "일을 다른 말로 무엇이라고 하니?"
   "일은 '하나'라고도 읽을 수 있단다."
5) 동일한 방법으로 10까지 한다.

제시 Ⅱ

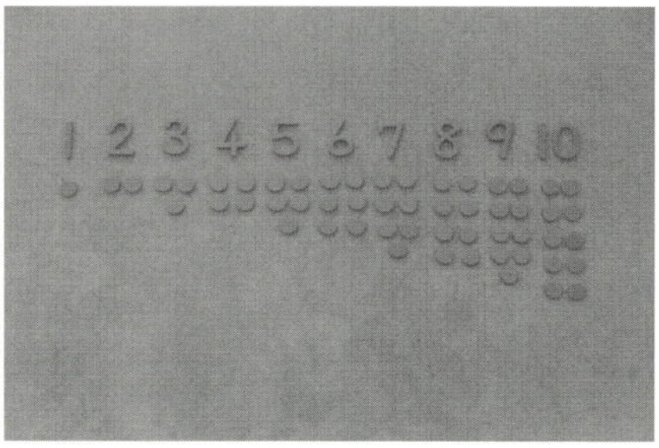

1) 교사는 유아에게 “바둑알을 두 줄 기차로 만들어 보자. 한 개가 남으면 가운데 놓도록 하자.”라고 말한다(짝수는 두 줄, 홀수의 마지막 한 개는 가운데에 놓는다).
2) 바둑알 사이를 오른손 검지로 훑어 내리면서 통과하는 수, 통과하지 않는 수를 안다.
   “통과하지 않는 수는 홀수, 통과하는 수는 짝수.”라고 말한다.
3) 3단계를 연습한다.
   “짝수만 놓아 보기로 하자.”, “홀수만 놓아 보기로 하자.”
   “1, 3, 5, 7, 9는 무엇이라고 하니?”
   “2, 4, 6, 8, 10은 무엇이라고 하니?”
4) 임의의 숫자를 말하고 짝수인지 홀수인지 묻는다.
5) 숫자부터 상자 안에 넣고 바둑알을 넣어 정리한다.

5. 흥미점 :
   1) 같은 수를 다른 말로 셀 수 있다.
   2) 1~10까지 양과 수를 일치한다.
   3) 바둑알을 짝지어 나열한다.

6. 오류의 통제 :
   1) 바둑알이 남거나 모자란다.

2) 숫자와 바둑알의 개수가 일치하지 않는다.

7. 직접 목적 :
   1) 수 개념의 강화
   2) 1~10까지의 수와 양의 일치
   3) 순서의 원리
   4) 기수의 원리
   5) 홀수, 짝수의 개념

   간접 목적 :
   1) 곱셈과 나눗셈의 개념(8은 2개씩 4줄로 곱셈의 개념이 들어있고, 통과하는 수는 나누어지는 수, 통과하지 않는 수는 나누어지지 않는 수로 나눗셈의 개념이 들어 있다)
   2) 가감승제에 대한 준비

8. 변형 및 확장 :
   1) 1~10까지 스티커 붙이기를 한다.
   2) 짝수, 홀수를 분류해서 스티커 붙이기를 한다.
   3) 반복 학습(수막대, 셈막대 상자, 모래숫자와 함께 반복 학습을 할 수 있다. "3을 모두 가져 오세요.")을 한다.
   4) 실물을 이용한다.
   5) 1~10의 숫자가 적힌 병속에 구슬 넣기를 한다.

9. 언어 : 1~10까지의 수, 바둑알, 홀수, 짝수

10. 비고 :
   1) 바둑알의 개수가 55개가 맞는지 확인한다.
   2) 어린 유아의 경우에는 이동 숫자보다는 숫자카드를 사용한다.

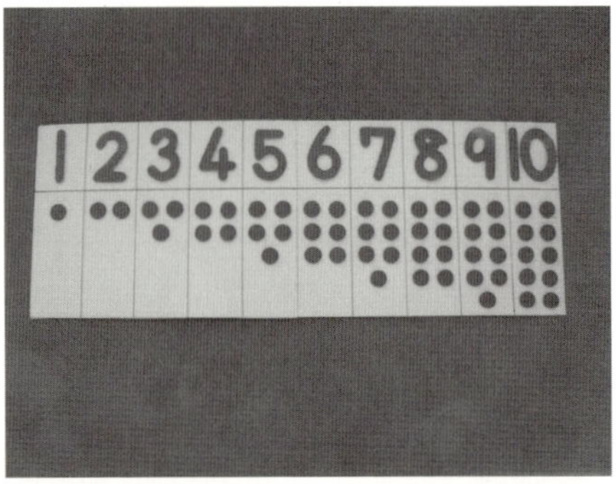

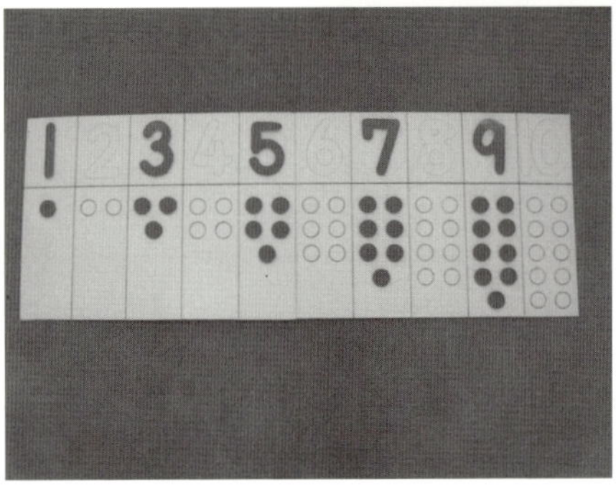

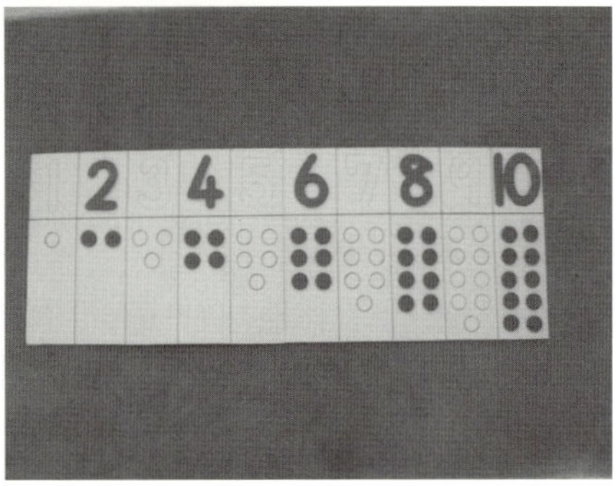

게임) 숫자동산(Orda)

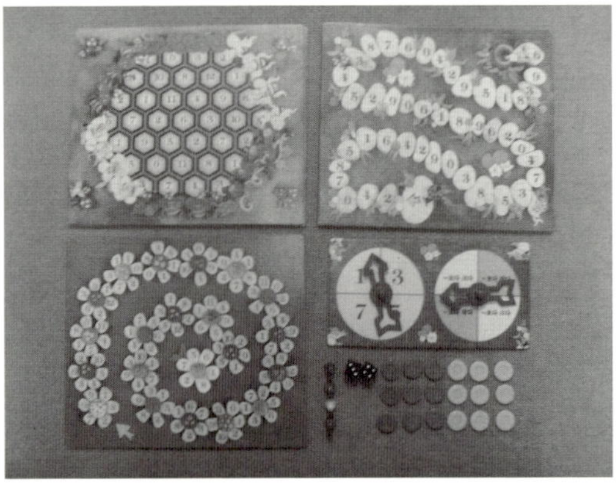

색구슬 세기

1. 영역 : 기본 수 0~10의 소개
2. 연령 : 4세 이상, 0의 개념, 수와 양을 아는 유아
3. 교구 : 색구슬 1~9, 1~9의 숫자카드와 통, 셈표

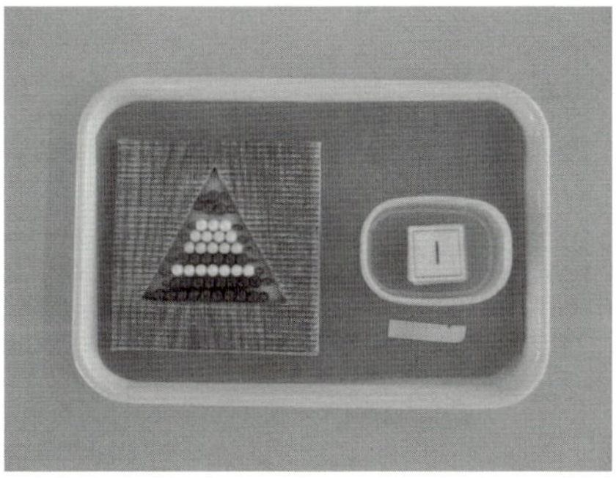

4. 제시 방법 :

1) 교구를 탐색하며 이야기 나눈다.
   "이것은 무엇인 것 같니? 여러 가지 색깔이 있는 구슬이라고 해서 이름이 색구슬이란다. 여기에 숫자카드가 있구나. 한번 읽어보자."
   "이것은 무엇인 것 같니? 어떻게 쓰는 것일까? 이것은 셈표라고 하는데 구슬을 셀 때 사용한단다."
2) 활동방법을 알아본다.
   "이제 색구슬 세기를 해 보자."
3) 일의 구슬을 가지고 와서 "일."이라고 말하고 셈표로 세고 "일."이라고 말한다. 2, 3의 구슬도 동일한 방법으로 제공한다.
4) 1, 2, 3의 구슬을 섞어 놓고 "1의 구슬은? 세어보자."
   "2의 구슬은? 세어보자."라고 묻는다.
5) "이것은?" 하고 질문한다.

6) 동일한 방법으로 9까지 소개하고 숫자카드를 구슬에 일치시킨다.
"색구슬 옆에 같은 수의 숫자카드를 놓아보자."
7) 교구를 정리하고 교구장에 갖다 놓는다.

5. 흥미점 :
   1) 1~9까지 양과 수를 일치한다.
   2) 셈표로 색구슬을 세어 본다.
6. 오류의 통제 : 색구슬과 카드가 일치하지 않는다.
7. 직접 목적 :
   1) 1~9까지의 양과 수의 일치
   2) 수 개념 강화
   3) 순서의 원리
   4) 기수의 원리

   간접 목적 :
   1) 수학적 두뇌형성
   2) 십진법 준비
8. 변형 및 확장 : 색구슬 활동지에 색칠하기를 한다.
9. 언어 : 색구슬, 1~9까지의 수, 셈표
10. 비고 :
   1) 색구슬을 셈표로 셀 때 정확하게 한 구슬씩 세도록 한다.
   2) 유아의 발달단계에 따라 색구슬의 양을 정한다.

수만큼 옮기기

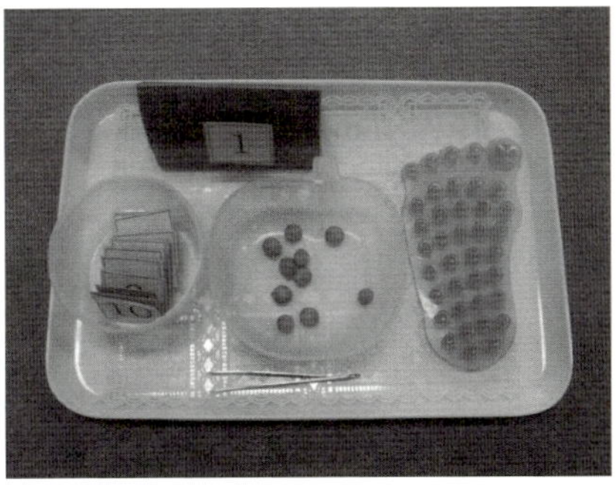

1. 대상 연령 : 2.5세 이상
2. 선행 학습 : 한 손으로 옮기기, 숟가락으로 옮기기의 활동, 수와 양을 아는 유아
3. 교　　구 : 핀셋, 핀셋 받침, 집을 수 있는 내용물과 그릇 1개, 숫자카드(1~10), 발판, 쟁반
4. 제시 방법 :

1) "선생님과 함께 핀셋으로 수만큼 콩 옮기기를 해 보자."
2) 교구를 탐색한다.
3) 핀셋 사용법을 보여준다(왼손으로 핀셋의 앞부분에서 ⅓쯤의 부분을 잡아들고 오른손은 엄지, 검지, 중지 세 손가락으로 핀셋의 뒷부분을 잡고 오므렸다 펴는 모양을 보여주고 유아에게 해 보도록 한다).
4) "숫자 카드를 하나 놓아보자. 어떤 숫자이니? 콩을 몇 개 옮기면 될까?"
5) 콩을 세면서 발판에 옮긴다. "핀셋으로 콩을 옮겨 발판에 숫자만큼 채워 보자."
6) 옮긴 콩의 수와 숫자에 적인 수가 맞는지 확인한다. "콩이 몇 개인지 세어 보자." 발판의 콩을 세면서 그릇에 옮긴다. 맞으면 숫자카드를 뒤집어 놓는다.

7) 동일한 방법으로 활동한다.

8) 카드를 제자리에 정리하고 교구장에 갖다 놓는다.

5. 흥미점 : 핀셋으로 수만큼 사물을 옮긴다.
6. 오류의 통제 :
   1) 핀셋 사용할 때 내용물을 떨어뜨린다.
   2) 카드의 수만큼 내용물을 옮기지 못한다.
7. 직접 목적 :
   1) 핀셋 사용 방법을 배운다.
   2) 수만큼 내용물을 옮긴다.
   3) 수 개념 강화
   4) 기수의 원리

   간접 목적 :
   1) 질서감, 독립심, 협응력, 집중력
   2) 쓰기와 읽기의 준비
8. 변형 및 응용 : 다양한 종류의 내용물 옮기기를 한다.
9. 언어 : 핀셋, 오므린다, 편다, 옮긴다, 콩, 1~10까지의 수
10. 비고 : 핀셋의 크기와 내용물의 크기 및 발판의 크기를 고려하여 준비한다.

세강판 1

1. 영역 : 연속 수
2. 연령 : 4세 이상
3. 교구 : 다섯 칸이 그어진 2개의 나무판으로 1개의 나무판은 10의 숫자가 모두 있으나 1개의 나무판에는 10의 숫자가 네 칸에만 쓰여 있다.
   1~9까지의 나무판 숫자 카드
   1~9까지의 색구슬, 10의 구슬 9개, 셈표

4. 제시 방법 :

제시 Ⅰ : 11~19의 양 소개

1) 교구를 소개한다. 10의 구슬과 색구슬(1-9)을 들고 와 매트에 놓는다. "10의 구슬과 색구슬을 가지고 11~19까지의 숫자를 만들어 보자."
2) "구슬 2개를 가지고 11을 만들 수 있겠니?"
   10구슬과 1의 색구슬을 수직으로 붙여놓고 "11."이라고 말하고 셈표로 센다.
   셈표로 세고 난 후 "10과 1은 11."이라고 한다.
3) 동일한 방법으로 12, 13도 제공한다.

4) 3단계로 학습한다.
   ① 11, 12, 13의 자리를 바꾸어 놓고 “11을 가리켜 보세요.” 12를 가리켜 보세요.
   ② “이것은?” 하고 묻는다.
5) 동일한 방법으로 19까지 제공한다. 구슬을 모아놓고 다양한 수 만들기를 해 본다. “좋아하는 수를 만들어 보자.”, “15를 만들어 보자. 18을 만들어 보자.”라고 묻고 확인한다.

제시 Ⅱ : 11~19의 수 소개

1) 세강판 1을 교구장에서 가지고 와 매트에 놓는다.
2) 상자에서 세강판을 꺼내 양쪽으로 놓는다(다섯 칸 전부 숫자가 쓰인 것은 왼쪽에, 네 칸에만 숫자가 쓰인 것은 오른쪽에 놓는다).
   “무엇이 적혀 있니?”, “10이 몇 번 적혀 있니?”
3) 1~9까지의 숫자카드를 꺼내놓고, 상자 뚜껑을 닫아 매트 오른쪽에 놓는다.
4) 1의 카드를 읽고 뒤집어 놓는다.
   동일한 방법으로 9까지 포갠 후 바로 놓는다.
5) “이것은 어떤 숫자이니?”, “10 다음에 오는 수는 어떤 수이니?” 1의 숫자카드를 왼쪽 맨 윗 칸에 천천히 밀어 넣는다. “어떤 숫자가 되었니?”, “10과 1이 만나 십일이 되었구나.”
6) 숫자카드를 반쯤 빼고 “십과 일은 십일.”이라고 말하면서 숫자카드를 다시 밀어 넣는다.
7) 동일한 방법으로 13까지 제공한다.
8) “12는 어디 있니?”, “이것은?”
9) 동일한 방법으로 19까지 제공한다.

제시 Ⅲ : 11~19의 양과 수의 소개

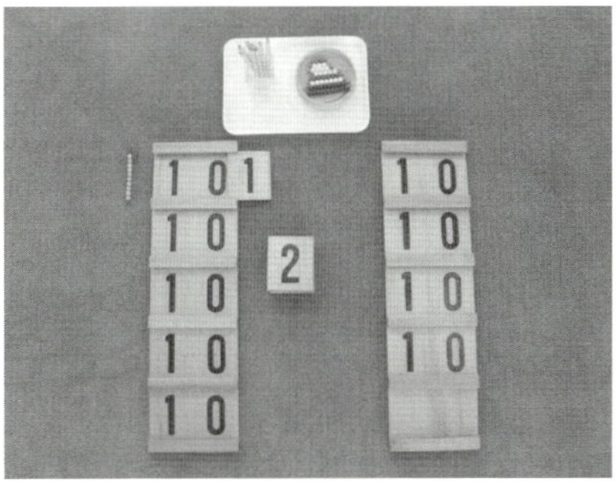

1) 세강판 1을 매트에 놓고 구슬은 세강판 위에, 숫자카드를 1부터 9까지 순서대로 포갠다.
2) 숫자 10을 가리키며 "그 다음 수는 어떤 수이니?"
   10의 구슬과 1의 구슬을 놓으면서 세강판에 1의 카드를 밀어 넣는다. "그 다음 수는 무엇이니?"
3) 동일한 방법으로 19까지 한다.

5. 흥미점 :
   1) 11에서 19까지 수와 양을 일치한다.
   2) 세강판에 숫자카드를 넣어서 다른 숫자가 생긴다.
6. 오류의 통제 : 구슬과 수가 일치하지 않는다.
7. 직접 목적 :
   1) 11~19까지 양과 수의 일치
   2) 11~19까지 수 명칭
   3) 순서의 원리
   4) 기수의 원리

   간접 목적 : 수 개념의 기초
8. 변형 및 확장 :
   1) 11~19까지의 숫자쓰기를 한다.

2) 숫자만큼 구슬 놓기를 한다.

3) 순서없이 같은 구슬과 숫자카드 놓기를 한다.

9. 언어 : 세강판 1, 11~19까지의 수 세기

10. 비고 :

1) 세강판을 수직으로 붙여 놓아도 되지만 길이가 너무 길기 때문에 옆으로 놓는 것이 활동하기에 편하다.

2) 유아의 발달 단계를 고려하여 제공한다.

금구슬 1,111의 소개쟁반

1. 영역 : 십진법
2. 연령 : 0~10 소개를 마친 유아
3. 교구 : 1, 10, 100, 1,000의 구슬

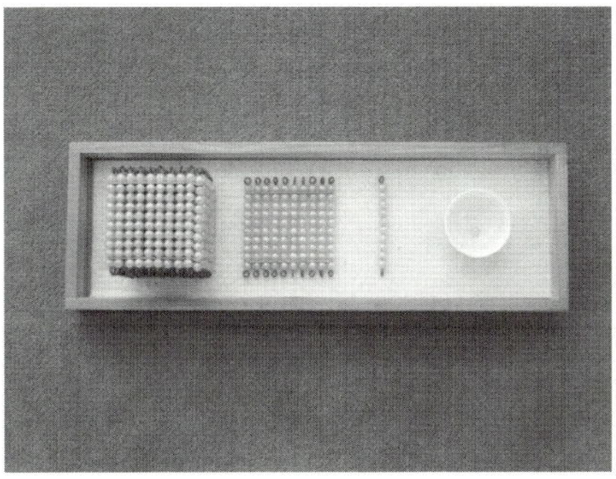

4. 제시 방법 :

1) "오늘은 선생님이 금구슬 1,111 소개쟁반을 보여줄게."
2) 매트 위에 교구를 옮겨 놓는다.
   "무엇이 있니? 어떤 구슬이 있는지 알아보자."
3) 매트의 오른쪽 밑에 쟁반을 놓고 1단위 구슬을 꺼내 유아에게 건네주면서 "이것은 1, 손에 쥐어보고 1이라고 말하고 매트에 놓아 보겠니?"(이때 교사는 1이 놓일 자리를 손가락으로 지적해 준다)
4) 10의 구슬을 꺼내어 유아에게 건네주면서 "이것은 10, 1과 어떻게 다르니? 1단위의 구슬 10개가 모여서 만들어졌지? 손에 쥐어 보고 10이라고 말하고 매트에 놓아 보겠니?"
   교사는 1의 왼쪽에 10의 구슬이 놓여질 자리를 지적해 준다.
5) 언어를 제시한다.
   "이것은 10, 이것은 1, 1을 보여주겠니? 10을 보여 주겠니?"

"이 구슬의 수는?"

6) 100의 구슬을 꺼내 아동에게 건네주면서 "이것은 100, 10과 어떻게 다르니? 손으로 만져보고 100이라고 말하면서 매트에 놓아 보겠니?" 교사는 10의 왼쪽을 지적해 준다.
   언어를 제시한다.
7) 쟁반을 보고 "가장 큰 것이 하나 남아 있구나."라고 말하고 1,000의 입방을 꺼내어 유아에게 주면서 "이것은 1,000, 100과 어떻게 다르니? 느껴 봐. 그리고 1,000이라고 말하면서 매트에 놓아보자." 교사는 100의 왼쪽을 지적해 준다.
   언어를 제시한다.
8) 쟁반을 1,111 아래로 옮겨 놓는다.
9) 유아에게 "1,000을 쟁반에 놓아 주겠니?", "100을 쟁반에 놓아 주겠니?", "10을 쟁반에 놓아 주겠니?", "1을 쟁반에 놓아 주겠니?" 하고 말한다.
10) 교구장에 교구를 옮겨 놓는다.

5. 흥미점 :
   1) 1, 10, 100, 1,000의 구슬을 본다.
   2) 1,000, 100, 10, 1의 자리에 놓아본다.
6. 오류의 통제 : 구슬의 양을 인식하지 못한다.
7. 직접 목적 :
   1) 수를 위한 준비
   2) 1, 10, 100, 1,000의 양 인식
   3) 수의 단위에 대한 개념 형성(자리값을 이해하는 준비 학습)

   간접 목적 :
   1) 십진법
   2) 논리 · 수학적 두뇌 형성
   3) 기하 · 대수에 대한 준비
   4) 가감승제에 대한 준비

8. 변형 및 확장 :
   1) 게임 ① : "없어진 것은 무엇입니까?"
   2) 게임 ② : 동작게임 "○○을 찾아 오세요."
   3) 종이에 붙여보기를 한다.
9. 언어 : 1,111 소개쟁반, 1, 10, 100, 1,000의 숫자
10. 비고 :
   1) 제공 시 구슬을 소개할 때 손바닥에 올려 중량감을 감각적으로 인식하도록 한다.
   2) 1, 10, 100, 1,000의 구슬에는 점, 선, 면 입체가 들어 있다.
      1(점) : 기본 단위
      10(선) : 길이(빨간 막대)
      100(면) : 면적(갈색계단)
      1,000(입체) : 정육면체(분홍탑)
   3) 각 자릿수 구슬의 명칭을 정확하게 기억할 수 있도록 한다.

금구슬 1,111의 수카드

1. 영역 : 십진법
2. 연령 : 1, 10, 100, 1,000의 양을 아는 유아
3. 교구 : 1(초록색), 10(파랑색), 100(빨간색), 1,000(초록색)의 카드 각 크기는 1의 숫자의 두 배, 세 배, 네 배로 되어 있다.

4. 제시 방법 :

1) 교구를 보여주며 이야기 나눈다.
"어떤 숫자가 적혀 있니?, 일이 몇 개 있니? 이 속에 어떤 숫자가 숨어 있는지 찾아보자."
2) 1의 수카드를 놓고 "일."이라고 말하고 "무슨 색으로 되어 있니?"라고 묻고 카드를 오른쪽에 옮긴다. "초록색 1을 들어 어떤 숫자가 숨어 있니?"라고 말한다.
3) 10의 수카드를 놓고 "십.", "10은 1과 0으로 되어 있다."라고 말하고 "무슨 색으로 되어 있니?"라고 묻는다.
4) 1의 수카드 왼쪽에 놓는다.
"파랑색 10을 들어 어떤 숫자가 숨어 있니?, 0이 몇 개 숨어 있니?"
5) 100의 수카드를 놓고 "백.", "100은 1과 0이 하나, 둘로 되어 있다."라고

말하고 "무슨 색으로 되어 있니?"라고 묻는다.
10의 수카드 왼쪽에 놓는다.

5) 1,000도 동일한 방법으로 한다.
6) "100은 어디 있니?", "100은 어떻게 쓰여 있니? 무슨 색이니?"
"10은 어디 있니?", "10은 어떻게 쓰여 있니? 무슨 색이니?"
임의로 수카드를 지적하며 "이것은 무엇이니?"라고 묻는다.
7) 수카드를 섞어놓고 순서적으로 묻는다.
8) 유아에게 눈을 감게 한다. "100은 어떻게 쓰여 있니?"
동일한 방법으로 묻는다.
9) 정리한다.
① 1,000, 100, 10, 1 수카드의 순서로 왼쪽에 맞추어 올려놓는다.
② 위와 아래를 잡고 수직으로 세워서 톡톡 치면서 아래로 내려간다.
③ 앞의 수 1,111이 나온다.

5. 흥미점 :
1) 1, 10, 100, 1,000의 수를 읽는다.
2) 1,000, 100, 10, 1의 수카드를 치면 1,111이 나온다.
3) 1, 10, 100, 1,000 자리의 색이 다른 것을 안다.

6. 오류의 통제 :
1) 1, 10, 100, 1000의 숫자를 인식하지 못한다.
2) 1, 10, 100, 1000의 색과 0의 갯수를 인식하지 못한다.

7. 직접 목적 :
1) 1, 10, 100, 1,000의 숫자의 인식
2) 0의 기능(0은 자릿수를 나타낸다)
3) 기수의 원리

간접 목적 :
1) 수학 · 논리적 두뇌 형성
2) 십진법

3) 가감승제에 대한 준비

8. 변형 및 확장 :
   1) 스티커 재료를 사용한다.
   2) 색칠해서 오려 붙이기를 한다.
   3) 1,111 도장찍기를 한다.
9. 언어 : 1,111의 수, 1, 10, 100, 1,000의 숫자, 초록색, 파란색, 빨간색, 0, 하나, 둘, 셋
10. 비고 :
   1) 십진법 소개 쟁반에서의 0은 자릿수를 알려준다. 10의 자리에서는 0이 한 개, 100의 자리는 0이 두 개 1,000의 자리는 0이 세 개로 자릿수를 가진다.
   2) 카드의 크기도 자릿수에 따라 달라진다.

금구슬 1,111의 양과 수카드 합치기

1. 영역 : 십진법
2. 연령 : 1, 10, 100, 1,000의 양과 수를 아는 유아
3. 교구 : 1, 10, 100, 1,000의 구슬과 수카드

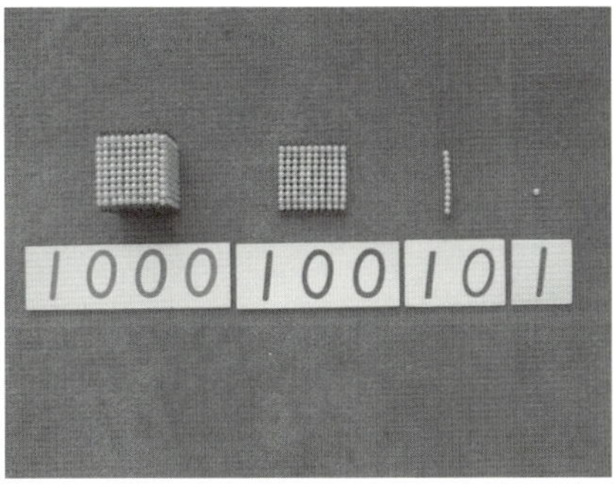

4. 제시 방법 :

1) 매트 위에 교구를 옮겨 놓는다.
2) "너희들은 다른 사람이 너희의 이름을 알 수 있도록 하기 위해 어떻게 하니? 무엇을 달고 있니?", "오늘은 금구슬에게 이름표를 달아주자."
3) 구슬을 순서적으로 물으면서 매트에 놓는다.
4) 카드를 순서적으로 물으면서 구슬 밑에 놓는다.
5) 구슬의 위치를 바꾸어 놓고 구슬 밑에 카드를 일치시킨다.
   "1,000의 구슬은 어디에 있니?", "1,000의 카드를 놓아보자."
   동일한 방법으로 진행한다. "구슬에 이름표를 달아주니 어떻니? 이제 쉽게 구슬의 이름을 알 수 있겠구나."
6) 카드의 위치를 바꾸어 놓고 카드 밑에 구슬을 일치시킨다. "이번에는 이름표가 주인을 기다리고 있단다, 누구의 이름표인지 찾아보자."
7) 동일한 방법으로 활동한다.

8) "천의 구슬."이라고 말하면서 쟁반에 넣는다.

9) "1,000카드를 쟁반에 넣으세요."

"100의 구슬을 쟁반에 넣으세요."

10) "100의 수카드를 쟁반에 넣으세요."라고 말하면서 쟁반에 넣는다.

11) 동일한 방법으로 1의 수카드까지 정리한다.

5. 흥미점 : 1, 10, 100, 1,000의 양과 수카드를 일치시킨다.
6. 오류의 통제 : 수카드와 구슬을 일치시키지 못한다.
7. 직접 목적 :

   1) 1, 10, 100, 1,000의 양과 수의 일치

   2) 자릿수를 위한 준비

   3) 기수의 원리

   간접 목적 :

   1) 0의 기능

   2) 십진법
8. 변형 및 확장 :

   1) 스티커, 도장 등의 재료를 사용한다.

   2) 색칠해서 오려 붙이기를 한다.

   3) 구슬 위에 수카드 짝짓기를 한다.

   4) 수카드 위에 구슬 짝짓기를 한다.
9. 언어 : 1, 10, 100, 1,000의 숫자
10. 비고 : 쟁반에 넣어 정리할 때 1,111의 수카드와 구슬을 자릿수에 맞게 놓는다.

1,000, 100, 10의 빌딩쟁반(10의 쟁반)

1. 영역 : 십진법
2. 연령 : 4세 이상, 금구슬 1,111 소개쟁반을 경험한 유아
3. 교구 : 1,000의 구슬 1개, 1~100의 구슬 각 10개

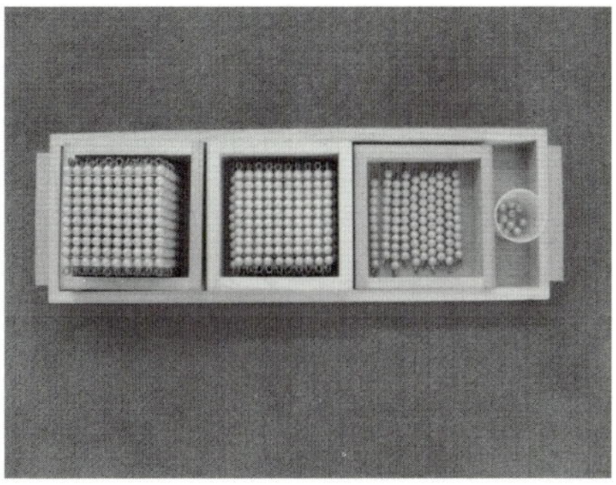

4. 제시 방법 :

1) 교구를 가지고 와 매트에 놓는다.
2) "오늘은 구슬이 모여서 어떤 구슬모양과 똑같은지 알아보려고 한단다."
3) 쟁반을 매트 오른쪽 아래에 놓는다.
4) 쟁반에서 1의 구슬 통을 꺼내어 매트에 놓고 매트의 중앙에 1단위 구슬을 세면서 1~10까지 위에서 아래로 나열한다.
5) 10의 구슬 1개를 꺼내 나열된 구슬 왼쪽에 붙여 놓고 "똑같지? 1단위 구슬 10개와 10의 구슬은 똑같구나."라고 말하고 10의 구슬을 1단위 구슬에서 왼쪽으로 조금 떨어져 놓는다.
6) 매트에 있는 10의 구슬을 가르키면서 말한다. "10의 구슬 1개."라고 말하고 쟁반에서 10의 구슬 1개를 꺼내 매트에 있는 10의 막대 구슬 왼쪽에 붙여 놓으면서 말한다. "10의 구슬 2개."라고 말한다.
7) 동일한 방법으로 10의 구슬 10개를 매트에 놓는다.

8) 100의 평방 구슬 1개를 10단위 구슬 왼쪽에 붙여 놓는다.
9) “똑같지? 10의 구슬 10개와 100의 평방 구슬이 똑같구나!”라고 말하고 100의 평방 구슬을 10의 구슬 10개 위에 올려놓는다.
10) 100의 평방 구슬을 10의 구슬 왼쪽에 조금 떨어져 놓는다.
11) 동일한 방법으로 100의 구슬 10개를 놓고 1,000의 입방 구슬을 소개한다.
12) 유아와 함께 정리하고 교구장에 갖다 놓는다.

5. 흥미점 : 구슬을 단위에 맞추어 놓는다.
6. 오류의 통제 : 각 자릿수의 양이 10개 모이면 한 단위의 양과 같다는 것을 인식하지 못한다.
7. 직접 목적 :
   1) 각각의 양을 등가의 양과 일치시킨다.
   2) 1, 10, 100, 1,000 사이의 관계를 안다.

   간접 목적 :
   1) 논리 · 수학적 두뇌형성
   2) 사칙연산의 준비
8. 변형 및 확장 : 양의 보존 개념를 소개한다.
9. 언어 : 1~9까지의 숫자, 10~90까지의 숫자, 100~900까지의 숫자, 1,000의 숫자, 똑같다, 10개
10. 비고 : 이 활동은 시 · 감각적으로 자릿수의 양을 인식하는 활동을 강화해 주는 것으로 각 구슬의 크기가 정확한 것을 사용해야 한다. 각 자리의 10개가 모이면 한 단위 올라가는 것을 이해한다.

9나열하기

1. 영역 : 십진법
2. 연령 : 1, 10, 100, 1,000 수와 양을 아는 유아
3. 교구 : 1~1,000의 구슬 각 9개, 1의 구슬 담을 용기, 매트 2장, 쟁반, 1~9까지의 수카드, 10~90까지의 수카드, 100~900까지의 수카드, 1,000~9,000까지의 수카드

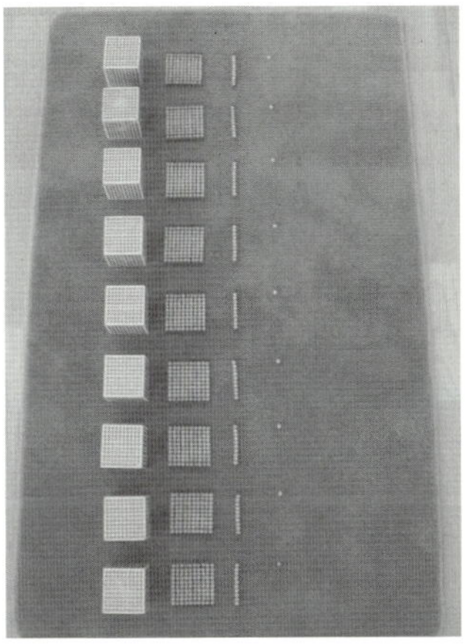

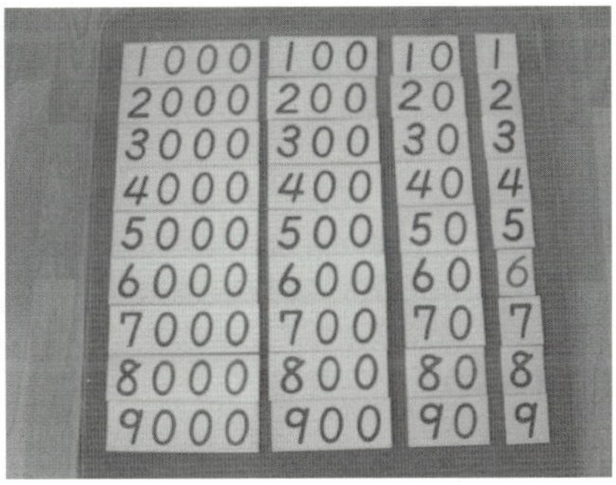

4. 제시 방법 :

제시 Ⅰ : 양의 소개

1) 매트를 세로로 깔고 교구를 가지고 와 매트에 놓는다.
2) "너희들은 줄서기를 해 본 적이 있니? 줄서기를 잘하려면 어떻게 해야 할까? 오늘은 우리가 구슬을 가져와 줄을 세워 볼 거란다."
3) 쟁반에 있는 1단위 구슬 통을 매트에 가져와 매트 위에 놓는다.
4) 1에서 9까지 구슬을 세면서 매트의 오른쪽 위에서 아래로 놓는다. "먼저 1의 구슬부터 순서를 세면서 줄을 세워보자."
5) 10의 구슬을 1 단위 왼쪽 옆에 동일한 방법으로 10에서 90까지 구슬을

세면서 놓는다.

6) 100, 1,000의 구슬도 동일한 방법으로 진행한다. "구슬이 어떻게 되었니? 줄을 잘 선 것 같니?"
7) 교사는 "매트가 한 장 더 필요하구나."라고 말하고 조금 떨어진 곳에 매트를 한 장 더 깐다. "이제 구슬 가져오기 놀이를 해 보자."
8) "1의 구슬 3개를 가져올 수 있겠니?"
9) 유아가 가져온 구슬을 확인하고 매트 위에 놓는다.
10) "10의 구슬 4개를 가져올 수 있겠니?"
    동일한 방법으로 100, 1,000도 진행한다.
11) 유아가 가져온 구슬을 확인하고 매트 위에 놓는다.
12) 1의 구슬부터 차례대로 정리한다.

제시 Ⅱ : 수의 소개

1) 교구를 가지고 와 매트에 놓는다.
2) "숫자 가족이 놀러 왔단다. 어떤 가족들이 왔는지 만나보자."
3) 1 단위의 수카드를 상자에서 꺼낸다.
4) 1에서 9까지 읽으면서 매트에 놓고, 다시 순서적으로 1에서 9까지 읽으면서 세로로 매트의 오른쪽에 놓는다.
5) "이것은 1의 가족."이라고 소개하고 "1의 가족은 몇 명이니?" "무슨 색이니?"라고 묻는다.
6) 10의 가족을 소개한다.
   ① 10에서 90까지 읽고 매트에 다시 순서적으로 읽으면서 1의 가족 옆에 놓는다.
   ② "이것은 10의 가족."이라고 소개하고 "10의 가족은 몇 명이니?", "무슨 색이니?"라고 묻는다.
7) 동일한 방법으로 100의 가족, 1,000의 가족을 소개한다.
8) 3단계로 질문한다.

"7 어디 있니?, 무슨 색이니?", "70 어디 있니? 어떻게 되어 있니? 무슨 색이니?", "700 어디 있니? 어떻게 되어 있니? 무슨 색이니?", "7,000 어디 있니? 어떻게 되어 있니? 무슨 색이니?" 임의로 지적해서 "이것은?"

9) 1의 가족부터 차례대로 정리한다.

5. 흥미점 :
   1) 수를 읽는다.
   2) 0~9 사이의 숫자 안에서 자릿수에 따라 달라지는 것을 인식한다.
6. 오류의 통제 :
   1) 각 단위의 양을 인식하지 못한다.
   2) 1~9,000까지의 숫자를 인식하지 못한다.
7. 직접 목적 :
   1) 1~9,000까지의 숫자인식
   2) 각 단위의 자릿수 이해
   3) 수에 대한 개념 확장

   간접 목적 :
   1) 0의 기능
   2) 논리 · 수학적 두뇌형성
   3) 사칙연산의 준비
8. 변형 및 확장 : 1~9,000까지 수를 종이에 써 본다.
9. 언어 : 1~9까지의 수, 10단위 수 세기, 100단위 수 세기, 1,000단위 수 세기
10. 비고 :
   1) 카드 나열법은 십진법의 체계로 한다. 즉, 50은 10의 다섯 개로 표상할 수 있도록 카드를 질서있게 나열한다.
   2) 9,000은 1이 9,000이 아니라 1,000이 9개로 십진법의 체계를 인식한다.
   3) 유아의 발달 단계를 고려하여 한 가족 또는 두 가족씩 나누어서 제공한다. 유아가 익숙해지면 자릿수를 늘려간다.

45나열하기

1. 영역 : 십진법
2. 연령 : 9 나열하기를 한 유아
3. 교구 : 수카드(1~9,000)
   1, 10, 100, 1,000 금구슬(나무 구슬) 각 45개
   1의 구슬 담을 용기

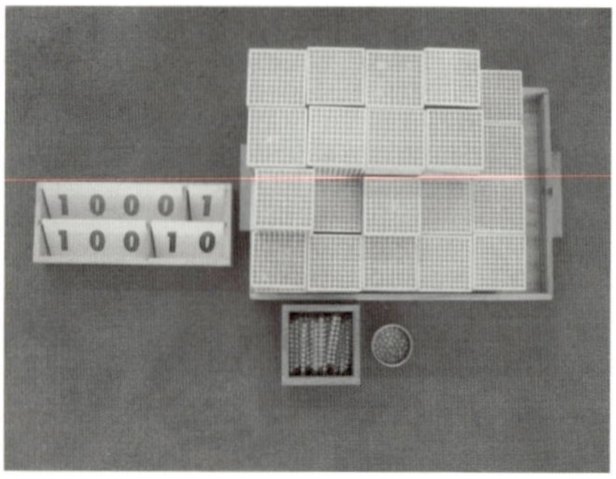

4. 제시 방법 :

1) 수카드와 구슬이 있는 45나열하기에 간다.
2) "숫자와 구슬로 어떤 놀이를 했었니? 오늘은 더 많은 구슬의 이름표를 달아보자."
3) 1~9까지의 카드를 매트의 오른쪽 위에서 아래로 나열한다. "먼저 수카드를 꺼내 줄을 세워보자."
4) 1 카드 수만큼 구슬을 카드의 왼쪽 바로 옆에 놓는다. "이제 수 이름표의 주인을 찾아보자."
5) 10~90, 100~900, 1,000~9,000의 카드와 구슬도 1~9까지의 나열 방법과 같이 제시한다.
   단, 100의 구슬과 1,000의 구슬을 제시하기 전에 반드시 금구슬의 크기가

나무판의 크기와 같음을 유아에게 확인시키고 금구슬 대신에 나무판을 사용한다고 말한다. 그리고 100의 나무판과 1,000 나무판은 옆으로 나열하지 않고 위로 쌓는다.

6) 유아와 함께 정리한다.

5. 흥미점 : 카드와 구슬을 일치시켜 수를 읽는다.
6. 오류의 통제 : 수카드와 구슬을 일치시키지 못한다.
7. 직접 목적 :
   1) 1~9,000까지의 수와 양의 일치
   2) 자릿수에 대한 준비

   간접 목적 :
   1) 논리 · 수학적 사고 발달
   2) 큰 수에 대한 이해
8. 변형 및 확장 :
   1) 45의 수평 나열하기를 한다.
   2) 45의 세로 나열하기를 한다.
   3) 종이에 써보기를 한다.
9. 언어 : 1~9까지의 수, 10~90까지의 수, 100~900까지의 수, 1,000~9,000까지의 수
10. 비고 :
   1) 유아 2명이 함께 할 수 있다.
   2) 매트가 여러 장 필요하다.
   3) 교실 한 코너에 45나열하기에 필요한 수카드와 금구슬(각 45개)을 준비해 둔다.

큰 수 만들기(수 합치기)

1. 영역 : 십진법
2. 연령 : 9나열하기와 45나열을 한 유아
3. 교구 : 1, 10, 100, 1,000의 구슬 각 9개
   1, 10, 100, 1,000 단위의 수카드 각 9장
   1의 구슬 담을 용기, 매트 3장, 쟁반

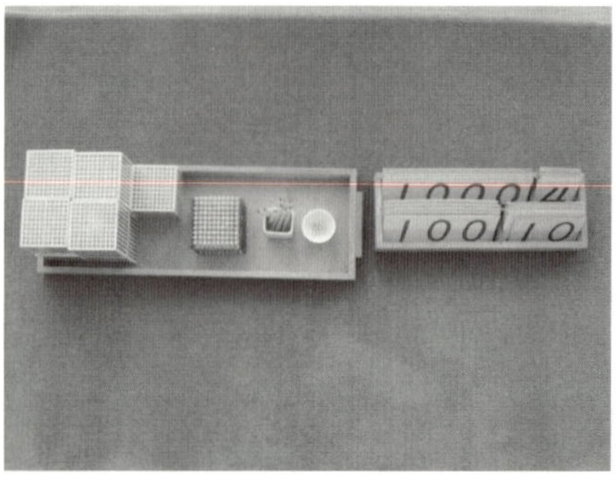

4. 제시 방법 :

제시 Ⅰ : 한 개 단위의 양과 수 일치

1) 유아를 초대하고 활동명을 알려준다.
2) "오늘은 선생님과 큰 수 구성을 해 보자."라고 말한다.
3) 한 개의 매트에 오른쪽 위에서부터 왼쪽으로 1, 10, 100, 1,000의 구슬을 수직으로 9개를 나열한다.
4) 다른 매트에 카드를 동일한 방법으로 나열한다.
5) 교사는 한 단위의 숫자를 말한다(예 : 5).
   "선생님이 말하는 숫자의 구슬과 수카드를 찾아오도록 하자."
   교사는 유아에게 "무엇을 가지러 갔니?"라고 묻는다.

6) 유아는 노래를 부르며 구슬과 수카드를 찾아온다. “5는 어디 있나? (여기) 5는 어디 있나? (여기) 5 찾아 와 보자.”
7) 매트에 유아가 가지고 온 구슬과 카드를 확인한다.
구슬을 “1, 2, 3, 4, 5.” 하고 세면서 매트에 놓고 “카드도 5” 양과 수를 일치시킨다.

제시 Ⅱ : 두 개 단위의 양, 수일치

1) 교사는 유아에게 두 단위의 숫자를 말하고, 구슬과 카드를 담아오게 한다(예: 40과 5).
동일한 방법으로 교사가 유아에게 묻는다.
2) 매트에 유아가 가지고 온 구슬과 카드를 위와 동일한 방법으로 확인한다.

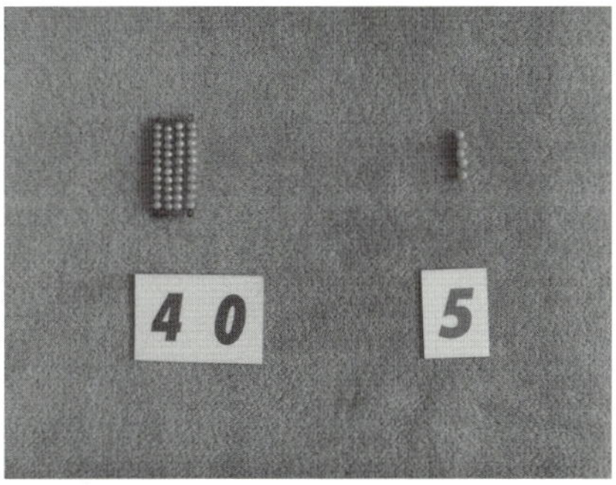

제시 Ⅲ : 세 개 단위의 양, 수일치

1) 교사는 유아에게 세 단위의 숫자를 말하고 구슬과 카드를 담아 오게 한다(예 : 300과 40과 7).
동일한 방법으로 교사가 유아에게 묻는다.
2) 매트에 유아가 가지고 온 구슬과 카드를 동일한 방법으로 확인한다.

제시 Ⅳ : 네 개 단위의 양, 수일치

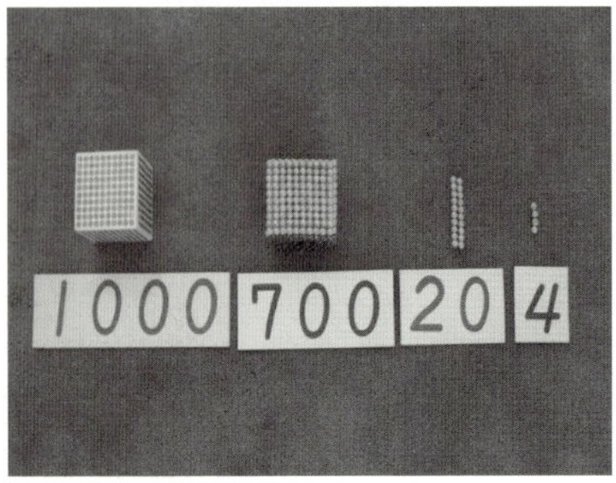

1) 교사는 유아에게 네 단위의 숫자를 말하고 구슬과 카드를 담아오게 한다(예 : 1,000과 700과 20과 4).
   동일한 방법으로 교사가 유아에게 묻는다.
2) 매트에 유아가 가지고 온 구슬과 카드를 위와 동일한 방법으로 확인한다.

제시 Ⅴ : 큰 수 구성

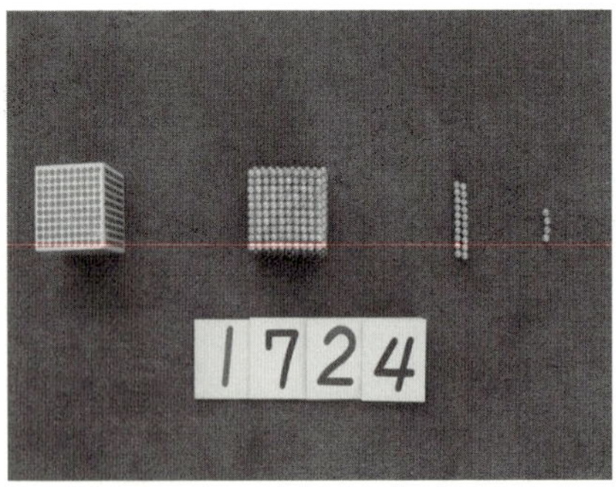

1) 네 개 단위의 양을 합한 후 "네가 가지고 온 카드로 큰 수를 만들어 보자."라고 말하고 1,000의 카드 위에 700, 20, 4의 카드를 순서적으로 왼쪽 끝에 맞추어 올려놓는다.
2) 카드를 함께 잡고 오른쪽 끝을 바닥에 세워 천천히 아래로 내리면서 큰 수로 만든 후 구슬 아래에 놓는다.
3) 카드의 숫자 1,724를 유아와 함께 읽는다.
4) 정리한다.

5. 흥미점 :

   1) 카드와 구슬을 일치시켜 수를 읽는다.

   2) 수만큼의 구슬을 가져오면서 큰 수카드와 그 형태를 인식한다.

   3) 어떤 단위의 수도 1부터 9까지의 숫자 밖에 없고 그것이 반복되고 있다.

   4) 큰 수는 자릿수가 다른 몇 개의 수가 모여서 된 것임을 안다.

6. 오류의 통제 : 카드와 구슬을 일치시키지 못한다.

7. 직접 목적 :

   1) 십진법 구성에 대한 수와 양의 이해

   2) 자릿값의 이해에 대한 강화

   3) 네 자리 수 읽고 쓰기

   간접 목적 :

   1) 0의 자릿수

   2) 사칙연산에 대한 준비

   3) 큰 수에 대한 이해

8. 변형 및 확장 : 한 단위가 빠진 수(0이 들어 있는 수)의 읽는 방법을 안다.

9. 언어 : 1~9,999의 수

10. 비고 :

   1) 제공은 개인 별, 또는 소그룹으로 한다.

   2) 처음 두 단위 이상 숫자를 말할 때 각 단위의 숫자를 각각 말하도록 한다. 네 단위의 숫자를 각각 잘 가지고 오면 네 단위의 수를 합하여 읽도록 지도한다.

세강판 2

1. 영역 : 연속 수
2. 연령 : 세강판 1을 연습한 유아
3. 교구 : 다섯 칸이 그어진 2개의 나무판으로 1개의 나무판은 10~50, 다른 1개의 나무판은 60~90까지의 숫자가 쓰여 있다.
   1~9까지의 나무판 숫자 카드, 10의 구슬 9개, 1의 구슬 10개

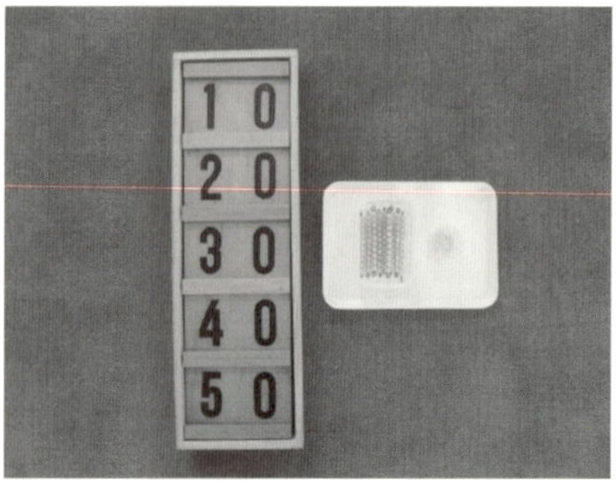

4. 제시 방법 :

제시 Ⅰ : 양의 소개

1) 교구를 소개한다.
   "여기에는 어떤 숫자가 보이니?", "세강판 1과 어떻게 다르니? 이 교구의 이름은 세강판 2라고 한다.", "이제 세강판 2를 해 보자."
2) 10의 구슬과 1의 구슬을 들고 와 매트에 놓는다.
3) 10의 숫자를 읽고 10구슬을 10의 숫자 왼쪽 옆에 놓는다.
4) 10의 구슬 옆에 1구슬을 붙이면서 "11, 12, …… 20."이라고 말하고 10의 구슬을 20의 숫자 왼쪽에 내리고 10의 구슬 한 개를 가져와 20을 만들고 1구슬 열 개를 용기에 담는다.
5) 동일한 방법으로 99까지 소개한다.

제시 Ⅱ : 양과 수의 일치

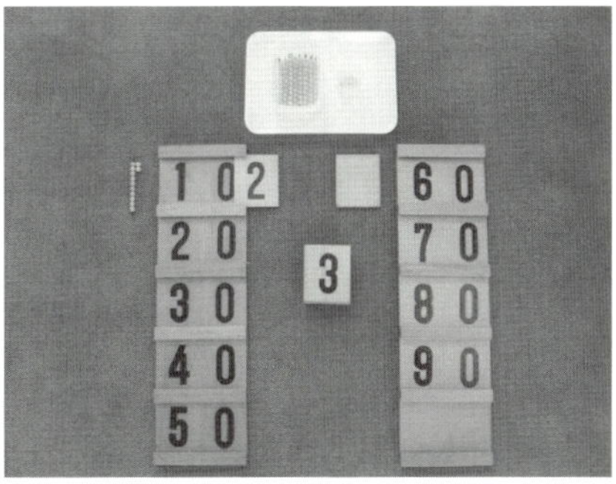

1) 세강판 2를 교구장에서 가지고 와 매트에 놓는다.
2) 세강판 2를 소개하고 세강판 1과 동일한 방법으로 놓는다.
3) 카드를 1부터 9까지 순서대로 포갠다.
4) 세강판 1과 어떻게 다른지 묻는다.
5) 세강판 맨 위 숫자 10을 가리키며 구슬을 왼쪽에 놓는다.
   "그 다음 수는 11." 하고 말하고 10구슬 옆에 1구슬을 놓고 세강판에 1 카드를 밀어 넣는다.
6) "그 다음 수는 12." 하면서 1구슬을 놓게 한 뒤 1 카드를 빼서 뒤집어 놓고 2카드를 밀어넣어 12를 만든다.
7) 동일한 방법으로 19까지 양과 수를 일치시킨다.
8) "그 다음 수는 20." 하면서 10의 구슬을 20숫자 왼쪽에 놓는다.
9) 10의 구슬 한 개를 더 집어 세강판 숫자 20의 왼편에 놓는다.
10) 동일한 방법으로 제공한다.
11) 교구를 정리한다.

5. 흥미점 :
   1) 구슬과 숫자를 일치시켜 수를 읽는다.
   2) 수를 양과 숫자로 동시에 볼 수 있다.
   3) 언제나 9 다음에 새로운 단위로 들어간다.

6. 오류의 통제 : 구슬과 숫자가 일치하지 않는다.
7. 직접 목적 :
   1) 11~99까지 양과 수의 일치
   2) 11~99까지 수 명칭
   3) 순서의 원리
   4) 자릿수의 0의 개념 보강
   5) 기수의 원리

   간접 목적 : 수 개념의 기초
8. 변형 및 확장 :
   1) 수 적기(11~99)를 한다.
   2) 임의로 수를 만들어 양을 일치시킨다.
9. 언어 : 11~99까지의 수, 세강판 2
10. 비고 :
    1) 세강판 2를 하루에 제시하지는 않는다.
    2) 하루에 너무 많은 양을 학습시키지 않는다.
    3) 개인제시를 하여 체크리스트에 기록한다.

100판

1. 영역 : 연속 수
2. 연령 : 세강판 2를 연습한 유아
3. 교구 : 정사각형의 나무판에 1의 숫자와 함께 100칸의 빈 공간, 1~100까지 낱개의 숫자판(각 단위별로 통에 넣어져 있다), 정정판

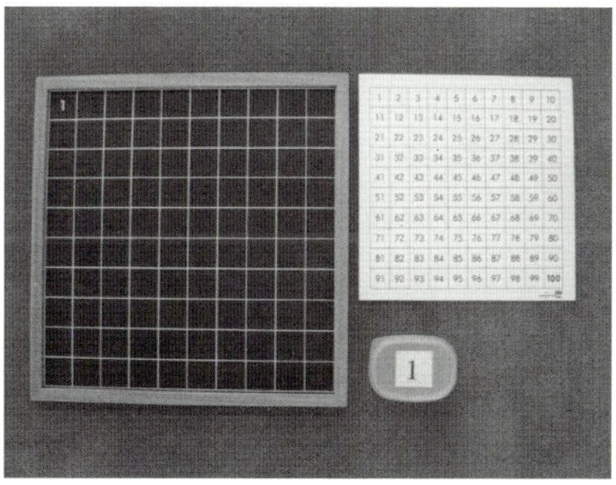

4. 제시 방법 :

1) 교구를 소개한다.
   "무엇이 보이니?", "네모 칸으로 무엇을 할 수 있을까?", "네모 칸이 모두 몇 개가 될까?", "네모 칸 안에 숫자를 채워보는 놀이란다."
   "너희들은 숫자를 어디까지 셀 수 있니? 숫자 통 '1'이라고 적힌 통 안에는 어떤 숫자가 들어 있을까? 꺼내보자(같은 방법으로 숫자 통 소개)."
2) 1이라고 적힌 통에서 숫자를 꺼내어 매트에 놓는다.
3) 1의 숫자 통은 매트의 오른쪽에 놓는다.
4) 숫자를 읽으면서 1~10까지 100판 위에 놓는다.
5) 교사는 "10 다음에 오는 수는 무엇이니?"라고 묻는다.
6) 11이 적힌 통을 가져와 11~20까지 놓는다.
7) 동일한 방법으로 91~100까지 놓는다.

"숫자가 다 채워졌구나. 몇까지 숫자가 들어가 있니? 그래서 이 교구를 100판이라고 한단다."

8) 활동이 끝나면 1의 통부터 정리한다.
9) 동일한 방법으로 11～91까지 정리한 후, 1의 통만 100판 위에 올려진 상태대로 교구장에 정리한다.

5. 흥미점 : 1～100까지 수를 숫자판에 놓아본다.
6. 오류의 통제 : 숫자를 순서대로 놓지 못한다.
7. 직접 목적 :
   1) 1～100까지 수 기억
   2) 1～100까지 수 세기 강화
   3) 기수의 원리

   간접 목적 : 1～100의 수의 순서 인식
8. 변형 및 확장 :
   1) 숫자판을 섞어 놓고 놓아본다.
   2) 종이에 순서대로 써본다.
9. 언어 : 100판, 1～100까지의 수
10. 비고 :
    1) 정정판은 교구장에 두고 작업한다.
    2) 처음 제공 시 100판을 1～10까지의 칸만 남기고 종이로 가린다.
    3) 항상 한 번에 한 통씩만 갖다 놓고 활동하라는 의미로 100판 위에 1의 통만 올려 교구장에 정리한다.
    4) 세강판 2와 병행해서 제공한다.

100의 줄 구슬

1. 영역 : 연속 수
2. 연령 : 5세 이상, 세강판 2와 100판을 연습한 유아
3. 교구 : 10의 구슬 1개, 100의 구슬 1개, 100의 줄 구슬 1개
   초록 봉투(1~9까지의 숫자가 쓰인 초록 카드)
   파란 봉투(10~90까지 숫자가 쓰인 파랑 카드)
   빨간 봉투(100의 빨강 카드)
   흰 봉투(숫자가 적혀 있지 않은 흰 카드), 셈표

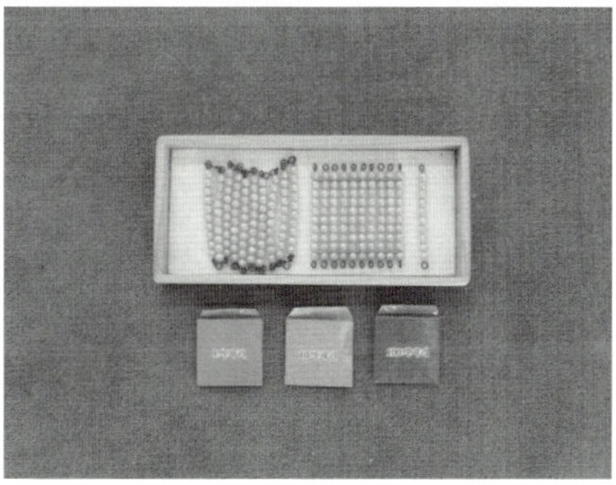

4. 제시 방법 :

1) 활동명을 알려준다.
2) "오늘은 선생님과 100의 줄 구슬을 해보자."라고 말하고 교구를 매트에 옮겨 놓는다.
3) 10의 구슬을 매트에 놓고 "이것은 무슨 구슬이니?"라고 묻는다.
4) 100의 구슬을 10의 구슬 옆에 놓고 "이것은 무슨 구슬이니?", "100의 구슬에는 10의 구슬이 몇 개 들어 있니?"라고 묻는다.
5) 100의 줄 구슬을 소개한다.
   "100의 구슬은 길게 연결되어 있단다." 100의 줄 구슬을 접는다. 100구슬

을 옆에 놓고 100의 줄 구슬과 100의 구슬이 같음을 안다.

6) 100의 줄 구슬을 편다(줄 구슬 끝을 천천히 잡아 당겨 가로로 편다).
7) 10의 구슬로 100의 줄 구슬을 한 마디씩 세어가면서 100의 줄 구슬에도 10의 구슬이 열 개가 들어 있음을 안다.
8) 100의 줄 구슬 왼쪽 위에 10의 구슬을 놓고 오른쪽 위에 100의 구슬을 놓는다.
9) 초록 봉투에 있는 1의 자릿수 수카드를 모두 꺼내어 1부터 순서대로 놓는다. "이 봉투에는 어떤 숫자가 들어 있을까?"
10) 100의 줄 구슬을 왼쪽부터 셈표로 세면서 수카드를 구슬 밑에 일치시킨다.
11) 파란 봉투에 있는 10의 자릿수 수카드를 모두 꺼내어 10부터 순서대로 놓는다.
12) 동일한 방법으로 100까지 제공한다.
13) 1부터 100까지 손으로 짚어가면서 읽는다.
14) 정리한다.
15) 숫자카드를 각 봉투에 넣는다.
16) 100의 줄 구슬을 접어 쟁반에 담고 100의 구슬, 10의 구슬, 숫자카드 봉투, 셈표를 담아 정리한다.

5. 흥미점 :
   1) 구슬과 카드를 일치시켜 수를 읽는다.
   2) 100의 줄 구슬을 10씩 접으면 100의 구슬과 같은 모양이 된다.
6. 오류의 통제 : 구슬과 수카드가 일치하지 않는다.
7. 직접 목적 :
   1) 1~100까지의 연속 수 세기
   2) 시각적으로 십진법 이해
   3) 기수의 원리

간접 목적 :

1) 수학적 사고 능력 발달
2) 건너뛰어 수 세기 경험
3) 곱셈의 준비

8. 변형 및 확장 :
   1) 숫자카드를 일치해 놓은 상태에서 교사가 말하는 임의의 숫자의 위치를 찾아 셈표를 꽂는다.
   2) 흰 카드에 임의의 숫자를 적어 구슬 밑에 놓는다.
   3) 거꾸로 수를 센다.
   4) 적어본 흰 카드 종이 숫자를 순서대로 붙인다.
9. 언어 : 100의 줄 구슬, 10개의 구슬, 100개의 구슬, 1~100까지의 수 세기, 같다
10. 비고 :
   1) 한 자릿수는 초록 봉투에 초록색 카드 위에 숫자를 적는다 (1, 2, 3, 4, 5, 6, 7, 8, 9).
   2) 두 자릿수는 파란 봉투에 파란색 카드 위에 숫자를 적는다 (10, 20, 30, 40, 50, 60, 70, 80, 90).
   3) 세 자릿수는 빨간 봉투에 빨간색 카드 위에 적는다(100).
   4) 카드의 크기는 자릿수에 따라 다르다.

2) 수 표상

수 개념에 대한 이해를 손가락, 그림, 기호표시, 숫자와 글자로 나타내는 것을 의미한다.

수의 모양을 인식하는 것은 시각적으로 지각하고 기억하는 활동이며, 수에 이름을 붙이는 것은 지각적인 것과 기억하는 과업을 동시에 하는 것이다. 수를 말하는 것과 모양을 인식하는 능력은 유아가 기억하는 능력이 생기면서 발달한다. '1'은 '하나'라는 이름이 있다는 것을 알면, 수 세기와 수 개념 이해에 도움이 된다(권영례 · 이순형, 1992). 숫자 쓰기는 숫자를 표상하는 물체와 관련지어 학습되지 않으면 의미가 없다. 유아는 숫자가 표상하는 것이 무엇인지, 그리고 의미 있는 상황에서의 숫자의 기능을 이해할 때 숫자 쓰기를 즐긴다.

따라서 이때 유아의 소근육발달과 눈과 손의 협응력이 필요하다.

일상생활 속에서 유아가 숫자를 발견하고 인식하여 숫자를 활용하여 숫자의 의미를 이해하도록 하는 것이 좋다.

온몸이나 손가락으로 숫자 쓰기, 쌀이나 모래 위에 숫자 쓰기 등 먼저 숫자의 형태를 인식하도록 한다.

수 표상 지도방법

- 일상생활에서 이름 대신 상징적으로 수가 활용되는 상황을 안다.
  (주소, 시내버스 번호, 운동선수의 번호 등)
- 환경에 숫자가 쓰인 곳을 찾아보고 의미를 알아본다.
  (시계숫자, 달력)
- 숫자와 수량의 관계를 아는 활동과 교구를 제시한다.
  (숫자만큼 구슬 옮기기, 숫자만큼 손가락으로 콩 옮기기)
- 생활용품에서 숫자 찾기(전화기, 계산기)

3) 수의 연산

수의 연산은 두 개 이상의 수를 더하거나 빼는 것이다.

유아들이 수 세기를 할 수 있게 되면 더하기, 빼기를 할 수 있게 된다.

유아의 수 세기 전략 발달단계는 '모두 세기'에서 '대체물 세기'로 발달하고 '정신적 세기'로 간다.

'모두 세기'는 1부터 마지막 수까지 헤아리는 것이고, '대체물 세기'는 손가락 같은 대체물을 통해 수를 세어 보는 것, '정신적 세기'란 처음 수부터 더해지는 수를 세기하거나, 두 수 중 큰 것부터 세고 작은 수를 세기 하는 것이다.

빼기 수 세기 전략은 '덜어내기'로 전체 수에서 빼는 수만큼 덜어내고 남은 수를 세는 것과 빼는 수에서 빼어지는 수를 세어 올라가는 전략과 빼어지는 수에서 빼는 수만큼 거꾸로 세어 내려가는 전략이 있다(Baroody & Coslick, 1998; Capenter & Moser, 1984).

수의 연산 지도방법

- 일상생활에서 더하기, 빼기 상황의 물체를 해결할 수 있는 기회를 제공한다.
- 구체물, 교구를 이용하여 기회를 제공한다.

초기단계는 구체물 물체를 전부 세기이며, 이후 손가락 또는 다른 대체물 세기로 전환 과정을 거쳐 정신적 수 세기(이어 세기, 큰 수부터 세기)의 책략이 나타난다.

많아지고 적어지고(박선우 | 랜덤 하우스 코리아)

1) 동화를 들려준다.　　2) 동화내용을 회상한다.

이야기 나누기 talk

- 이야기 속에 누가 나왔나요?
- 다리를 다쳐 아파 누워 있는 다람쥐를 위해 어떤 친구들이 모였나요?
- 어떤 양식을 모으게 되었나요?
- 수를 세어 더하는 것을 무엇이라고 할까요?
- 여자 친구와 남자친구를 더하면 어떤 숫자가 될까요?
- 할머니의 생일 선물인 곶감은 모두 몇 개였나요?
- 하나를 먹으니 몇 개가 남았나요?

다섯 작은 꾀꼬리

외국 곡
아름다운 어린이 편곡

수막대 덧셈(작은 수막대)

1. 영역 : 기억과 추상에 의한 4칙 연산
2. 연령 : 수의 4칙 연산을 연습한 유아
3. 교구 : 작은 수막대, 부호(+. =), 숫자카드

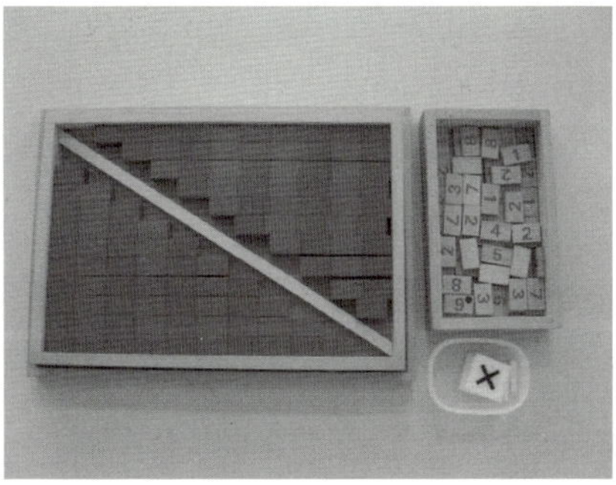

4. 제시 방법 :

제시 I

1) 유아를 초대하고 활동명을 알려준다.
2) "오늘은 선생님과 작은 수막대로 더하기를 해보자."라고 말하고 작은 수막대를 책상 위에 순서대로 놓는다.
3) 순서적으로 1의 막대부터 가져와 10을 구성한다.
"이제 막대를 붙여서 모두 10이 되도록 만들어 보자."
9의 수막대 옆에 1의 수막대를 더한다.
8의 수막대 옆에 2의 수막대를 더한다.
7의 수막대 옆에 3의 수막대를 더한다.
6의 수막대 옆에 4의 수막대를 더한다.
5의 수막대를 들어 반대편으로 돌려 10의 막대 끝에 닿도록 한다(5 곱하기 2는 10, 5에 5를 더하면 10).

4) 처음으로 돌아가서 확인한다. 9에 1을 더하면 10, 8에 2를 더하면 10, 7에 3을 더하면 10, 6에 4를 더하면 10, 5에 5를 더하면 10이 된다.

제시 II

1) 작은 수막대를 순서대로 놓는다.
2) 2개의 막대를 선택한다. "이 두 개의 막대를 더하면 어떻게 될까?", "두 막대를 더하니 어떤 막대와 같니?"(이때 2막대의 합이 10보다 작아야 한다)
3) 유아에게 두 개의 막대와 같은 한 개의 막대를 찾으라고 한다. "이것 두 개의 막대를 합한 것은 이 막대와 같다."
4) 각각의 막대 위에 손가락을 놓으면서 양쪽의 막대를 센다. "우리가 더한 막대를 숫자와 부호로 만들어 보자."
5) 작은 수막대 사이에 부호를 놓고 읽는다. "3 더하기 1은 4."
6) 교구를 정리한다.

5. 흥미점 :
   1) 작은 수막대 사이에 부호를 놓는다.
   2) 답을 만들어 본다.
6. 오류의 통제 : 작은 수막대로 덧셈을 하지 못한다.
7. 직접 목적 : 덧셈의 과정을 이해
   간접 목적 :
   1) 수학적 사고력의 발달
   2) 덧셈과 암산에 대한 준비
8. 변형 및 확장 :
   1) 기차놀이로 덧셈을 한다.
   2) 활동지를 사용해서 연습한다.
9. 언어 : 작은 수막대, 더하기, 10 만들기, 같다, 합하다

10. 비고 :

처음에는 작은 수막대를 한 개만 사용하지만 점차적으로 작은 수막대를 두 개 사용한다.

게임) 고슴도치 가족(Beleduc)

게임) 덧셈주사위(Orda)

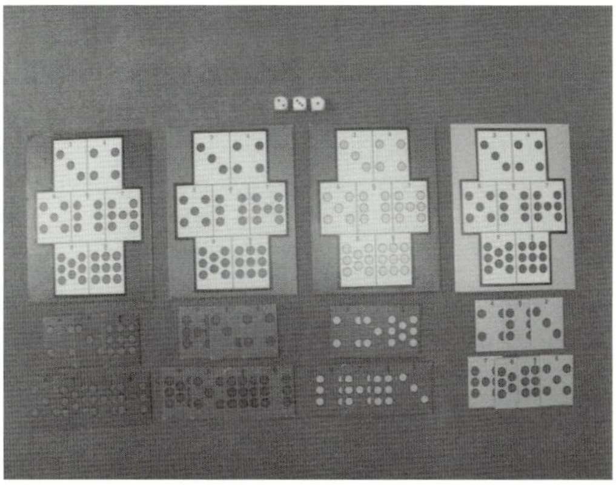

10의 분석

1. 영역 : 기억과 추상에 의한 4칙연산
2. 연령 : 작은 수막대로 더하기를 연습한 유아
3. 교구 : 10의 분석 판, 10구슬 9개, 9구슬 10개, 8구슬 9개, 7구슬 8개, 6구슬 7개, 5구슬 5개, 4구슬 4개, 3구슬 3개, 2구슬 2개, 1구슬 1개, 셈표 29개의 문제카드

10+1	9+2	8+3	7+4	6+5
10+2	9+3	8+4	7+5	6+6
10+3	9+4	8+5	7+6	
10+4	9+5	8+6	7+7	
10+5	9+6	8+7		
10+6	9+7	8+8		
10+7	9+8			
10+8	9+9			
10+9				

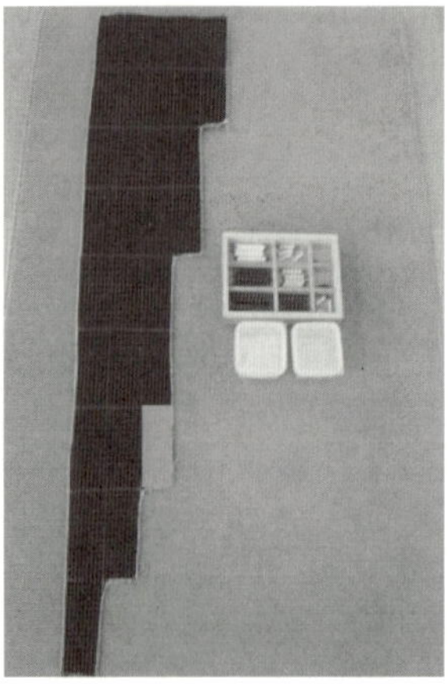

4. 제시 방법 :

1) 유아를 초대하고 활동명을 알려준다.
2) "오늘은 선생님과 10의 분석을 해보자."라고 말하고 교구장에 가서 교구를 가지고 온다.
3) 매트 왼쪽에 10의 분석판을 펴고, 오른쪽에 색구슬 10의 분석 상자를 놓는다.
4) 수카드 11~19까지 수를 읽으면서 10분석판의 왼쪽 앞에 한 칸씩 놓는다.
5) 수카드 11을 가르키며 "어떻게 11을 만들 수 있을까?"
"11 속에는 어떤 수가 숨어 있을까? 11속에는 10과 어떤 수가 숨어 있을까?", "10과 1을 합하면 11."이라고 말하면서 10구슬 한 개와 1구슬 한 개를 놓는다. 셈표로 색 구슬을 센 후 바로 아래에 연산카드 10+1을 놓는다. "다른 색구슬로 11을 만들어 보자."
6) 그 다음 옆의 칸에 가서 "다른 색구슬로 11을 만들어 볼 수 있을까?", "11속에는 9와 어떤 수가 숨어 있을까?", "9와 2를 합하면 11."이라고 말하면서 색구슬을 놓고 셈표로 센 후 연산카드 9+2를 놓는다.
7) 동일한 방법으로 19까지 한다.

5. 흥미점 : 각각의 구슬을 더해서 같은 수가 된다.
6. 오류의 통제 : 수카드와 구슬이 맞지 않는다.
7. 직접 목적 :
   1) 덧셈의 구조와 조합
   2) 덧셈의 개념 이해
   3) 수의 분석

   간접 목적 :
   1) 수학적 사고력의 발달
   2) 추상개념의 계산준비

8. 변형 및 확장 : 앞의 수와 뒤의 수를 바꾸어 덧셈을 한다.
9. 언어 : 1~19까지의 수, 10의 분석판, 더하기
10. 비고 :
    1) 10의 분석판의 천 색깔이 화려하지 않도록 주의한다. 왜냐하면 색구슬을 놓으면 너무 어지럽기 때문이다.
    2) 10의 분석판을 폈을 때 말리지 않는 천으로 만든다.
    3) 10의 분석상자 안에 색구슬의 수를 정확하게 준비한다.

은행놀이 - 덧셈

1. 영역 : 십진법을 이용한 4칙 연산
2. 연령 : 4세 이상, 십진법을 연습한 유아
3. 교구 : 큰 숫자카드 1~9,000 1조
   작은 숫자카드 1~9,000 3조
   1~1,000구슬이 장에 분류되어 있다.
   큰 쟁반 3개, 보자기, 부호 표, 매트, 문제집

4. 제시 방법 :

제시 Ⅰ : 올림이 없는 덧셈

* 큰 수카드와 작은 수카드 세트는 상자안에 들어있다.

1) "오늘은 찾아오기 게임을 해 볼 거야. 여기 쟁반이 3개가 있구나."
2) 매트를 펴고 세 명의 유아에게 쟁반을 한 개씩 나누어 준다.
3) 교사가 말하는 수만큼의 구슬과 작은 수카드를 가져오게 한다. 세 명의 유아에게 말한 수의 합이 올림이 없도록 한다(예 : 영희 1,234, 철이 1,343, 순이 1,211).
4) 유아들이 가지고 온 구슬과 작은 수카드를 한 명씩 매트에 내려놓고 확인한 후 수를 구성한다. "어떤 숫자가 되었니?"
5) 작은 수카드는 매트의 오른쪽에 놓아둔다.
6) 매트의 중앙에 보자기를 펴놓고 유아들이 가지고 온 구슬을 모두 담는다. 교사는 보자기를 모아 쥐고 "이것은 너희들이 가지고 온 구슬을 모두 합친 것이란다."라고 말하고 각 유아에게 들어보게 한다(덧셈은 모두 합하는 것이므로 양, 무게가 늘어나는 것을 감각적으로 안다).
7) 보자기를 펼쳐놓고 단위별로 1,000의 구슬부터 왼쪽에서 오른쪽으로 꺼내 놓는다.

8) 한 유아씩 1의 구슬부터 세어 구슬에 맞는 큰 숫자카드를 가져와 구슬 밑에 일치시킨다.

9) 10, 100, 1,000의 구슬도 동일한 방법으로 진행한다.

10) 큰 숫자카드로 수를 구성한다. "너희들이 가져온 수를 모두 합하니 3,788이 되었다."라고 말한다.

11) 유아에게 각자의 작은 수카드를 매트의 오른쪽에 세로로 나열하여 놓는다.

12) 교사는 덧셈의 개념을 알려준다.

"영희의 수 1,234와 철이의 수 1,343 그리고 순이의 수 1,211을 모두 합했더니 큰 수 3,788이 되었다."라고 말한다.

13) 합하는 것을 "더하기."라고 말하고 더하기의 부호표(+)를 놓는다.

$$\begin{array}{r} 1234 \\ 1343 \\ +\,1211 \\ \hline 3788 \end{array}$$

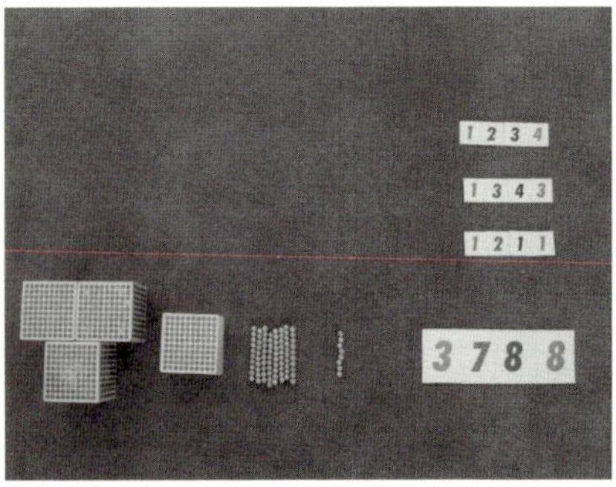

제시 Ⅱ : 교환놀이

1) (이전 경험을 회상하며 이야기 나눈다) "너희들은 용돈을 받거나 세뱃돈을 받으면 어떻게 하니?", "은행에 가본 적이 있니? 은행은 어떤 일을 하는 곳일까? 어떨 때 우리는 은행을 가니?", "은행에는 어떤 사람들이 있니?"

2) 또 다른 구슬이 있는 장을 안내하여 이곳은 "은행"이란다. "어떤 친구가

은행에 있는 사람이 되어볼까?"

3) 네 명의 유아에게 수는 말하지 않고 임의적으로 각 단위별 구슬을 쟁반에 많이 담아준다. "선생님이 너희들에게 용돈을 줄 거야."
영희(1의 구슬 24개), 철수(10의 구슬 25개), 순희(100의 구슬 13개), 영수(1,000의 구슬 2개)
4) 교사는 "너희들에게 준 구슬이 얼마인지 세어 보자."라고 말하고 "구슬을 세어 열 개가 되면 멈춤이라고 말하자."라고 약속한다.
5) 1의 구슬을 가진 유아가 세면서 열 개가 되면 "멈춤." 한다(이때 구슬을 세로로 붙이면서 센다).
6) 교사는 어떤 구슬과 같은지 물은 후 1의 구슬 열 개를 통에 담아주고 은행에 가서 1의 구슬 열 개를 10의 구슬 한 개와 바꾸어 오게 한다. "작은 수의 돈을 큰 수의 돈으로 바꾸려면 어떻게 하면 될까?"
7) 유 아 : "1의 구슬 열 개를 10의 구슬 한 개로 바꾸어 주세요."
은행원 : "1의 구슬 열 개를 10의 구슬 한 개로 바꾸어 드리겠습니다."라고 말하고 구슬을 세어 확인한 후 "1의 구슬 열개를 10의 구슬 한 개로 바꾸었습니다."라고 말하고 쟁반에 담아준다.
8) 은행에서 바꾸어온 10의 구슬을 10의 구슬을 가지고 있는 유아에게 준다. 낱개가 남으면 바꿀 수가 없으므로 은행에 가지 않는다. "남은 수는 왜 바꿀 수 없을까?"
9) 동일한 방법으로 10, 100의 구슬을 진행한다.
10) 교사는 "선생님이 너희들에게 구슬을 많이 주었는데 왜 구슬이 조금밖에 남지 않았니?" 하고 묻는다. 각 단위의 구슬이 열 개가 되면 위의 자릿수 구슬과 바꾸어 위의 자릿수에 넘겨 준 것을 재인식시킨다.
11) 구슬을 모두 합하고 세어 큰 수카드를 가져와 큰 수를 구성한다.
12) 교사는 "선생님이 너희들에게 준 구슬을 모두 합했더니 3,574가 되었네."라고 말한다.

제시 Ⅲ : 올림이 있는 덧셈

1) 세 명의 유아가 스스로 수를 구성한다.
2) 세 명의 유아 각자가 작은 수카드에 맞는 구슬을 담아온다.
3) 카드와 구슬을 한 명씩 확인한 후 매트에 내려놓고 카드는 매트 오른쪽에 놓는다.
4) 1의 구슬부터 순서적으로 합한다.
5) 1의 구슬을 세어 열 개가 되면 은행에 가서 10의 구슬로 바꾸어 와서 10 구슬에 넘겨준다. 남은 1의 구슬을 세어서 큰 수카드를 놓는다.
6) 10, 100의 자리도 동일한 방법으로 제공한다.
7) 큰 수카드로 수를 구성하여 작은 수카드 밑에 놓는다.
8) 부호표(+)를 사용하여 놓고 읽는다.

5. 흥미점 :
   1) 보자기로 묶어 덧셈의 개념을 형성해 준다.
   2) 구슬을 바꾸어 온다.
   3) 답을 만드는 카드는 언제나 큰 카드를 사용한다.
   4) 언제나 1, 10, 100, 1,000의 구슬 순으로 센다.
6. 오류의 통제 : 구슬과 카드가 일치하지 않는다.
7. 직접 목적 :
   1) 덧셈의 개념 이해
   2) 십진법의 강화
   3) 교환이 있는 덧셈 과정 이해

   간접 목적 : 수학적 사고력의 발달
8. 변형 및 확장 : 문제집을 보고 유아 스스로 할 수 있도록 한다.
9. 언어 : 1~9,000까지의 수, 더하기, 은행놀이, 교환놀이, 멈춤, 1~10개, 남은 수, 위의 자릿수, 넘겨준다.

10. 비고 :

1) 덧셈의 문제집은 빨간색으로 준비해 놓고 유아끼리 해볼 수 있도록 한다.
2) 문제집 뒷면에 답을 기록하여 틀림의 정정을 스스로 할 수 있도록 한다.
3) 교실 한 코너에 은행놀이를 할 수 있도록 마련한다.
4) 1의 구슬을 담을 수 있는 작은 용기를 준비하여 구슬이 쟁반 위로 굴러 가지 않도록 한다.
5) 작은 수 + 작은 수 = 큰 수가 된다. 더해지는 수는 작은 수카드로, 더한 수는 큰 수카드가 된다.
6) 연산의 기호 +를 지도한다.
7) 교환한 구슬을 확인하고 각각 자릿수에 넣도록 지도한다.

- 올림이 있는 덧셈의 제공 시에는 보자기를 사용하지 않는다.
- 항상 1의 자리부터 더하기를 한다는 것을 인식시킨다.

게임) 인디언 시장놀이(Beleduc)

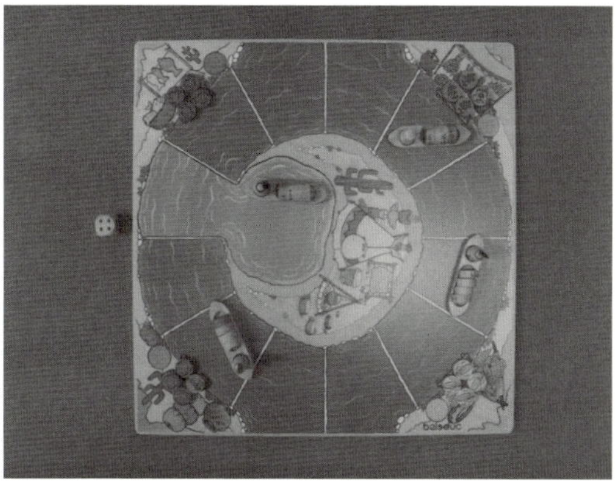

우표놀이 - 덧셈

1. 영역 : 십진법을 이용한 4칙 연산
2. 연령 : 4세 이상, 은행놀이를 연습한 유아
3. 교구 : 같은 크기의 단위별 수카드의 색
   1은 초록, 10은 파랑, 100은 빨강, 1,000은 초록
   1, 10, 100 각 20개씩, 1,000은 10개씩 준비
   문제집과 문제를 쓸 수 있는 종이, 용기, 필기도구

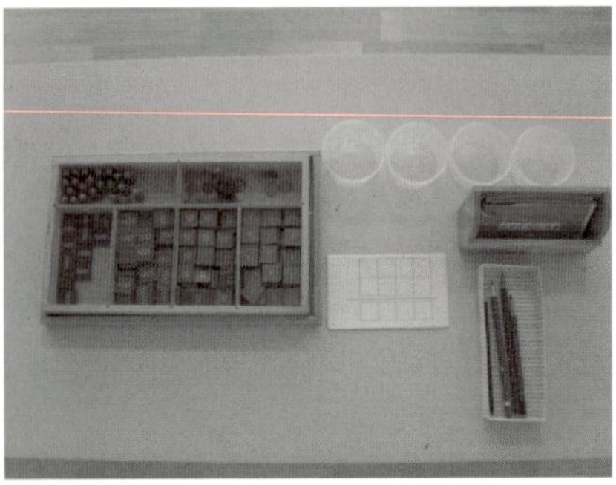

4. 제시 방법 :

제시 Ⅰ : 올림이 없는 덧셈

1) 이전 경험을 회상하며 이야기 나눈다.
   "선생님은 오늘 ○○한테 편지를 받았단다. 너희들도 편지를 받거나 써 본 적이 있니? 편지를 보내려면 무엇이 필요할까?"
2) 다양한 그림과 금액의 우표를 보여주며 탐색한다.
   "우표는 어떻게 생겼니? 우표 속에서 숫자를 찾아보자?"
   "오늘은 우표 속의 숫자를 찾아보고 우표를 4개 붙이면 어떤 숫자가 되는지 알아보자."

3) 교구를 소개한다.

4) 1의 우표를 용기에서 하나 꺼내 "이것은 1의 우표야."라고 소개한다. "(10의 우표를 보여주며) 이것은 어떤 우표일까?" 동일한 방법으로 100, 1,000의 우표를 소개한다. 다시 용기에 담는다.

5) 올림이 없는 덧셈 문제집의 문제를 읽는다.

예 :
$$\begin{array}{r} 2,465 \\ +3,234 \\ \hline \end{array}$$

6) 문제를 적는 종이에 2,465는 교사가, 밑의 수는 유아가 적는다.

7) 교사가 2,465의 우표를 꺼내 놓는다(먼저 1의 자리 우표를 왼손에 하나씩 세어 놓고 다시 오른손으로 하나씩 세어 1의 용기 밑에 나란히 수직으로 놓는다).

8) 동일한 방법으로 10, 100, 1,000의 우표를 놓고 난 뒤 우표와 문제가 동일한지 확인한다.
바로 밑에 연필을 가로로 놓는다.

9) 3,234를 유아가 놓는다.

10) 동일한 방법으로 1, 10, 100, 1,000의 우표를 위의 우표 자릿수에 맞추어서 놓는다.

11) 교사는 유아에게 은행놀이에서 덧셈을 할 때 어떤 구슬부터 더 했는지 묻고 연필을 치운다.

12) 밑의 수 1자리 우표부터 밀어 위의 우표와 붙인다.
동일한 방법으로 10, 100, 1,000의 우표도 진행한다.

13) 1의 우표부터 한자리씩 밀어 세면서 숫자를 종이에 적는다.

14) 동일한 방법으로 10, 100, 1,000으로 진행한다.

15) "2,465 + 3,234 = 5,699입니다."

16) 문제집 뒤에 있는 답으로 틀림의 정정을 한다.

제시 Ⅱ : 올림이 있는 덧셈

(용기에 1, 10, 100의 우표 20개씩, 1,000의 우표 10개를 담는다)

1) 올림이 있는 덧셈 문제집의 문제를 읽고 종이에 적는다.

   예 :
$$\begin{array}{r} 3{,}876 \\ +2{,}978 \\ \hline \end{array}$$

   올림이 없는 덧셈 7) ~ 10)까지 동일한 방법으로 진행한다.
2) 1의 우표부터 센다(이때 교사는 은행놀이에서 1의 구슬이 열 개가 되면 어떻게 했는지 묻고 1의 우표 열 개를 조금 밑으로 내린다).
3) "1의 우표 열 개를 10의 우표 한 개로 바꿀게."라고 말하고 용기에서 10의 우표 한 개를 가지고 와 밑에 내린 1의 우표 열 개가 있는 왼쪽에 놓는다.
4) 1의 우표 열 개를 1의 용기에 넣고 바꾼 10의 우표를 10의 우표 밑에 놓는다.
5) 동일한 방법으로 1,000자리까지 한다.
6) 1의 자리 우표부터 세어 종이에 적는다.
7) "3,876 + 2,978 = 6,854입니다." 문제집의 뒤에 적힌 답으로 틀림의 정정을 한다.

5. 흥미점 :
   1) 우표를 놓는다.
   2) 같은 단위끼리 모은다.
   3) 자릿수 마다 색깔이 다르다.
6. 오류의 통제 : 우표와 답이 맞지 않다.
7. 직접 목적 :
   1) 덧셈의 개념 이해
   2) 십진법의 강화
   3) 교환이 있는 덧셈 과정 이해

간접 목적 : 수학적 사고력의 발달

8. 변형 및 확장 : 문제집을 보고 유아 스스로 할 수 있도록 한다.
9. 언어 : 피가수+가수, 우표놀이의 덧셈, 1~9,000까지의 수, 1~10개
10. 비고 :
    1) 덧셈 문제집은 빨간색으로 준비한다.
       뒷면에는 답을 적어 틀림의 정정을 유아가 할 수 있도록 한다.
    2) 문제를 쓸 종이와 초록, 파랑, 빨강 색연필을 준비한다.
       처음에는 색연필을 사용하고 차츰 연필로 기록하도록 한다.
    3) 항상 1의 자리부터 더한다는 것을 인식시킨다.
    4) 문제집 1은 올림이 없는 문제를 만들고 문제집 2는 올림이 있는 문제를 만든다.
    5) 개인적인 작업이 이루어진다.

색구슬틀 덧셈

1. 영역 : 십진법을 이용한 4칙 연산
2. 연령 : 4.5세 이상, 은행놀이를 연습한 유아
3. 교구 : 색구슬틀, 문제집, 문제지, 필기도구

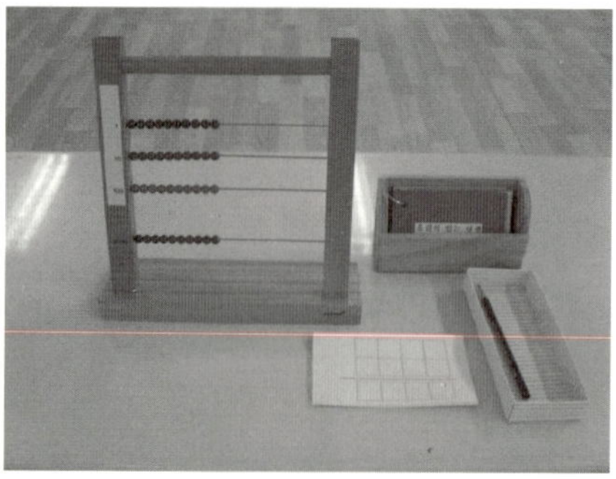

4. 제시 방법 :

제시 Ⅰ : 색구슬틀 소개하기

1) 교구를 보여주며 이야기 나눈다.
   "무엇이 있니? 어떤 색의 구슬이 있니? 이걸로 무엇을 할 수 있을까? 이 교구는 색구슬틀이라고 한단다."
2) 활동방법을 알아본다.
   "구슬이 몇 개씩 있는지 세어보자."
3) 왼쪽의 자릿수 4개를 가리키면서 구슬을 모두 왼쪽으로 밀어 놓는다.
4) 1 자릿수의 구슬을 1, 2, 3, …… 10까지 세면서 구슬을 왼쪽에서 오른쪽으로 옮긴다.
   "1이 10개면 10이 됩니다."라고 말하면서 1 자릿수의 구슬 10개를 모두 왼쪽으로 옮기고 10자릿수의 구슬 1개를 오른쪽으로 옮긴다.
5) 계속해서 10 자릿수의 구슬을 센다. "20, 30, …… 100."

100까지 세면 "10이 10개면 100이 됩니다."라고 말하면서 10자릿수 10개를 왼쪽으로 옮기고 100자릿수의 구슬 1개를 오른쪽으로 옮긴다.

6) 1,000 자릿수의 구슬을 모두 왼쪽으로 옮긴다.
7) 유아에게 권한다.

제시 Ⅱ : 올림이 없는 덧셈

1) "오늘은 색구슬틀 덧셈을 해 보자."라고 말한다.
2) 문제카드의 문제를 문제지 위에 적고 유아에게 그 수를 구슬틀 위에 나타내도록 한다. 1,242(피가수) + 2,436(가수) =
3) "1,242"의 수를 1의 자릿수부터 왼쪽에서 오른쪽으로 1, 2세면서 옮긴다.
4) 10자리, 100자리, 1,000자리도 동일한 방법으로 세면서 옮긴다.
5) "2,436"을 1의 자리 6을 세면서 오른쪽으로 옮긴다.
6) 동일한 방법으로 10, 100, 1,000까지 세면서 옮긴다.
7) 1의 자릿수 답 구슬을 왼쪽으로 약간 밀어내고 구슬을 하나씩 소리내어 읽는다. "일, 이 …… 팔." 문제지에 답 "8."을 기입한다.
8) 동일한 방법으로 10, 100, 10,000의 답을 적는다.

제시 Ⅲ : 올림이 있는 덧셈

1) 유아를 초대하여 색구슬틀을 책상 위에 옮겨놓는다.
2) 문제카드의 문제를 연필로 문제지에 기입한다. "2,468 + 1,574."
3) "2,468"의 네 자릿수를 1자릿수부터 구슬을 왼쪽에서 오른쪽으로 옮긴다.

   10, 100, 1,000까지 구슬을 옮긴다.

   "1,574"을 1자릿수부터 더하기 시작한다. "8 + 4."

   이때 1, 2까지 세면서 10이 되면 1의 자릿수의 구슬 10개를 왼쪽에서 옮기면서 10자리의 구슬 1개를 오른쪽으로 동시에 옮긴다. "1의 구슬이 10개면 10의 구슬 1개와 바꿀 수 있지."라고 말한다. 계속해서 3, 4하면서 1

자릿수 구슬을 오른쪽으로 옮긴다.
4) 10, 100, 1,000도 동일한 방법으로 한다.
5) 1의 자릿수 답 구슬을 왼쪽으로 약간 밀어내고 구슬을 하나씩 소리내어 읽는다. "일, 이." 문제지에 1 자릿수에 "2."라고 기입한다.
6) 동일한 방법으로 10, 100, 1,000의 답을 적는다.
7) "2,468 + 1,574 = 4,042입니다."라고 말한다.
8) 유아에게 권한다.

5. 흥미점 :
   1) 색구슬틀을 본다.
   2) 색구슬틀에서 구슬을 옮긴다.
   3) 단위마다 10이 되면 구슬의 색이 바뀌면서 손을 교차해서 구슬을 옮겨 놓는다.
6. 오류의 통제 : 색구슬틀의 구슬과 답이 맞지 않다.
7. 직접 목적 :
   1) 덧셈의 개념 이해
   2) 십진법의 강화
   3) 교환이 있는 덧셈 과정 이해

   간접 목적 :
   1) 수학적 사고력의 발달
   2) 추상개념의 계산준비
8. 변형 및 확장 :
   유아 두 명을 초대하여 한 명은 색구슬틀로 숫자를 놓고, 다른 유아는 종이에 수를 적어 보도록 한다.
9. 언어 : 색구슬틀, 덧셈, 1~9,000까지의 수, 빨강, 파랑, 초록, 10개
10. 비고 : 색구슬틀을 모두 왼쪽으로 옮긴 후 1의 자릿수의 구슬부터 세어 옮긴다.

색구슬에 의한 덧셈

1. 영역 : 기억과 추상에 의한 4칙 연산
2. 연령 : 5세 이상, 작은 수막대로 덧셈을 연습한 유아
3. 교구 : 1~9까지의 색구슬 상자와 10의 구슬상자,
   부호 표(+, =) 문제지, 셈표, 필기도구

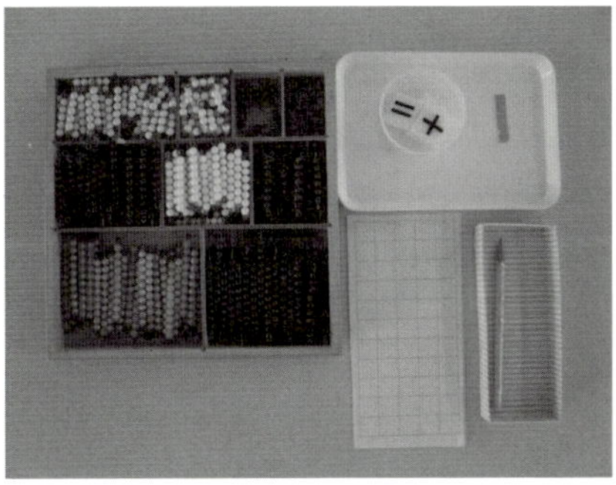

4. 제시 방법 :

제시 Ⅰ : 색구슬과 10의 구슬에 의한 덧셈

1) 교구장에 가서 교구를 가져와 책상에 놓는다.
2) "오늘은 선생님과 구슬을 사용하여 덧셈을 해 보자."라고 말한다.
3) 색구슬 상자의 뚜껑을 연다.
   "어떤 구슬들이 있니?"
4) "색구슬 두 개를 붙여 더하기를 해보자.", "4 더하기 9는?"이라고 말하고
   4의 구슬과 9의 구슬을 수평으로 붙여 놓는다.
   "더한 구슬을 세어보자."
5) 셈표로 색구슬을 셀 때 10이 되면 셈표를 꽂고 "무엇으로 바꿀 수 있니?"
   10구슬을 놓고 다시 색구슬을 센다.
   색구슬의 합은 10의 구슬과 색구슬 3이 된다.

6) 부호 표를 놓는다(4 + 9 = 13).

"다 되었네! 이제 숫자들이 친구가 될 수 있도록 숫자 사이에 선(부호)을 연결해 보자."

7) 동일한 방법으로 반복한다.

8) 틀림의 정정은 덧셈 정정판 1로 한다.

9) 교구를 정리한다.

제시 Ⅱ : 교환법칙에 의한 덧셈

1) 교환법칙의 문제를 보고 구슬을 놓는다(예 : 8 + 4 = 또는 4 + 8 =).

2) 틀림의 정정은 덧셈 정정판 1로 한다.

3) 더해지는 수가 세 개인 경우 여섯 가지의 더하는 방법을 안다(예 : 6 + 3 + 2 =, 3 + 6 + 2 =, 6 + 2 + 3 =, 2 + 3 + 6 =, 3 + 2 + 6 =, 2 + 6 + 3 =).

제시 Ⅲ : 결합법칙에 의한 덧셈

1) 결합법칙의 문제를 보고 구슬을 놓는다(예 : 5 + 7 + 2 + 5 + 3 =).

2) 순서적으로 구슬을 세어 합을 10의 구슬 2개와 2의 색구슬을 놓는다.

3) 어떤 구슬 두 개로 10을 만들 수 있는지 묻고 10을 묶는다.

$(5 + 5) + (7 + 3) + 2 = 10 + 10 + 2 = 22$

5. 흥미점 : 덧셈의 여러 가지 구성을 안다.
6. 오류의 통제 : 색구슬과 답이 맞지 않다.
7. 직접 목적 :
    1) 덧셈의 구조와 조합의 기억
    2) 덧셈의 개념 이해
    3) 10의 구성

간접 목적 :

1) 수학적 사고력의 발달

2) 추상개념의 계산준비

8. 변형 및 확장 :

1) 원 크기만큼 유아가 들어가 더한다.

2) 유아들이 기차 만들기를 하여 더한다.

3) 문제집을 보고 유아 스스로 할 수 있도록 한다. 이때 뒷면에 답을 적어 틀림의 정정을 유아가 할 수 있도록 한다.

9. 언어 : 색구슬, 1~99까지의 수, 더하기, 바꾸기, 교환하기, 10으로 묶기

10. 비고 : 색구슬을 두 개 이상 더하여 10이 되면 10개의 막대 구슬을 놓는다.

덧셈판

1. 영역 : 기억과 추상에 의한 4칙 연산
2. 연령 : 5세 이상
3. 교구 : 덧셈판(직사각형 나무판으로 가로 18줄, 세로 12줄의 칸이 있으며 1~10까지 빨강, 11~18까지 파랑의 숫자가 쓰여 있으며, 10과 11 사이에 빨간색으로 세로로 줄이 그어져 있다)

   자가 담긴 상자

   *파란색 자(1~9의 자로 오른쪽 끝에 각각의 수가 적혀 있다)

   *빨간색 자(1~9의 자로 칸만 그어져 있다)

   정정판 1 : 1~9까지 한 자릿수 덧셈 전부의 구성과 답이 적혀 있다.

   정정판 2 : 정정판 1에서 교환법칙이 들어있는 문제는 없다.

   문제카드(1+1~9+9), 문제지, 필기도구

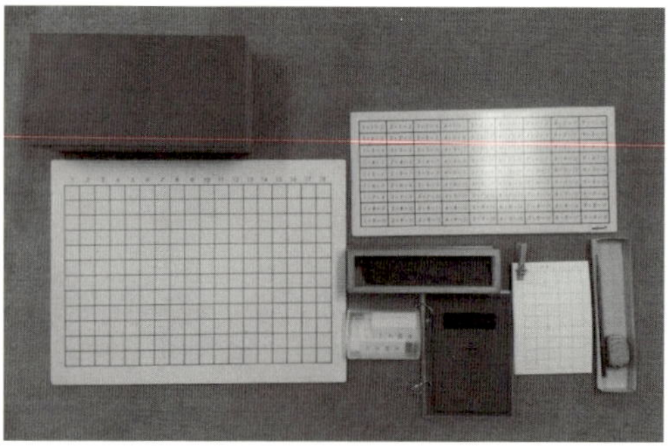

4. 제시 방법 :

제시 Ⅰ : 10의 기본적 덧셈

1) 유아를 초대하고 활동명을 알려준다.
2) "오늘은 선생님과 덧셈판을 해보자."라고 말하고 교구장에 가서 교구를

가져와 책상에 놓는다.

3) 덧셈판을 소개한다(파란 자는 덧셈판의 왼쪽, 빨간 자는 덧셈판의 오른쪽에 순서대로 놓는다).

4) 교사는 "파란 자 한 개와 빨간 자 한 개를 합쳐서 10을 만들어 보자."라고 말한다. 교사는 파란 자의 1을 덧셈판 1 위에 놓고 빨간 자의 9를 집어 놓고 "1 + 9 = 10."이라고 말하고 덧셈판의 상단에 기입되어 있는 숫자 10을 손가락으로 가리킨다.

5) 파란 자의 2를 덧셈판 1 위에 놓고 빨간 자의 8을 집어 놓고 "2 + 8 = 10"이라고 말하고 덧셈판의 상단에 기입되어 있는 숫자 10을 손가락으로 가리킨다.

6) 동일한 방법으로 진행하여 모든 수가 10이라는 것을 안다.

7) 교구를 정리한다.

제시 Ⅱ : 덧셈판

1) 유아를 초대하고 활동명을 알려준다.
2) "오늘은 선생님과 덧셈판을 해보자."라고 말하고 교구장에 가서 교구를 가져와 책상에 놓는다.
3) 1의 통에서 문제카드를 꺼내어 순서대로 나열한다(1 + 1 ~ 1 + 9).
4) '1 + 1='을 문제지에 적고 문제카드를 뒤집어놓는다.
5) 파란 자 1를 덧셈판의 칸에 올려놓고 빨간 자 1를 파란 자 끝에 붙여 놓는다.
6) "1(파란 자), 2(빨간 자)"를 손가락으로 짚어가며 센다.
7) 답 2를 문제지에 적는다.
8) 동일한 방법으로 활동한다.
9) 교구를 정리한다.

5. 흥미점 :

1) 자로 센다.

2) 자에 쓰인 숫자의 길이의 변화

3) 파란 자에는 칸이 없이 맨 끝에 숫자만 쓰여 언제나 피가수를 나타낸다.

6. 오류의 통제 :

1) 정정판 1, 정정판 2

2) 파란 자와 빨간 자를 합해 만든 수와 답이 맞지 않다.

7. 직접 목적 :

1) 덧셈의 구조와 조합

2) 덧셈의 개념 이해

간접 목적 :

1) 수학적 사고력의 발달

2) 추상개념의 계산준비

3) 큰 수 활동에 대한 준비

8. 변형 및 확장 :

1) 두 수의 합이 11~18이 되는 수를 만든다.

2) 0을 더한 수를 안다.

파란 자 5를 놓고 "5에다 0을 더해 보자." 말하고 0의 빨간 자가 있는지 묻고 0은 아무것도 없는 것이라고 말한다(5 + 0 = 5).

3) 같은 수를 더한다(예 : 1 + 1 = , 5 + 5 =).

4) 유아가 만들고 싶은 수를 만들고 교환법칙을 안다.

① 유아가 파란 자와 빨간 자를 합해 수를 만든다(5 + 7 = , 9 + 3 = , 8 + 4 =).

② 5 + 7 = 7 + 5, 9 + 3 = 3 + 9, 8 + 4 = 4 + 8, 앞의 수와 뒤의 수가 바뀌어도 답이 같음을 안다.

③ 정정판 1과 같은 인쇄물을 준비하여 교환법칙을 찾아 오리면 정정판 2가 된다.

9. 언어 : 덧셈판, 빨간 자, 파란 자, 더하기, 1~18까지의 수

10. 비고 : 덧셈판의 답은 직접 세어보지 않고 알 수 있는 것이 특징이다.

덧셈의 암산판

1. 영역 : 기억과 추상에 의한 4칙 연산
2. 연령 : 5.5세 이상
3. 교구 : 암산판 1 : 가로 세로가 1에서 9까지 적혀 있으며 덧셈의 구성과 답이 적혀 있다.

   암산판 2 : 암산판 1에서 같은 수의 구성을 정리한 45문제의 구성과 답이 적혀 있다.

   암산판 3 : 암산판 2에서 다시 정리된 18문제의 구성과 답이 적혀 있다.

   암산판 4 : 암산판 1과 같으나 답이 적혀 있지 않다.

   빨간 상자에 81개의 답 카드

   정정판 1, 2

   문제카드(1 + 1, ~ 9 + 9), 문제지, 필기도구

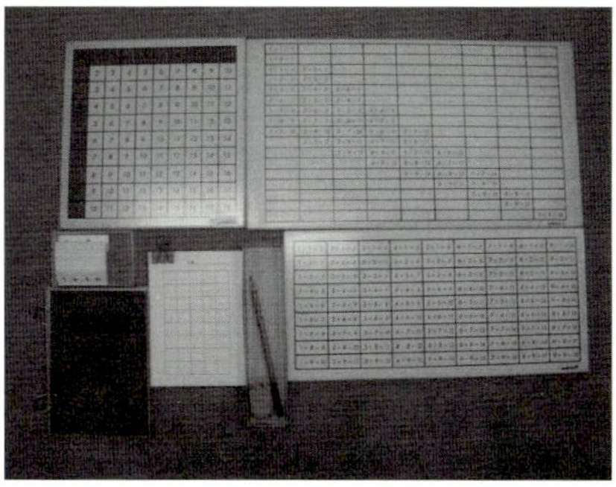

암산판 1

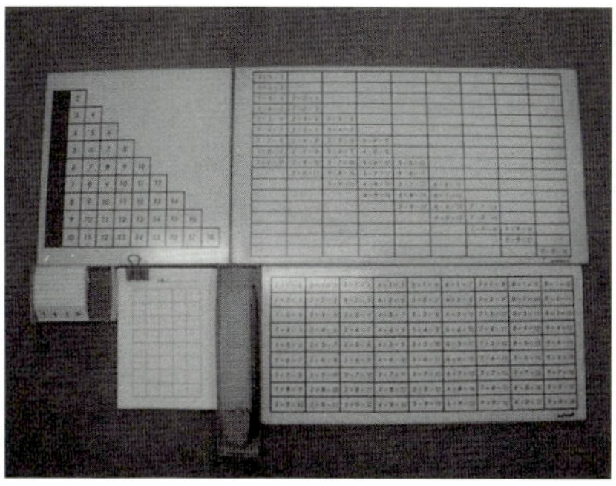

암산판 2

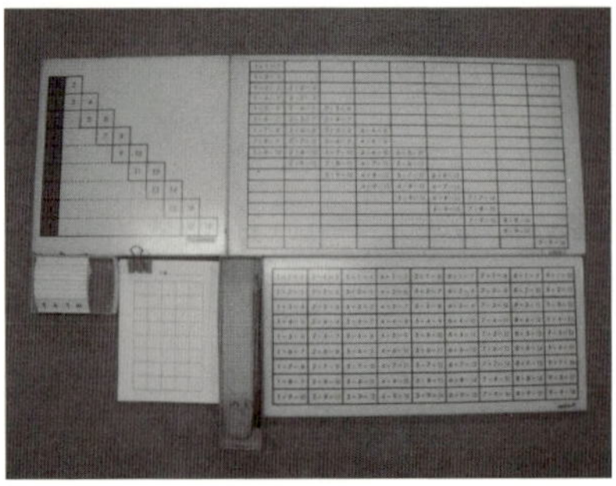

암산판 3

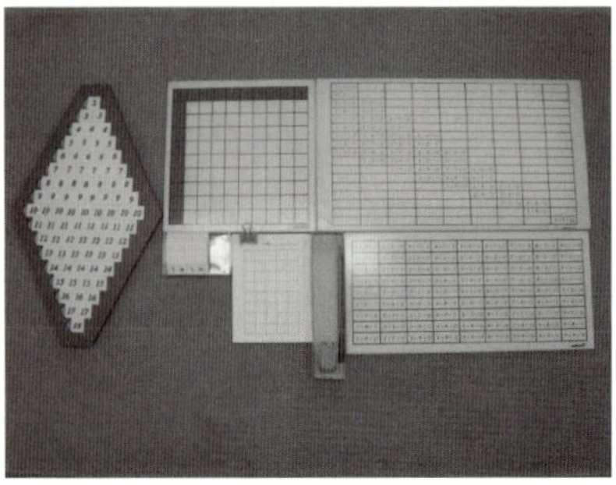

암산판 4

4. 제시 방법 :

제시 Ⅰ : 암산판 1

1) 유아를 초대하고 활동명을 알려준다.
2) "오늘은 선생님과 덧셈 암산판 1을 해보자."라고 말하고 교구장에 가서 교구를 가져와 책상에 놓는다.
3) 암산판을 소개한다.
4) 덧셈의 문제집을 펼치고 문제를 읽는다(1 + 2 =).
5) 암산판 1에서 파란색(가로)의 수 1을 오른손 검지로, 빨간색(세로)의 수 2를 왼손 검지로 짚고 오른손은 밑으로 내려오고 왼손은 오른쪽 옆으로 움직이면서 만나는 곳을 찾는다.
6) 만나는 곳 수 3이 답이 된다.
7) 문제집에 답을 적는다.
8) 정정판으로 확인한다.
9) 동일한 방법으로 진행한다.

제시 Ⅱ : 암산판 2

1) 암산판 2를 소개하고 1과 다른 점을 안다.
2) '1의 통'에서 문제카드를 꺼내어 읽고 종이에 적고 문제카드를 뒤집어 놓

는다(1 + 2 =).

3) 언제나 두 수 중에서 작은 수는 오른손 검지로 큰 수는 왼손 검지로 짚을 것을 말한다.

4) 오른손을 먼저 수평으로 마지막 칸(2)까지 움직여 다시 밑으로 내리고 왼손은 수평으로 움직여 만나는 곳의 수 3이 답이 된다.

5) 답을 종이에 적는다.

6) 정정판 1로 확인한다.

제시 Ⅲ : 암산판 3

1) 암산판 3을 소개하고 암산판 2와 다른 점을 안다(다른 점은 빗금 방향으로 윗줄은 짝수, 밑줄은 홀수로 되어 있다).

2) '1의 통'에서 문제카드를 꺼내어 읽고 문제지에 적고 문제카드는 뒤집어 놓는다(1 + 3 =).

3) 1 + 3=일 경우 오른손 검지는 1, 왼손 검지는 3을 짚고 두 손을 각각 수평으로 마지막 칸까지 움직여 빗금 방향 상하로 오른손은 밑으로 왼손은 위로 한 칸씩 뛰어서 가운데 수 4가 답이 된다.

4) 1 + 4일 경우 오른손 검지는 1, 왼손 검지는 4를 짚고 두 손을 각각 수평으로 마지막 칸까지 움직여 빗금 방향 상하로 한 칸씩 뛰어서 두 손이 마주한 밑의 수 5가 답이 된다.

5) 답을 종이에 적는다.

6) 정정판 1로 확인한다.

제시 Ⅳ : 암산판 4

1) 암산판 4를 소개하고 암산판 1과 다른 점을 안다.

2) 같은 수끼리 순서적으로 놓인 답 카드의 뚜껑을 연다.

3) '1의 통'에서 문제카드를 꺼내어 읽는다(1 + 2 =).

4) 오른손 검지로 가로줄의 파란색 1를 짚고 왼손 검지로 세로줄의 2를 짚어 오른손은 밑으로 왼손은 수평으로 움직여 만나는 곳 빈칸에 답 카드를 올려놓는다.
5) 문제카드를 뒤집어 놓는다.
6) 동일한 방법으로 진행한다.
7) 암산판 1로 확인한다.

5. 흥미점 :
   1) 두 손이 만나는 곳이 답이 된다.
   2) 답 카드의 배열 모양에 흥미를 가진다.
6. 오류의 통제 : 정정판 1, 정정판 2, 암산판 1
7. 직접 목적 :
   1) 기억에 의한 덧셈의 암기 강화
   2) 두수의 합이 18 이내의 덧셈의 구성

   간접 목적 :
   1) 수학적 사고력의 발달
   2) 추상개념의 계산준비
   3) 큰 수 활동에 대한 준비
8. 변형 및 확장 : 문제집을 보고 유아 스스로 할 수 있도록 한다.
9. 언어 : 1~18까지의 수, 덧셈 암산판 1, 2, 3, 4
10. 비고 :
   1) 덧셈 암산판의 뒷면에 1, 2, 3, 4 번호를 기록한다.
   2) 덧셈 문제종이 혹은 문제집을 준비할 때는 빨간색을 사용한다.

점놀이

1. 영역 : 십진법을 이용한 4칙 연산
2. 연령 : 수의 4칙 연산을 연습한 유아
3. 교구 : 점놀이 판(6칸이 가로로 나누어져 있고 오른쪽에 문제를 쓸 수 있는 칸과 1, 10, 100, 1,000의 숫자가 각각 초록, 파랑, 빨강, 초록으로 쓰여 있다. 한 단위는 10칸씩의 작은 정사각형으로 나누어져 있으며 하단은 각 자릿수가 2칸으로 나누어져 있다) 문제집, 빨간 색연필, 연필, 지우개

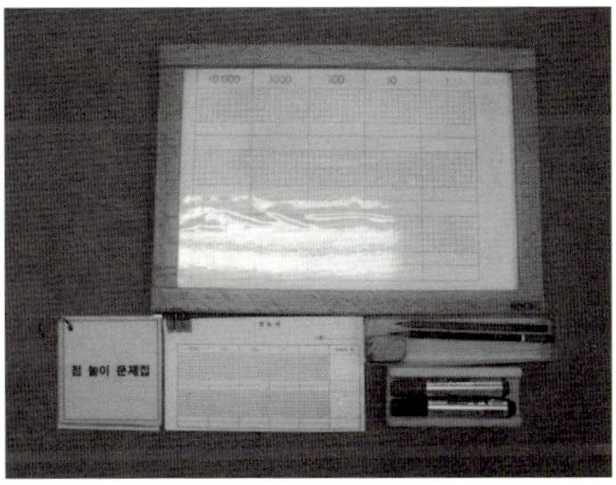

4. 제시 방법 :

제시 Ⅰ : 덧셈

1) 교구를 소개한다.
"무엇이 있니?", "무엇이라고 쓰여 있니?", "오늘은 점을 찍는 놀이를 해 볼 거란다."
2) 점놀이 판을 소개한다.
3) 문제집을 보고 점놀이 판의 오른쪽 칸에 문제를 적는다.

예 : 3,572
+ 5,125

4) 처음 수 3,572중에서 일의 자릿수가 2이므로 1단위의 오른쪽 칸으로부터

왼쪽으로 한 칸에 한 개의 점을 연필로 두 개 찍은 다음 숫자 2에 사선을 긋는다.

5) 3,572의 10의 자릿수는 7이므로 10단위의 오른쪽 칸으로부터 왼쪽으로 한 칸에 한 개의 점을 일곱 번 찍고 문제의 숫자 7을 사선으로 긋는다.
6) 100, 1000도 동일한 방법으로 진행한다.
7) 두 번째의 수 5,125도 동일한 방법으로 하되 앞에 찍혀있는 점에 이어 계속 오른쪽에서 왼쪽으로 점을 찍어 간다.
8) 일의 단위부터 세어 각 단위의 밑 하단 답란에 적고 오른쪽 문제 밑의 답란에도 적는다.
9) 문제집의 뒷장에 있는 답으로 틀림의 정정을 한다.

제시 Ⅱ : 올림이 있는 덧셈

1) 문제집을 보고 점놀이 판의 오른쪽 칸에 문제를 적는다.

예 : 2,736
 5,472
 3,861
 +1,462

2) 제일 처음 수 2,736 중에서 일의 자릿수가 6이므로 1단위의 오른쪽 칸으로부터 왼쪽으로 한 칸에 한 개의 점을 연필로 여섯 개 찍은 다음 문제의 숫자 6에 사선을 긋는다.
3) 2,736의 10의 자릿수는 3이므로 10단위의 오른쪽 칸으로부터 왼쪽으로 한 칸에 한 개의 점을 세 개 찍고 문제의 숫자 3에 사선을 긋는다.
4) 100, 1,000도 동일한 방법으로 진행한다.
5) 두 번째의 수 5,472도 동일한 방법으로 하되 앞에 찍혀 있는 점에 이어 계속 오른쪽에서 왼쪽으로 점을 찍어 간다.
6) 3,861과 1,462도 동일한 방법으로 한다.

7) 더해지는 수의 점찍기가 끝나면 일의 단위부터 열 개의 점이 다 찍혀 있는 줄에 선을 긋는다. "점이 열 개가 되면 우리가 알아 볼 수 있도록 어떻게 표시할 수 있을까? 점을 연결해서 선을 그어 보자. 점 기차가 되었네."
8) 열 개씩 묶여진 것이 몇 줄인가를 세어 그 줄만큼 하단 위쪽, 왼쪽에 빨간 점을 찍고 10의 자리에 빨간 점 하나 찍고 숫자 1을 빨간 펜으로 10의 자릿수 밑의 위 칸 오른쪽에 적는다.
9) 10의 단위도 같은 방법으로 열 개의 점에 선을 긋고 그 줄만큼 하단 위쪽 왼쪽에 빨간 점을 찍고 100의 자리에 빨간 점 두 개를 찍고 빨간 펜으로 100의 자릿수 밑 위 칸 오른쪽에 3을 적는다.
10) 100과 1,000의 자리도 동일한 방법으로 한다.
11) 일의 단위부터 낱개로 남은 점을 세어 각 단위의 밑 하단에 숫자를 적는다.
12) 문제에 대한 답이 각 단위의 밑 하단에 적은 숫자임을 설명해 주고 오른쪽 문제 밑의 답란에 적고 문제집의 뒷장에 있는 답으로 틀림의 정정을 한다.

5. 흥미점 :
   1) 각 단위마다 점을 찍을 때에는 언제나 오른쪽에서 왼쪽으로 점을 찍는다.
   2) 올림수를 경험한다.
   3) 받아 올림수는 빨강 점으로 찍는다.
6. 오류의 통제 : 점의 갯수의 숫자와 답이 맞지 않다.
7. 직접 목적 :
   1) 십진법의 강화
   2) 덧셈의 개념 이해
   3) 교환이 있는 덧셈 과정 이해

   간접 목적 :
   1) 덧셈과 암산에 대한 준비
   2) 수학적 사고력의 발달

8. 변형 및 확장 : 문제집을 보고 유아 스스로 할 수 있도록 한다.
9. 언어 : 점놀이, 일의 자릿수, 10의 자릿수, 100의 자릿수, 1,000의 자릿수, 1~9,000까지의 수, 사선 긋기, 선을 긋는다. 점 기차, 빨간 점
10. 비고 :
   1) 가로의 방법은 마지막에 올림의 빨간 점을 찍고 세로의 방법은 첫 칸에 올림의 빨간 점을 찍는 것이 차이점이다.
      1의 단위부터 모두 더한 뒤 열 개의 줄의 수에 따라 빨간펜으로 10의 단위 첫칸에 빨간 점을 찍는다.
   2) 각 단위마다 점을 찍을 때는 언제나 오른쪽에서 왼쪽으로 찍는다.

은행놀이 - 곱셈

1. 영　　역 : 십진법을 이용한 4칙 연산
2. 연　　령 : 5세 이상, 은행놀이 덧셈을 연습한 유아
3. 교　　구 : 덧셈과 동일
4. 제시 방법 :

1) 유아를 초대하고 활동명을 알려준다.
2) "오늘은 선생님과 곱셈을 해보자."라고 말한다.
3) 교사는 세 명의 유아에게 "친구들과 의논해서 1,000단위의 똑같은 수로 작은 수카드와 구슬을 가지고 오자."라고 한다(이때 교사는 똑같은 수를 강조한다).
4) 유아들이 각각 가지고 온 카드와 구슬을 일치시켜 확인하고 카드는 구슬의 오른쪽에 세로로 나열한다.
5) 1의 구슬부터 순서적으로 합한다.
6) 1의 구슬부터 세어 구슬의 수만큼 큰 수카드를 가져와 구슬 밑에 놓는다(만약 1의 구슬이 열 개가 넘으면 어떻게 해야 하는지 유아에게 묻고 올림의 교환놀이를 한다).
7) 동일한 방법으로 1,000의 구슬까지 세어 진행 한 후 수를 구성한다.
8) 세 명의 유아의 작은 수카드를 보고 교사는 "너희 세 명은 모두 똑같은 수카드를 가지고 왔구나."라고 말해준다.
9) 교사는 덧셈의 개념으로 읽는다(예 : 1,233 + 1,233 + 1,233 = 3,699).
10) 교사는 "똑같은 수를 몇 번씩 더하는 것이 곱셈이란다."라고 곱셈의 개념을 알려준다.
11) "같은 수 1,233을 세 번 더했더니 3,699가 되었다. 1,233의 숫자가 모두 같으니 같은 숫자는 뒤집어 놓는다."라고 말하고 카드 두 개는 뒤집어 놓는다.

12) 부호표(×)를 소개하고 "똑같은 수 1,233을 세 번 더했다."라고 말하고 부호표와 3의 수카드를 놓는다.
3번 더하면 복잡하니까 곱셈 기호를 이용하여 1,233에 3을 곱하면 3,699가 된다.

5. 흥미점 :
   1) 부호를 본다.
   2) 같은 수를 여러 번 가져온다.
6. 오류의 통제 : 구슬과 카드가 일치하지 않는다.
7. 직접 목적 :
   1) 곱셈의 개념 이해
   2) 십진법의 강화
   3) 교환이 있는 곱셈 과정 이해

   간접 목적 : 수학적 사고력의 발달
8. 변형 및 확장 :
   1) 문제집을 보고 유아 스스로 할 수 있도록 한다.
   2) 교환이 있는 곱셈을 한다.
9. 언어 :

   피승수(피제수) × 승수, 곱셈, 1~9,000의 수, 똑같은 수, 더하기, 뒤집다
10. 비고 :
   1) 곱셈은 똑같은 수를 더하는 개념이므로 덧셈 후에 제공한다.
   2) 곱셈 문제집은 노란색을 사용하여 준비한다.

우표놀이 - 곱셈

1. 영　　역 : 십진법을 이용한 4칙 연산
2. 연　　령 : 5.5세 이상, 은행놀이 · 우표놀이 곱셈을 연습한 유아
3. 교　　구 : 덧셈과 동일
4. 제시 방법 :

1) 활동명을 알려준다.
2) "오늘은 선생님과 우표놀이 곱셈을 해보자."라고 말하고 교구를 준비한다.
3) 곱셈 문제집의 문제를 읽고 종이에 적는다.

예 : 2,423
　　×3

4) 교사는 곱하기 개념을 질문한다.
"곱하기는 어떻게 하는 것이니?", "여기서 똑같은 수는 어떤 수이니?", "몇 번 더하는 것이니?"
5) 2,423을 약간의 간격을 두고 세 번 놓는다.
6) 1의 우표부터 밀어 한 줄로 붙인다.
동일한 방법으로 10, 100, 1,000도 진행한다.
7) 1의 우표부터 세어 종이에 답을 적고, 문제집의 뒤에 적힌 답으로 틀림의 정정을 한다.

5. 흥미점 : 똑같은 수를 여러 번 놓는다.
6. 오류의 통제 : 우표와 답이 맞지 않다.
7. 직접 목적 :
   1) 곱셈의 개념 이해
   2) 십진법의 강화
   3) 교환이 있는 곱셈 과정 이해

간접 목적 : 수학적 사고력의 발달

8. 변형 및 확장 : 문제집을 보고 유아 스스로 할 수 있도록 한다.

9. 언어 : 곱셈, 똑같은 수, 몇 번 더하기, 1~9,000까지의 수

10. 비고 :

    1) 같은 수를 더하는 횟수가 곱하는 수임을 안다.

    2) 10이 되면 윗 자릿수 한 개와 교환한다.

    3) 우표놀이는 크기의 요소가 빠진 추상화의 과정으로 이끌어진다.

    4) 개인적 작업이 이루어진다.

색구슬틀 곱셈

1. 영 역 : 십진법을 이용한 4칙 연산
2. 연 령 : 4.5세 이상, 은행놀이 · 우표놀이 곱셈을 한 유아
3. 교 구 : 색구슬틀, 문제집, 문제지, 필기도구
4. 제시 방법 :

제시 Ⅰ : 올림이 없는 덧셈

1) 활동명을 말하고 교구장에 가서 교구를 가져와 책상 위에 놓는다.
2) 문제집의 문제를 문제지에 기입한다. 이때 윗칸에는 피승수를 쓰고, 그 아래에 1자릿수의 승수를 쓴다. “1,234(피승수) × 2(승수)”

$$\begin{array}{r} 1,234 \\ \times 2 \\ \hline \end{array}$$

3) 피승수 1의 자릿수의 구슬부터 시작하여 1,000자리까지 구슬을 왼쪽에서 오른쪽으로 옮긴다. “1,234.”
4) “1,234 곱하기 2이니까 한 번 더 놓아 보도록 하자.”
“1의 자릿수 구슬부터 옮기자. 4.”
5) 동일한 방법으로 10, 100, 1,000자릿수도 한다.
6) 1의 자릿수 답 구슬을 왼쪽으로 약간 밀어내고 구슬을 하나씩 센다.
7) 1의 자릿수에 “8.”이라고 기입한다.
동일한 방법으로 10, 100, 1,000의 답을 적는다.
8) “1,234 × 2 = 2,468이 됩니다.”라고 말한다.

제시 Ⅱ : 올림이 있는 곱셈

1) 유아를 초대하고 활동명을 말하고 교구장에 가서 교구를 가져와 책상 위에 놓는다.

2) 문제집의 문제를 문제지에 기입한다. 이때 윗칸에는 피승수를 쓰고, 그 아래에 1자릿수의 승수를 쓴다. "4,567 × 2."
3) 피승수 1의 자릿수의 구슬부터 시작하여 1,000자리까지 구슬을 왼쪽에서 오른쪽으로 옮긴다. 1의 자릿수 구슬 7개를 1번 더 오른쪽으로 세면서 옮긴다. 이때 열 개의 구슬을 왼쪽으로 밀면서 "1의 자릿수 구슬 열 개와 무엇이 똑같을까?", "10의 구슬 한 개요.", "그럼 10의 자릿수 하나를 왼쪽에서 오른쪽으로 동시에 밀어놓자."
4) 동일한 방법으로 10, 100, 1,000자릿수도 한다.
5) 1의 자릿수 답 구슬을 왼쪽으로 약간 밀어내고 구슬을 하나씩 센다.
6) 1의 자릿수에 "4."이라고 기입한다.
동일한 방법으로 10, 100, 1,000의 답을 적는다.
7) "4,567 × 2 = 9,134이 됩니다."라고 말한다.

5. 흥미점 :
   1) 색 구슬틀을 본다.
   2) 색 구슬틀에서 구슬을 옮긴다.
   3) 단위마다 10이 되면 구슬의 색이 바뀌면서 손을 교차해서 구슬을 옮겨 놓는다.
6. 오류의 통제 : 색구슬 틀의 구슬과 답이 맞지 않다.
7. 직접 목적 :
   1) 곱셈의 개념 이해
   2) 십진법의 강화
   3) 교환이 있는 곱셈 과정 이해

   간접 목적 :
   1) 수학적 사고력의 발달
   2) 추상개념의 계산준비
8. 변형 및 확장 : 문제집을 보고 유아 스스로 할 수 있도록 한다.
9. 언어 : 1~9,000까지의 수

10. 비고 :

1) 같은 수를 더하는 횟수가 곱하는 수임을 안다.

2) 10이 되면 윗 자릿수 한 개와 교환한다.

5의 평방구슬

1. 영　　역 : 기억과 추상에 의한 4칙 연산
2. 연　　령 : 5세 이상, 100의 줄 구슬 덧셈과 곱셈을 연습한 유아
3. 교　　구 : 5의 평방 줄 구슬
   5의 평방구슬, 5의 색구슬
   수카드(5, 10, 15, 20, 25), 셈표

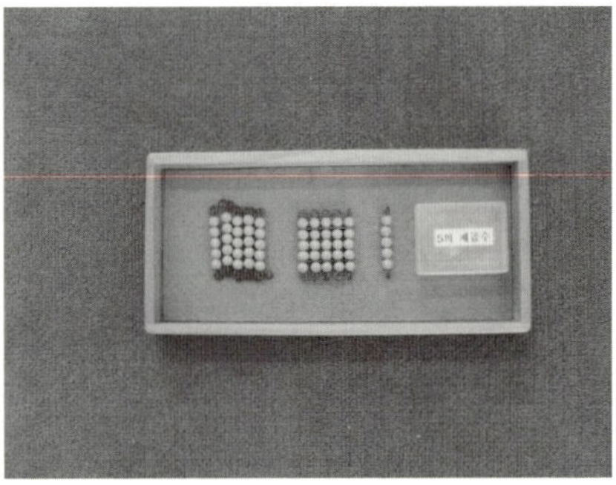

4. 제시 방법 :

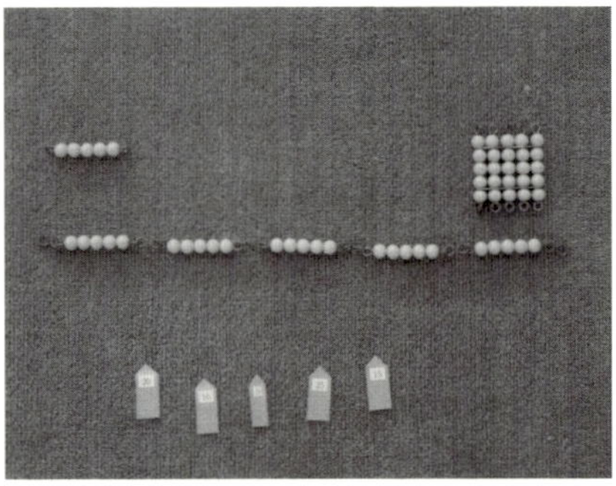

1) 교구를 보여주고 탐색한다.
"무엇이 있니? 어떤 색의 구슬이니? 구슬은 몇 개씩 되어 있니?", "여기는 숫자 5의 가족들만 있는 5의 나라란다. 5의 가족들은 5개씩 묶여 있

는 묶음 수로 되어 있어."

2) 활동을 소개한다.
3) 색구슬 5를 매트에 놓고 "얼마의 구슬이니?"라고 묻는다.
4) 5의 평방 구슬을 가지고 와서 "여기에 5의 구슬이 몇 번 들어 있니?"라고 묻고, 5의 색구슬로 평방 구슬을 센다.
"5번 들어 있단다."
5) 5의 평방 줄 구슬을 가지고 와서 접은 후 5의 평방 구슬 옆에 놓고 "똑같은지 위에 올려 놓아보자."라고 말하고 접힌 5의 평방 줄 구슬 위에 5의 평방 구슬을 올려놓고 내린다.
6) 5의 색구슬로 다시 5의 평방 줄 구슬 위를 세고 나서 "5의 색구슬이 5번 들어 있다."라고 말한다.
7) 5의 평방 줄 구슬을 펴고 오른쪽 위에 5의 평방 구슬을 놓는다.
8) "5제곱수."라고 적힌 봉투에서 숫자카드를 꺼내 매트에 놓는다.
9) 숫자카드를 차례대로 놓는다.
10) 5의 평방 줄 구슬을 세면서 숫자 카드를 놓는다(5, 10, 15, 20, 25).
11) 교구를 정리한다.

5. 흥미점 :
   1) 구슬과 카드를 일치시켜 수를 읽는다.
   2) 줄 구슬을 한 마디씩 접으면 평방 구슬과 같다.

6. 오류의 통제 : 구슬과 수카드가 일치하지 않는다.

7. 직접 목적 :
   1) 수 세기의 능력 강화
   2) 줄 구슬과 평방 구슬의 관계를 아는 것

   간접 목적 :
   1) 제곱수에 대한 준비
   2) 곱셈의 준비

8. 변형 및 확장 :

   1) 흰 카드에 임의의 숫자를 적어 구슬 밑에 놓는다.

   2) 거꾸로 수를 센다.

   3) 5의 입방 구슬를 제시한다.

9. 언어 :

   5의 평방 구슬, 5의 평방 줄 구슬, 5의 제곱수, 묶음 수

10. 비고 :

   1) 1의 제곱은 1이므로 1의 구슬부터 제공하지 않는다.

   2) 구슬장에는 1~10까지의 평방 구슬과 평방 줄 구슬이 걸려 있다.

   3) 구슬장에는 1~10까지의 평방 구슬과 평방 줄 구슬의 제곱수가 적힌 숫자 통이 있다.

곱셈판

1. 영역 : 기억과 추상에 의한 4칙 연산
2. 연령 : 5세 이상, 색구슬로 곱셈을 연습한 유아
3. 교구 : 곱셈판 - 나무판 상단에 1~10까지의 숫자(승수)
구슬을 놓을 수 있는 100개의 구멍
1~10까지의 숫자가 적힌 흰 카드(피승수)
빨간 구슬 100개, 빨간 동그라미 1개, 정정판 1, 2
문제카드(1×1 ~ 1×9 … 9×1 ~ 9×9), 문제지, 필기도구, 구슬 담는 용기

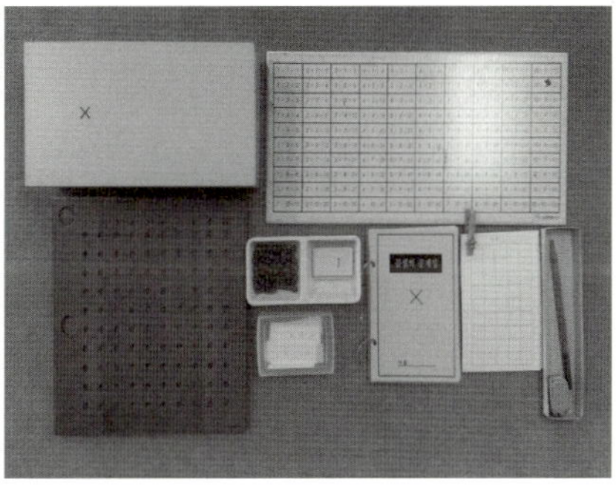

4. 제시 방법 :

1) 활동명을 알려준다.
2) "오늘은 선생님과 곱셈판을 해보자."라고 말하고 교구장에 가서 교구를 가져와 책상에 놓는다.
3) 곱셈판을 소개한다(곱셈을 할 때 승수는 상단 1~10까지의 숫자이고, 피승수는 1~10까지의 흰 카드 수로 왼쪽 중앙의 동그란 구멍에 끼워 사용한다. 빨간 동그라미는 뒤의 수(승수)를 제시해 준다).
4) 흰 숫자카드를 꺼내어 1에서 10까지 순서적으로 놓는다.

5) '2의 통'에서 문제카드를 꺼내어 문제지에 적고 문제카드를 뒤집어 놓는다(2 × 1 =).
6) "2를 1번 곱해 봅시다."라고 말하고 흰 수카드 2를 왼쪽 구멍에 끼우고 빨간 동그라미를 곱셈판 위의 숫자 1에 놓는다.
7) 빨간 구슬 2개를 곱셈판 상단의 숫자 1 아래의 구멍에 수직으로 넣는다.
8) 빨간 구슬이 모두 몇 개인지 센다.
9) "2 × 1 = 2입니다."라고 말하고 답을 적는다.
10) 정정판 1로 틀림의 정정을 한다.
11) 교구를 정리한다.

5. 흥미점 :
   1) 구슬을 구멍을 끼운다.
   2) 승수를 나타내는 수에 빨간 동그라미를 놓는다.
   3) 피승수를 나타내는 흰 카드를 꽂는다.
   4) 같은 수를 여러 번 가져온다.
6. 오류의 통제 : 정정판 1, 빨간 구슬의 수와 답이 맞지 않다.
7. 직접 목적 :
   1) 곱셈의 구조와 조합
   2) 곱셈의 개념 이해
   3) 구구셈 익히기

   간접 목적 :
   1) 수학적 사고력의 발달
   2) 추상개념의 계산준비
8. 변형 및 확장 :
   1) 무작위로 곱셈 수를 만든다.
   2) 주사위를 던진 후 곱셈 수를 만든다.
9. 언어 :

   곱셈판, 1~100까지의 수, 빨간 구슬, 흰 카드, 동그란 구멍, 빨간 동

그라미, 곱하기

10. 비고 :

1) 이 교구는 몬테소리가 어린이에게 곱셈을 가르치기 위해 고안한 판이다.

2) 색구슬로 곱셈의 개념을 충분히 익힌 다음 사용한다.

곱셈의 암산판

1. 영역 : 기억과 추상에 의한 4칙 연산
2. 연령 : 5.5세 이상
3. 교구 : 암산판 1 : 가로 세로가 1~10까지 적혀 있으며 곱셈의 구성과 답이 적혀 있다.

   암산판 2 : 암산판 1의 사선으로 오른쪽에 수가 적혀 있지 않다.

   암산판 3 : 암산판 1에 1~10까지의 승수와 피승수만 적혀있고 답 카드는 비어 있다.

   노란 상자에 81개의 답 카드, 정정판 1, 2

   문제카드(1×1 ~ 1×9 … 9×1 ~ 9×9)

   문제지, 필기도구

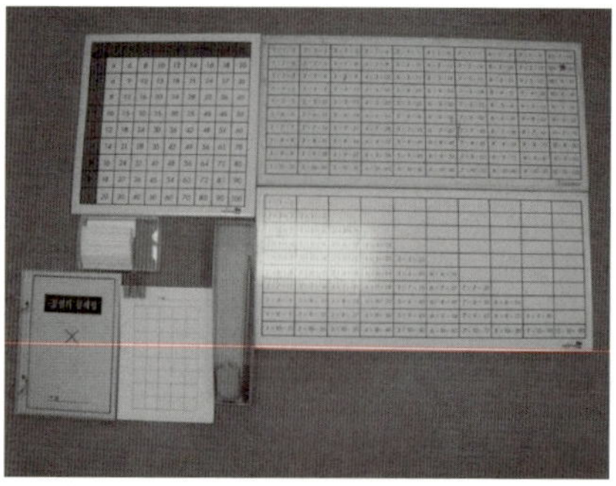

암산판 1

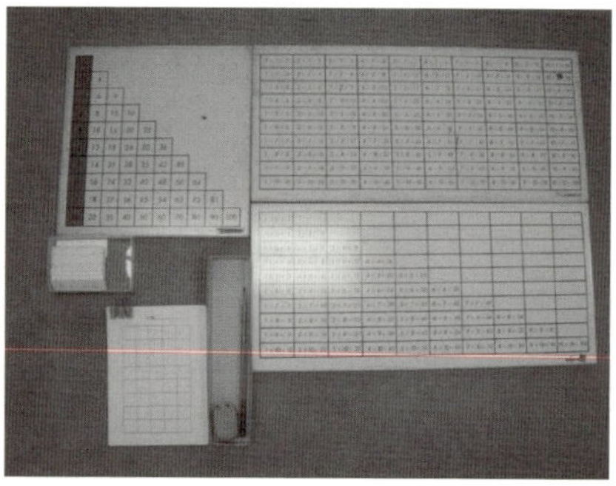

암산판 2

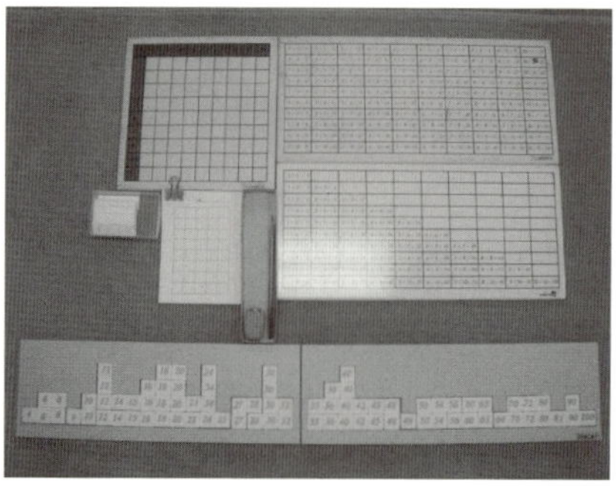

암산판 3

4. 제시 방법 :

제시 Ⅰ : 암산판 1

제시 ①

1) 활동명을 알려준다.
2) "오늘은 선생님과 곱셈 암산판 1을 해보자."라고 말하고 교구장에 가서 교구를 가져와 책상에 놓는다.
3) 곱셈판을 소개한다(곱셈을 할 때 앞의 수(피승수)는 가로의 파란색이고 뒤의 수(승수)는 빨간색이다).
4) 곱셈의 문제집을 펼치고 문제를 읽는다(2 × 2 =).
5) 오른손 검지로 파란색의 2를 짚고, 왼손 검지로 빨간색의 숫자 2를 짚어 오른손은 수직으로 내리고 왼손은 수평으로 움직여서 만나는 곳을 찾는다.
6) 만나는 곳 수 4가 답이 된다.
7) 답을 종이에 적는다.
8) 정정판으로 확인한다.

제시 ②

제시 ①의 1) ~ 3)번까지는 동일한 방법으로 진행한다.

4) '2의 통'에서 문제카드를 꺼내어 읽고 문제지에 적은 후 문제카드를 뒤집어 놓는다(2 × 2 =).
5) 제시 ①의 5) ~ 8)까지 같은 방법으로 진행한다.

제시 Ⅱ : 암산판 2

1) 암산판 2를 소개하고 1과 다른 점을 안다(암산판 1의 사선으로 오른쪽에 수가 적혀 있지 않다).
2) '2의 통'에서 문제카드를 꺼내어 읽고 문제지에 적고 문제카드를 뒤집어 놓는다(2 × 4 =).

3) 2는 오른손 검지로 짚고, 큰 수 4는 왼손 검지로 짚고 수직, 수평으로 만나는 곳 수 8이 답이 된다.
이때 피승수와 승수가 같을 때는 두 손가락을 함께 하여 오른쪽을 수평으로 마지막 난까지 가서 답을 찾는다.
4) 답을 종이에 적는다.
5) 정정판 1로 확인한다.

제시 Ⅲ : 암산판 3

1) 암산판 3을 소개하고 암산판 1과 다른 점을 안다(다른 점은 암산판 1에서 가운데 수가 없는 것이 암산판 3이다).
2) 답 카드의 뚜껑을 열고 놓는다.
3) '2의 통'에서 문제카드를 꺼내어 읽는다(2×3＝).
4) 오른손 검지로 가로줄의 파란색의 2를 짚고 왼손 검지로 빨간색의 3을 짚어 오른손은 밑으로, 왼손은 수평으로 움직여 만나는 곳 빈칸에 답 카드 6을 올려놓는다.
5) 문제카드를 뒤집어 놓는다.
6) 동일한 방법으로 진행한다.
7) 암산판 1로 확인한다.

5. 흥미점 :
   1) 두 손이 만나는 곳이 답이 된다.
   2) 답 카드의 배열 모양에 흥미를 가진다.
6. 오류의 통제 : 암산판 1
7. 직접 목적 :
   1) 기억에 의한 곱셈의 암기 강화
   2) 구구셈 익히기

간접 목적 :

1) 수학적 사고력의 발달

2) 추상개념의 계산준비

3) 큰 수 활동에 대한 준비

8. 변형 및 확장 :

수의 분해(예 : 10)를 한다.

10의 답 카드 4개를 암산판 3의 답 칸에 놓고 문제를 구성해 본다(1 × 10, 10 × 1, 2 × 5, 5 × 2).

9. 언어 : 1～100까지의 수

10. 비고 :

1) 곱셈 암산판의 뒷면에 1, 2, 3번호를 기록한다.

2) 곱셈 문제종이 혹은 문제집을 준비할 때는 노란색을 사용한다.

은행놀이 - 뺄셈

1. 영역 : 십진법을 이용한 4칙 연산
2. 연령 : 5세 이상, 덧셈과 곱셈을 연습한 유아
3. 교구 : 덧셈과 동일

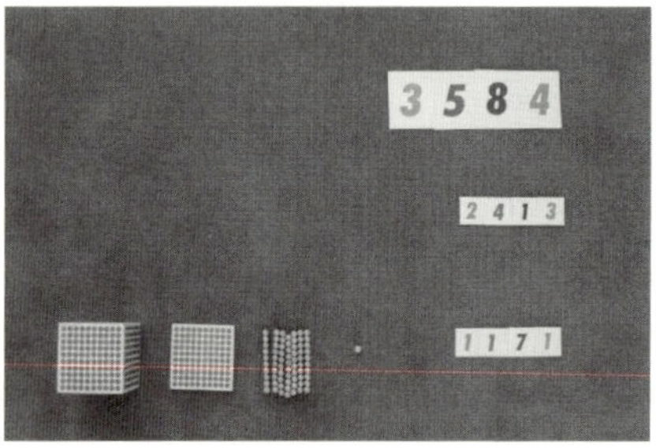

4. 제시 방법 :

제시 Ⅰ : 뺄셈

1) 활동명을 알려준다.
2) "오늘은 선생님과 뺄셈을 해보자."라고 말한다.
3) 교사는 "선생님이 구슬과 큰 수카드를 가지고 올게."라고 말하고 구슬과 큰 수카드를 가지고 와서 수량을 확인하고 수를 구성한다(예 : 3,584).
4) 한 명의 유아에게 쟁반을 주고 가지고 싶은 만큼의 구슬을 단위별로 담게 한다.
5) 교사는 "선생님의 구슬에서 네가 구슬을 가져 갔기 때문에 이제 이 숫자가 아니에요."라고 말하고 교사가 만든 큰 수카드를 뒤집어 오른쪽 상단에 놓는다.
6) 유아가 가지고 간 구슬의 양만큼 작은 수카드를 가져오게 한다.
7) 구슬과 작은 수카드의 수량을 확인하고 작은 수카드는 뒤집어 놓은 교사의 큰 수카드 밑에 놓고 쟁반에 담아간 구슬은 유아 뒤에 놓는다.

8) "선생님의 구슬에서 네가 2,413을 가지고 갔더니 선생님의 구슬이 이만큼 남았네."라고 말한다.
9) 왼쪽에 남아있는 구슬만큼의 수를 작은 카드에서 찾아오게 하여 작은 수 카드로 수를 구성하여 남아 있는 구슬 옆에 놓는다.
10) "선생님의 수에서(뒤집어 놓은 큰 수카드를 바로 놓고) 네가 2,413을 가지고 갔더니(유아 뒤에 있는 구슬을 가리키며) 1,171이 남았네."라고 말한다.
11) "뺄셈은 큰 수에서 작은 수를 빼는 것이다."라고 말한다.
12) 부호표(-)를 소개하고 놓는다.

제시 Ⅱ : 교환놀이

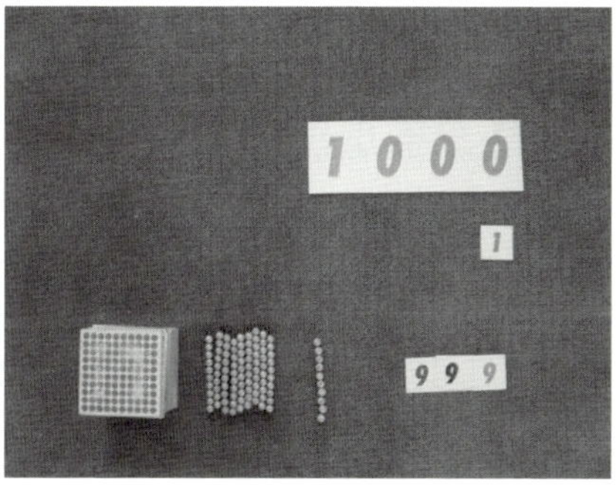

1) 교사는 1,000의 구슬 한 개와 1,000의 카드를 쟁반에 담아 가지고 온다.
2) "선생님이 준비한 1,000의 구슬에서 너에게 1의 구슬을 하나만 주고 싶은데 어떻게 하면 좋을까?"라고 묻는다.
3) 유아의 대답을 듣고 교사는 "너에게 1의 구슬 하나를 줄게."라고 말한다.
4) 은행에 가서 1,000의 구슬 하나를 100의 구슬 열 개로 바꾸어 오게 한다. 그리고 교사는 유아에게 100의 구슬에서 1의 구슬 하나를 줄 수 있는지 묻는다.
5) 줄 수 없음을 확인하고 어떻게 할 수 있는지 다시 묻는다.
6) 은행에 가서 100의 구슬 하나를 10의 구슬 열 개로 바꾸어 오게 한다. 그리고 교사는 유아에게 10의 구슬에서 1의 구슬 하나를 줄 수 있는지 묻는다.
7) 줄 수 없음을 확인하고 그러면 어떻게 할 수 있는지 다시 묻는다.

8) 은행에 가서 10의 구슬 하나를 1의 구슬 열 개로 바꾸어 오게 한다. 교사는 "네가 1의 구슬 하나를 가지고 갈 수 있겠니?"라고 묻고 1의 구슬 하나를 유아에게 준다.
9) "너에게 1을 주어서 선생님은 이 숫자가 아니야."라고 말하고 큰 수카드 1,000을 뒤집어 오른쪽에 놓는다.
10) 작은 수카드 1을 가지고 오게 하여 큰 수카드 1,000 밑에 놓는다.
11) 남은 구슬을 세어 작은 수카드와 확인하고 1카드의 밑에 놓는다.
12) 오른쪽에 뒤집어 놓은 1,000의 카드를 바로 놓고 부호표(-)를 놓는다.
13) 교사는 내림이 있는 뺄셈의 개념을 알려준다.
"뺄 수 없을 때는 바로 위 단위를 아래 단위로 바꾸어 온다."는 내림의 개념을 말한다.

제시 Ⅲ : 내림이 있는 뺄셈

1) 교사가 구슬과 큰 카드를 준비한다. 이때 교사는 내림을 할 수 있도록 수를 준비한다(4,211).
2) 유아에게 "네가 좋아하는 수를 작은 카드에서 찾아올래?" 하고 말한다.
3) 유아가 가지고 온 수 만큼의 구슬을 담아 보게 한다.
4) 이때 뺄 수가 없을 때는 어떻게 하는지를 묻고 유아가 내림의 교환놀이를 이해했는지 확인하다.
5) "선생님의 구슬에서 네가 가져갔으므로 선생님의 수카드는 다르단다."라고 말한 뒤 교사의 큰 수카드를 뒤집어 오른쪽 상단에 놓고 구슬은 왼쪽에 놓는다.
6) 유아의 작은 수카드는 큰 수카드 밑에 놓고 쟁반에 담긴 구슬은 유아의 뒤에 놓는다.
7) 왼쪽에 남아 있는 1의 구슬부터 세어 작은 수카드를 가지고 와서 수를 구성한다.
8) 뺄셈의 제시 방법은 12), 13)과 동일하다.

5. 흥미점 : 큰 수를 작은 수로 바꾼다.
6. 오류의 통제 : 구슬과 카드가 일치하지 않다.
7. 직접 목적 :
   1) 빼기의 개념 이해
   2) 십진법의 강화
   3) 교환이 있는 뺄셈 과정 이해

   간접 목적 : 수학적 사고력의 발달
8. 변형 및 확장 : 문제집을 보고 유아 스스로 할 수 있도록 한다.
9. 언어 :

   1~9,000까지의 수, 은행놀이 뺄셈, 큰 수카드, 작은 수카드, 남았다, 빼는 수, 바꾸어 온다
10. 비고 :
    1) 뺄셈 문제집은 초록색으로 준비한다.
    2) 항상 1의 자리부터 뺀다는 것을 인식시킨다.
    3) 교환이 있는 뺄셈의 경우 십진법의 체계를 재인식시킨다.
    4) 빼어지는 수와 남은 수의 개념이 빼기의 개념이므로 정확하게 인식시킨다.

우표놀이 - 뺄셈

1. 영　　역 : 십진법을 이용한 4칙연산
2. 연　　령 : 5.5세 이상, 덧셈, 곱셈을 연습한 유아
3. 교　　구 : 덧셈과 동일
4. 제시 방법 :

제시 Ⅰ : 뺄셈

1) 교구를 준비한다.
2) "선생님이 편지를 보내기 위해 우표를 가져왔는데 너무 많은 우표를 가지고 왔단다. 너희가 선생님이 필요한 수의 우표만 남기고 가지고 가 보겠니?"
3) 뺄셈 문제집의 문제를 읽고 종이에 적는다.

   예 :　5,365
   　　- 2,143

4) 5,365의 우표를 1의 자릿수부터 세어 놓고 10, 100, 1,000도 동일한 방법으로 진행한다.
5) 1의 우표 5에서 밑으로 하나씩 세어 3을 아래로 내려놓는다.
6) 10, 100, 1,000의 단위도 동일한 방법으로 한다.
7) 교사는 5,365에서 2,143을 빼고 남은 우표가 어디에 있는지 묻고 위에 있는 우표가 답인 것을 인식시킨다.
8) 1의 우표부터 세어 종이에 답을 적는다.
9) 문제집의 뒤에 적힌 답으로 틀림의 정정을 한다.

제시 Ⅱ : 내림이 있는 뺄셈

1) 내림이 있는 뺄셈 문제집의 문제를 읽고 종이에 적는다.

   예 :　3,752
   　　- 1,869

2) 3,752의 우표를 1의 자릿수부터 세어 놓고 10, 100, 1,000도 동일한 방법으로 진행한다.
3) 1의 우표 2에서 9를 어떻게 뺄 수 있는지 묻고 뺄 수 없으므로 10의 우표 하나를 1의 우표 왼쪽에 붙여 놓고 1의 우표 열 개를 가지고 와서 1의 자리에 붙여 놓는다.
4) 1의 우표 옆에 놓은 10의 우표를 10의 용기에 넣는다.
5) 동일한 방법으로 10, 100, 1,000의 우표를 뺀 다음 위에 남아 있는 우표를 1의 자리부터 세어 종이에 적는다.
6) 문제집의 뒤에 적힌 답으로 틀림의 정정을 한다.

5. 흥미점 :
   1) 빼고 남은 우표가 답이 된다.
   2) 같은 자릿수에서 뺄수 없을 경우에는 윗자리수와 교환한다.
6. 오류의 통제 : 우표와 답이 맞지 않다.
7. 직접 목적 :
   1) 빼기의 개념 이해
   2) 십진법의 강화
   3) 교환이 있는 뺄셈 과정 이해

   간접 목적 : 수학적 사고력 발달
8. 변형 및 확장 : 문제집을 보고 유아 스스로 할 수 있도록 한다.
9. 언어 : 1~9,000까지의 수, 뺀다, 남은 수
10. 비고 :
    1) 문제집 뒷면에 답을 적어 유아 스스로 틀림의 정정을 할 수 있도록 준비한다.
    2) 같은 자릿수에서 뺄 수 없을 경우에는 윗 자릿수와 교환해 가면서 답을 구한다.

색구슬틀 뺄셈

1. 영　　역 : 십진법을 이용한 4칙 연산
2. 연　　령 : 4.5세 이상, 덧셈과 곱셈을 연습한 유아
3. 교　　구 : 색구슬틀, 문제집, 문제지, 필기도구
4. 제시 방법 :

제시 Ⅰ : 뺄셈

1) 활동명을 알려주고 교구를 가져와 책상 위에 놓는다.
2) 문제집의 문제를 문제지에 기입한다. "5,964 - 2,532."
3) 1 자릿수부터 색구슬틀에 놓는다.
   10, 100, 1,000도 동일한 방법으로 진행한다.
4) "2,532"를 1의 자릿수 "2"부터 빼기 시작한다. "4에서 2를 뺍니다."라고 말하고 1자릿수의 2개의 구슬을 왼쪽으로 밀어 놓는다.
5) 동일한 방법으로 10, 100, 1,000자릿수도 한다.
6) 1의 자릿수에 남은 2개의 구슬을 왼쪽으로 약간 밀어내고 구슬을 하나씩 센다.
7) 1의 자릿수에 "2"이라고 기입한다.
   동일한 방법으로 10, 100, 1,000의 답을 적는다.
8) "5,964 - 2,532 = 3,432입니다."라고 말한다.
9) 유아에게 권한다.

제시 Ⅱ : 내림이 있는 뺄셈

1) 활동명을 알려주고 교구를 가져와 책상 위에 놓는다.
2) 문제집의 문제를 문제지에 기입한다. "5,234 - 2,586"
3) 먼저 5,234를 색구슬틀 위에 놓고 감수의 1자릿수 6을 뺀다. "4에서 6을 뺍니다. 1, 2, 3, 4."라고 말하면서 1자릿수의 구슬을 왼쪽으로 옮긴다. 이때 1 자릿수의 구슬이 더 이상 없으므로 교환을 행한다.

"1의 구슬이 없기 때문에 10자릿수의 구슬 1개와 1구슬 10개로 바꾸도록 하자." 하고 말하면서 "10자릿수의 구슬 1개를 왼쪽으로 옮겨 놓고 다시 1자릿수 구슬을 오른쪽으로 10개 옮긴 후 5, 6." 하고 말하면서 왼쪽으로 옮긴다.

4) 동일한 방법으로 10, 100, 1,000자릿수도 한다.
5) 남은 1자릿수의 구슬을 왼쪽으로 약간 밀어내고 구슬을 하나씩 센다.
6) 1의 자릿수에 "8"이라고 기입한다.
   동일한 방법으로 10, 100, 1,000의 답을 적는다.
7) "5,234 - 2,586 = 2,648이 됩니다."라고 말한다.

5. 흥미점 :
   1) 색구슬틀을 본다.
   2) 색구슬틀에서 구슬을 옮긴다.
   3) 단위마다 10이 되면 구슬의 색이 바뀌면서 손을 교차해서 구슬을 옮겨 놓는다.
6. 오류의 통제 : 색구슬틀의 구슬과 답이 맞지 않다.
7. 직접 목적 :
   1) 뺄셈의 개념 이해
   2) 십진법의 강화
   3) 교환이 있는 뺄셈과정 이해

   간접 목적 :
   1) 수학적 사고력의 발달
   2) 추상개념의 계산준비
8. 변형 및 확장 : 문제집을 보고 유아 스스로 할 수 있도록 한다.
9. 언어 : 1~9,000까지의 수, 바꾸어 온다
10. 비고 : 자릿수의 구슬이 없을 경우 교환이 필요할 때 오른손은 왼쪽에서 오른쪽으로 구슬을 옮기고 왼손은 오른쪽에서 왼쪽으로 구슬을 옮긴다. 이때 두 손을 동시에 사용하도록 지도한다. 빼어지는 수의 나머지 수를 잘 기억하도록 한다.

뺄셈판

1. 영역 : 기억과 추상에 의한 4칙 연산
2. 연령 : 5.5세 이상
3. 교구 : 뺄셈판(직사각형 나무판으로 가로 18줄, 세로 12줄의 칸이 있으며 1~9까지 파랑, 10~18까지 빨강의 숫자가 쓰여 있으며, 9과 10사이에 파란색으로 세로 줄이 그어져 있다)
   자가 담긴 상자
   * 파란색 자(1~9의 자로 오른쪽 끝에 각각의 수가 적혀 있다)
   * 빨간색 자(1~9의 자로 칸만 그어져 있다)
   갈색 자(1~17) 정정판, 문제집
   문제카드(1 - 1~18 - 9) 바구니, 필기도구

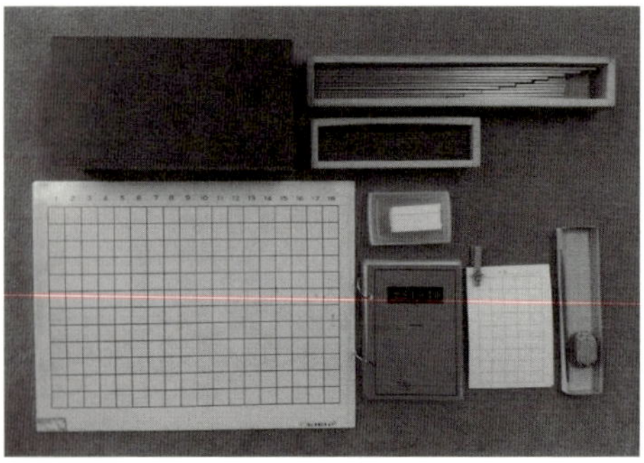

4. 제시 방법 :

1) 활동명을 알려준다.
2) "오늘은 선생님과 뺄셈판을 해보자."라고 말하고 교구장에 가서 교구를 가져와 책상에 놓는다.
3) 파란색 자는 뺄셈판의 왼쪽에 나열하고 빨간색 자는 오른쪽에 나열한다. 갈색 자를 하나씩 통에서 꺼내고 가장 긴 갈색 자를 위에서부터 나열한다.

교사는 "갈색자는 필요 없는 수를 가리는 것이야."라고 말한다.

4) '2의 통'에서 문제카드를 꺼내어 문제지에 적은 후 문제카드를 뒤집어 놓는다(2 - 1 =).
5) 갈색 자를 위에서부터 세어 2번째 갈색 자를 꺼내어 뺄셈판의 숫자 3부터 18까지를 덮는다.
6) 파란색 자 1을 집어 갈색자의 왼쪽 끝 2 아랫칸에 맞추어 1의 칸까지 덮는다.
7) 나머지 칸의 답에 빨간색 자 1을 집어 놓는다.
8) 교구를 정리한다.

5. 흥미점 :
   1) 자로 센다.
   2) 각 종류의 자의 역할과 차이점을 안다.
6. 오류의 통제 : 정정판, 갈색 자와 파란색 자를 뺀 수가 빨간색 자와 맞지 않다.
7. 직접 목적 :
   1) 18 이내의 구조와 조합의 기억
   2) 뺄셈의 개념 이해

   간접 목적 :
   1) 수학적 사고력의 발달
   2) 추상개념의 계산준비
   3) 큰 수 활동에 대한 준비
8. 변형 및 확장 :
   1) 두 수를 뺀 답이 0이되는 수를 만든다.
   2) 0을 뺀 수를 만든다.
9. 언어 : 뺄셈판 1, 1~17까지의 수, 갈색자, 필요없는 수, 덮는다
10. 비고 : 갈색자는 필요없는 수를 가리는 것이다.
    갈색자를 나열할 때 가장 긴 갈색자를 위에서부터 아래로 나

열한다.

예를 들면 12 - 8=을 뺄 경우 갈색자를 위에서부터 아래로 세어서 12번째 자를 꺼내어 숫자를 덮는다.

뺄셈의 암산판

1. 영역 : 기억과 추상에 의한 4칙 연산
2. 연령 : 5.5세 이상, 뺄셈판을 연습한 유아
3. 교구 : 암산판 1(1부터 18까지 뺄셈의 구성과 답이 전부 적혀 있다)
   암산판 2(암산판 1과 같으나 답이 적혀져 있지 않다)
   초록 상자에 90개의 답 카드(각각 0~9의 숫자)
   정정판
   문제지, 문제카드(1 - 1 ~ 18 - 9), 바구니, 필기도구

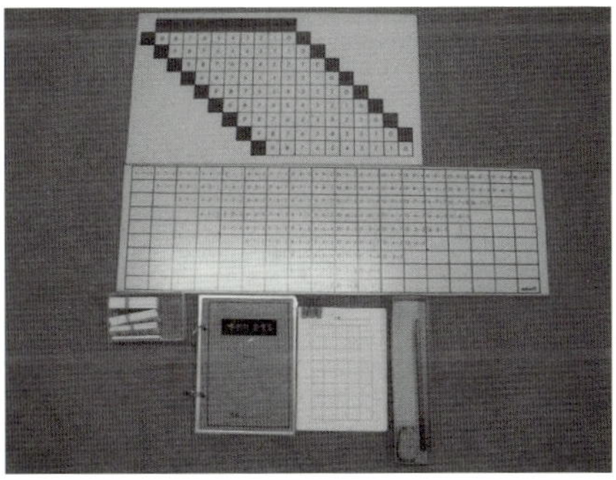

암산판 1

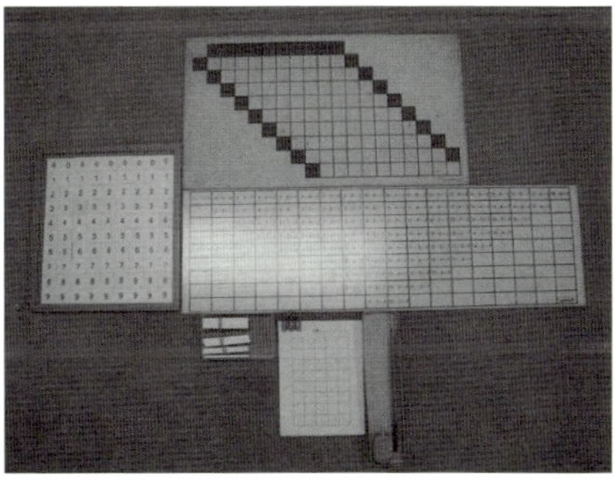

암산판 2

4. 제시 방법 :

제시 Ⅰ : 암산판 1

제시 ①

1) 활동명을 알려준다.
2) "오늘은 선생님과 뺄셈 암산판 1을 해보자."라고 말하고 교구장에 가서 교구를 가져와 책상에 놓는다.
3) 뺄셈 암산판을 소개한다.
4) 뺄셈 문제집을 펼치고 문제를 읽는다(2 - 1 =).

5) 오른손 검지로 빨간색의 숫자 2를 짚고 왼손으로 파란색 -1을 짚는다.
6) 오른손은 밑으로 내리고 왼손은 수평으로 움직여 만나는 곳 수 1이 답이 된다.
7) 답을 종이에 적는다.
8) 정정판으로 확인한다.

제시 ②

제시 ①의 1)~3)번까지는 동일한 방법으로 진행한다.

4) '2의 통'에서 문제카드를 꺼내어 읽고 문제지에 적은 후 문제카드를 뒤집어 놓는다(2 - 1 =).
5) 5)~8)까지 동일한 방법으로 진행한다.

제시 Ⅱ : 암산판 2

1) 암산판 2를 소개하고 1과 다른 점을 안다.
2) 뺄셈 암산판의 답 카드 뚜껑을 열고 놓는다.
3) '2의 통'에서 문제카드를 꺼내어 읽는다(2 - 1 =).
4) 암산판 1의 5)와 동일한 방법으로 만나는 곳 수 1이 답이 된다. 빈칸에 답카드를 올려놓는다.
5) 문제카드를 뒤집어 놓는다.
6) 동일한 방법으로 진행한다.
7) 정정판 1 또는 암산판으로 확인한다.

5. 흥미점 :
   1) 두 손이 만나는 곳이 답이 된다.
   2) 답카드의 배열 모양에 흥미를 가진다.
6. 오류의 통제 : 정정판 1, 정정판 2, 암산판 1

7. 직접 목적 :
   1) 기억에 의한 뺄셈의 암기 강화
   2) 두 수의 뺀 답이 9이내의 뺄셈의 구성

   간접 목적 :
   1) 수학적 사고력의 발달
   2) 추상개념의 계산준비
   3) 큰 수 활동에 대한 준비
8. 변형 및 확장 : 문제집을 보고 유아 스스로 할 수 있도록 한다.
9. 언어 : 1~100까지의 수, 뺄셈 암산판
10. 비고 : 뺄셈의 암산판 뒷면에 1, 2의 번호를 적어놓는다.

4) 부분과 전체

전체가 여러 개의 부분으로 나누어질 수 있고 다시 모여서 하나의 전체가 될 수 있다는 개념이다.

일상생활에서 자연스럽게 상황을 이용하여 전체나 부분에 대한 개념을 지도할 수 있다.

한 개의 큰 물체를 부분으로 나누어 보는 활동을 제공하여 분수에 대한 기초개념을 형성하도록 한다.

- 피자조각, 사과조각
- 1.5L 주스를 여러 잔으로 나누기
- 퍼즐조각 그림

부분과 전체에 대한 이해는 더하기와 곱하기, 빼기와 나누기, 분수개념을 이해하고 수학 개념의 기초를 다질 수 있다.

부분과 전체의 관계는 특정한 수를 여러 개의 조합으로 다양하게 탐색하는 경험을 통해 발달한다.

3, 4, 5세 유아 모두 비형식적 더하기, 빼기 능력을 가지고 있으며 이것은 수의 조작과 관련된 개념이 된다. 부분과 전체에 대한 개념은 자릿값, 수 조작, 분수의 이해에 핵심이 된다. 유아들은 분수를 이해할 수 있기 전에 하나의 전체가 여러 개의 부분들로 나누어질 수 있음을 알아야 하고, 그 양은 동일하게 보존되며, 동일한 크기로 나누어지는 부분들의 수가 증가함에 따라서 같아진다는 점을 이해하여야 한다(Burton, 1985).

4~5세 유아들은 구체물이나 사건을 포함하는 간단한 더하기, 빼기 문제를 이해하며, 2~3세 유아도 문제 해결 시에 '더 많은', '더 적은'의 의미 이해와 수 세기를 이용하여 문제 해결의 시도를 한다고 밝히고 있다(Gelman & Gallistel, 1986; Hughes, 1983; Moser & Carpenter, 1982; Siegler & Robinson, 1982).

수의 부분과 전체지도 방법
- 일상생활에서 부분과 전체와 관련된 어휘를 사용하여 상호작용한다.
- 더하기, 빼기, 곱하기, 나누기, 분수의 기초가 되는 부분과 전체 경험을 한다.

수의 부분과 전체개념은 고도의 인지능력을 포함하므로 물체를 여러 가지 방법으로 나누어 보는 기회를 제공함으로써 부분과 전체의 관계 속에서 더하기와 빼기 개념을 습득하게 하는 것이 좋다.

뭐가 들었지?(박은영 | 비룡소)

1) 동화를 들려준다. 2) 동화내용을 회상한다.

이야기 나누기 talk

- 얼룩 얼룩 줄무늬는 어떤 동물일까요?(얼룩말)
- 삐죽 삐죽 긴 발톱은 누구일까요?(사자)
- "친구들은 긴 발톱을 만져본 적 있나요?", "어떤 느낌이었나요?"
- 번쩍 번쩍 빛나는 눈은 누구일까요?(부엉이)
- 살랑 살랑 긴 꼬리는 누구일까요?(악어)
- "고양이"
- 고양이의 특징에 대해 이야기 나눈다.

배고픈 개미 100마리가 발발발(엘리노어 핀체스, 보니맥케인 | 보물상자)

1) 동화를 들려준다. 2) 동화내용을 회상한다.

이야기 나누기 talk

- 배고픈 개미 몇 마리가 소풍을 가니?
  -100마리

• 작은 개미가 배고픈 개미에게 뭐라고 말했니?
  – 우린 지금 너무나 더디 가고 있어, 서두르지 않으면 먹을 게 줄어들 거야.
• 배고픈 개미들이 어떻게 했니? 50마리씩 똑같이 나누면 몇 줄이 될까?
  – 50마리씩 두 줄
• 작은 개미가 배고픈 개미에게 뭐라고 말했니?
  – 우린 지금 너무나 더디 가고 있어. 서두르지 않으면 먹을 게 줄어들거야.
• 25마리씩 똑같이 나누면 몇 줄이 될까?
  – 25마리씩 네 줄
• 작은 개미가 배고픈 개미에게 뭐라고 말했니?
  – 우린 지금 너무나 더디 가고 있어, 서두르지 않으면 먹을 게 줄어들 거야.
• 작은 개미가 배고픈 개미에게 뭐라고 말했니?
  – 우리는 너무 더디 기어왔어. 먹을 게 하나도 남지 않았네. 너희들이 줄을 맞추느라 너무 꾸물거려서 그래.

펭귄 365(장-뤽 프로망탈, 조엘 졸리베 | 보림)

1) 동화를 들려준다. 2) 동화내용을 회상한다.

이야기 나누기 talk

• 새해 첫날 집배원 아저씨가 무엇을 주었니?
  – 펭귄 한 마리 상자를 아무리 살펴보아도 선물을 보낸 이름이 없었지만 쪽지에 '저는 펭귄 1호입니다, 끼니 때가 되면 먹이를 주세요.' 라고 적혀 있었어요.
• 다음 날 아침 딩동-어떤 일이 일어났니?
  – 상자에는 이름도 주소도 아무것도 없었지만 쪽지에는 '저는 펭귄 2

호입니다. 저를 보살펴 주세요.'라고 적혀 있었어요.

- 그 다음 날 아침 - 어떤 일이 일어났니?
  – 쪽지에는 '춥지 않게 잘 보살펴 주세요. 그리고 일요일에는 펭귄 7호가 도착했어요.'
- 모두 몇 마리의 펭귄이 도착했니?
- 그래서 월요일 점심 우리 가족은 무엇을 했니?
  – 이름을 지어 주었어요.
- 1월 마지막 날 펭귄이 몇 마리가 되었니?
  – 31마리
- 2월까지 몇 마리 펭귄이 왔니?
  – 31 + 28 = 59
- 하루 뒤에는 몇 마리가 되었니?
  – 60마리
- 이렇게 많은 펭귄을 어떻게 하죠?
- 엄마는 무엇라고 말했니?
  – '사람들한테 나누어 줍시다.'
- 아빠는 정리를 해서 4 × 15 = 60
  바로 그때 딩동 + 1
- 3월 말까지는 몇 마리 펭귄이니?
  – 90마리
- 4월 10일까지 펭귄 몇 마리가 되었니?
  – 100마리
- 4월 말까지는 몇 마리 펭귄이니? 90 + 30 = 120마리
- 세 자리 숫자가 넘어 가니까 골칫거리가 늘어났어요.
  1) 펭귄 먹이주기
     펭귄 한 마리가 하루 생선 2.5kg
     2.5kg × 100마리 = 250kg
     1kg에 3,000원

250kg × 3,000원 = 750,000원

2) 펭귄 보살피기

100마리도 넘게 북적대는 펭귄을 보니 어떤 마음이 들었니?

– 싫어졌어요.

– 지긋지긋해졌어요.

3) 펭귄 쌓기

12마리씩 12상자

1-12, 13-24, 25-36, 37-48, 49-60, 61-72, 73-84, 85-96, 97-108, 109-120, 121-132, 133-144

5월 24일에는 144마리

5월 말까지는 몇 마리 펭귄이니? 120 + 31 = 151마리

6월 말까지는 몇 마리 펭귄이니? 150 + 30 = 181마리

7월 말까지는 몇 마리 펭귄이니? 181 + 31 = 212마리

8월 말까지는 몇 마리 펭귄이니? 212 + 31 = 243마리

9월 말까지는 몇 마리 펭귄이니? 243 + 30 = 273마리

10월 말까지는 몇 마리 펭귄이니? 273 + 31 = 304마리

11월 말까지는 몇 마리 펭귄이니? 304 + 30 = 334마리

12월 말까지는 몇 마리 펭귄이니? 334 + 31 = 365마리

여름이 되자

a) 더위

더위를 처음 만난 펭귄들은 기분이 어땠을까?

– 기온이 올라 짜증내기 시작했어요.

b) 소음

펭귄 180마리가 소리를 질러 시끄러웠어요.

c) 냄새

참을 수 없어요. 가족들 모두 어떻게 되었니?

8월 4일 아빠가 새로운 정리법을 찾아냈어요.

- 어떻게 되었니? 무너졌어요.
- 펭귄 217호 → 저를 쓰레기통에 버리지 마세요.
- 가족들은 어떤 생각을 해냈니?
  –펭귄처럼 살고 꿈꾸고 마침내 펭귄이 되어버렸어요.
- 한해의 마지막 12월 31일 펭귄 365마리
- 딩동 → 생태학자 사람들이 왔어요.
- 삼촌은 생태 지구가 점점 더워지고 있어 남극의 빙하가 녹고 있지.
- 그래서 펭귄을 살리려면 북극으로 이사를 시키는 수밖에 없어.
- 그런데 보호동물은 다른 곳으로 보내지 못하는 국제 규정이 있어.
- 그래서 1년 동안 하루에 한 마리씩 보내기로 했어.
- 하루는 수컷, 다음 날은 암컷 모두 182쌍 364마리가 되지.
- 여기서 한 마리 더하면 365마리
- 다음 날 삼촌은 펭귄을 모두 싣고 북극으로 떠났어요.
- 단, 한 마리만 남겨두고, 우리 집은 어떻게 되었니? 조용해졌어요.
- 그런데 다음 날 아침 9시 딩동

누구 그림자일까?(최숙희 | 보림)

1) 동화를 들려준다. 2) 동화내용을 회상한다.

이야기 나누기 talk

- 누구의 그림자일까? 우산? 박쥐
- 누구의 그림자일까? 안경? 꽃뱀
- 누구의 그림자일까? 장화? 불독
- 누구의 그림자일까? 털모자? 곰과 고슴도치
- 누구의 그림자일까? 꽃병? 문어와 불가사리
- 누구의 그림자일까? 부채? 공작

- 누구의 그림자일까? 물고기, 달팽이, 사과, 사자 등등
- 이 동화책을 보고 어떤 것을 느꼈나요?
- 무엇의 그림자일까요?
- 한 가지의 모습을 보고 무엇인지 어떻게 알 수 있었나요?
- 너희들이 생각했던 그림자의 모습이 같았어요.

누굴까, 누굴까(피에르 마리빌라 | 베틀북)

1) 동화를 들려준다. 2) 동화내용을 회상한다.

이야기 나누기 talk

- 이야기 속에서 누가 나왔나요?
- 이 부분은 동물의 어떤 부분일까?
- 동물의 부분 사진을 보면서 어떤 동물인지 알아맞혀 볼까요.

몸통(비늘) 물고기 → 피부(뱀) → 피부무늬(표범)

줄무늬(얼룩말) → 꼬마신사(머리카락)

색물 옮겨붓기

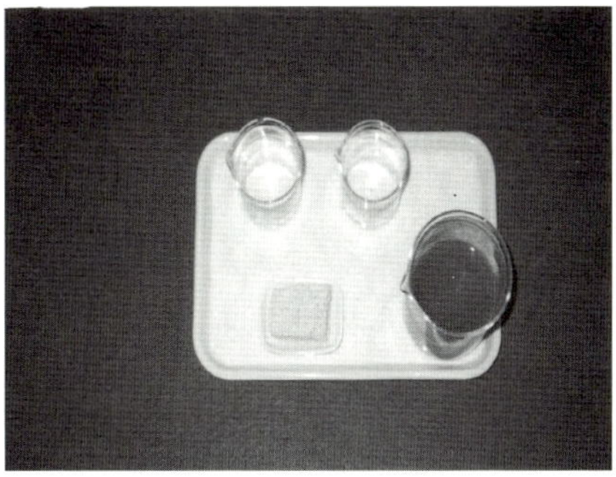

1. 대상 연령 : 2.5세 이상
2. 선행 학습 : 마른 것 붓기와 색 물 붓기 활동
3. 교　　구 : 큰 비이커 1개, 작은 비이커 2개, 스펀지, 색물, 쟁반
4. 제시 방법 :

1) "선생님과 함께 색물 옮겨붓기를 해 보자."
"여기에 비이커가 몇 개 있니?"
2) "큰 비이커에 있는 색물을 작은 비이커에 똑같이 나누어 볼래?"
큰 비이커의 색물을 동일한 2개의 비이커의 선까지 천천히 조절하면서 옮겨 붓는다.
3) 큰 비이커 입구를 스펀지로 닦고 제자리에 놓는다.
4) "작은 비이커에 있는 색물을 큰 비이커에 옮겨 부어 볼래?"
동일한 방법으로 2개의 비이커의 색물을 큰 비이커에 옮겨 붓는다.
5) 비이커 입구를 스펀지로 닦고 제자리에 놓는다.
6) 유아에게 권유한다.

5. 흥미점 :
1) 물의 색깔, 용기의 모양에 흥미를 가진다.

2) 물을 따를 때 나는 소리를 듣는다.

3) 선에 맞추어 붓는다.

4) 마지막 한 방울까지 붓는다.

6. 오류의 통제 :

1) 물을 쟁반에 흘리거나 엎지른다.

2) 물이 남아 있는 채로 다른 용기에 옮긴다.

3) 물이 선에 맞지 않는다.

7. 직접 목적 :

1) 물 따르는 법을 배운다.

2) 비표준화 방법을 통해 나누기 개념을 이해한다.

간접 목적 :

1) 질서감, 독립심, 협응력, 집중력

2) 질량 보존의 개념, 분배의 개념

3) 쓰기와 읽기의 준비

8. 변형 및 응용 :

1) 용기의 종류와 크기가 다양한 것을 경험한다(처음에는 손잡이가 있는 것, 크기가 큰 것에서 점차 복잡한 것, 붓기가 까다로운 것으로 제공한다).

2) 용기의 크기와 형태는 달라도 양은 일정하다(질량 보존의 개념)

3) 분배의 개념(큰 비이커 → 작은 비이커)을 안다.

4) 다양한 도구로 옮겨 붓기를 경험한다(깔대기, 스포이드 등).

9. 언어 : 색물, 돌린다, 잡는다, 큰 비이커, 작은 비이커, 똑같이 나눈다.

10. 비고 :

1) 큰 비이커와 작은 비이커에 얇은 흰 테이프를 붙인다.

2) 2개의 작은 비이커에 들어 있는 색 물의 양은 큰 비이커에 있는 흰 테이프 선의 양과 같아야 한다.

3) 스펀지는 물에 적셔 꼭 짜서 준비한다.

은행놀이 - 나눗셈

1. 영　　역 : 십진법을 이용한 4칙 연산
2. 연　　령 : 5세 이상, 덧셈, 뺄셈, 곱셈을 연습한 유아
3. 교　　구 : 뺄셈과 동일
4. 제시 방법 :

제시 Ⅰ : 내림이 없고 나머지가 없는 나눗셈

1) 활동명을 알려준다.
2) "오늘은 선생님과 나눗셈을 해 보자."라고 말한다.
3) 교사가 내림이 없고 나머지가 없는 수의 구슬과 큰 수카드를 가지고 온다(예 : 6,963).
4) 매트에 구슬과 카드를 일치시키고 카드로 수를 구성한다.
5) 세 명의 유아에게 쟁반을 각각 주고 "선생님이 가지고 있는 구슬을 너희들에게 똑같이 나누어 줄게."라고 말한다. "가장 큰 구슬은 어떤 구슬이니?", "나눌 때는 가장 큰 구슬부터 나누어 준다." 1,000의 구슬부터 세 명에게 각각 하나씩 나누어 준다.
   나누어 준 뒤 "너희들에게 1,000의 구슬을 어떻게 나누어 주었니?" 하고 물어 똑같이 나누어 주었음을 인식시킨다.
6) 다시 100, 10, 1의 구슬 순서로 나누어 주면서 매번 "영희 하나, 철이 하나, 순희 하나"를 되풀이 하면서 똑같이 나누어 준다는 것을 인식시킨다.
7) 교사는 "선생님의 구슬이 하나도 없네."라고 말한 뒤 카드를 뒤집어 오른쪽에 놓는다.
8) 유아에게 각자의 쟁반에 담긴 구슬의 숫자만큼 작은 수카드를 가지고 오게 하여 작은 수를 구성 한 뒤 큰 수카드의 밑에 놓고 구슬이 담긴 쟁반은 유아 뒤에 놓게 한다.
9) 세 명의 유아가 만든 카드를 보고 왜 카드의 숫자가 똑같은지 묻는다.

10) 교사는 나눗셈 개념을 설명한다.
"선생님의 수 6,963(오른쪽의 카드를 바로 놓고)을 너희들에게 똑같이 2,321씩 나누어 주었어. 어떤 수를 똑같이 나누어 주는 것이 나눗셈이다. 나눗셈은 항상 큰 구슬부터 나누어 준단다. 그리고 한 사람이 가진 것이 답이야."라고 말한다.

11) 부호표(÷)를 소개하고 함께 읽는다(6,963 ÷ 3 = 2,321).

제시 Ⅱ : 내림이 있고 나머지가 없는 나눗셈

1) 교사는 내림이 있고 나머지가 없는 수의 구슬과 큰 수카드를 가지고 온다(예 : 4,941).
2) 세 명의 유아에게 1,000의 구슬을 하나씩 나누어주고 남은 1,000의 구슬을 어떻게 나눌 수 있는지 묻고 은행에 가서 1,000의 구슬을 100의 구슬로 바꾸어 오게 한다. 바꾸어 온 100의 구슬 열 개는 100의 구슬에 놓는다.
3) 다시 100의 구슬 19개를 세 명의 유아에게 하나씩 6번 나누어 주고 남은 100의 구슬을 은행에 가서 10의 구슬 열 개로 바꾸어 오게 한다.
4) 동일한 방법으로 10, 1의 구슬을 나누어 준 뒤 각 유아들에게 자기의 구슬만큼 작은 카드를 가지고 오게 하여 작은 수를 구성한다.
5) 내림이 있는 나눗셈을 정의한다.
"나눌 수 없을 때에는 아래 단위로 바꾸어 와서 나눈다."라고 말한다.
6) 부호표(÷)를 놓고 읽는다.

제시 Ⅲ : 내림이 있고 나머지가 있는 나눗셈

1) 교사가 내림이 있고 나머지가 있는 수의 구슬과 큰 수카드를 가지고 온다(예 : 3,745).
2) 동일한 방법으로 1,000, 100, 10, 1의 구슬을 똑같이 나누어 주고 남은 1 구슬을 가리키며 "이제는 더 이상 나누어 줄 수가 없구나."라고 말하고

남은 1을 "나머지."라고 말한다.

3) 부호표를 사용하여 놓고 읽는다(3,745 ÷ 3 = 1,248 … 1).

5. 흥미점 : 똑같이 나눈다.
6. 오류의 통제 : 구슬과 카드가 일치하지 않다.
7. 직접 목적 :
   1) 나눗셈의 개념 이해
   2) 십진법의 강화
   3) 교환이 있는 나눗셈 과정 이해

   간접 목적 : 수학적 사고력의 발달
8. 변형 및 확장 : 문제집을 보고 유아 스스로 할 수 있도록 한다.
9. 언어 : 피제수 ÷ 제수 = 몫 … 나머지
10. 비고 :
    1) 나눗셈은 "어떤 수를 똑같이 나눈다는 것으로 큰 수부터 나눈다." 라는 것을 정확히 알려준다.
    2) 나눗셈의 문제집은 파란색으로 준비한다.
    3) 나눗셈은 빼기를 한 후 제시한다.
    4) 나누어지는 수, 나누는 수, 나누어진 수, 나머지 개념을 정확하게 인식시킨다.

우표놀이 - 나눗셈

1. 영역 : 십진법을 이용한 4칙 연산
2. 연령 : 5.5세 이상, 은행놀이 나눗셈을 연습한 유아
3. 교구 : 덧셈과 동일, 난쟁이와 4개의 빈 용기

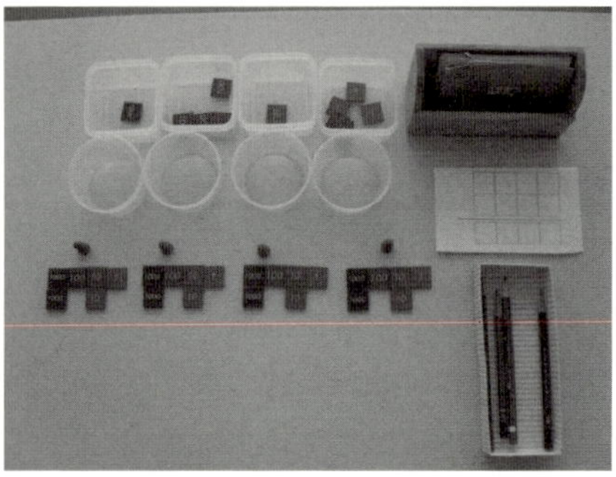

4. 제시 방법 :

제시 Ⅰ : 내림이 없는 나눗셈

1) 활동명을 알려준다.
2) "오늘은 선생님과 우표놀이 나눗셈을 해 보자."라고 말하고 교구를 준비한다.
3) 문제집의 문제를 읽고 종이에 적는다.

   예 : 8,484
   ÷4

4) 나누기의 개념을 질문한다.
   "나누기는 어떻게 하는 것이니?", "어떤 수부터 나눌까?", "몇 명에게 나누어 주니?"
5) 4개의 빈 용기에 단위의 우표를 각각 넣는다. "8,484."

6) 초록색 난장이를 소개한다.
"난쟁이는 사람이며 여기서는 네 명에게 똑같이 나누어 주어야 하니까 난쟁이가 4명 필요하네."라고 말하고 네 개를 간격을 두어 가로로 세워 놓는다.
7) 1,000의 우표 용기에서 하나씩 각 난쟁이 밑에 놓고 100의 우표도 동일한 방법으로 하나씩 1,000의 우표 오른쪽에 놓는다. 동일한 방법으로 10, 1의 우표도 나누어 놓는다.
8) 답이 무엇인지 묻고 난쟁이 한 명이 가진 우표가 답인 것을 재인식시킨다.
9) 종이에 답을 적고 문제 뒤에 적힌 답으로 틀림의 정정을 한다.

제시 Ⅱ : 내림이 있고 나머지가 없는 나눗셈

1) 문제집의 문제를 읽고 종이에 적는다.

예 : 4,962
÷3

4개의 빈 용기에 단위의 우표를 각각 넣는다. "4,962."
2) 난쟁이 세 명을 세워 놓고 1,000의 우표를 하나씩 나누어 놓는다.
3) 남은 1,000의 우표를 어떻게 똑같이 나누어 줄 수 있는지 묻고 1,000의 우표 하나를 100의 우표 열 개로 바꾸어 와서 100의 우표를 용기에 담는다.
4) 100, 10, 1의 우표 순서도 동일한 방법으로 진행한다.
5) 종이에 답을 적고 문제집 뒤에 적힌 답으로 틀림의 정정을 한다.

제시 Ⅲ : 내림이 있고 나머지가 있는 나눗셈

1) 문제집의 문제를 읽고 종이에 적는다.

예 : 4,967
÷3

2) 동일한 방법으로 나눈다.
3) 남은 1의 우표 2개는 왜 못 나누어 주는지?, 남은 것을 무엇이라고 하는지 묻는다.
4) 종이에 답을 적고 문제집 뒤에 적힌 답으로 틀림의 정정을 한다.

5. 흥미점 :
   1) 초록 난장이를 본다.
   2) 똑같이 나누어 준다.
6. 오류의 통제 : 우표와 답이 맞지 않다.
7. 직접 목적 :
   1) 나눗셈의 개념 이해
   2) 십진법의 강화
   3) 교환이 있는 나눗셈 과정 이해
   간접 목적 : 수학적 사고력의 발달
8. 변형 및 확장 : 문제집을 보고 유아 스스로 할 수 있도록 한다.
9. 언어 : 우표놀이 나눗셈, 초록색 난쟁이, 똑같이 나눈다. 1~1,000의 수
10. 비고 :
   1) 나누어지는 수의 우표는 4개 용기에 넣는다. 나누는 수는 난장이를 사용하고 똑같이 나눈다는 것을 강조한다.
   2) 나눗셈은 반드시 큰 자릿수부터 나누어간다.
   3) 나눗셈의 문제집을 나눗셈 1, 내림이 있고 나머지가 없는 나눗셈, 내림이 있고 나머지가 있는 나눗셈으로 준비한다.

나눗셈판

1. 영역 : 기억과 추상에 의한 4칙 연산
2. 연령 : 5.5세 이상, 우표놀이 나눗셈을 연습한 유아
3. 교구 : 나눗셈판, 초록 핀 9개, 초록색 구슬 81개, 정정판(암산판), 문제카드(÷1, ÷2) 문제지, 필기도구, 용기

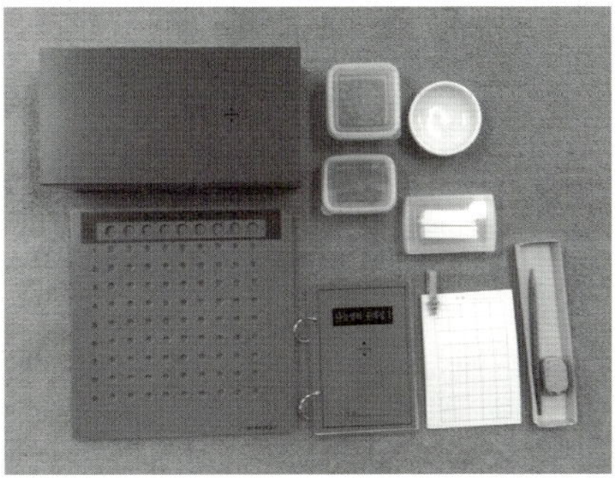

4. 제시 방법 :

1) 활동명을 알려준다.
2) "오늘은 선생님과 나눗셈판을 해 보자."라고 말하고 교구장에 가서 교구를 가져와 책상에 놓는다.
3) 나눗셈판을 소개한다.
4) 초록색 핀을 꺼내어 어디에서 보았는지 묻는다(우표놀이).
5) '÷2의 통'에서 문제카드를 꺼내어 읽고 문제지에 적은 후 문제카드를 뒤집어 놓는다(4 ÷ 2 =).
6) 초록색 구슬을 세어 빈 용기에 담는다.
7) 4를 몇 명의 사람에게 나누어 주어야 하는지 묻고 초록색 핀 2개를 상단의 초록색 숫자 2까지 놓는다.
8) 용기에 담긴 초록색 구슬을 각 핀 밑의 구멍에 하나씩 놓는다. 두 명에게

똑같이 나누어 준다.

9) 구슬을 몇 개씩 가졌는지 묻고 답을 종이에 적는다.

10) 정정판을 보고 정정을 한다(정정판을 보는 방법은 오른손 검지는 상단의 수 4를 짚고 왼손 검지는 왼쪽의 수 2를 짚고 오른손은 수직으로 왼손은 수평으로 움직여 만나는 곳의 수 2가 답이 된다).

11) 동일한 방법으로 활동한다.

12) 교구를 정리한다.

5. 흥미점 : 초록 난장이에게 똑같이 나누어 준다.
6. 오류의 통제 : 정정판, 초록 난장이 한 사람이 가진 수와 답이 맞지 않다.
7. 직접 목적 :
   1) 나눗셈 구성에 대한 이해
   2) 나눗셈의 개념 이해

   간접 목적 :
   1) 수학적 사고력의 발달
   2) 추상개념의 계산준비
   3) 큰 수 활동에 대한 준비
8. 변형 및 확장 : 문제집을 보고 나눗셈을 한다.
9. 언어 : 1~100까지의 수, 나눗셈 판, 나눈다.
10. 비고 : 정정판의 상단 오른쪽 수 1, 2, 3, 5, 7에는 흰색이 칠해져 있다. 이는 자기 자신과 1로만 나누어지기 때문이다.

나눗셈의 암산판

1. 영역 : 기억과 추상에 의한 4칙 연산
2. 연령 : 5.5세 이상, 나눗셈판을 연습한 유아
3. 교구 : 나눗셈의 암산판 1, 2
   파란 상자의 81개 답 카드(각각 1~9의 숫자 9개)
   문제지
   문제집, 문제카드와 답카드
   바구니, 필기도구

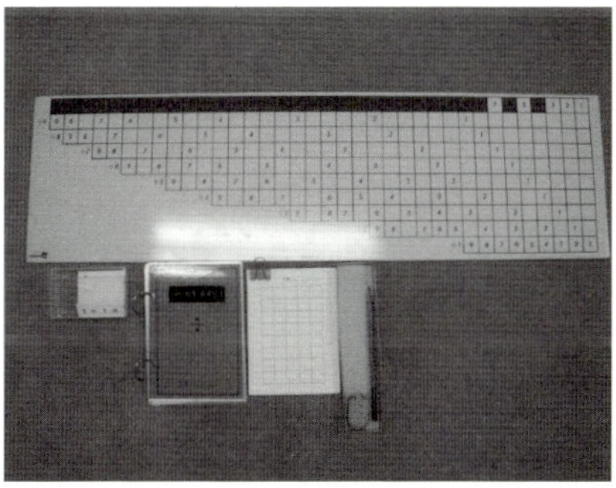

암산판 1

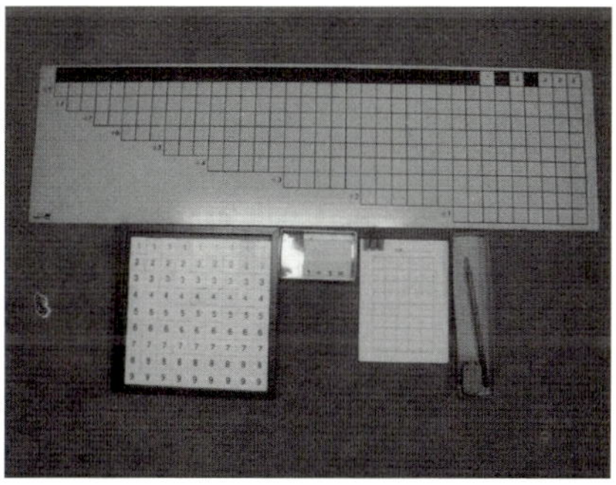

암산판 2

4. 제시 방법 :

제시 Ⅰ : 암산판 1–정정판

제시 ①

1) 활동명을 알려준다.
2) "오늘은 선생님과 나눗셈 암산판 1을 해보자."라고 말하고 교구장에 가서 교구를 가져와 책상에 놓는다.
3) 나눗셈 암산판을 소개한다.
4) 나눗셈 문제집을 펼치고 문제를 읽는다(1 ÷ 1 =).

5) 오른손 검지로 상단의 수(피제수) 1를 짚고, 왼손 검지로 왼쪽의 숫자(제수) ÷1을 짚어 오른손은 수직으로 내리고 왼손은 수평으로 움직여서 만나는 곳을 찾는다.
6) 만나는 곳 수 1이 답이 된다.
7) 답을 종이에 적는다.

제시 ②

제시 ①의 1)~3)번가지 동일한 방법으로 진행한다.
4) 암산판 1의 5)~7)번까지 동일한 방법으로 진행한다.

제시 Ⅱ : 암산판 2

1) 암산판 2를 소개하고 1과 다른 점을 안다.
2) 나눗셈 암산판의 답카드를 열고 놓는다.
3) '÷1 통'에서 문제카드를 꺼내어 읽는다.
4) 오른손 검지로 상단의 수(피제수) 1을 짚고, 왼손 검지로 왼쪽의 숫자(제수) ÷1을 짚어 수직, 수평으로 움직여서 만나는 곳을 찾는다. 답 카드에서 1을 찾아 암산판 위에 올려놓는다.
5) 문제카드를 뒤집어 놓는다.
6) 동일한 방법으로 진행한다.
7) 암산판 1로 정정한다.

5. 흥미점 :
   1) 두 손이 만나는 곳이 답이 된다.
   2) 똑같은 답카드를 본다.
6. 오류의 통제 : 암산판 1
7. 직접 목적 : 나눗셈의 구성에 대한 이해

간접 목적 :

1) 수학적 사고력의 발달

2) 최대 공약수, 최소 공배수의 이해

3) 분수에 대한 준비

8. 변형 및 확장 : 문제집을 보고 유아 스스로 할 수 있게 한다.
9. 언어 : 나눗셈 암산판, 1~100까지의 수
10. 비고 :

1) 나눗셈 암산판의 뒷면에 1, 2 번호를 기록한다.

2) 나눗셈 문제집 혹은 문제종이는 파란색을 사용한다.

분수봉

1. 영역 : 분수 개념
2. 연령 : 4.5세 이상, 나눗셈의 암산판을 연습한 유아
3. 교구 : 분수봉(1, 1/2, 1/3, 1/4)

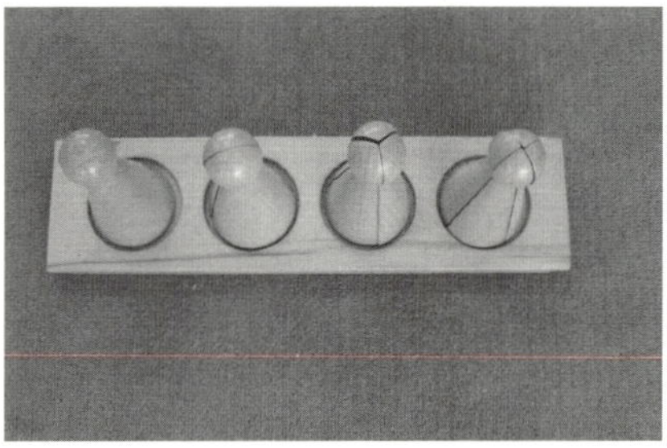

4. 제시 방법 :

1) 교구를 보여주고 탐색하며 이야기 나눈다.
   "무엇인 것 같니? 어떻게 생겼니? 오늘 선생님은 너희들에게 분수봉 가족을 소개해 주려고 한단다. 너희들의 가족은 몇 명이니? 너희들의 가족 수가 다 다르듯이 이 분수봉도 가족 수가 다르단다. 몇 명으로 된 가족인지 알아보자."
2) "이것은 모두 가족이다."이라고 소개하고 몇 명의 가족이 있는지 묻는다.
3) "1의 가족은 몇 명이 있니? 2의 가족은 몇 명이 있니? 3의 가족은 3명이므로 3, 4의 가족은 4명이므로 4입니다."
4) 각 가족들의 이름을 알아본다.
   1의 가족은 한 명이므로 "1"이라고 말하고 1의 봉을 만진다.
5) 2의 가족은 두 명이며 "이것은 2의 가족 중의 한 명이며 이름이 1/2 이란다." 하고 말하고 봉을 하나씩 만진다.
   동일한 방법으로 3의 가족, 4의 가족을 소개한다.

6) 3단계 학습으로 질문한다.
 "1/2은 어디 있니?", "이것은?"
7) 동일한 방법으로 1/4까지의 명칭과 기호를 안다.
8) 정리한다.

5. 흥미점 :
 1) 분수봉으로 가족의 수로 나타낸다.
 2) 분수봉이 나누어진다.
6. 오류의 통제 : 분수봉
7. 직접 목적 :
 1) 분수의 구성과 개념이해
 2) 등가의 개념
 간접 목적 : 수학적 사고력의 발달
8. 변형 및 확장 : 색지에 분수봉 밑면을 그리고 오린다.
9. 언어 : 분수봉, 1, 2, 3, 4의 수, 1/2, 1/3, 1/4
10. 비고 : 분수는 1보다 작은 수라는 것을 안다.

분수판

1. 영역 : 분수 개념
2. 연령 : 6.5세 이상, 분수봉과 나눗셈을 연습한 유아
3. 교구 : 분수 원의 틀(초록 사각틀에 꼭지가 달린(지름10cm, 1~1/10) 빨강원이 10cm로 1~1/10까지 등분되어 있다)
   분수기호가 적인 10개의 봉투

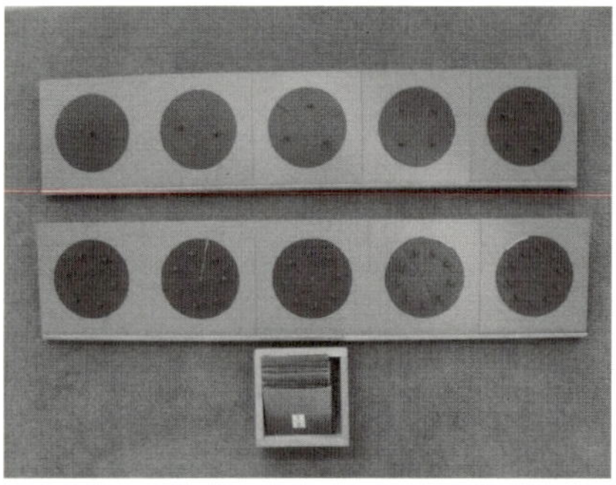

4. 제시 방법 :

제시 I

1) "오늘 우리 교실에 찾아온 가족이 있어. 어떤 가족일까?"라고 말하고 교구가 있는 곳으로 간다.
2) 교구를 제시한다.
   "어떻게 생긴 가족 같니?"

* **명칭(분수 읽기)과 기호를 안다**

3) 분수판을 나란히 붙여놓고 동그라미를 가리키며 "이것은 모두 가족이다." 라고 소개하고 "이 가족의 이름은 분수가족이란다.", "각 가족에는 몇 명이 살고 있는지 알아보자."라고 말한다.

4) 1의 원을 가리키면서 매트 위에 놓고 "이것은 1의 가족입니다." 2의 원을 가리키며 "이것은 2의 가족입니다."와 같이 동일한 방법으로 10의 가족까지 소개한다.

제시 Ⅱ

1) 각각의 가족은 몇 명의 구성원으로 되어 있는지 물어본다.
   1의 가족은 한 명, 2의 가족은 두 명과 같이 각 가족 철판의 손잡이를 세어 각 가족의 구성원 수를 알아본다.
2) 각 가족들의 이름을 알아본다. 1의 가족은 한 명이므로 "1"이라고 말하고 1의 숫자 카드를 1의 철판 위에 놓는다.
3) 2의 가족은 두 명, 하나씩 가리키면서 "이것은 2의 가족 중의 한 명이다." 하고 말하고 1/2 숫자 카드를 하나씩 철판 위에 놓는다.
   밑의 수(분모)는 가족의 성이고 위의 수(분자)는 이름을 말한다.
4) 3단계 학습으로 질문한다. "1/2은 어디 있니?", "이것은?"
5) 동일한 방법으로 1/10까지의 명칭과 기호를 안다.
6) 등가개념 1을 안다.
   1의 동그라미를 꺼내 놓고 1의 철판을 옆에 놓는다.
   1의 판 안에 1/2를 두 개 놓고 1과 같음을 안다.
   다시 1/3을 세 개 놓고 1과 같음을 안다.
   1/2 + 1/2 = 1, 1/3 + 1/3 + 1/3 = 1로 1/10이 열 개면 1이 됨을 안다(1, 2분의1, 3분의1, 4분의1, 5분의 1……).
7) 등가 개념 1/2, 1/3, 1/4, 1/5를 안다.
   1/2 = 1/4 + 1/4, 1/6 + 1/6 + 1/6, 1/8 + 1/8 + 1/8 + 1/8, 1/10 + 1/10 + 1/10 + 1/10 + 1/10
   1/3 = 1/6 + 1/6, 1/9 + 1/9 + 1/9
   1/4 = 1/8 + 1/8
   1/5 = 1/10 + 1/10

8) 기호와 분수판을 일치시킨다(예: ⅔카드 옆에 ⅓의 분수판 2개를 놓는다).
9) 정리한다.

5. 흥미점 :
   1) 1보다 작은 수가 있다.
   2) 분모가 크면 클수록 1은 작게 쪼개어진다.
6. 오류의 통제 : 카드와 분수판이 일치하지 않는다.
7. 직접 목적 :
   1) 실제 분수 활동의 경험을 통한 분수의 개념이해
   2) 등가의 개념

   간접 목적 : 수학적 사고력의 발달
8. 변형 및 확장 :

   〈분수의 계산〉
   1) "여러 가족을 합해서 1을 만들자."라고 말한 뒤 1의 분수판에서 원은 왼쪽에 꺼내 놓고 틀은 오른쪽에 놓는다.
   2) 1을 만든다(예 : 1/2 + 1/4 + 1/4, 1/2 + 1/8 + 1/8 + 1/8 + 1/8 등).
   3) 종이에 대고 분수를 그려본다.
9. 언어 : 분수, 분자, 분모, 가로선, 가분수, 대분수, 1, 1/2, 1/3, 1/4, 1/5, 1/6, 1/7, 1/8, 1/9, 1/10
10. 비고 :
   - 분수에서 가로선 위에 있는 숫자는 '분자'라고 한다.
   - 분수에서 가로선 아래에 있는 숫자는 '분모'라고 한다.
   - 분자와 분모를 가르는 선을 '가로선'이라고 한다.
   - 가분수는 분자와 분모보다 크거나 같은 분수를 말한다.

   예: 9/8(1개와 1/8을 더해야 9/8가 된다. 이때 '1과 1/8'이라고 하고 1 1/8이라고 쓴다).
   - 대분수는 자연수와 진분수가 같이 있다. 진분수는 분자가 분모보다 작고, 가분수는 분자가 분모보다 크거나 같다.

게임) 분수놀이(오르다)

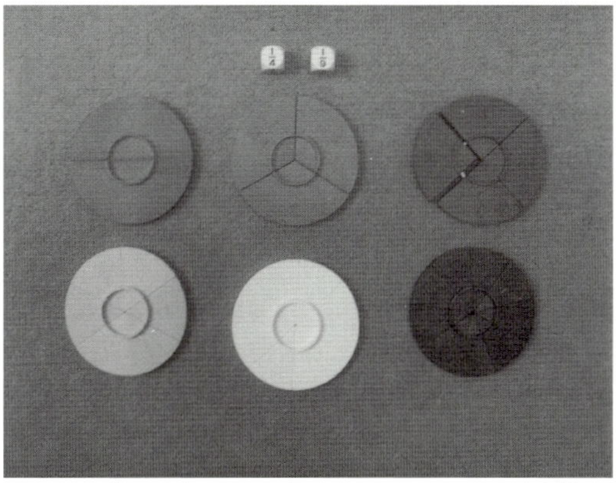

4 기 하

1) 공간

공간능력은 공간으로부터 자극을 변별하고 인식하며, 사전의 공간에 관한 경험과 관련하여 자극을 해석하는 능력이라고 할 수 있다(Grande, 1990). 즉, 공간관계는 주변세계에서 물체의 공간적 감각 형태의 특성 간의 관계를 다루는 것을 의미한다.

Grande(1987)는 공간지각을 "공간으로부터의 자극을 인식하고 변별하여 이전의 경험을 통해 새로운 자극을 해석하는 능력"이라고 정의하면서 7가지 유형의 공간능력을 다음과 같이 기술하고 있다.

① 시각-운동 협응능력 : 신체의 움직임과 눈으로 관찰을 결합하는 능력으로 일상 활동에서 신체의 움직임, 그림 그리기, 도형 배열하기, 물체 조작하기, 선 따라 자르기, 공차기, 다른 사람과 부딪치지 않고 걷기, 미로 찾기, 점과 점을 이어 형태 만들기 등을 들 수 있다.

② 형태-바탕 지각능력 : 바탕이 있는 그림에서 특정한 형태를 찾아서 인지하는 것이다. 숨은 그림 찾기, 도형 완성하기, 부분그림 완성하기 등을 들 수 있다.

③ 지각적 연속성능력 : 도형의 크기, 모양과 같은 불변의 속성을 인식하는 능력(Del Grande, 1987)으로 보는 사람의 위치에 관계없이 모양을 인식하도록 한다. 물체를 배열하고 다양한 위치에서 관찰한다. 크기는 다르지만 모양이 같은 것 찾기, 물체를 크기에 따라 순서 짓기, 위치와 방향이 바뀌어도 같은 모양 찾기 등을 들 수 있다.

④ 공간 내 위치 지각능력 : 유아가 대상물과의 관계, 사물과 사물 간의 관계를 인식하는 능력이다. 자신을 중심으로 사물의 전・우・좌・우, 상・하를 지각하는 것, 전체 도형의 회전이나 역회전, 사물의 위치변화, 거울 패턴활동, 문자나 숫자의 형태구별(6과 9, ㄱ과 ㄴ) 등을 들 수

있다.

⑤ 공간 관계의 지각능력 : 둘 또는 그 이상의 대상을 유아 자신과 관련 혹은 대상들끼리 관련지어 볼 수 있는 능력이다.
주어진 그림에 따라 블록 쌓기, 도형을 뒤집거나 거꾸로 해서 패턴 만들기, 목적지로 가는 최단거리 찾기 능력이다.

⑥ 시각적 변별능력 : 사물들과 도형들 간의 유사점과 차이점을 아는 능력이다. 정사각형과 원 변별하기, 서로 같은 것 찾기 등을 들 수 있다.

⑦ 시각적 기억능력 : 짧은 시간에 물체를 보고 사라지게 한 후 보이지 않는 물체나 모양을 회상하며 기억해 내는 공간적 능력이다. 물체 기억하기, 사물들 간의 위치 기억하기 등을 들 수 있다.

공간은 위치, 방향, 거리 등과 관련된 위상학적 기하이며 조형은 점, 선분, 모양, 크기 등의 형태를 다루는 유클리드 기하라고 한다.

피아제는 유아가 위상학적 기하를 획득하고, 유클리드 기하를 이해하게 된다고 하였다. 유아의 공간능력은 글자, 숫자, 정보를 요약한 차트나 도표 읽기, 지시에 따라 위치 찾기, 지도읽기 등이다.

(1) 공간개념의 발달과정

단계	내용
1단계 (8~24개월)	8개월 이전 영아는 자신의 시야에 들어오는 물체만을 인식할 뿐 사물과 공간과의 관계는 인식하지 못한다.
2단계 (2~4세)	• 물체를 이동시켜도 모양과 크기가 동일하다는 것을 이해하지 못한다. • 모양, 크기, 형태, 방향에 대한 개념은 발달하지 않았다. • 사물을 여러 측면에서 보면 다르게 보인다는 것을 이해하지 못한다. • 근접, 개폐, 안과 밖, 분리, 순서 등 위상학적 개념을 습득하기 시작한다. * 예를 들면 사람의 형태를 완전하게 그리지 못하지만 얼굴안의 눈과 코, 입, 얼굴 밖의 목과 가슴, 팔, 다리를 그린다.
3단계 (4~7세)	사물과 사물을 관련짓고 고려하지만 사물의 크기와 거리는 고려하지 못한다.

(2) 공간의 내용

공간의 내용에는 위치, 방향, 거리와 관련된 것으로 근접성, 분리, 계・폐－경계, 순서 등의 공간적 관계에 대한 것과 도형의 변형과 대칭이 포함한다.

Smith(1997)는 3~5세 유아기에 다루어야 할 위상 수학개념들을 근접성, 분리, 순서, 개폐라고 제안하고 있다.

- 근접성은 물체의 위치에 대한 인식을 나타낸다. 유아 자신의 중심으로 가깝고, 먼 것 그 다음 상대방의 관점에서 마지막으로 제3자의 관점에서 거리를 비교한다.
- 분리개념은 한 물체에 다른 물체가 붙어있는지 떨어져 있는지를 이해하는 것과 사물의 전체를 보는 능력이다. 즉, 공간적 연관성을 인식하는 것이다.
- 개・폐－경계는 모양이 열려 있는지 닫혀 있는지를 이해하는 것이다. '열려 있다.', '닫혀 있다.'는 개념을 이해해야만이 '안과 밖'의 개념을 이해한다.
- 순서는 사물, 사건의 서열을 의미한다. 사물의 앞과 뒤, 옆, 다음, 사이, 좌, 우, 위, 아래의 개념을 포함한다.

누가 숨겼지?(고미타로 저 | 비룡소)

1) 동화를 들려준다. 2) 동화내용을 회상한다.

이야기 나누기 talk

동화 속에서 동물들은 어떤 물건을 숨겼나요?

- 동물그림들을 잘 보고 찾기게임을 하자.
- 닭 그림에서 무엇을 찾을 수 있을까? 장갑
- 악어 그림에서 무엇을 찾을 수 있을까? 칫솔
- 너구리 그림에서 무엇을 찾을 수 있을까? 양말
- 기린 그림에서 무엇을 찾을 수 있을까? 촛불

- 새 그림에서 무엇을 찾을 수 있을까? 모자
- 게 그림에서 무엇을 찾을 수 있을까? 자석
- 거북이 그림에서 무엇을 찾을 수 있을까? 킥보드
- 상어 그림에서 무엇을 찾을 수 있을까? 깃발
- 베장이 그림에서 무엇을 찾을 수 있을까? 연필
- 나비 그림에서 무엇을 찾을 수 있을까? 카드
- 사람들 그림에서 무엇을 찾을 수 있을까? 포크랑 스푼

보물상자를 찾아서(강경태, 김규연 | 베틀북)

1) 동화를 들려준다. 2) 동화내용을 회상한다.

이야기 나누기 talk

- 오늘은 한별이의 무슨 날인가요? 생일
- 어떤 놀이를 했나요? 보물찾기
- 강아지는 "거실에서 빨간 상자를 찾아보세요!" 커튼 앞? 커튼 뒷? 아무리 찾아도 없네. 찾았다.
  "거울 앞, 꽃병 뒤에 있어요."
- 오리가 이겨 "이층 한별이 방으로 가서 파란상자를 찾아보세요."
- 어디에 있었나요? 선반 위에 있네.
- 고양이는 "창고 안에서 초록상자를 찾아보세요." 어디에 있었나요?
  - 자전거 오른쪽에 있네.
  - 친구들 모두 보물상자를 들고 기뻐 하지만 한별이만 보물상자를 못 찾았어요.
- 한별이의 보물 상자는 어디에 있었나요?
  - 상자 안에 있는 걸 밖으로 꺼내 보았어요.
    빨간 상자 안에는 알록달록 사탕

파란 상자 안에는 달콤한 과자.
초록 상자 안에는 부드러운 케이크.

▣ 보물찾기게임

• 앞과 뒤, 위와 아래, 사이에, 다음에, 맨 위, 바닥, 옆으로, 앞으로, 세 칸 아래로 등

게임) 코끼리와 조련사(Beleduc)

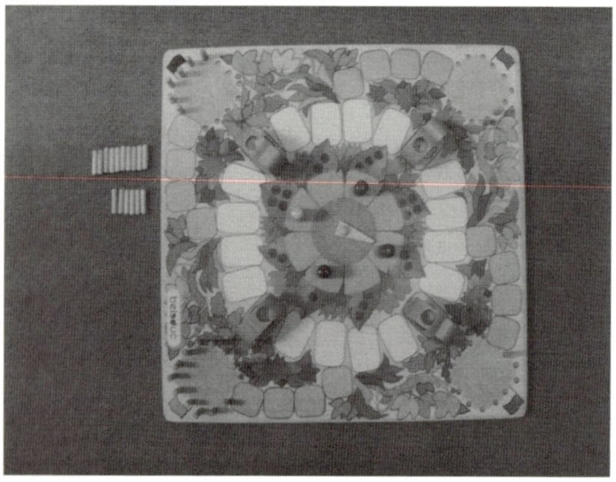

2) 도형

도형의 변형과 대칭은 도형의 크기나 모양은 변하지 않고, 위치만 변화시키는 것으로 옮기기, 뒤집기, 돌리기 등을 포함한다.

옮기기는 도형을 이동시키는 조작이고, 뒤집기는 중심축을 중심으로 접어서 이동시키는 조작이며, 돌리기는 회전시키는 것이다.

유아들은 도형의 대칭을 하나의 도형을 두개의 도형으로 대칭선을 따라 잘라보거나 접어보기, 그림을 반만 그리고 거울을 대어 완성된 그림을 보는 것, 블록을 가지고 구성물의 균형과 대칭을 탐색하기도 한다.

도형개념은 도형의 특징과 도형들 간의 상호관계, 변화를 이해하는 것으로 원, 사각형, 삼각형의 종류와 방향, 크기 등 기하학적 모양과 관련지어

경험하게 한다.

첫째, 기하학은 유아의 세계와 연결되어 있으며 본질적으로 흥미 있는 것이다.

둘째, 기하학은 공간적 감각을 증진시킨다.

셋째, 기하학은 수학적 개념을 발전시키는 하나의 수단이다.

넷째, 기하학은 문제 해결 능력을 증진시킨다.

Piaget는 유클리드 기하학의 발달은 다음 세 단계로 나타난다고 한다.

첫째 단계(3세) : 친숙한 물체를 인식하기 시작한다. 3세 이전에는 낙서하고 목적 없이 그리다가 형태를 잡기 시작하지만 변의 길이, 수, 각도, 크기는 무시된다.

둘째 단계(4, 5세 경) : 형태를 인식한다. 원, 타원형의 곡선 모양, 사각형 모양을 구별한다.

셋째 단계(6, 7세 경) : 여러 가지 방법을 사용하여 기하도형을 이해하기 시작한다.

(1) 도형개념의 발달과정

3세	빵모양, 공 모양, 책모양 등 사물의 모양을 인식한다.
4-6세	원을 가장 먼저 이해하고 정사각형, 삼각형의 순서로 이해한다.

Hiele-Geldorf는 기하개념의 발달은 경험과 교육의 기능으로서 다섯 단계의 발달 수준을 거치는데, 유아들에게 맞는 발달 수준은 '0수준 : 시각화-모양인식과 명명하기'와 '1수준 : 속성 묘사하기'에 속한다(Smith, 1997).

- 0수준 : 시각화 수준-외형적인 전체의 형태로 도형을 지각하고 비슷한 도형끼리 짝짓기나 이름을 말할 수 있다.
- 1수준 : 도형의 성질과 특성을 인식한다.
- 유아에서 저학년은 0수준에서 1수준으로 해당한다고 보고 있다.

Clements(2004)는 도형수준을 1수준에서 3수준까지 제시하였다.

- 1수준 : 시각적 수준에서 모양을 인식하고 특성과 성질을 설명할 수 있다.

- 2수준 : 도형을 언어적으로 말할 수 있고 부분적으로 도형에 대한 추상적 지식이 나타난다.
- 3수준 : 추상적 지식을 사용한다.

(2) 도형의 내용

입체도형	주변의 사물들은 3차원의 입체물로 이루어져 있기 때문에 입체도형에 대해 이해하게 된다. 따라서 입체도형에 대한 지식을 확장시켜 평면도형과 연계되게 한다.
평면도형	평면도형 활동을 통해 모양의 특성과 속성 등을 경험할 수 있다. 종이를 오려 도형 만들기, 데칼코마니, 평면도형으로 그림 그리기 등
도형표상	하나의 도형이 다른 도형으로 변화되는 것을 알 수 있다. 놀이과정에서 도형을 만들어 낼 수 있어도 의도적으로 입체도형을 만드는 것은 어렵다.

도형 지도방법

- 주변 환경에서 같은 모양과 크기 찾기, 도형의 특성을 발견하고 분류한다.
- 자신의 감각을 사용하여 도형을 이해하도록 한다.
  - 도형 따라 걷기, 도형 접기, 그리기, 색칠하기, 지오보드로 도형 만들기
- 사물의 형태를 통해 평면의 기본도형과 변형된 도형, 다각형 등 입체 도형을 변별하고 이름을 사용하도록 한다.
- 하나의 도형을 여러 개의 도형으로 분리하고 결과를 탐색하고 도형의 변화를 예측할 수 있다(Clements & Sarama, 2000).
- 입체도형과 평면도형을 연결하여 사고하도록 한다.
  3차원의 한 면이 2차원의 도형, 2차원의 형태가 모여 3차원의 형태를 구성한다는 것을 안다.

종이 접기

1. 대상 연령 : 2.5세 이상
2. 선행 학습 : 옮기기. 열고 닫기 활동들
3. 교　　구 : 종이(14×14) 앞・뒤에 점선이 그어져 있다.
   접을 종이와 접은 종이를 담을 상자
4. 제시 방법 : 개별 또는 소그룹 제시

한 점 접기

1) 교구를 소개한다.
   "무엇이니? 종이 안에 무엇이 보이니?"
   "어떤 놀이를 할 수 있을까?"
2) 종이 접기를 해 보자.
3) 교사와 유아가 각각 접을 종이를 꺼낸다(점선이 바르게 보이도록 놓는다).
   "네모를 반으로 접으면 어떤 모양이 될까?"
4) 접을 선을 인식하고 검지로 왼쪽에서 오른쪽으로 접을 선을 긋는다.
5) 종이를 뒤집어 동일한 방법으로 긋는다.
6) 꼭지점을 인식하고 양손으로 아래에서 위로 올려 한 꼭지점에 맞춘다.
7) 종이를 접는다(한 손씩 직각으로 눌러 쓸어내린다).
8) 접힌 선을 검지로 누른다.

9) 밖과 안의 접어진 선을 확인한다.
"무슨 모양이 되었니? △형이 몇 개가 되었니?"
10) 동일한 방법으로 네 번까지 접는다.
11) 동일한 방법으로 두 점 접기를 네 번까지 접는다.
12) 날짜와 이름을 적어 개인 사물함장에 정리한다.
13) 교구를 제자리에 정리한다.

5. 흥미점 :
   1) 선에 맞게 정확하게 접는다.
   2) 접은 것들의 관련성을 경험한다(접은 것들의 형태가 같거나 다르기도 하다).
   3) 반복 접기에서 여러 형태를 경험한다.
   4) 여러 가지 접기를 경험한다.
   5) 접은 것들로 여러 가지 구성을 한다.
6. 오류의 통제 : 접은 선이 맞지 않는다.
7. 직접 목적 :
   1) 종이 접기를 배운다.
   2) 종이접기를 통해 평면도형의 이름을 배운다.

   간접 목적 :
   1) 질서감, 독립심, 협응력, 집중력.
   2) 감각적 준비 - 닮은꼴, 기하 도형
   3) 창의성의 발달
   4) 수학적 준비 - 분수, 등가 개념
8. 변형 및 응용 :
   1) 점점 복잡한 선을 접는다.
      *한 점 접기(한 번 …… 네 번) / *두 점 접기(한 번 …… 네 번)
   2) 접은 선들의 관련성을 본다.
      *한 점 접기는 접은 결과 모두 삼각형

*두 점 접기는 접은 결과 모두 사각형

3) 천으로 접기를 한다.

4) 반복접기를 한다.

5) 색종이 접기를 한다.

6) 작품 만들기를 한다.

7) 극 놀이로 사용한다.

8) 동화책 소개 - 종이접기(마루벌), 앗, 색종이 한 장(종이나라), 작은 마분지(큰나)

9. 언어 : 접는다, 색종이, 꼭지점, 삼각형, 사각형

10. 비고 :

1) 처음 종이접기를 시도할 때는 하얀 종이에 접을 선을 점선으로 찍어 놓는다.

2) 점선을 따라 정확하게 접는 것을 시도한 후 차츰 점선이 없는 색종이로 접는다.

기하입체

1. 영역 : 형태의 시각적 변별
2. 연령 : 3.5세 이상
3. 교구 : 구, 타원체, 계란체, 원기둥, 삼각기둥, 정육면체, 직육면체, 삼각뿔, 사각뿔, 원뿔의 10개의 기하입체가 파란색으로 칠해져 있다. 3개의 받침대, 기하입체의 측면과 같은 정사각형, 직사각형, 정삼각형, 이등변삼각형의 나무판으로 된 평면 도형이 상자에 들어 있다. 보자기, 바구니, 명칭카드

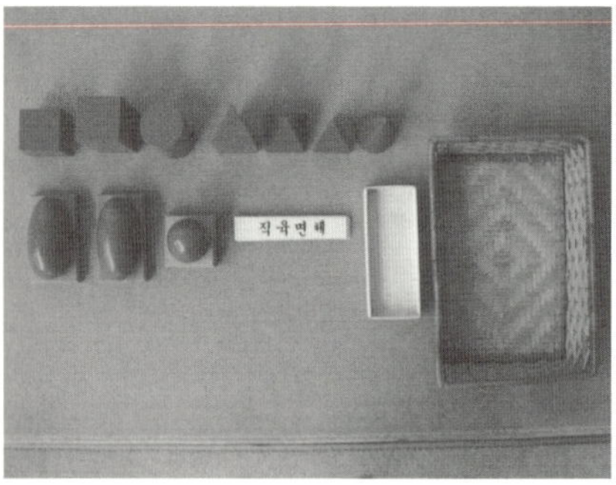

■ 기하입체 도형과 같은 모양의 물건을 찾아요.(탐색활동)

- 이 도형의 이름은 무엇일까요?
- 이 도형과 같은 모양으로 만들어진 물건은 무엇이 있을까요?
- 교실에 있는 물건 중 같은 모양을 가진 것을 찾아볼 수 있을까요?
- 정해진 시간 안에 제시된 도형과 같은 물건을 찾아오는 게임을 한다. (선생님의 시작 신호와 함께 같은 모양 물건을 어느 모둠 친구들이 많이 찾아오는지 게임을 해요.)
- 비밀 주머니에는 도형이 하나씩 들어 있어요.

4. 제시 방법 : 교구가 담긴 바구니에 예쁜 보자기를 덮어 둔다.

제시 Ⅰ : 기하입체소개

1) "오늘 선생님이 우리 교실에 모양 친구들을 초대했단다. 어떤 모양 친구들이 왔는지 함께 만나볼까?"
2) 매트를 펴고 교구가 들어 있는 바구니를 가져온다.
3) 천으로 덮힌 바구니를 매트 중앙에 놓는다.
4) "바구니 안에 어떤 모양이 들어 있는지 만져보고 친구들에게 이야기해 줄 수 있겠니?"(하나씩 제시)
5) 입체의 특징을 시각적 감각으로 느낄 수 있도록 만진다.

<구>

1. 왼손에 올려놓고 전체의 형태를 살펴본다.
2. 달걀을 쥐듯 감싸서 구의 특징을 느낀다.
3. 구를 돌려가며 만진다.
4. 입체의 이름을 배운다.
5. 왼손에 올려놓고 전체 형태를 살펴본다.

<타원체, 계란체>

1. 왼손에 올려놓고 전체의 형태를 살펴본다.
2. 입체를 세워, 위에서부터 감싸서 만진다.
3. 입체를 왼손에 놓고, 입체의 양쪽을 감싸 잡는다.
4. 입체의 이름을 배운다.
5. 왼손에 올려놓고 전체의 형태를 살펴본다.

<원기둥, 삼각기둥>

1. 왼손에 올려놓고 전체의 형태를 살펴본다.
2. 입체를 위에서부터 감싸서 만진다.
3. 입체를 왼손에 놓고, 입체의 양쪽을 감싸 잡는다.
4. 입체의 이름을 배운다.

5. 왼손에 올려놓고 전체의 형태를 살펴본다.

<원뿔, 삼각뿔, 사각뿔>

1. 왼손에 올려놓고 전체의 형태를 살펴본다.
2. 입체를 위에서부터 감싸서 만진다.
3. 왼손에 올려놓고, 오른손의 검지를 뿔에 얹는다.
4. 입체를 옆으로 눕혀, 왼손은 밑면을 감싸 잡는다.
5. 오른손으로 입체를 들어 밑의 단면을 본다.
6. 입체의 이름을 배운다.
7. 왼손에 올려놓고 전체의 형태를 살펴본다.

<정육면체, 직육면체>

1. 왼손에 올려놓고 전체의 형태를 살펴본다.
2. 오른손으로 'ㄱ'으로 만들어서 면과 각을 인식하며 만진다.
3. 두 손으로 감싸 잡고 입체를 돌려가며 정육면체 특징을 느낀다.
4. 정육면체의 양쪽을 감싸 잡는다.
5. 입체의 이름을 배운다.
6. 왼손에 올려놓고 전체의 형태를 살펴본다.

6) 언어 3단계를 실시한다.
7) 교구를 교구장에 정리한다.

제시 Ⅱ : 밑면 카드를 사용한다.

1) 유아에게 밑면 카드 3개를 꺼내 놓고 도형의 이름을 묻는다.
   만일 유아가 이름을 모르면 언어 3단계를 제공한다.
2) "삼각형, 원, 정사각형."
3) 같은 것을 찾아보게 한다.
4) 정리한다.

제시 Ⅲ : 밑면 카드와 기하입체의 일치

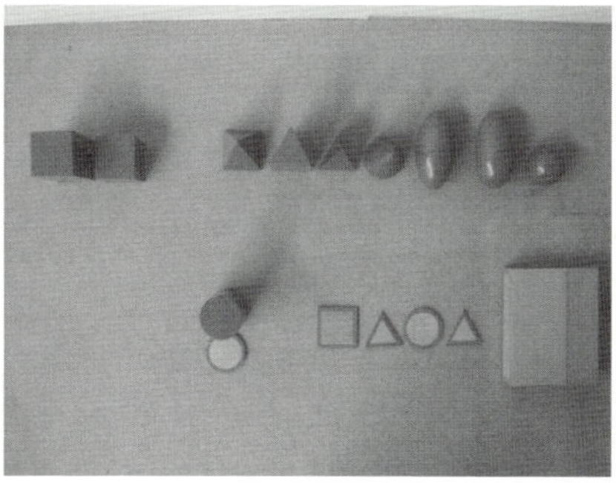

1) "오늘은 기하입체가 자기 자리를 찾으러 갈 거란다."
2) 교구장에서 기하입체와 밑면카드 상자를 가져온다.
3) 수건으로 덮힌 기하입체는 매트의 오른쪽 위에 놓고 밑면 카드 상자에서 밑면 카드를 꺼내어 매트의 아래에 나열한다.
4) 기하입체를 하나 꺼내어 놓는다. 기하입체의 밑면과 같은 카드를 찾아 일치시킨다.
5) 동일한 방법으로 진행한다.
6) 기하입체와 밑면카드의 이름을 말한다.
7) 교구장에 교구를 정리하고 매트를 정리한다.

5. 흥미점 :
   1) 입체의 모양과 특징에 관심을 가진다.
   2) 기하입체와 밑받침이 맞다.
   3) 한 기하입체에 두 개의 도형이 있다.
   3) 입체의 이름을 배운다.
6. 오류의 통제 : 기하입체의 정확한 형태와 유아의 식별능력
7. 직접 목적 :
   1) 시각, 촉각을 통한 형태의 변별력
   2) 기하입체의 이름을 안다.

3) 기하입체와 평면 도형의 관계를 배운다.

간접 목적 :

1) 기하학과 수학의 준비

2) 관찰력, 협응력, 주의력

3) 서로의 관련성을 안다.

8. 변형 및 확장 :

1) 교사가 수수께끼를 내어서 유아가 찾는다.

① 바구니에 입체를 모두 담아 보자기로 덮어놓는다.

② 교사가 말하는 것을 유아가 보자기 밑으로 손을 넣어 찾는다.

③ 꺼내고 확인 한 후 다시 바구니에 넣는다.

④ 동일한 방법으로 모든 기하입체를 찾는다.

2) 먼저 유아가 입체의 이름을 말하고 꺼낸다.

① 유아가 보자기 밑으로 손을 넣어 입체를 인식하고 이름을 말하고 꺼낸다.

② 맞는지 확인한다.

③ 동일한 방법으로 입체를 모두 꺼내어 매트에 놓는다.

3) 2개 또는 3개의 입체에서 같은 면을 찾아 위로 쌓거나 측면을 맞춘다.

4) 평면도형인 원, 삼각형, 사각형을 입체에서 찾는다(공통점이 있는 것을 찾는다)

5) 입체의 모든 면(윗면, 밑면, 앞면)을 평면 도형에서 찾는다.

6) 매트에 굴려보고 구르는 것과 구르지 않는 것을 분류한다.

- 구르는 것 - 원기둥(한 방향으로만 굴러간다), 타원체(불규칙), 계란체(불규칙), 구(사방으로 굴러간다), 원뿔(제자리에서 구른다)
- 구르지 않는 것 - 정육면체, 삼각기둥, 직육면체
- 세울 수 있는 것과 세울 수 없는 것
- 밑면과 윗면이 있는 것과 하나만 있거나 없는 것
- 밑면이 사각형인 것과 아닌 것

7) 입체와 평면의 관계를 플래시로 그림자를 만들어 본다.
   ① 원 모양의 카드를 벽에 붙인다.
   ② 기하 입체의 구, 타원체, 계란체를 카드 앞에서 플래시로 비추면 카드에 원의 테두리가 보인다(3차원인 입체와 2차원인 평면의 관계를 본다. - 구와 타원체, 계란체의 지름이 가장 넓은 곳을 자르면 직경이 원이 되므로 카드와 같다).
8) 명칭카드와 기하입체를 일치시킨다.
9) 점토로 입체를 만든다.
10) 전개도로 입체를 만든다.
11) 환경 내에서 기하입체 모양을 찾는다.
12) 비밀 주머니, 상자, 눈가리개를 사용한다.
13) 나뭇잎을 모아서 형태를 만든다(물고기, 낙타, 얼굴 등).
14) 큰 흰 종이를 실외에 깔고 그 위에 입체 원기둥과 사각기둥을 올려놓고 빛의 반사를 관찰한다.
15) 기하입체 그림이나 명칭카드를 사용한다(① 명칭카드를 조에서 뽑는다. ② 신체를 표현하며 다른 조에서 맞춘다).
16) 모빌 만들기를 한다.
17) 미래의 아파트를 만든다.
18) 삼행시를 지어본다.
19) 구(꽃모양 만들기)를 사용한다.
20) 코르크 도형에 핀 꽂기를 한다.

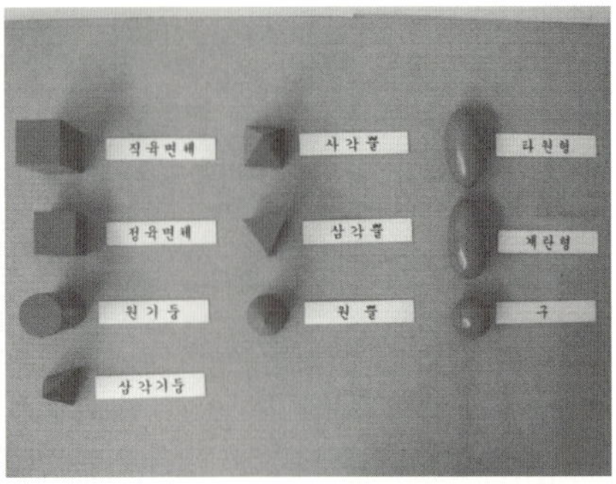

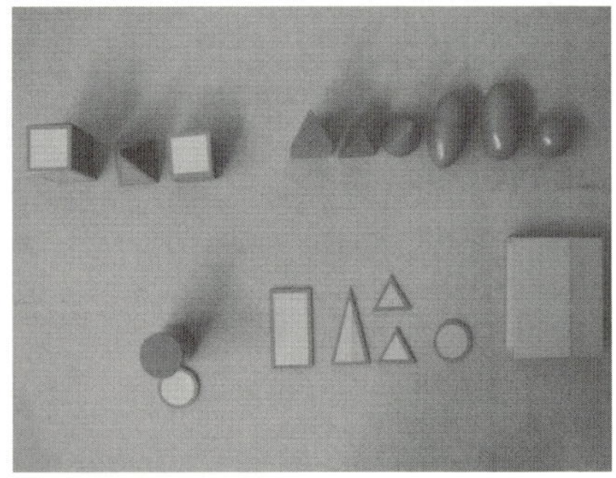

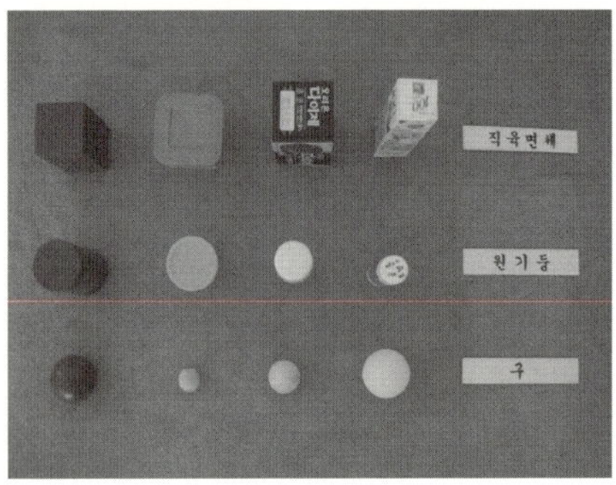

9. 언어

- 원, 삼각형, 정사각형, 직사각형, 이등변삼각형, 원기둥, 원뿔, 삼각기둥, 삼각뿔, 정육면체, 직육면체, 사각뿔, 직육면체, 삼각기둥
- 언어의 3단계 : 기하입체 2개를 꺼내어 놓는다(구, 정육면체).
  1) "이것은 구, 이것은 정육면체입니다."
  2) "정육면체는 어디에 있니? 만져보자."
     "구는 어디에 있지? 만져보자."
  3) "이것은?"

10. 비고 :

   1) 제공할 때 정육면체를 먼저 하는 이유는 분홍탑을 이미 유아가 식별하고 있기 때문이다.
   2) 어린 유아에게는 촉각, 시각만으로 식별한다(교사가 꺼낸 입체를 유아가 만진 후 다시 바구니에 넣는다. 유아가 바구니에 손을 넣어 같은 입체를 찾는다).

- 2~3세 유아 : 감각적으로 형태만 식별하도록 한다.
- 4세 : 명칭을 제시한다.
- 5세 : 변형과 서로의 관련성을 안다.

3) 기하입체를 하면서 넓이, 면, 높이를 발견하도록 한다.
4) 형태를 만져서 사물을 인식한다. 즉, '실체 인식 감각'은 손의 근육 운동을 통해서 형태를 인식하는 능력으로 3~6세 유아의 특별한 근육감각이다.

   촉각은 표면이 거친지, 부드러운지 질감의 차이를 지각하지만 형태를 지각하는 것은 촉각과 근육감각의 연합에서 나온다.

   근육감각은 운동감각이다. 유아가 형태를 인지할 수 있도록 가르치는 가장 좋은 방법은 눈을 감고 그 형태를 만져서 이름을 알아맞추는 것이다. 또 입체 기하학 형태에서 유아를 흥미롭게 할 수 있는 다른 방법은 형태들을 움직이게 하는 것이다.

게임) 입체도형(Orda)

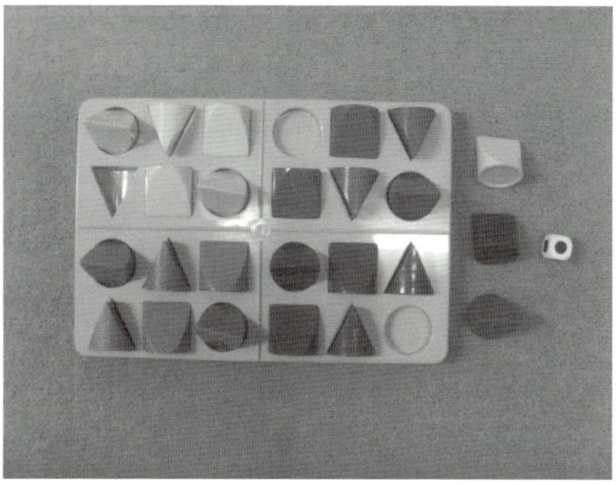

기하도형 실체

파란색 연필로 도형을 칠한 후 아래의 명칭카드를 오려 칸에 붙이세요.

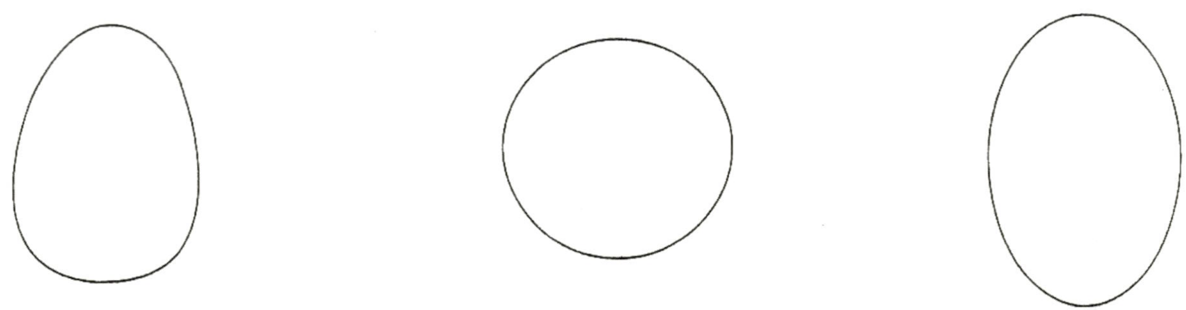

구	타 원 체	계 란 체

기하도형 실체

파란색 연필로 도형을 칠한 후 아래의 명칭카드를 오려 칸에 붙이세요.

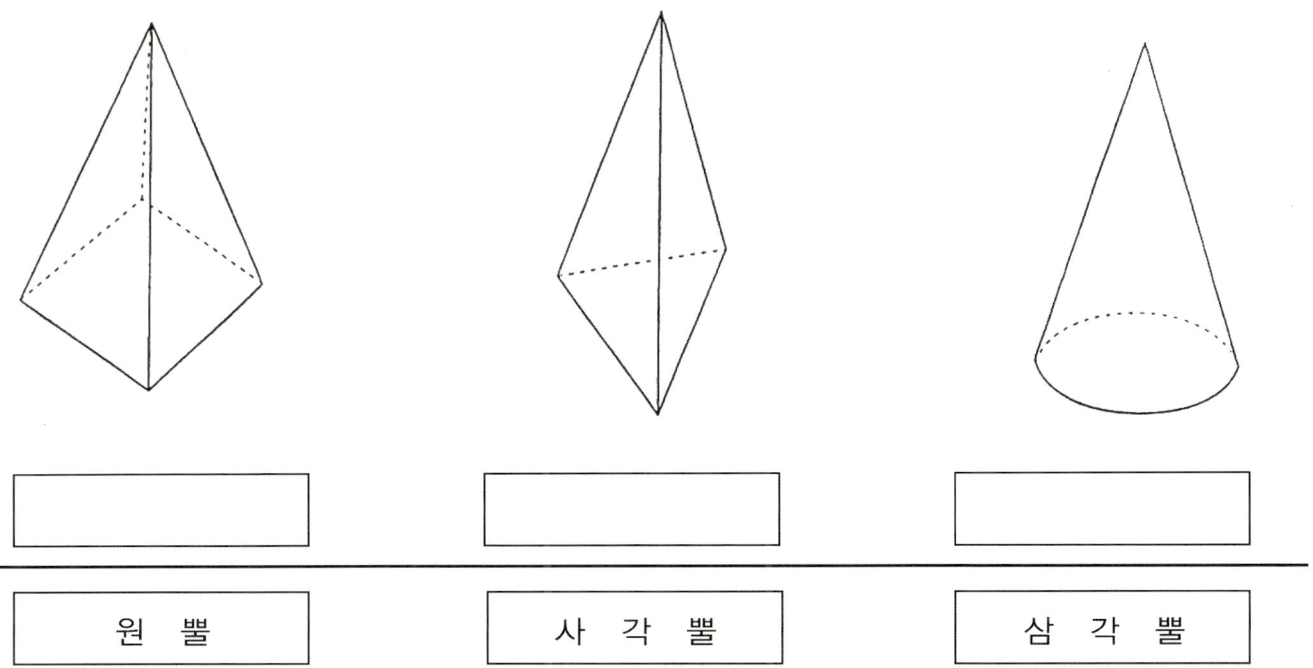

기하도형 실체

파란색 연필로 도형을 칠한 후 아래의 명칭카드를 오려 칸에 붙이세요.

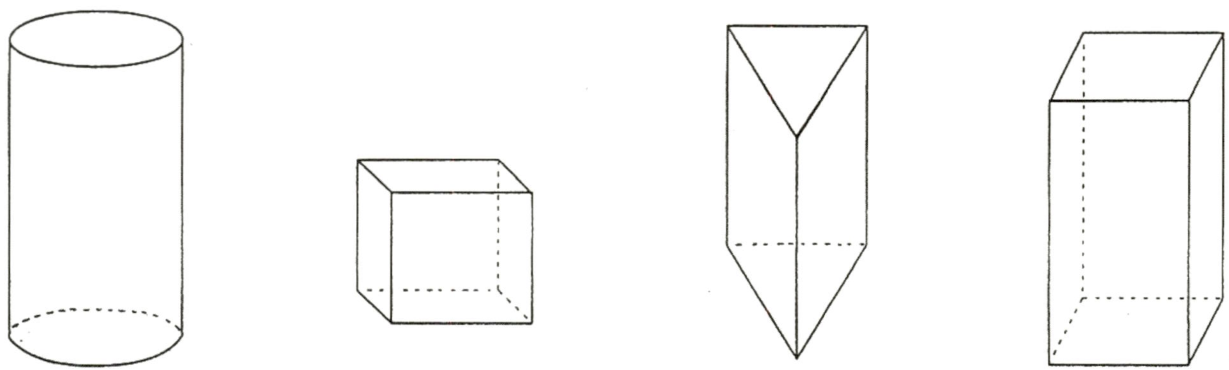

직육면체	원기둥	정육면체	삼각기둥

기하도형

입 체

이 름 :

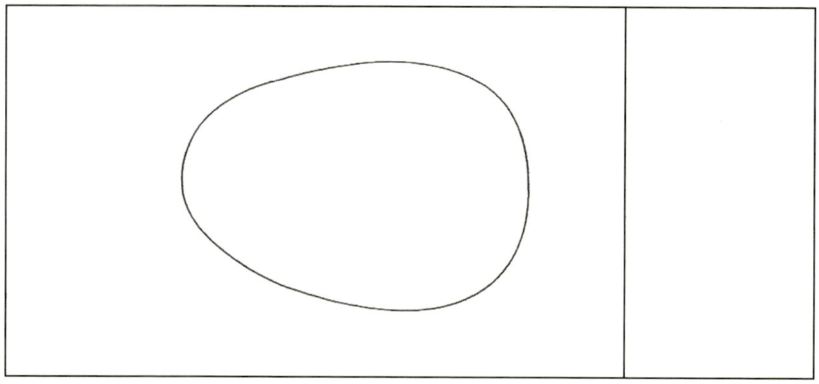

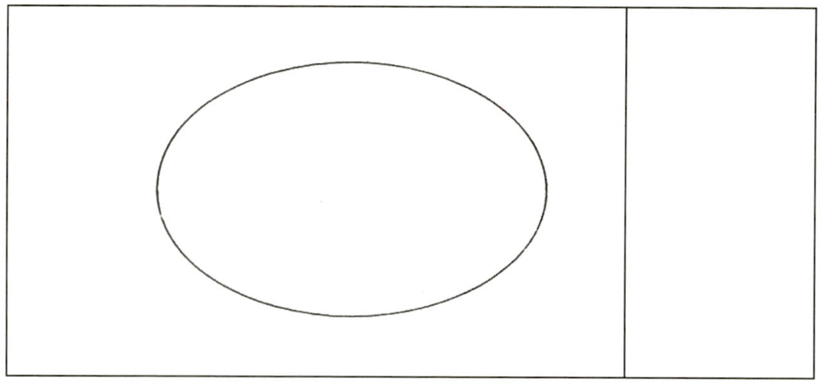

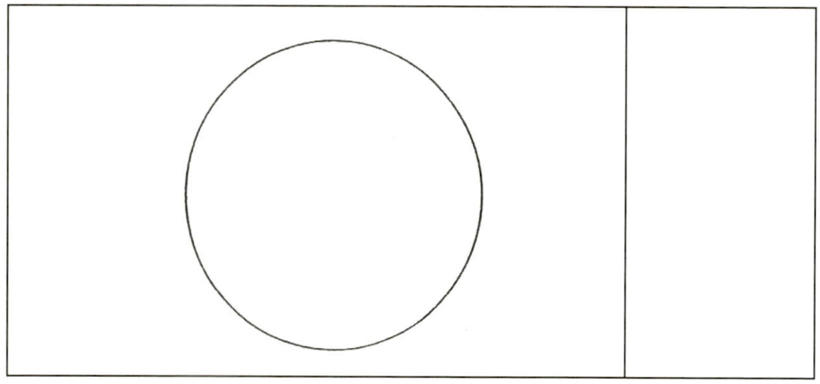

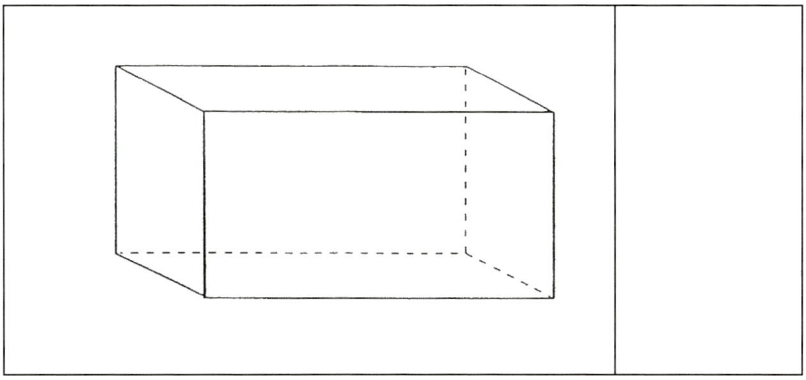

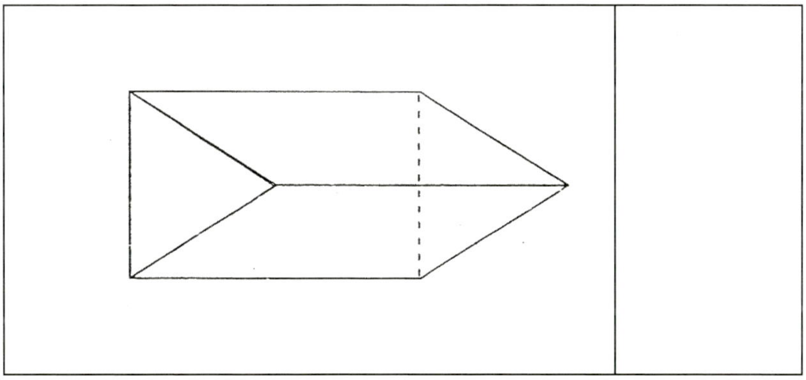

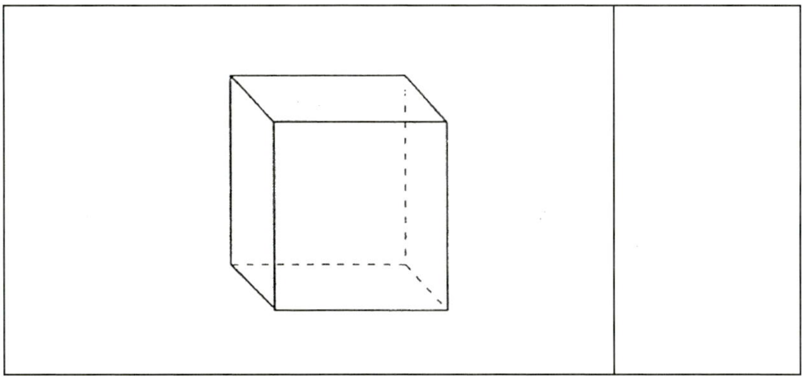

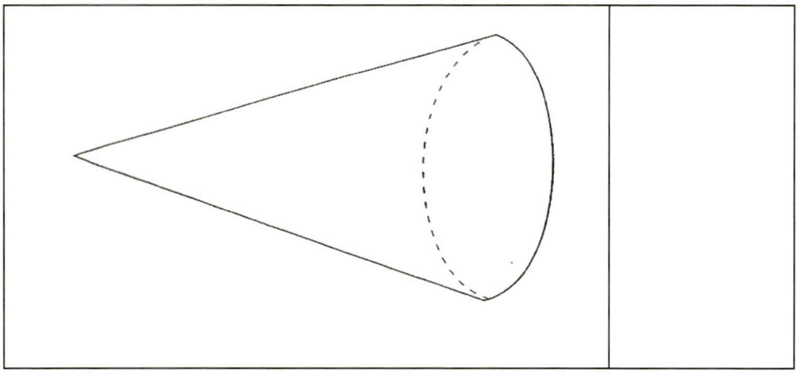

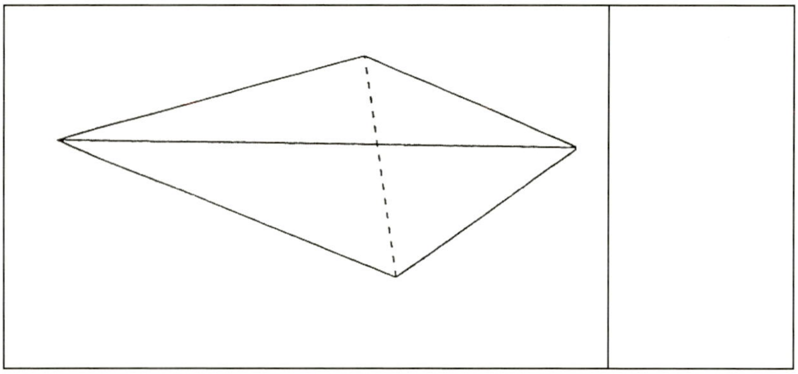

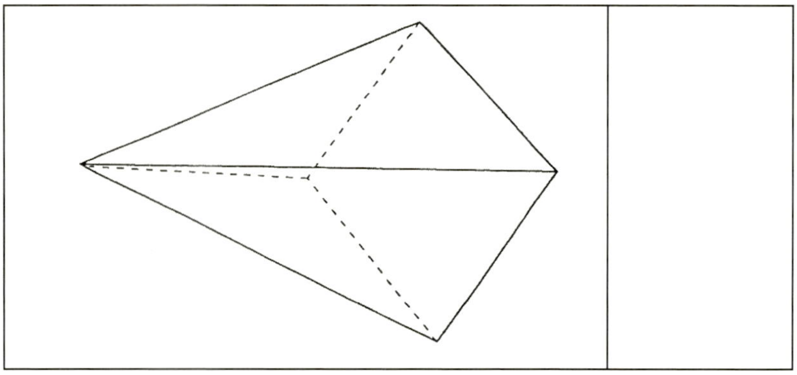

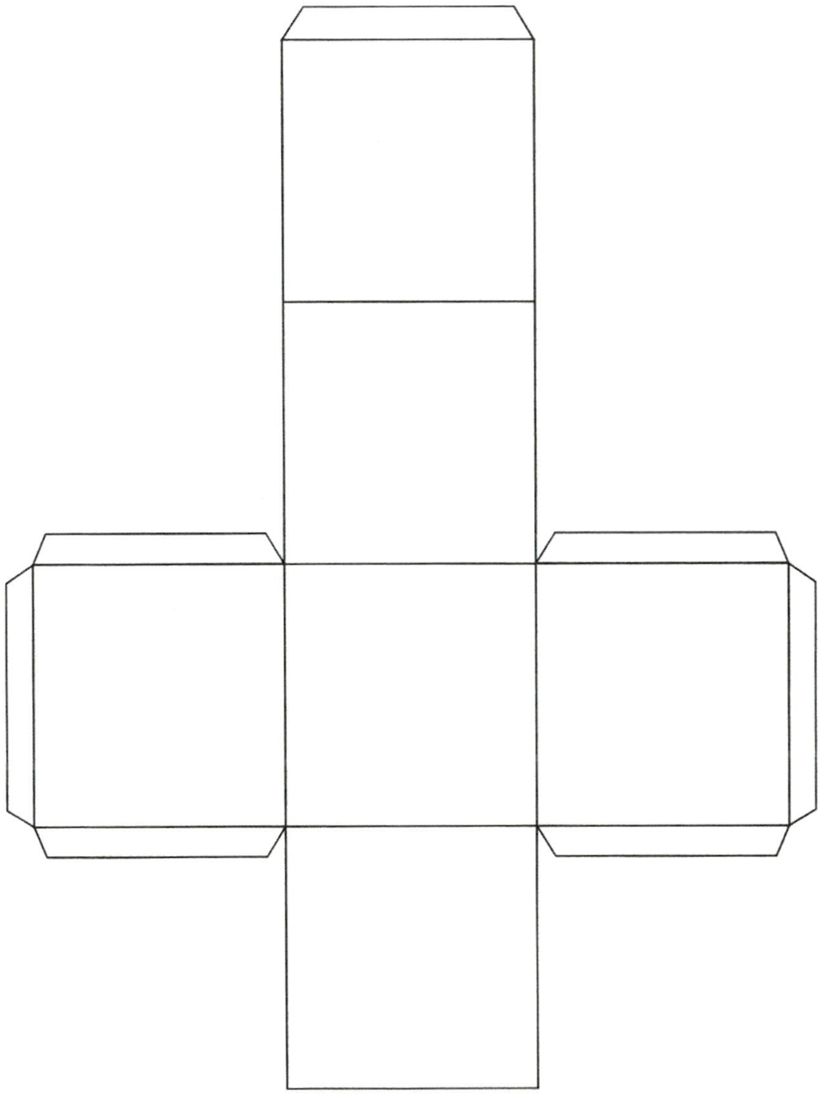

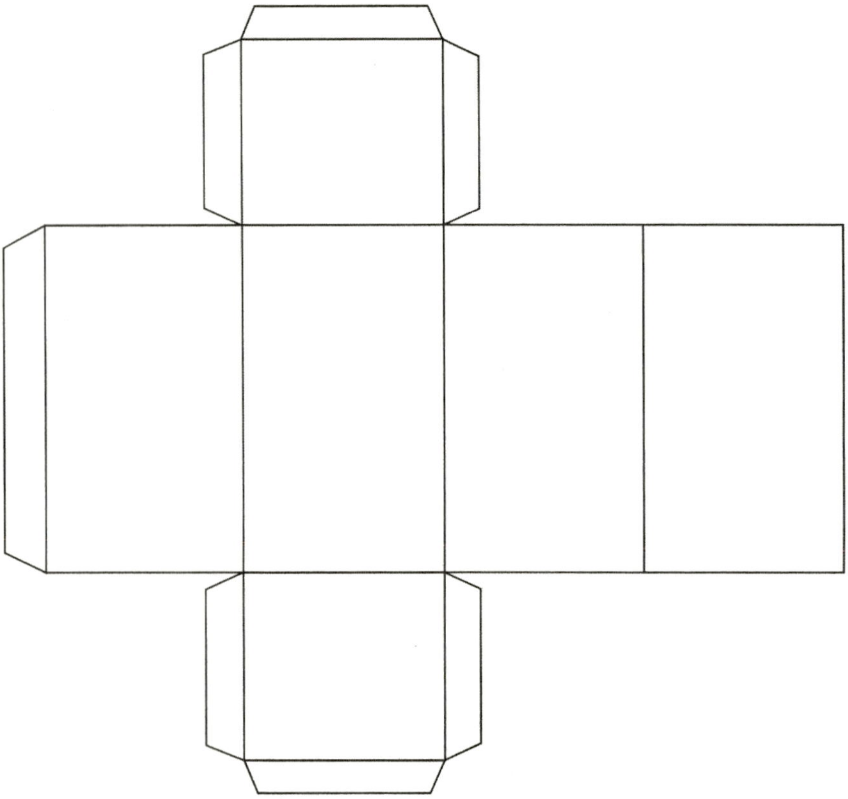

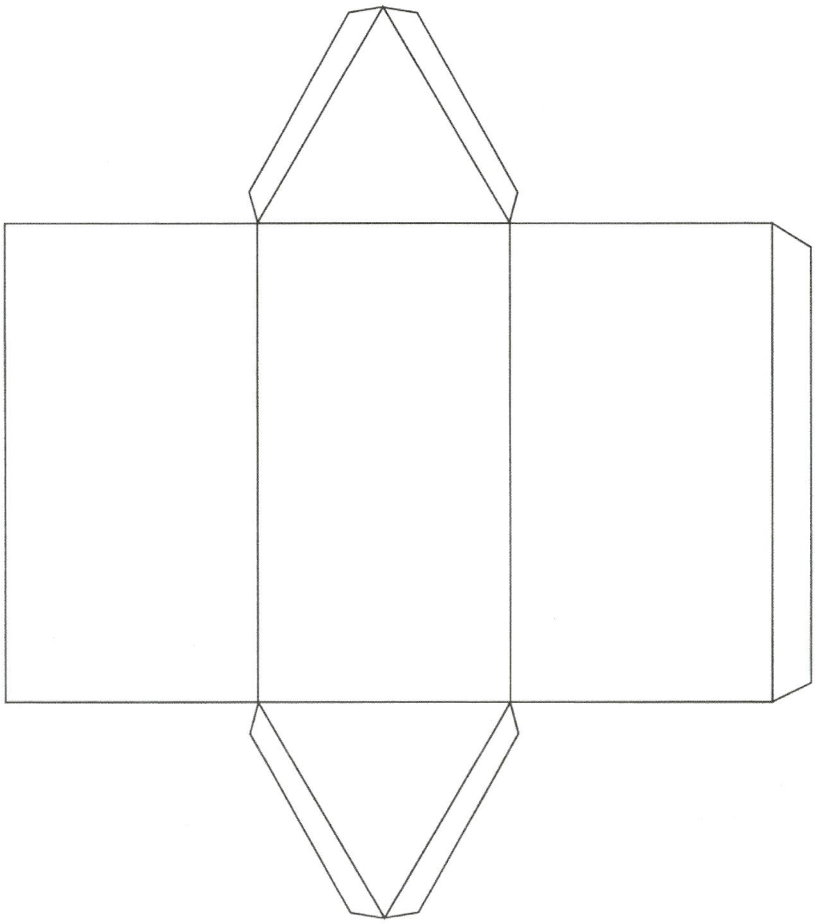

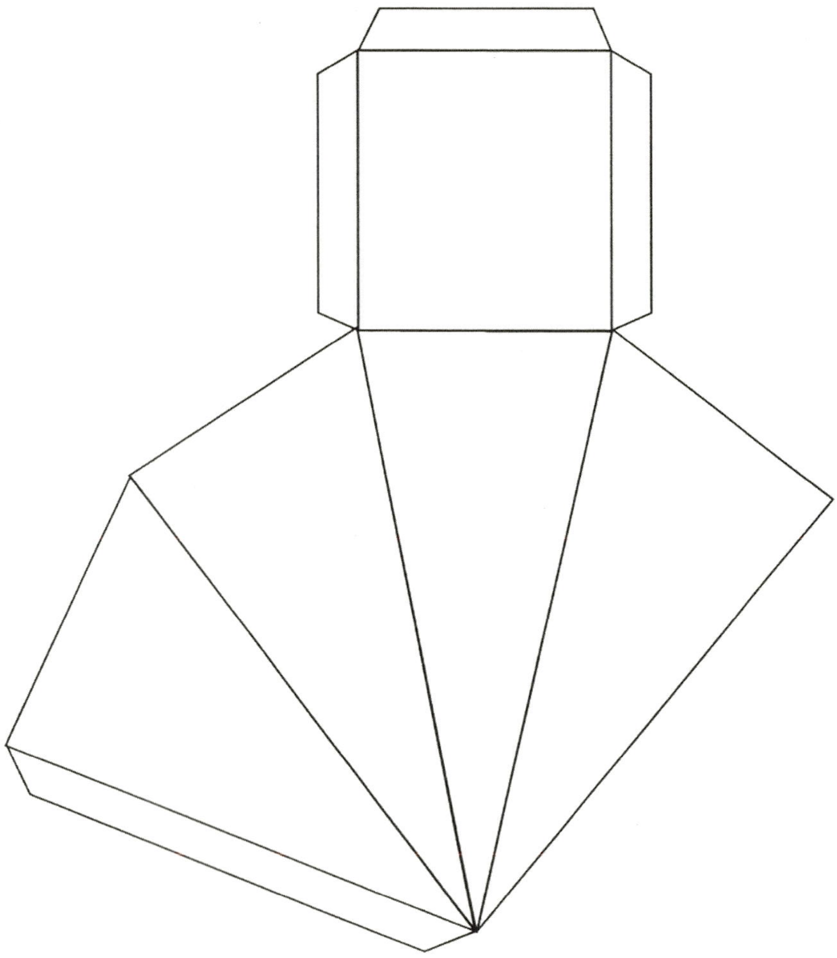

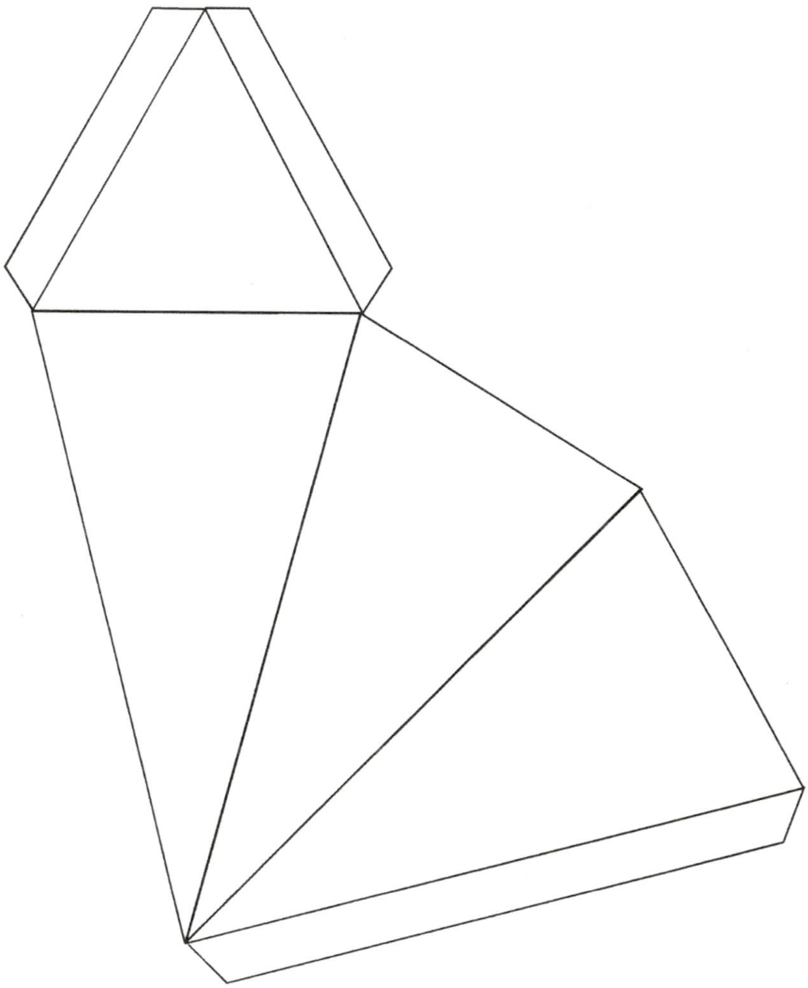

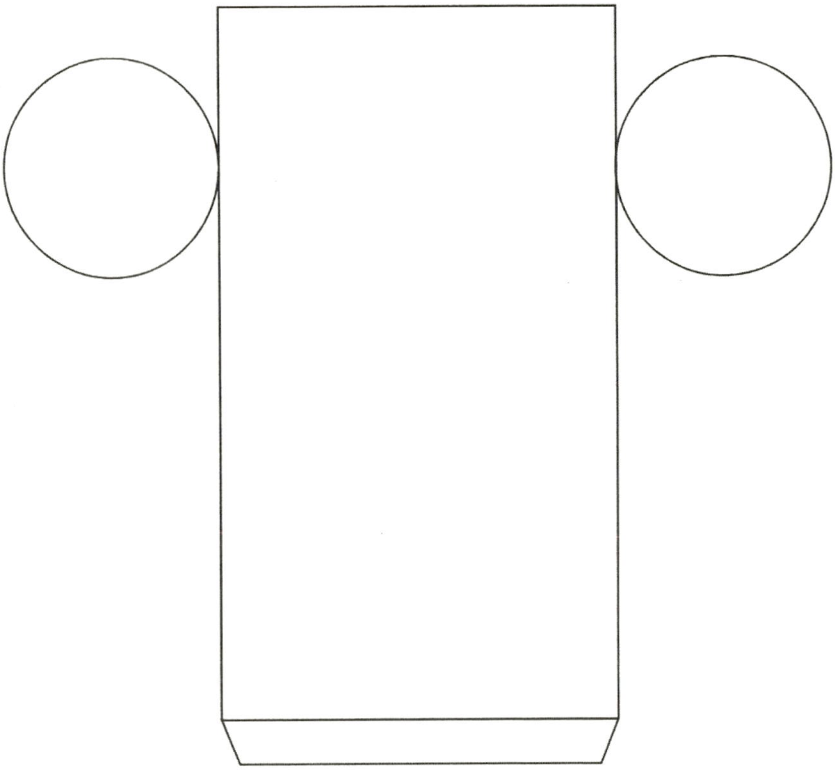

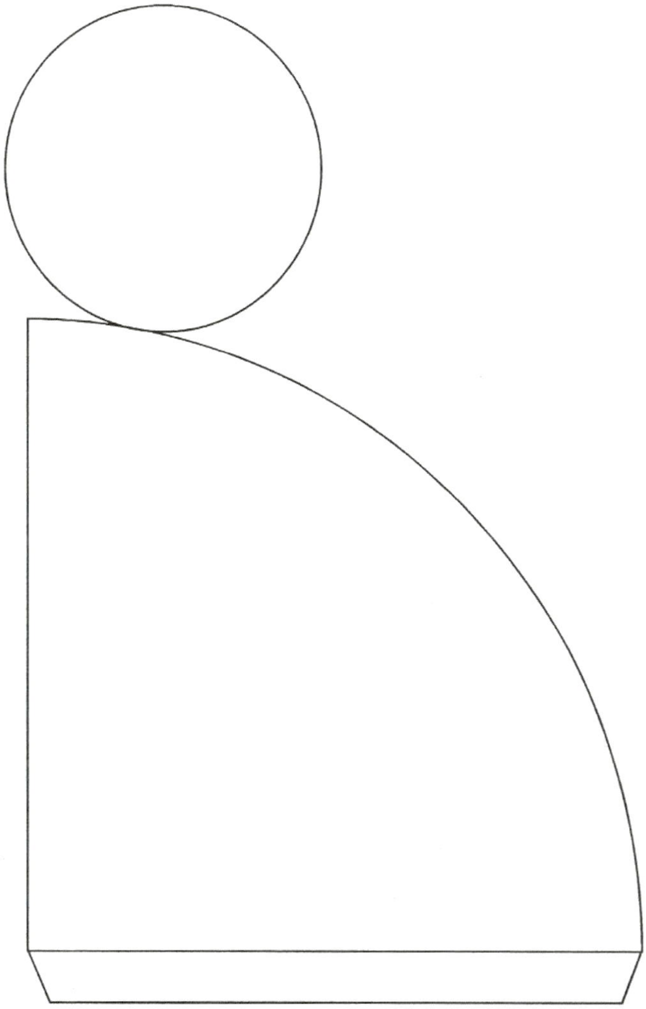

기하도형 서랍

1. 영역 : 형태의 시각적 변별
2. 연령 : 만 3.5세 이상
3. 교구 :
   1) 기하도형 시범판
      (원, 삼각형, 정사각형. 한 변의 길이 10cm)
   2) 꼭지가 달린 6개의 서랍 속에 여러 가지 기하도형이 네모 틀에 끼워져 있다.
      - 제1서랍(지름이 최대 10cm부터 1cm씩 감소하여 최소 5cm까지의 원이 순서적으로 6개 들어 있다)
      - 제2서랍(최대 한 변의 길이가 10cm인 정사각형에서 세로의 길이는 같고, 가로의 길이만 1cm씩 감소하여 최소 5cm까지의 직사각형이 순서적으로 6개 들어 있다)
      - 제3서랍 : 삼각형들 - 윗단은 변의 길이에 따라 나누어져 있다(정삼각형, 직각 이등변삼각형, 직각 부등변 삼각형).
        아래 단은 각도에 따라 나누어져 있다(예각 이등변삼각형, 둔각 이등변삼각형, 둔각 부등변삼각형).
      - 제4서랍(오각형에서 십각형까지의 다각형이 순서적으로 들어 있다)
      - 제5서랍(평행 사변형 2개, 등각 사다리꼴 1개, 부등각 사다리꼴 1개)
      - 제6서랍(곡선도형(타원체, 계란체, 곡선삼각형, 꽃마름모꼴)

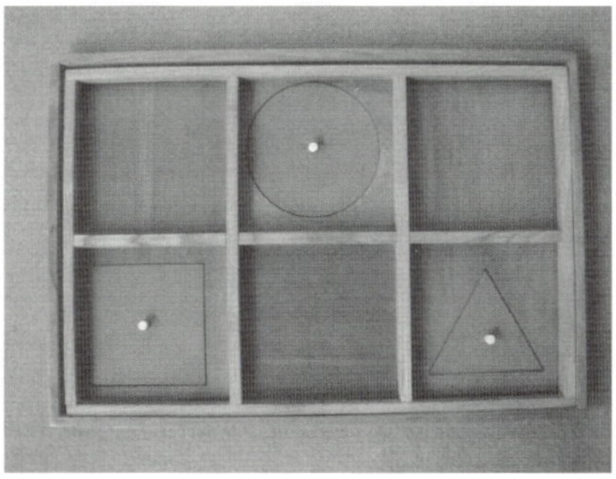

알록달록 동물원(로이스 엘러트 | 시공 주니어)

1) 동화를 들려준다. 2) 동화 내용을 회상한다.

이야기 나누기 talk

우리는 모양을 만들고 색깔을 칠해서 많은 동물들을 만들 수 있습니다. 동물들을 만드는 방법은 간단합니다. 머리, 귀, 입, 코만 뚜렷하면 만들 수 있어요.

① 여우는 삼각형
② 쥐는 정사각형과 이등변 삼각형
③ 호랑이는 큰 원과 이등변 삼각형, 정사각형
④ 사슴은 하트
⑤ 원숭이는 타원과 하트
⑥ 소는 직사각형과 하트와 타원
⑦ 뱀은 육각형과 원, 세모
⑧ 염소는 팔각형과 원, 세모
⑨ 사자는 마름모와 원, 세모

- 동화 속에 어떤 도형들이 나왔나요?
- 삼각형으로 어떤 동물의 얼굴을 만들 수 있을까요?
- 사각형으로 어떤 동물의 얼굴을 만들 수 있을까요?
- 원 모양으로는 어떤 동물의 얼굴을 만들 수 있을까요?

달라서 좋아요!(후세 야스코 | 대교출판)

1) 동화를 들려준다.　　　　　2) 동화 내용을 회상한다.

이야기 나누기 talk

- 누구 누구가 나왔니? 세모와 동그라미
- 세모와 동그라미는 어떤 이야기를 나누었니?
  - 서로가 너무 다르게 생겼다고 말했어요.
- 동그라미는 어떤 것을 잘했니?
  - 잘 굴러 갈 수 있었어요.
    그래서 세모를 머리 위에 올려서 달렸어요.
- 어떤 일이 일어나니?
  - 멈출 수가 없었는데 세모가 멈추게 했어요.
  - 세모와 동그라미는 음식을 만들었어요.
  - 동그란 빵, 세모는 깡통을 땄어요.
  - 피자가 되었어요. 둘이서 맛있게 먹었어요.
  - 둘이는 똑같지 않아서 정말 좋아했어요.

3) 교구를 소개한다.

"동물의 얼굴이 되었던 도형들이 우리 교실에도 있대요.
어떤 교구인지 선생님과 함께 알아볼까요?"

4. 제시 방법 :

제시 Ⅰ : 기본도형 시범판 제공

1) 주변의 사물에서 네모, 세모 원의 기본도형을 발견한다.
"동그라미는 어디에서 볼 수 있니?"
"오늘은 선생님이 기하도형 서랍을 보여줄게."

2) 교구를 매트로 가져와 놓는다.
3) 틀에 들어 있는 원, 삼각형, 사각형을 오른쪽 세 손가락으로 꼭지를 들어 틀 밑에 옮겨 놓는다.
4) 왼손으로 원을 집어 뒤집는다.
5) 오른손 검지로 둘레를 천천히 만진다(원의 중앙을 중심으로 오른쪽 방향으로 천천히 중앙까지 온다).
6) 다시 오른손으로 도형 틀 안의 윤곽을 만진다.
7) 원을 도형 틀에 넣는다.
8) 동일한 방법으로 사각형, 삼각형도 한다.

게임) 중급지능개발블록(Orda)

게임) 기하도미노(Orda)

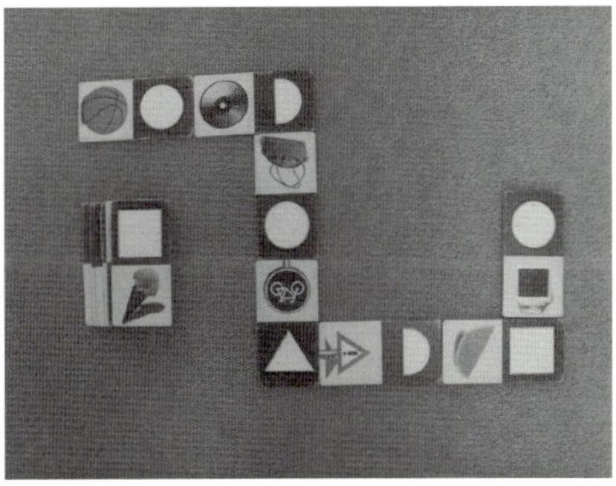

〈밑면카드와 기하도형〉

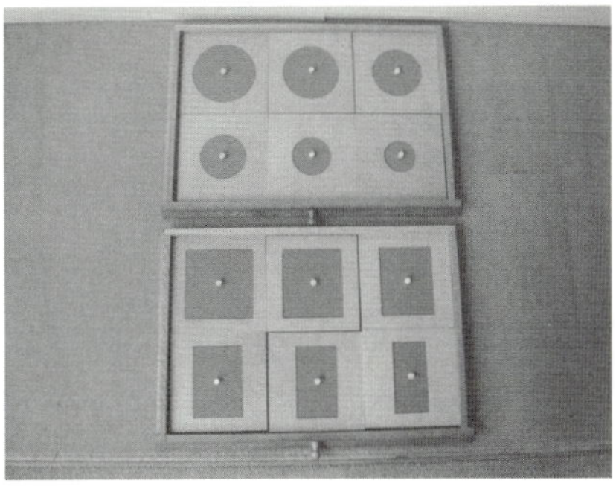

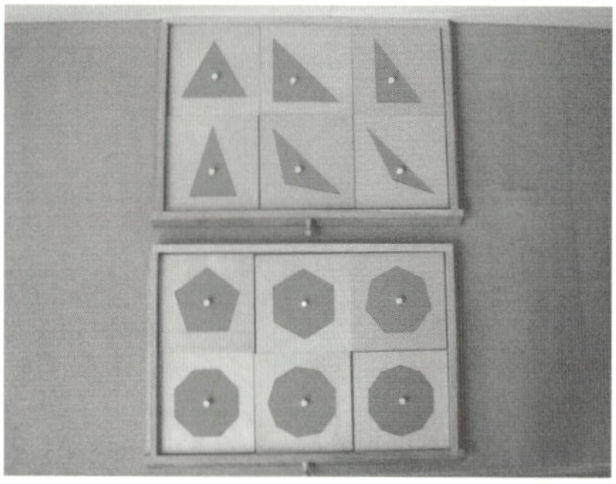 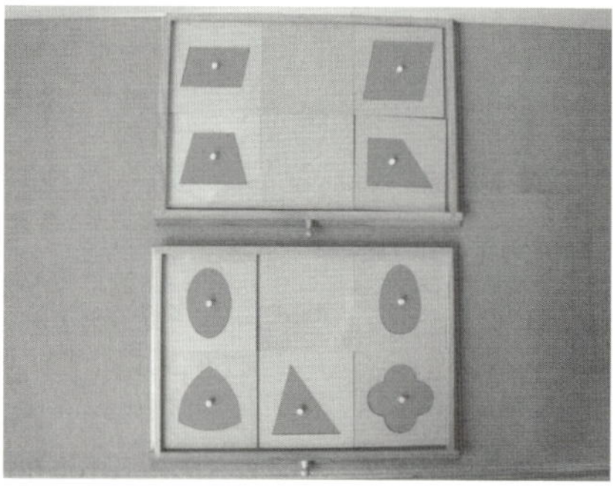

제시 Ⅱ

1) "기하도형 제1서랍을 보여줄게."
2) 서랍 여는 법을 소개한다(오른손으로 손잡이를 잡아 조금 연 후 양손으로 잡아서 연다).
3) 매트에 옮긴다.
4) 순서적으로 도형을 틀에서 꺼낸다.
5) 기본 도형 시범판과 동일한 방법으로 제공한다.

5. 흥미점 :
   1) 도형의 이름을 안다.
   2) 도형의 틀과 도형을 손으로 만져 본다.
   3) 틀에 맞추어 도형을 끼워 본다.
6. 오류의 통제 : 도형과 틀이 맞지 않는다.
7. 직접 목적 :
   1) 시각과 촉각을 통한 기하 도형의 인식
   2) 평면도형의 이름을 배운다.

   간접 목적 :
   1) 기하학과 수학의 준비
   2) 쓰기를 위한 준비

3) 협응력, 관찰력, 주의력

8. 변형 및 확장 :

1) 섞어 놓고 넣기 : 도형을 섞어 놓은 후 틀에 넣는다.

2) 도형을 섞어 놓고 지적하는 틀에 넣는다.

3) 거리감을 두고 찾는다.

① 도형을 다른 매트에 놓고 상자만 들고 온다.

② 지적하는 틀에 도형을 찾아와 넣는다.

4) 눈을 감고 촉각을 이용해 넣는다(실체 인식감각).

5) 그리기, 오리기, 붙이기 작업을 한다.

6) 환경에서 일반화 : 교실이나 환경 속에서 원을 찾는다.

7) 게임 : 도형의 형태, 성질 등으로 나눈다.

① 도형을 전부 꺼내어 놓고 "이것은 모두 기하도형이다."라고 말하고 리본 테이프를 두른다.

② 곡선과 직선으로 나눈다(다른 색 리본 테이프로 나눈다).

③ 다른 리본 테이프로 삼각형, 사각형, 다각형, 원으로 나눈다.

8) 변의 수를 세어본다(변을 가르치고 각을 가르친다).

9) 셈막대로 다각형을 만들어 본다.

10) 신체로 표현하여 도형을 만들어 본다.

11) 고무줄을 이용하여 도형을 만들어 본다.

12) 세모, 네모, 원만 이용하여 그림을 그려 본다.

13) 주변에서 직선으로 된 무늬를 찾는다.

14) 색종이로 기본도형을 잘라서 구성한다.

15) 기본형 하나씩을 분담해서 공동작품을 만든다.

16) 벌집(육각형)을 만든다.

17) 노래(모양놀이)를 부른다.

18) 기하도형 서랍과 카드를 사용한다.

9. 언어

- 원, 삼각형, 사각형, 직사각형, 정사각형, 정삼각형, 직각이등변삼각

형, 직각부등변삼각형, 예각이등변삼각형, 둔각이등변삼각형, 둔각부등변삼각형, 오각형, 육각형, 칠각형, 팔각형, 구각형, 십각형, 평행사변형, 등각사다리꼴, 부등각사다리꼴, 타원체, 계란체, 곡선삼각형, 꽃마름모형, 예각부등변삼각형

• 언어의 3단계 : 형태 식별이 가능한 유아에게 한다.

1) "이것은 삼각형", "이것은 사각형", "이것은 원"

2) "여기에 원을 만지고 놓아보자."
"여기에 사각형을 만지고 놓아 볼래?"
"여기에 삼각형을 만지고 놓아보자."

3) "이것은 무엇입니까?"

10. 비고 :

1) 어린 유아에게는 동그라미, 세모, 네모로 언어 3단계를 할 수 있다.
2) 도형을 만질 때 시각, 촉각을 이용해서 근육에 기억되도록 움직임을 크게 한다.
3) 제 3상자의 삼각형은 신체 표현을 해 볼 수 있다(삼각형의 각에 따라 팔을 벌려 신체 표현을 해 볼 수 있다).
4) 세 개의 기본 도형(원, 삼각형, 사각형)은 단지 형태가 다른 것만이 아니라 기하학에서 중요한 역할을 한다.
    • 원－각도를 재고 후에 분수에 사용된다.
    • 사각형－면적을 잰다.
    • 삼각형－모든 다각형을 만든다.
5) 이 교구는 평면 기하학 형태들을 유아에게 최초로 제시하는 일을 마련하는 데 사용된다.
6) 도형의 윤곽을 만지는 연습은 그림을 그리는 데에 간접적이기는 하지만 매우 실제적인 준비이다. 완성된 형태를 그릴 수 있는 손의 기능을 준비하는 것이다.
7) 세 손가락으로 서랍의 손잡이를 잡고 서랍을 반 정도 연 후, 양손으로 서랍판을 잡고 끝까지 끌어낸다.

서랍을 넣을 때는 반대로 행한다.

양손으로 서랍판의 양끝을 잡고 서랍을 반 정도 넣은 후, 오른손 세 손가락으로 손잡이를 잡고 넣는다.

8) 학습 효과를 높이기 위해서 이 교구는 형의 변별에 중점목표를 두고 있지만 단순한 형의 구별만이 아니라 틀의 형과 대비시켜 크기나 위치관계까지 바르게 인식시키고 있다.

9) 마름모는 4변의 길이가 같다.

평행사변형은 2변의 길이가 같다.

등각 사다리꼴은 평행하지 않는 두 변의 길이가 같은 사다리꼴

게임) 도형나라 친구들(Beleduc)

도형겹치기

1. 영역 : 형태의 시각적 변별
2. 연령 : 4세 이상
3. 교구 : 빨간색, 파란색, 노란색, 3종류의 정사각형, 원, 삼각형
   한 변이 1cm에서 10cm까지 10장씩

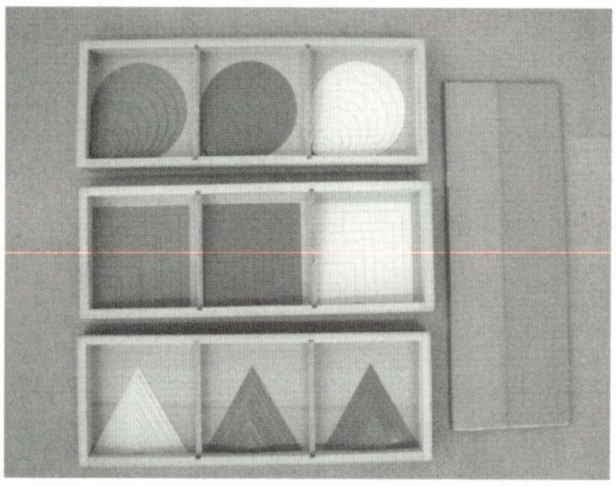

4. 제시 방법 :

1) 파란색 원을 1개씩 집어 매트 위에 무순서로 놓는다.
2) 가장 큰 원을 검지와 엄지로 잡고 왼쪽에 놓는다.
3) 크기순으로 나열한다.
4) 빨간색 원을 1개씩 집어 매트 위에 무순서로 놓는다.
5) 크기순으로 파란색 원 아래에 나열한다.
6) 파란색의 가장 큰 원을 매트 왼쪽 아래에 놓고, 빨간색의 가장 큰 원을 매트 오른쪽 아래에 놓는다.
7) "선생님은 같은 색깔과 같은 크기로 겹치지 않을 거예요."라고 말한다.
8) 파란색 원 위에 빨간색의 2번째 크기의 원을, 빨간색 원 위에 파란색의 2번째 크기의 원을 올려놓는다.
9) 빨간색의 2번째 크기의 원 위에 파란색 3번째 원을, 파란색의 2번째 크기의 원위에는 빨간색 3번째 원을 올린다.

10) 같은 방법으로 진행한다.
11) 완성되면 같은 색끼리 분류해서 흩어놓는다.
12) 동일한 방법으로 파란색, 빨간색, 노란색 원을 사용하여 제시한다.
13) 파란색의 가장 큰 원부터 상자에 정리한다.
14) 동일한 방법으로 원을 정리한다.
15) 여러 가지 도형을 이용하여 모양을 만들어 본다.
"세모 두 개를 합치면 어떤 모양이 될까?"
"다른 방법으로도 모양을 만들 수 있을까?"
"어떤 모양이 되었니?"

5. 흥미점 :
1) 크기와 색깔이 다른 원을 본다.
2) 여러 가지 구성형태를 본다.

6. 오류의 통제 : 시각에 의한 부조화

7. 직접 목적 :
1) 시각에 의한 크기의 등차성
2) 기하도형에 의한 구성
3) 도형의 규칙적인 변화

간접 목적 :
1) 미적 감각
2) 기하에 대한 준비

8. 변형 및 응용 :
1) 크기순으로 옆으로 놓아본다.
2) 2가지 형을 함께 구성한다.
3) 여러 가지 형을 함께 구성한다.
4) 그림으로 그려본다.
5) 오각형과 원의 구성 작업을 한다.

9. 언어 : 원, 정사각형, 삼각형

10. 비고 : 시범은 원으로 한다.

직사각형 상자 1

1. 영역 : 형태의 시각적 구별
2. 연령 : 3.5세 이상
3. 교구 : 4장의 직각 이등변 삼각형(노란색 1쌍, 초록색 1쌍), 6장의 직각 부등변 삼각형(회색 1쌍, 초록색 1쌍, 노란색 1쌍)
   2장의 정삼각형(노란색 1쌍)
   1장의 직각 부등변 삼각형
   1장의 둔각 이등변 삼각형(빨간색)
   * 모든 삼각형의 한 변에는 검은 선이 그어져 있다.

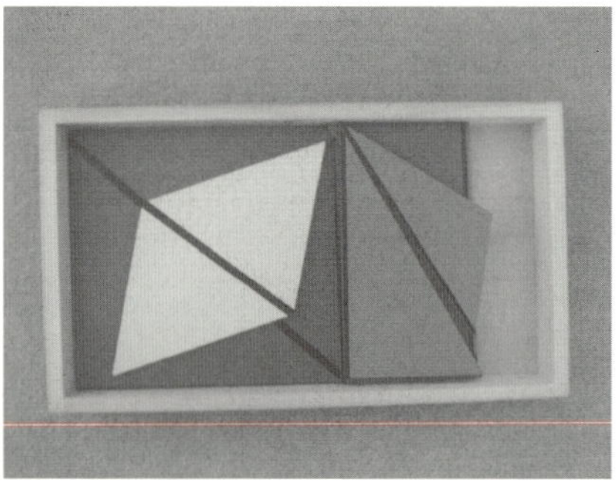

모양들이 병이 났어요.(김혜리 | 세상 모든 책)

1) 동화를 들려준다.
2) 동화 내용을 회상한다.

이야기 나누기 talk

- 모양나라에는 수많은 모양들이 있어요.
- 병이 나면 의사선생님이 아픈 모양들을 고쳐주려 왕진을 다닌다.
- 세모모양 버스에 많은 모양들이 타고 있었어요.
  –"지금 여행을 가야하는데 버스가 좁아서 어떻게 하면 좋을까요?"

– 의사선생님이 똑같은 모양 세모 두 개를 만들어 버스 양쪽에 이어 붙여주어 여행을 떠날 수 있게 되었어요.

- 다른 마을로 발걸음을 옮겼어요.
  – 네모 아이들이 네모난 공을 차면서 "아이구, 발이야!" 울상을 짓고 있었어요.
  – 공이 어떻게 되었을까? 굴러가지 않았어요.
  – 왜 굴러가지 않을까? "모서리가 뾰족해서 발을 다친거에요!"
  – 공이 어떤 모양이면 잘 굴러갈까?
  – 의사선생님은 망치로 네모공을 둥근모양으로 바꿔었어요.
- 목수아저씨들이 새로 지은 건물위에 둥근 지붕을 올려놓았어요.
  – 어떻게 되었을까?
  – 빙글빙글 돌다 땅위로 쿵하고 떨어졌어요.
  – 의사 선생님은 지붕에 올려 놓기도 힘들지만 올려 놓아도 비가오면 빗물이 모양을 타고 집안으로 새어 들어온다며 세모모양을 지붕에 얹었어요.
  – 굴러 떨어질 염려도 없고 비가 집으로 새어 들어올 걱정도 없어요.
- 지혜를 모은다면 모양 나라는 지금보다 더 아름다운 곳이 될 것이에요.
- 친구들은 그림책 속에서 보았던 여러 가지 모양을 본 적이 있나요?
- 의사선생님이 세모 버스를 어떻게 긴 네모모양 버스로 고쳐 주었나요?

3) 교구를 소개한다.

"책 속에서 본 여러 가지 모양이 있는 교구를 선생님이 준비했어요. 함께 알아볼까요?"

▣ 줄을 이용하여 도형을 만들어요.(신체활동)

- 교사가 제시한 도형을 줄을 이용하여 만들어 보는 활동을 해 본다.
  – 줄을 이용하여 삼각형을 만들려면 어떻게 하면 좋을까요?
  – 이 삼각형을 더 큰 삼각형으로 만들어 볼 수 있는 방법은 없을까요?

- 하나의 줄로 만든 삼각형에 여러 개의 줄을 이용하여 더 큰 삼각형으로 만들어 본다.
  - 두개의 줄이 똑같은 길이를 가진 삼각형으로 만들어 볼까요?
- 정삼각형, 이등변 삼각형 등을 줄을 이용하여 만들어 본다.
  - 이제 우리들이 삼각형 모양이 되어 보면 어떨까요?
- 줄의 모양에 따라 유아들이 삼각형 모양으로 선다.
- 음악과 함께 선생님이 제시하는 삼각형을 찾아가기 게임을 해 본다.

4. 제시 방법 :

1) "오늘은 선생님이 직사각형 상자 1을 보여줄게."
2) 교구를 가져와 매트 위에 놓는다.
3) 상자 뚜껑을 열고 그 위에 상자를 놓는다.
4) 삼각형을 하나씩 모두 꺼내 매트에 놓은 후 상자 뚜껑을 닫아 오른쪽에 놓는다.
5) 같은 모양과 색을 포개어 매트 왼쪽 위에 놓는다.
   ① 직각 이등변 삼각형을 포개어 왼쪽에 놓는다.
   ② 직각 부등변 삼각형을 포개어 직각 이등변 삼각형 밑에 놓는다.
   ③ 정삼각형을 포개어 직각 부등변 삼각형 밑에 놓는다.
6) 직각 이등변 삼각형을 가지고 와 매트에 펼쳐 놓는다.
   ① 두 삼각형의 빗변의 선을 오른손 검지로 쓸어내린 다음 오른쪽 삼각형을 돌려 왼쪽 삼각형의 빗변에 마주보게 놓는다.
   ② 두 삼각형 위에 양손을 올려놓고, 밀어 붙여 정사각형을 만든다.
7) 위와 동일한 방법으로 회색 부등변 삼각형 2장을 붙여 직사각형을 만든 후 정사각형 오른쪽에 놓는다.
8) 동일한 방법으로 정삼각형 2장을 붙여 마름모를 만든 후 직사각형 오른쪽에 놓는다.
9) 도형 이름을 말한다(정사각형, 직사각형, 마름모).

10) 평행사변형을 만든다.

11) 같은 방법으로 평행사변형 2개, 초록 평행사변형 1개를 만든다.

12) 같은 방법으로 빨간 사다리꼴을 만든다.

13) 도형이름을 말한다.

14) 정리한다.

① 직각 이등변 삼각형을 정사각형이 되도록 상자에 넣는다.

② 정사각형 옆에 직각 부등변 삼각형을 직사각형이 되도록 넣는다.

③ 정삼각형을 정사각형의 검은 선에 맞추어 그 위에 놓는다.

④ 빨간색 2장을 직사각형 위에 놓는다.

5. 흥미점 :

1) 검은 선을 붙인다.

2) 삼각형을 이용하여 여러 가지 모양을 만든다.

3) 도형의 이름을 안다.

6. 오류의 통제 :

1) 검은 선을 마주 보게 놓지 않는다.

2) 도형이 만들어지지 않는다.

7. 직접 목적 :

1) 시각을 통한 형태 변별력

2) 동일한 두 장의 삼각형으로 여러 도형을 만든다.

간접 목적 :

1) 기하학을 위한 준비

2) 주의력, 관찰력, 질서감, 집중력, 협응력, 독립심

8. 변형 및 확장 :

1) 도형을 매트에 만들어 놓은 후 기하 서랍에서 같은 모양을 찾는다.

2) 크기를 비교한다.

① 직각 이등변 삼각형으로 정사각형과 평행사변형을 만든다.

② 크기를 본다(크기는 같으나 모양이 다르다).

③ 직각 부등변 삼각형도 같은 방법으로 한다.

3) 여러 가지 구성 작업을 한다(각이나 변을 붙여 만든다).

9. 언어 : 정사각형, 직사각형, 마름모, 평행사변형, 사다리꼴, 직각부등변삼각형, 둔각이등변삼각형

10. 비고 :

1) 검은 선끼리 사각형을 만들 때 항상 왼손의 삼각형은 고정하고 오른쪽 삼각형을 돌려 검은 선을 맞춘다.

2) 관련이 있는 활동 : 풀 붙이기, 바느질, 기하도형 서랍, 철판도형

3) 선을 긋는 목적은 촉각 교육이 아니라 변을 붙여 여러 가지 다른 도형이 되는 것을 인식하기 위한 것이므로 너무 천천히 하지 않는다.

직사각형 상자 2

1. 영역 : 형태의 시각적 구별
2. 연령 : 3.5세 이상
3. 교구 : 이등변 삼각형 2장, 직각 부등변 삼각형 3장
   정삼각형 2장, 둔각 부등변 삼각형 1장(모든 삼각형은 파란 색이고 검은 선이 없다)

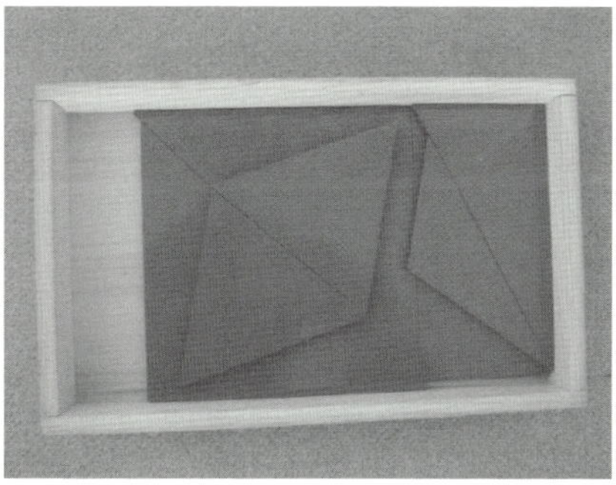

4. 제시 방법 :

1) "오늘은 선생님이 직사각형 상자 2개를 보여줄게."
2) 교구를 가져와 매트 위에 놓는다.
3) 상자 뚜껑을 열고 그 위에 상자를 놓는다.
4) 삼각형을 모두 꺼내 매트에 흩어 놓은 후, 상자 뚜껑을 닫아 오른쪽에 놓는다.
5) 같은 모양끼리 포개어 매트 왼쪽 위에 놓는다.
   "같은 모양의 친구끼리 만나보자."
6) 직각 이등변 삼각형을 매트에 가지고 와서 펼쳐 놓는다.
7) 오른쪽 삼각형을 돌려 왼쪽 삼각형의 빗변에 붙여 정사각형을 만든다.
   "직각 이등변 삼각형으로 정사각형을 만들어 볼 수 있을까?"

8) 양손을 삼각형 위에 놓고 오른손의 삼각형을 위 사선으로 밀어 왼쪽 삼각형의 윗 각과 오른쪽 삼각형의 아래 각이 마주 닿게 한 뒤 다시 밑으로 밀어 평행사변형을 만든다.
9) 다시 양손을 삼각형 위에 놓고 왼손의 삼각형을 밑으로 밀어 밑의 직각끼리 마주 닿게 한 뒤 왼손의 삼각형을 수평으로 밀어 평행사변형을 만든다.
10) 위의 삼각형은 왼손, 밑의 삼각형은 오른손으로 얹어 오른쪽 삼각형을 수평으로 밀어 밑의 각끼리 마주 닿게 한 뒤 오른손의 삼각형을 사선으로 밀어 빗변을 붙여 정사각형을 만든다(정사각형 → 평행사변형 → 평행사변형 → 정사각형).
11) 직각 부등변 삼각형 2개를 매트에 펼쳐 놓는다.
12) 7) ~ 10)까지 동일한 방법으로 진행한다(직사각형 → 평행사변형 → 평행사변형 → 직사각형).
13) 정삼각형을 매트에 펼쳐 놓는다.
14) 동일한 방법으로 진행한다(마름모).
15) 각각 다른 부등변 삼각형으로 사다리꼴을 만든다.
16) 도형 이름을 말한다. "어떤 도형들이 만들어졌니? 이름을 말해보자."
17) 정리한다.

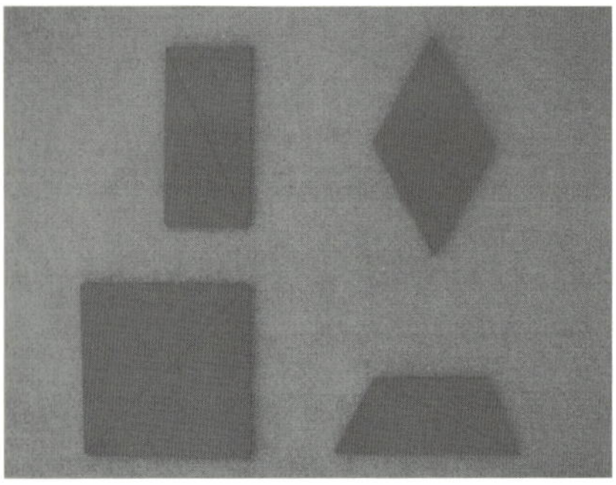

5. 흥미점 : 붙이는 변에 따라 다른 형태의 도형이 된다.
6. 오류의 통제 : 붙이는 변에 따라 다른 형태의 도형이 되지 않는다.
7. 직접 목적 :
   1) 시각을 통한 형태 식별력
   2) 삼각형으로 기하도형을 만든다.
   3) 공간 습득

   간접 목적 :
   1) 기하학을 위한 준비
   2) 수학적·논리적 두뇌형성
   3) 주의력, 관찰력, 질서감, 집중력, 협응력, 독립심
8. 변형 및 확장 : 여러 가지 구성작업을 한다.
9. 언어 :
   정사각형, 직사각형, 마름모, 사다리꼴, 평행사변형, 둔각 부등변삼각형
10. 비고 :
   1) 직각 이등변 삼각형은 붙이는 변에 따라 정사각형 1개, 평행사변형 1개가 된다.
   2) 직각 부등변 삼각형은 붙이는 변에 따라 직사각형 1개, 평행사변형 2개가 된다.
   3) 정삼각형은 세 변의 길이가 같기 때문에 모양이나 형태가 같은 마름모 1개가 된다.

삼각형 상자

1. 영역 : 형태의 시각적 구별
2. 연령 : 3.5세 이상
3. 교구 : 1장의 큰 정삼각형(회색)
   2장의 직각 부등변 삼각형(초록색)
   3장의 둔각 이등변 삼각형(노란색)
   4장의 작은 정삼각형(빨간색)

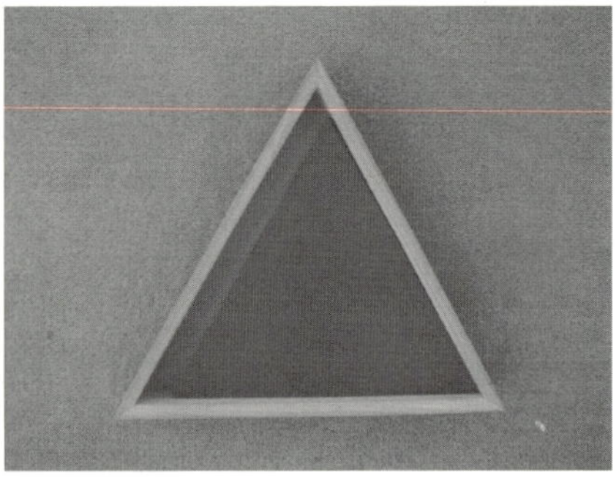

4. 제시 방법 :

1) 교구를 가져와 매트 위에 놓는다.
2) "무슨 모양이니?", 오늘은 선생님이 삼각형 상자를 보여줄게."
3) 상자 뚜껑을 열어 그 위에 상자를 놓는다.
4) 삼각형을 모두 꺼내 매트에 흩어 놓은 후, 상자 뚜껑을 닫아 오른쪽에 놓는다.
5) 같은 모양끼리 포개어 매트 왼쪽 위에서부터 놓는다.
   ① 회색 정삼각형을 왼쪽 위에 놓는다.
   ② 초록색 직각 부등변 삼각형을 포개어 회색 정삼각형 밑에 놓는다.
   ③ 노란색 둔각 이등변 삼각형을 포개어 초록색 밑에 놓는다.

④ 정삼각형을 포개어 노란색 밑에 놓는다.

6) 초록색 삼각형의 검은 선을 붙여 정삼각형을 만들어 회색 삼각형 오른쪽에 놓는다.
"회색 정삼각형과 똑같은 모양을 만들어 보자."

7) 위와 동일한 방법으로 노란색, 빨간색 삼각형도 한다.

8) 회색 삼각형을 포개어 크기가 같음을 확인한다.

9) 정삼각형은 회색 1장, 초록색 2장, 노란색 3장, 빨간색 4장으로 되어 있음을 설명한다(분수 개념).

10) 빨간 삼각형부터 차례대로 상자에 넣는다.

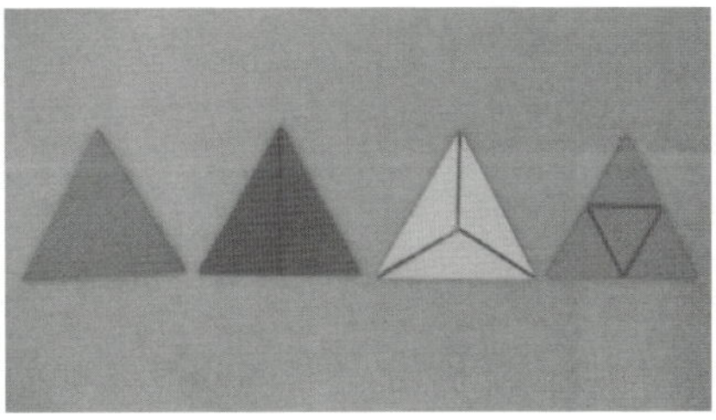

5. 흥미점 :
   1) 검은 선을 붙인다.
   2) 조각의 수는 달라도 모양이 같다.

6. 오류의 통제 :
   1) 검은 선을 마주 보게 놓지 않는다.
   2) 도형이 만들어지지 않는다.

7. 직접 목적 :
   1) 시각을 통한 형태 변별력
   2) 여러 가지 모양의 삼각형으로 정삼각형을 구성한다.

   간접 목적 :
   1) 기하학을 위한 준비
   2) 닮은꼴
   3) 주의력, 관찰력, 질서감, 집중력, 협응력, 독립심

8. 변형 및 확장 :

1) 삼각형의 반(1/2)을 찾는다.

① 회색 삼각형 위에 초록색 삼각형을 올려놓고 "이것은 크기가 같다."라고 말한다.

② 초록색 부등변 삼각형을 밑에 내려놓고 "이것은 삼각형의 반이다."라고 말한다.

③ 다른 삼각형에도 반으로 나누어지는 삼각형이 있는지 본다.

④ "초록색 부등변 삼각형과 빨간색 정삼각형 2장은 큰 정삼각형의 반이다."

2) 닮은꼴을 안다.

① 회색 삼각형과 빨간 정삼각형은 크기는 다르지만 모양은 같다(회색 1, 빨간 정삼각형 1/4).

② 회색 삼각형과 초록색 삼각형을 붙여 마름모를 만들고, 노란 삼각형 2장을 붙여 마름모를 만들고, 빨간 삼각형 2장을 붙여 마름모를 만든다. 이것도 크기는 다르지만 모양은 같다.

3) 정삼각형에는 사다리꼴과 정삼각형이 들어 있다(빨간 정삼각형 4개의 어느 한 부분을 빼 내어도 사다리꼴과 하나의 정삼각형이 된다).

4) 큰 정삼각형을 만든다(4개의 삼각형을 붙인다).

5) 큰 마름모, 큰 사다리꼴을 만든다.

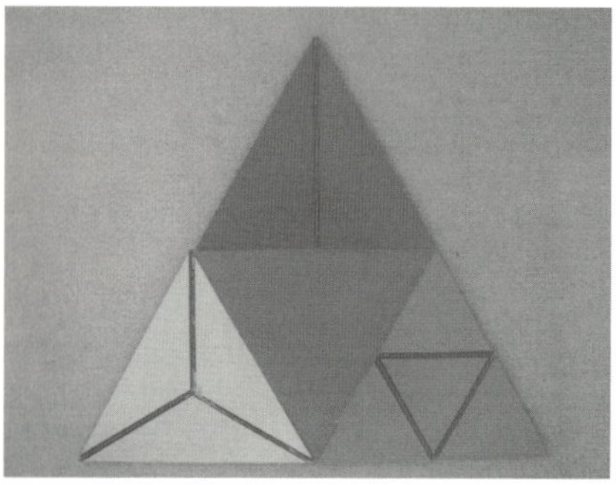

9. 언어 : 정삼각형, 직각 부등변삼각형, 둔각 이등변삼각형

10. 비고 : 분수(1/2, 1/3, 1/4)는 5세 이후에 가르쳐준다.

삼각상자 – 변형

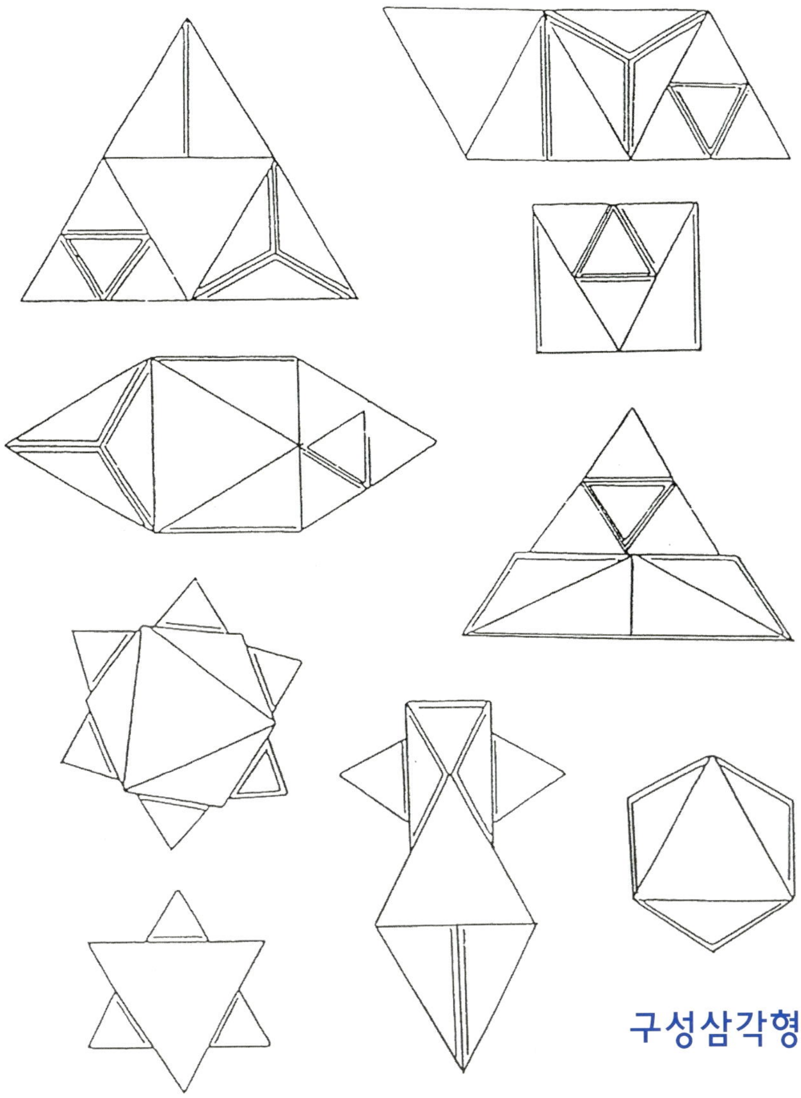

구성삼각형

큰 육각형 상자

1. 영역 : 형태의 시각적 구별
2. 연령 : 3.5세 이상
3. 교구 : 큰 정삼각형 1장(노란색)
   둔각 삼각형 10장(노란색 6장, 회색 2장, 빨강 2장)

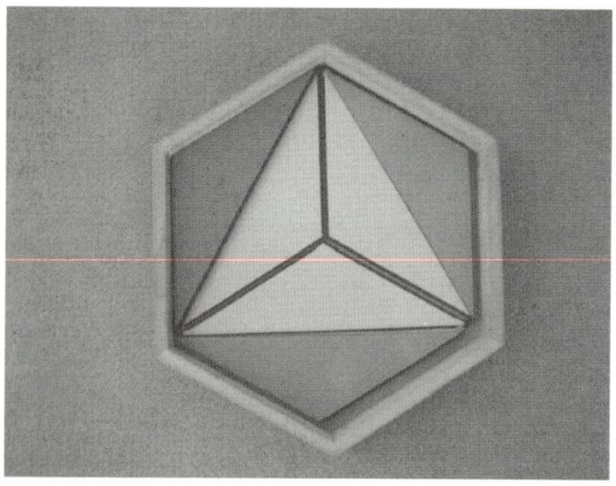

4. 제시 방법 :

1) 교구를 가져와 매트 위에 놓는다.
2) "무슨 모양이니?", "오늘은 선생님이 큰 육각형 상자를 보여줄게."
3) 상자뚜껑을 열어 그 위에 상자를 놓는다.
4) 삼각형을 모두 꺼내 매트에 흩어 놓은 후, 상자 뚜껑을 닫아 오른쪽에 놓는다.
5) 큰 정삼각형을 왼쪽 위에 놓고, 둔각 삼각형은 색깔 별로 분류하여 큰 정삼각형 밑에 세로로 놓는다.
6) 노란 둔각 삼각형에서 두 변과 한 변이 그어진 선을 분류한다.
7) 노란 정삼각형과 밑면에 검은 선이 그어진 노란 둔각 삼각형 3장을 붙여 육각형을 만든다.
8) 노란 둔각 삼각형 3개를 가지고 정삼각형을 만들어 노란 육각형 옆에 놓

는다.

9) 빨간 둔각 삼각형을 붙여 마름모를 만들어 삼각형 오른쪽에 놓는다.

10) 회색 둔각 삼각형을 붙여 평행사변형을 만들어 빨간 마름모 오른쪽에 놓는다.

11) 각각의 이름을 말한다.

12) 노란 육각형에 밑면이 그어진 둔각 삼각형 3개를 삼각형 위에 올려놓는다. "육각형에는 삼각형 2개가 들어 있다."
다시 육각형으로 만든다.

13) 육각형 안의 정삼각형을 들어내고 그 자리에 오른쪽의 둔각 삼각형 3장으로 된 정삼각형을 넣는다. "육각형은 둔각 삼각형 6장으로 되어 있다."

14) 노란 육각형에 있는 마름모 모양을 옆으로 밀어내고 빨간 마름모를 집어 넣는다.
"육각형에는 마름모 3장이 들어 있다."

15) 회색 평행사변형으로 마름모를 만든다.
회색 마름모를 빨간 마름모 위에 얹는다.
"회색 마름모와 빨간 마름모는 크기가 같다."
회색 마름모를 내려놓는다.
회색 마름모를 다시 평행사변형을 만든다.
노란색 마름모로 평행사변형을 만든다.
"육각형에는 평행사변형이 3개 들어 있다."
노란색 평행사변형을 다시 마름모로 만들어 노란 육각형에 놓는다.

16) 육각형은 삼각형이 2개, 마름모가 3개, 평행사변형이 3개, 둔각 삼각형 6장으로 되어 있다.

17) 상자에 정리한다.
① 상자에 넣을 때 정삼각형을 넣고, 그 옆에 밑변에 선이 그어진 노란색 둔각 삼각형을 넣는다.
② 정삼각형 위에 두 변에 선이 그어진 노란색 둔각 삼각형으로 정삼각형을 만든다.

③ 그 옆에 회색 둔각 삼각형을 양쪽에 넣고, 한 쪽에 빨간 둔각 삼각형을 넣는다.

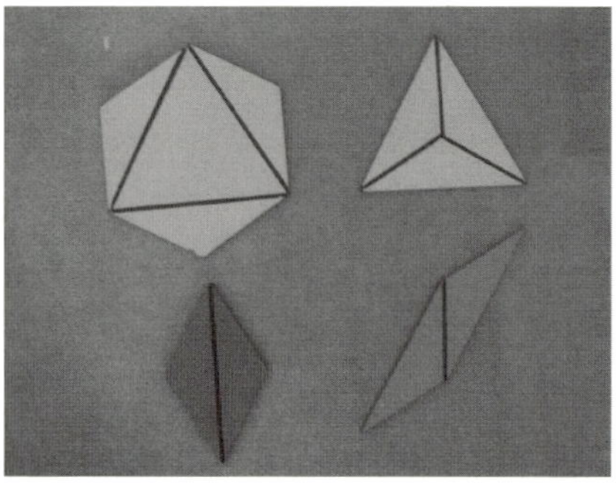

5. 흥미점 : 삼각형으로 육각형을 만든다.
6. 오류의 통제 :
   1) 검은 선을 마주 보게 놓지 않는다.
   2) 도형이 만들어지지 않는다.
7. 직접 목적 :
   1) 시각을 통한 형태 변별력
   2) 삼각형으로 기하도형을 만든다.

   간접 목적 :
   1) 기하학을 위한 준비
   2) 주의력, 관찰력, 질서감, 집중력, 협응력, 독립심
8. 변형 및 확장 : 여러 가지 구성 작업을 한다.
9. 언어 : 육각형, 정삼각형, 마름모, 평행사변형, 둔각삼각형
10. 비고 : 분수개념－육각형의 1/2은 정삼각형
    －육각형의 1/3은 마름모 혹은 평행사변형
    －육각형의 1/6은 둔각삼각형

큰 육각형 상자－변형

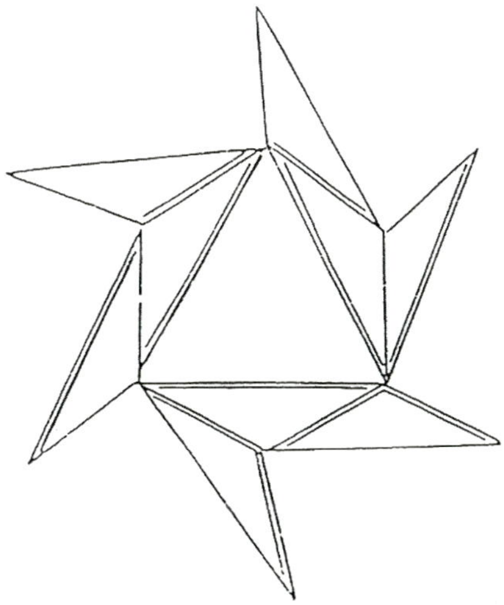

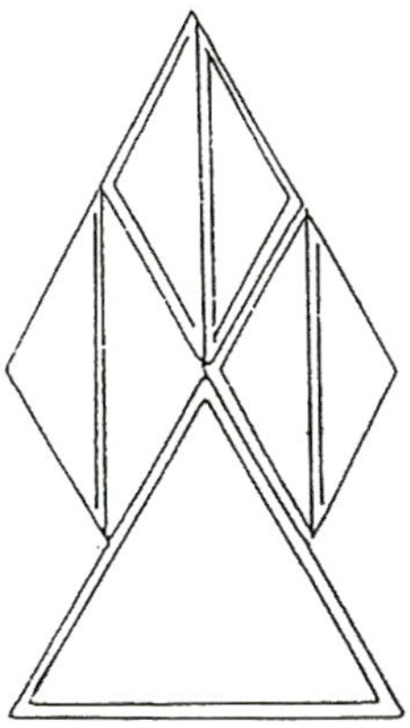

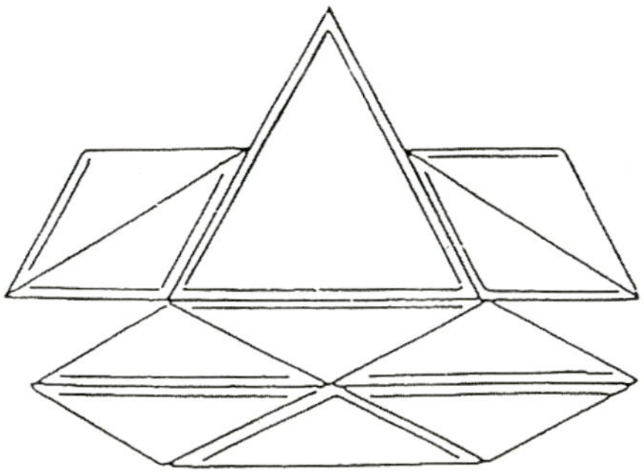

작은 육각형 상자

1. 영역 : 형태의 시각적 구별
2. 연령 : 3.5세 이상
3. 교구 : 큰 정삼각형 1장(노란색), 둔각 삼각형 6장(빨간색), 작은 정삼각형 11장(회색 6장, 초록 3장, 빨간색 2장)

4. 제시 방법 :

1) 교구를 가져와 매트 위에 놓는다.
2) "오늘은 선생님이 작은 육각형 상자를 보여줄게."
3) 상자뚜껑을 열어 그 위에 상자를 놓는다.
4) 삼각형을 모두 꺼내 매트에 흩어 놓은 후, 상자 뚜껑을 닫아 오른쪽에 놓는다.
5) 큰 정삼각형을 왼쪽 위에 놓고, 정삼각형 밑에 빨간 둔각 삼각형 6장을 포개놓는다.
6) 정삼각형을 색깔별로 분류하여 포개어 세로로 놓는다.
7) 빨간 둔각 삼각형 6장을 붙여 육각형을 만들어 왼쪽 위에 놓는다.
8) 빨간 정삼각형을 마름모를 만들어 육각형의 오른쪽에 놓는다.
9) 초록색 정삼각형을 사다리꼴로 만들어 마름모 오른쪽에 놓는다.

10) 회색 정삼각형을 육각형으로 만들어 초록 사다리꼴의 오른쪽에 놓는다.
11) 각각의 이름을 말한다.
12) "노란 정삼각형과 빨간 육각형의 삼각형은 모양과 크기가 같다."
빨간 육각형에 있는 3장의 빨간 둔각 삼각형을 포개어 2개의 정삼각형을 만든다.
노란 정삼각형을 위에 얹는다.
"빨간 육각형 안에는 정삼각형이 2개 들어 있다."
다시 빨간 육각형을 만든다.
13) 빨간 육각형 위에 빨간 마름모를 얹어 본다.
"육각형은 마름모 3개로 구성되어 있다."
빨간 마름모를 제자리에 정리한다.
14) 회색 육각형을 반으로 나누고 초록 사다리꼴을 위에 얹는다.
"육각형에는 사다리꼴 2개가 들어 있다."
제자리에 정리한다.
회색 육각형을 빨간 육각형 위에 얹는다.
"빨간 육각형과 회색 육각형은 모양과 크기가 같다."
"육각형 안에는 정삼각형이 6개 들어 있다."
회색 육각형을 제자리에 정리한다.
15) 상자에 정리한다.
① 노란 정삼각형을 넣고 그 옆에 빨간 둔각 삼각형을 넣는다.
② 노란 정삼각형 위에 빨간 둔각 삼각형을 넣고 빨간 마름모를 넣는다.
③ 초록색 삼각형을 넣는다.
④ 회색 정삼각형을 넣는다.

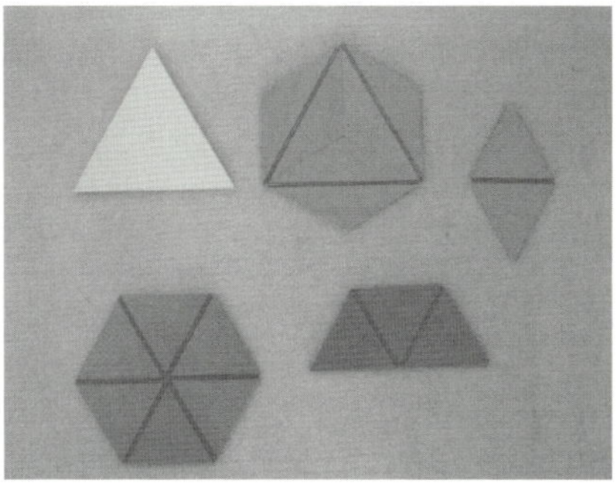

5. 흥미점 : 삼각형으로 육각형을 만든다.
6. 오류의 통제 :
   1) 검은 선을 마주 보게 놓지 않는다.
   2) 도형이 만들어지지 않는다.
7. 직접 목적 :
   1) 육각형의 구성과 분해를 통하여 기하도형의 전체와 부분간의 관계를 안다.

   간접 목적 :
   1) 기하학을 위한 준비
   2) 주의력, 관찰력, 질서감, 집중력, 협응력, 독립심
8. 변형 및 확장 : 여러 가지 구성 작업을 한다.
9. 언어 : 정삼각형, 육각형, 마름모, 사다리꼴, 둔각삼각형
10. 비고 :

    분수개념－육각형의 1/2은 사다리꼴
    　　　　－육각형의 1/3은 마름모
    　　　　－육각형의 1/6은 작은 정삼각형 또는 둔각 삼각형

작은 직사각형 상자

1. 영　　역 : 형태의 시각적 구별
2. 연　　령 : 3.5세 이상
3. 교　　구 : 교구상자 1개
   −각 변의 길이가 16cm, 14cm, 8cm 파란색 직각 부등변 삼각형 12개
4. 제시 방법 :

제시 Ⅰ

1) 직각부등변 삼각형 4개를 꺼낸다.
2) 삼각형을 90° 각도의 중심으로 하여 면을 맞춘다.
3) 변을 맞춰서 만들어진 모양을 본다.
4) 바깥모양과 안의 모양이 정사각형이 된다. "어떤 모양이 되었니? 큰 정사각형 안에 어떤 모양이 있니?", "바깥 모양과 안의 모양이 똑같구나."

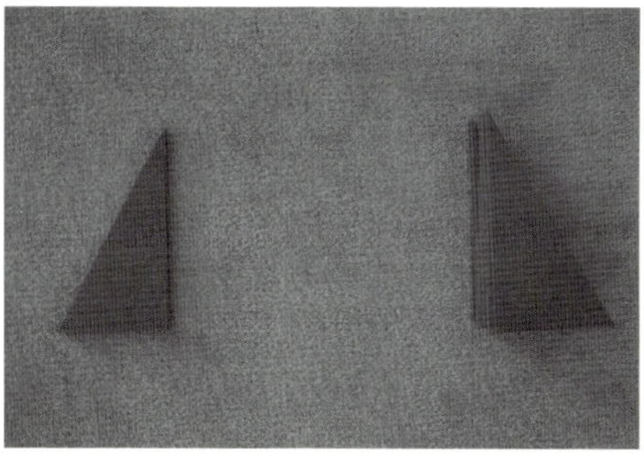

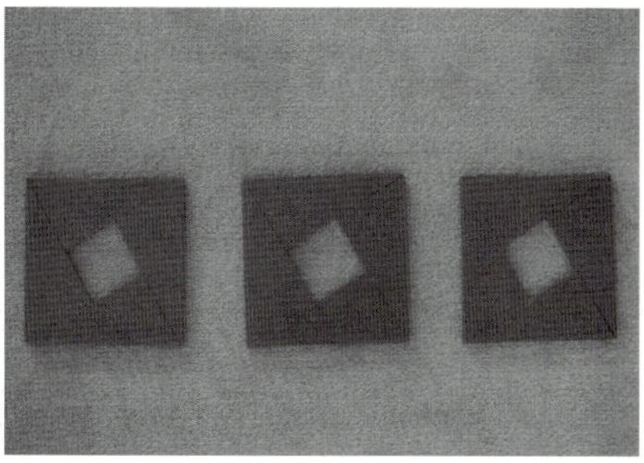

제시 Ⅱ

1) 직각부등변 삼각형 6개를 꺼낸다.
2) 삼각형을 60° 각도의 중심으로 하여 면을 맞춘다.
3) 바깥모양과 안의 모양이 정육각형이 된다. "어떤 모양이 되었니?, 큰 정육각형 안에 어떤 모양이 있니?, 바깥모양과 안의 모양이 정육각형으로 똑같구나."

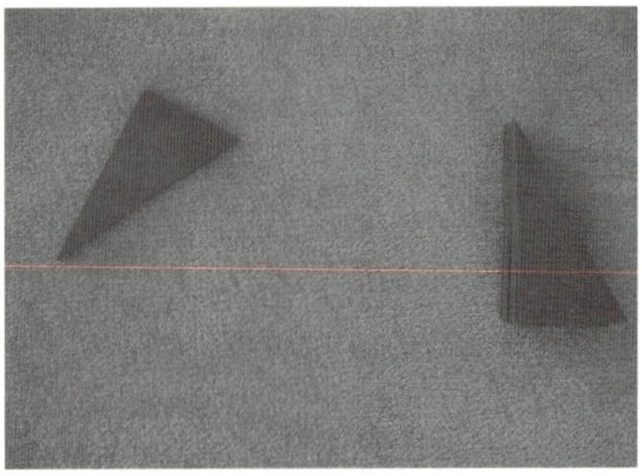
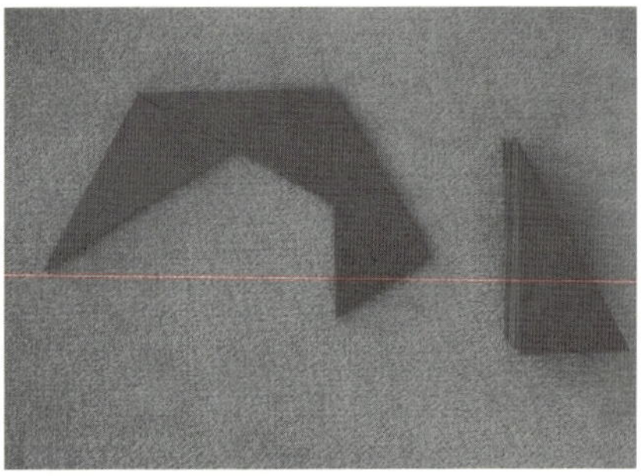
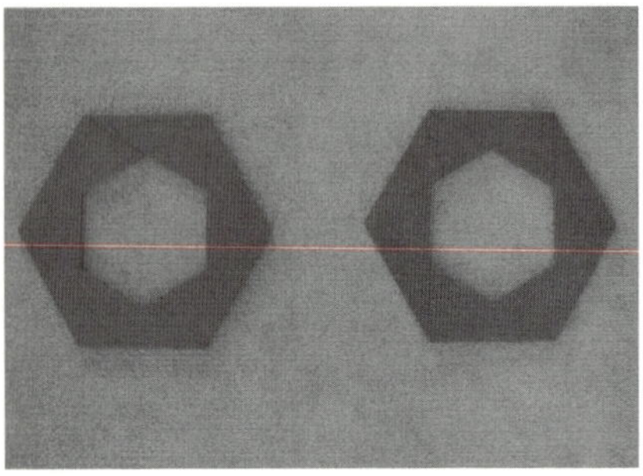

제시 Ⅲ

1) 직각부등변 삼각형 12개를 꺼낸다.
2) 삼각형을 30° 각도의 중심으로 하여 면을 맞춘다.
3) 바깥모양과 안의 모양이 십이각형이 된다.

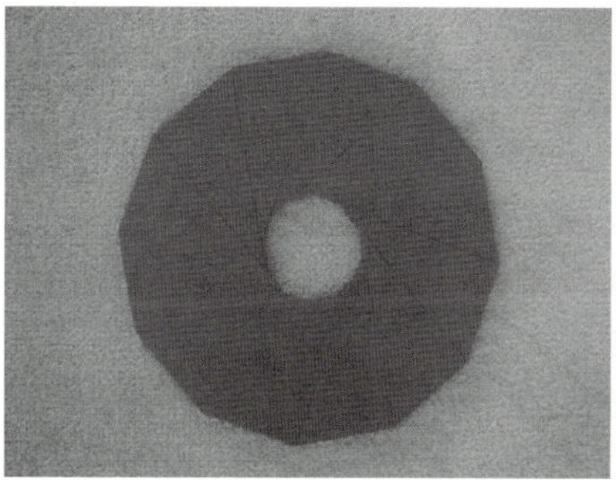

5. 흥미점 : 삼각형으로 형을 구성한다.
6. 오류의 통제 : 형이 만들어지지 않는다.
7. 직접 목적 :
   1) 직각삼각형의 구성을 통하여 전체와 부분간의 관계를 안다.
   2) 각도에 따른 형태의 변화
   3) 삼각형을 비교 분석하여 삼각형과 사각형의 구성형태를 변별하는 능력을 기른다.

   간접 목적 : 기하학을 위한 준비
8. 변형 및 응용 : 여러 가지 구성작업을 한다.

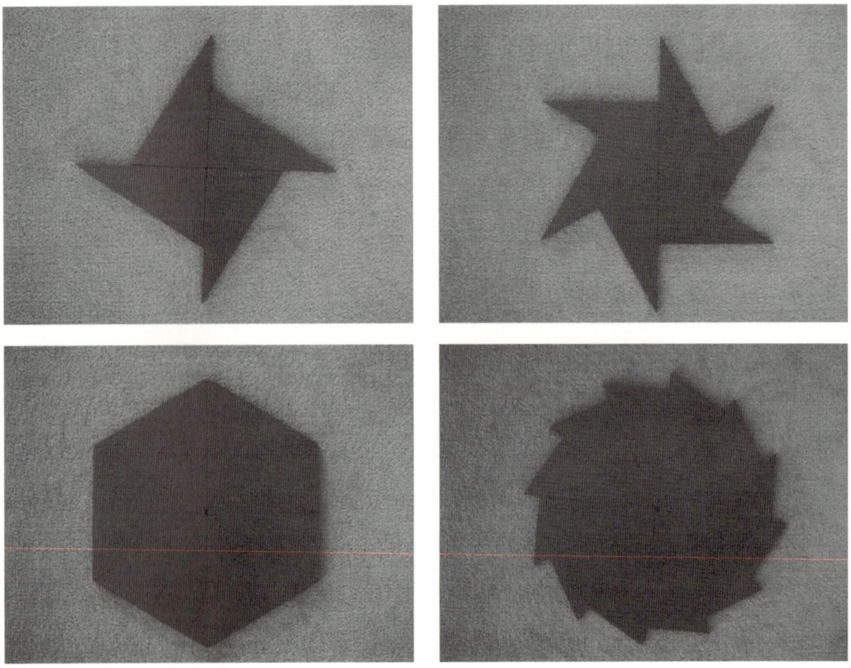

9. 언어 : 직각삼각형, 정사각형, 육각형, 십이각형, 삼각뿔, 직사각형, 평행사변형

10. 비고 :

1) 붙이는 변에 따라 기하 도형이 구성된다.

2) 붙이는 각도에 따라 기하 도형이 구성된다.

1항식

1. 영역 : 형태의 시각적 변별
2. 연령 : 3세 이상
3. 교구 : 뚜껑이 달려 있는 나무상자
   상자 안에는 초록색 큰 직육면체 1개와 작은 직육면체 1개, 흰색 큰 직육면체 1개와 작은 직육면체 1개, 노란색 큰 정육면체 1개와 작은 정육면체 2개가 들어 있다.

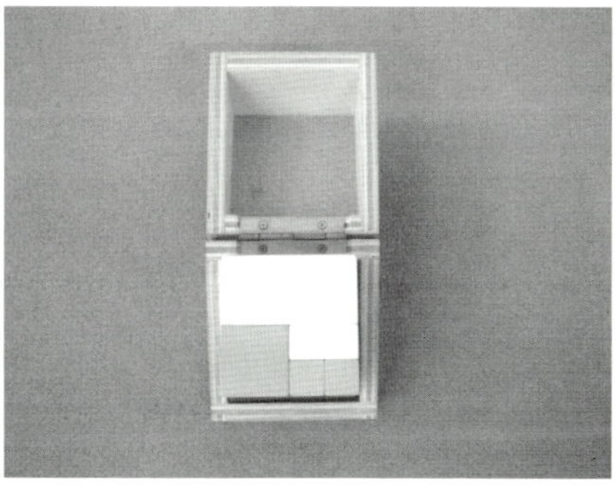

4. 제시 방법 :

제시 I

1) 활동명을 알려준다.
   "오늘은 일항식 상자를 보여 줄게."
2) 교구장에 가서 교구를 가져와 매트의 중앙에 놓는다.
3) 상자의 뚜껑을 열고 잠시 바라본다.
4) 노란색 육면체부터 꺼내 매트에 나열한다.
5) 상자 속의 가장 큰 초록색 육각형까지 꺼내 나열한다.
6) 꺼낸 순서의 반대로 상자에 넣는다.
   큰 육면체 → 작은 육면체

7) 교구를 정리하고, 매트를 정리한다.

* 상자에 넣을 때 여러 가지 방법으로 정리해 본다.

제시 Ⅱ

1) 매트 위에 무작위로 차례대로 꺼낸다.
2) 매트 위에 쌓아보기

제시 Ⅲ

1) 매트 위에 무작위로 꺼낸다.
2) 제일 작은 육면체부터 하나씩 더해 가면서 그 다음 것과 크기가 같아짐을 보여준다.

5. 흥미점 : 같은 형태의 크기로 맞춘다.
6. 오류의 통제 : 같은 형태의 크기로 맞추지 못한다.
7. 직접 목적 :
   1) 시각의 정련
   2) 형태와 색의 변별력

   간접 목적 : 기하의 준비

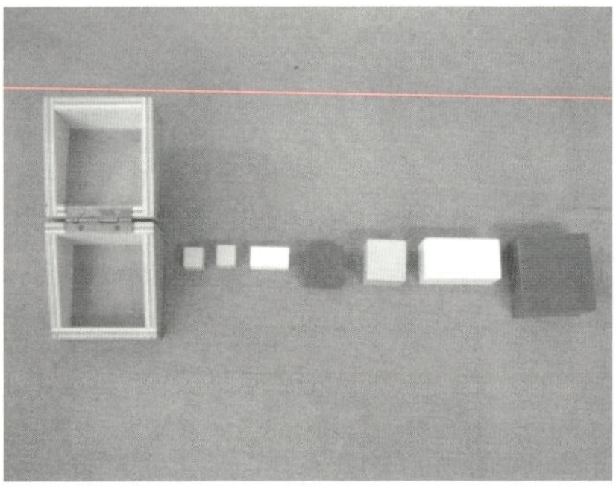

8. 변형 및 응용 : 섞어놓고 쌓는다.
9. 언어 3단계 : 똑같다, 일항식
10. 비고 :
    1) 매트에 나열할 때는 크기가 작은 순서대로 질서 정연하게 하도록 한다. 상자에 넣을 때는 크기가 큰 순서대로 넣는다.

2항식

1. 영역 : 형태의 시각적 변별
2. 연령 : 3.5세 이상
3. 교구 : 정육면체의 상자 안에 빨간 정육면체 1개, 파란색 정육면체 1개, 두 면이 빨강이고 네 면이 검정인 직육면체 3개, 두 면이 파랗고 네 면이 검정인 직육면체 3개가 들어 있다.
   상자의 뚜껑과 네 측면에는 육면체의 기초가 되는 요소가 색과 형태로 구분되어 있다.

4. 제시 방법 :

1) "오늘은 선생님이 2항식 상자를 보여줄게."
2) 교구를 가져와 책상 위에 놓는다(상자 위의 빨간 정육면체가 항상 왼쪽 위에 있도록 한다).
3) 상자의 뚜껑을 열어 매트 위에 놓는다.
   상자 안의 빨간 정육면체와 파란 정육면체의 위치가 뚜껑에 있는 위치와 동일한지 확인한다.
4) 상자의 앞면을 열어 내려놓고 옆면도 동일한 방법으로 위치가 동일한지 확인하고 내려놓는다. 뚜껑을 그 사이의 윗면 그림과 같은 방향으로 놓는다.

5) 파란 정육면체를 꺼내 뚜껑 위의 같은 위치에 올려놓는다.
6) 양 옆이 파란색인 직육면체를 꺼내 뚜껑 위의 같은 위치에 올려놓는다.
7) 빨간색을 꺼내 뚜껑 위의 같은 위치에 올려놓는다.
8) 위와 동일한 방법으로 다시 책상 위에 하나씩 내려놓아 같은 모양으로 놓는다. 오른손으로 윗면을 눌러 본다.
9) 위의 5)~7)과 동일한 방법으로 상자 아랫단의 육면체도 뚜껑에 올려놓고 다시 책상 위에 같은 모양으로 놓는다. 오른손으로 윗면을 눌러본다. 오른손으로 다시 아랫단과 윗단을 눌러본다.
10) 아랫단의 육면체부터 다시 뚜껑에 올려놓은 후 상자 안에 빨강 육면체부터 넣는다.
11) 동일한 방법으로 윗 단을 정리한다.
12) 상자 안의 앞면이 상자의 앞면 그림과 같음을 확인한 후, 뚜껑을 닫고 옆면과 윗면도 확인한 후 동일한 방법으로 진행한다.
13) 교구장에 교구를 정리한다.

5. 흥미점 : 같은 모양과 같은 색깔을 맞춘다.
6. 오류의 통제 : 상자의 뚜껑과 측면의 그림이 맞지 않는다.
7. 직접 목적 :
   1) 시각을 통한 형태와 색의 변별력
   2) $(a+b)^3$의 원리를 감각적으로 이해한다.

   간접 목적 :
   1) 수학적 · 논리적 두뇌 형성
   2) 2항식의 대수 준비
   3) 주의력, 의지력, 집중력
8. 변형 및 확장 :
   1) 뚜껑 없이 한다.
      ① 상자 뚜껑을 뒤집어 책상 위에 놓는다.
      ② 윗 단의 육면체를 하나씩 꺼내 상자 안의 모양과 같게 놓는다.

아랫단도 동일한 방법으로 놓는다.

③ 빨간 정육면체를 책상 위에 놓고, 같은 색을 찾아 그 밑에 나열한다.

파란 정육면체를 빨간 정육면체 옆에 놓고 같은 색을 찾아 그 밑에 나열한다(이때 빨간색과 파란색이 분류된다).

④ 상자 안에 아랫단부터 정리한다.

2) 섞어 놓고 쌓는다.

① 상자에서 꺼내 흩어놓은 다음 책상 위에 아랫단과 윗 단을 만든다.

② 상자 안에 아랫단부터 정리하고 윗 단을 정리한다.

3) 같은 면을 찾는다.

책상 위에 아랫단과 윗 단을 쌓아 놓은 후 윗면의 모양과 같은 면이 모두 몇 개인지 안다(12면).

4) 부피의 기호를 안다.

각 육면체에 맞는 기호 카드를 일치시킨다.

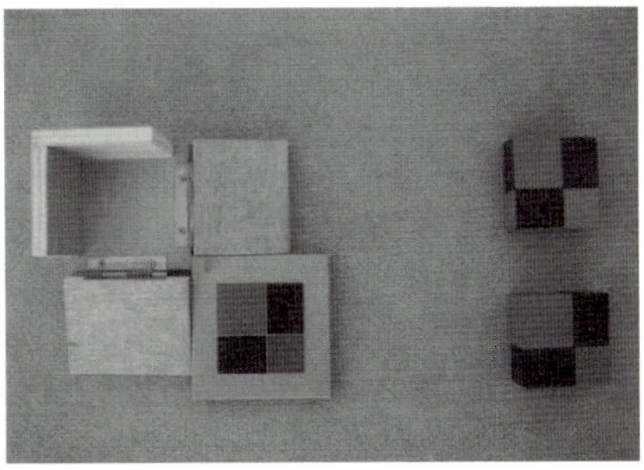

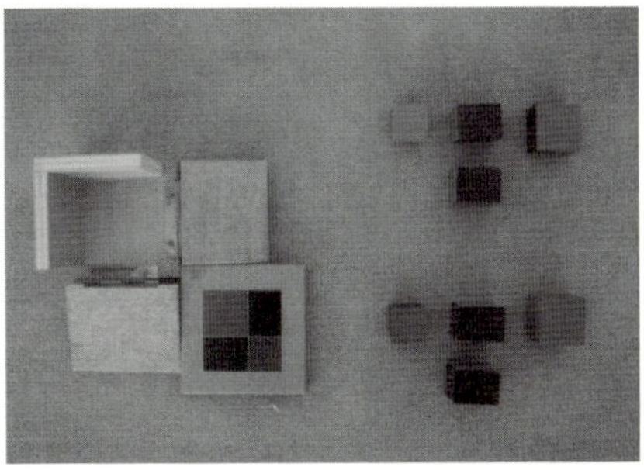

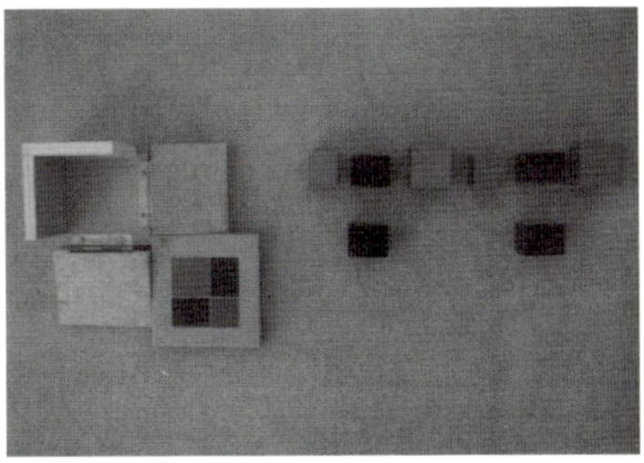

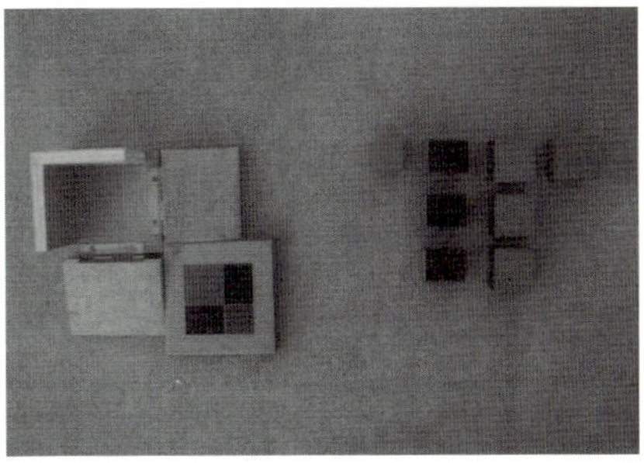

9. 언어 : 2항식, 똑같다

10. 비고 :

1) 상자에 넣을 때나, 교구장에 정리할 때는 항상 빨간 정육면체가 왼쪽에 오도록 한다.

2) 어린 유아의 경우에는 손의 방향을 움직이지 말고 육면체를 잡은 그대로의 상태로 유지하여 책상으로 옮긴다.

2항식

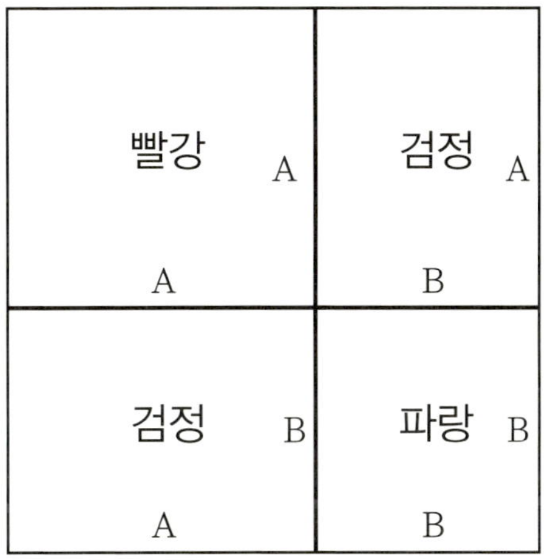

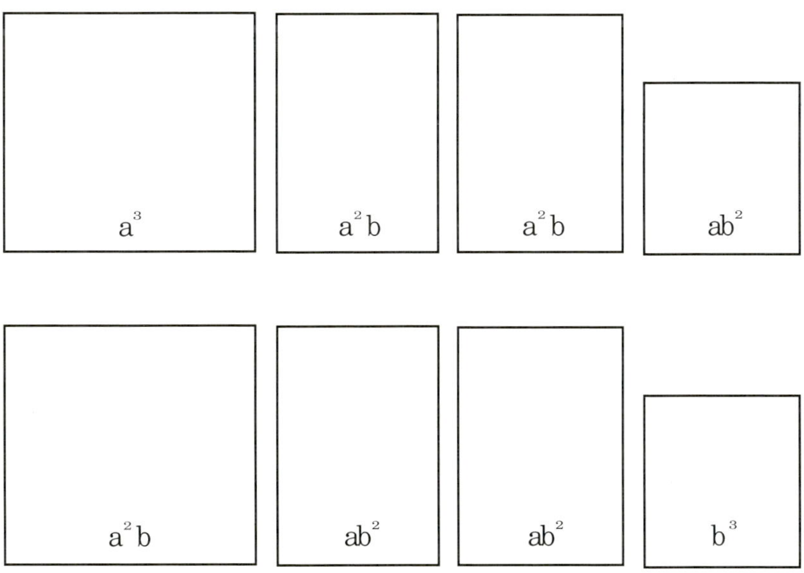

공식 : $(A + B)^3 = A^3 + 3A^2B + 3AB^2 + B^3$

3항식

1. 영역 : 형태의 시각적 변별
2. 연령 : 4.5세 이상
3. 교구 : 빨강, 파랑, 노랑 정육면체 각 1개
   검정색의 직육면체 6개, 빨강, 파랑, 노랑 직육면체가 각 6개씩 들어 있다(모두 27개의 육면체).

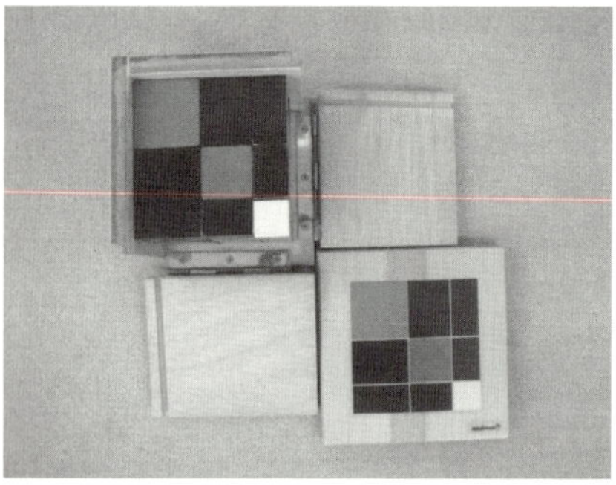

4. 제시 방법 :

1) "오늘은 선생님이 3항식 상자를 보여줄게."
2) 교구를 가져와 책상 위에 놓는다(상자 위의 빨간 정육면체가 항상 왼쪽 위에 있도록 한다).
3) 상자의 뚜껑을 열어 상자의 오른쪽에 놓는다.
4) 상자의 앞면을 열고 옆면도 동일한 방법으로 내려놓은 후, 뚜껑은 앞면과 옆면 사이에 끼운다.
5) 노란 정육면체를 꺼내 뚜껑 위의 노란색 위치에 올려놓는다.
6) 양옆이 노란색인 직육면체를 꺼내 뚜껑 위의 같은 위치에 올려놓는다.
7) 위와 동일한 방법으로 다시 책상 위에 하나씩 내려놓아 뚜껑과 같은 모양으로 붙여놓는다.

8) 위의 5) ~ 7)과 동일한 방법으로 상자 중간 단, 아랫단의 육면체도 진행한다.
9) 아랫단의 빨간 정육면체부터 다시 뚜껑에 다 올려놓은 후 상자 안에 빨간 육면체부터 넣는다.
10) 동일한 방법으로 중간 단, 윗단도 진행한다.
11) 상자 안의 앞면과 옆면이 같음을 확인한 후 닫고 뚜껑을 닫는다.
12) 교구장에 교구를 정리한다.

5. 흥미점 : 같은 모양과 같은 색깔을 맞춘다.
6. 오류의 통제 : 상자의 뚜껑과 측면의 그림이 맞지 않는다.
7. 직접 목적 :
   1) 시각을 통한 형태와 색의 변별력
   2) $(a+b+c)^3$의 원리를 감각적으로 이해한다.

   간접 목적 :
   1) 수학적 · 논리적 두뇌형성
   2) 삼항식의 대수 준비
   3) 주의력, 의지력, 집중력
8. 변형 및 확장 :
   1) 뚜껑 없이 한다.
   2) 섞어 놓고 쌓는다.
   3) 같은 면을 찾는다(18면).
   4) 부피의 기호를 안다(연령이 큰 유아에게 제공한다).
   5) 각 육면체에 맞는 기호 카드를 일치시킨다.
   6) 칼라 삼항식

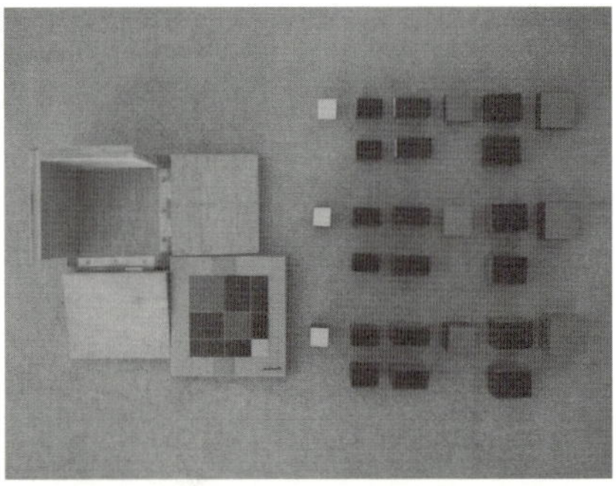
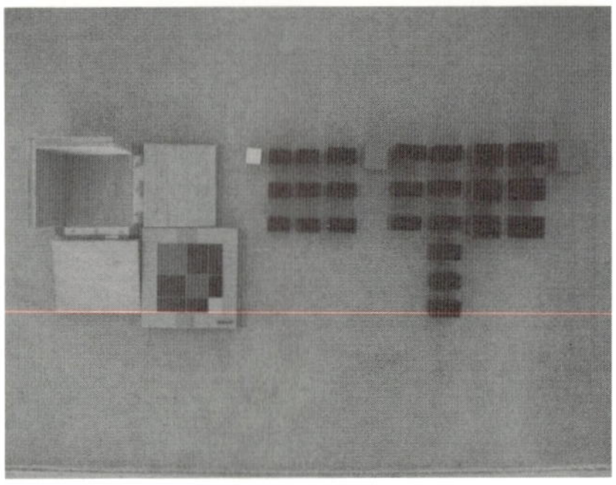
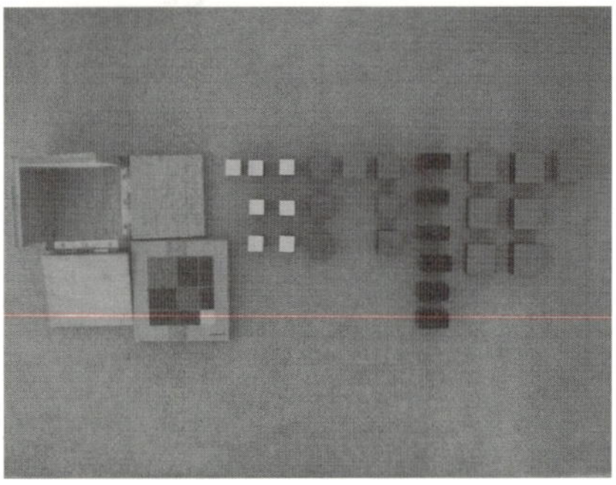

9. 언어 : 3항식, 꼭맞다.

10. 비고 :

    1) 상장에 넣을 때나, 교구장에 정리할 때는 항상 빨간 정육면체가 왼쪽에 오도록 한다.

    2) 어린 유아의 경우에는 손의 방향을 움직이지 말고 육면체를 잡은 그대로의 상태로 유지하여 책상으로 옮긴다.

3항식

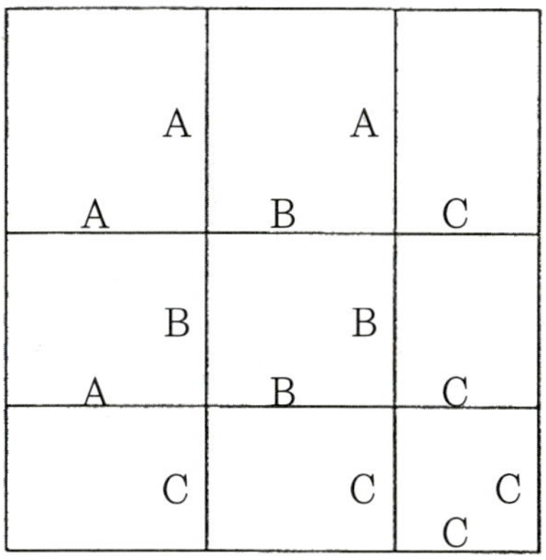

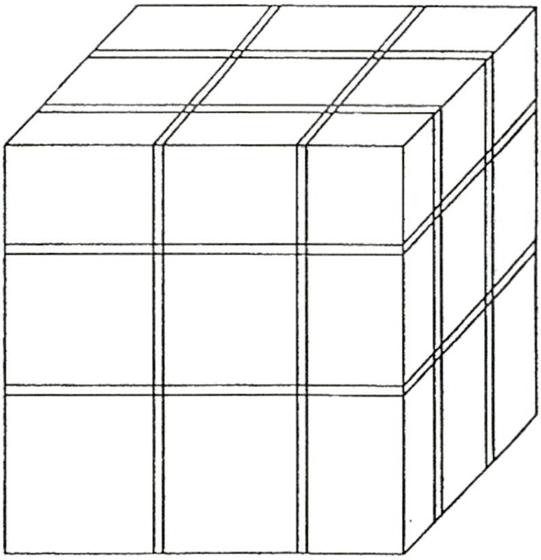

3항식

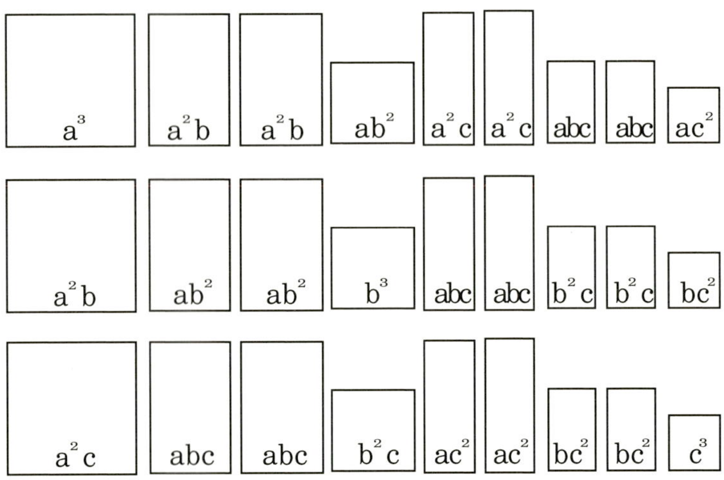

공식: $(A+B+C)^3 = A^3 + B^3 + C^3 + 3A^2B + 3A^2C + 3AB^2 + 3AC^2 + 3B^2C + 3BC^2 + 6ABC$

2항식 · 3항식

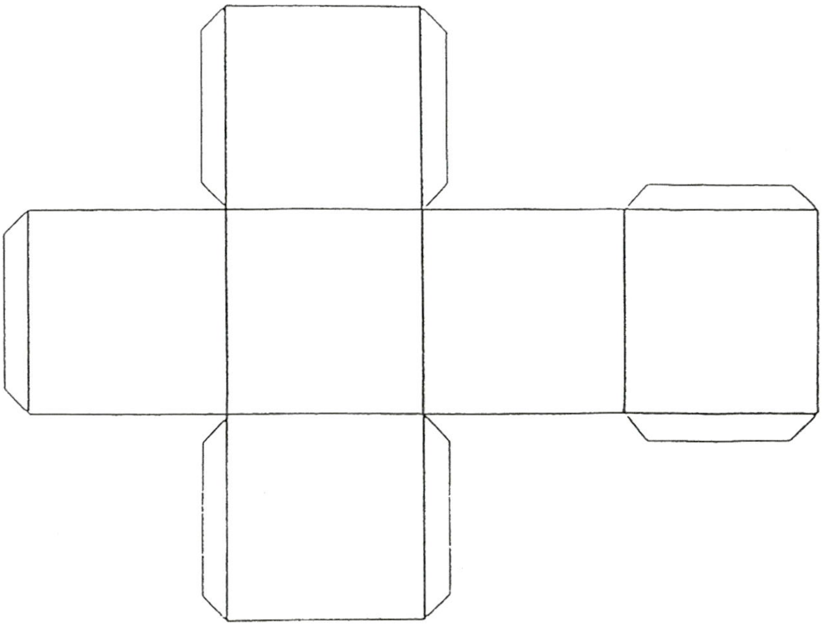

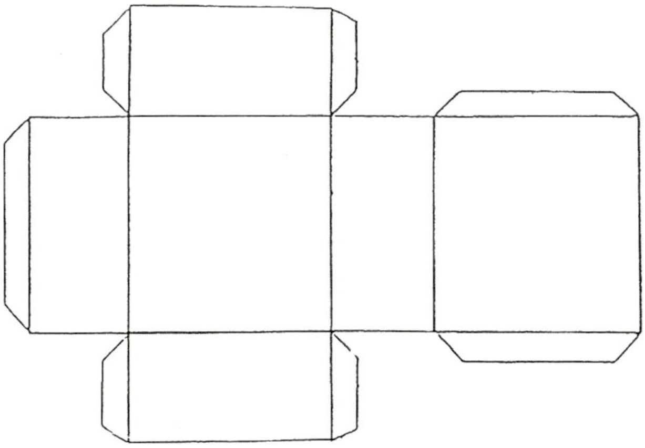

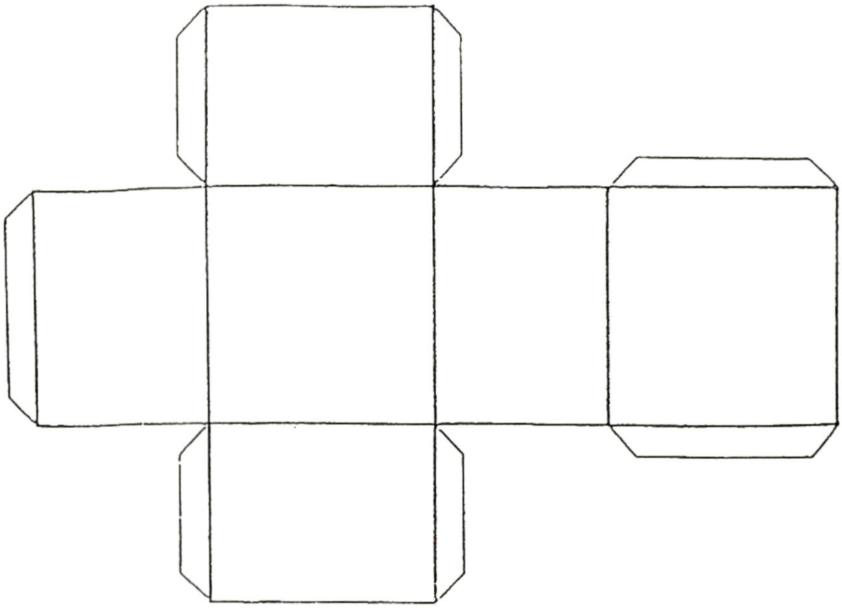

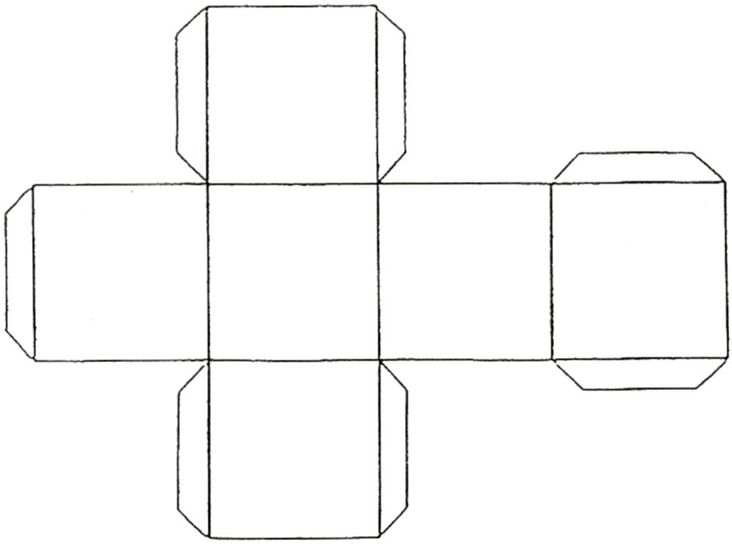

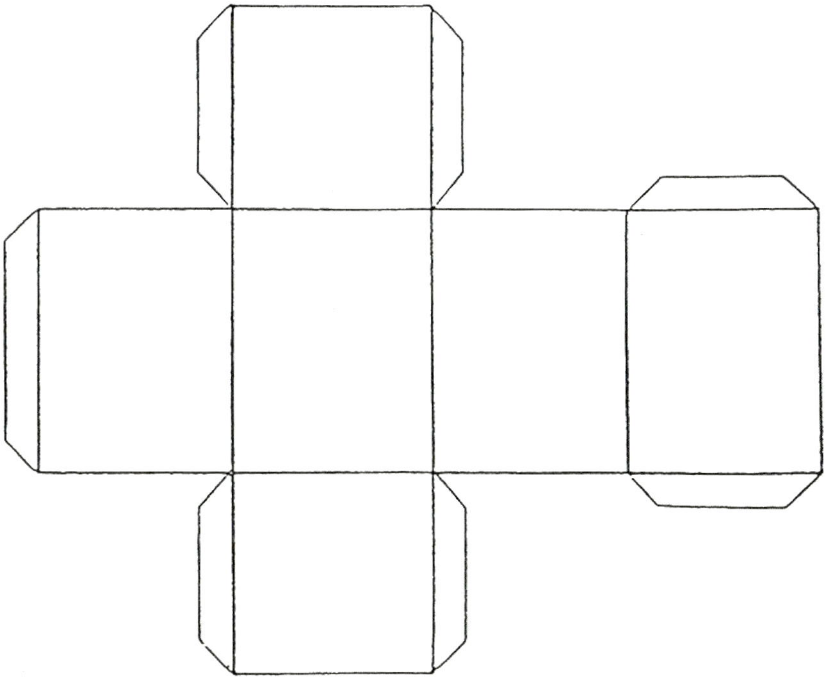

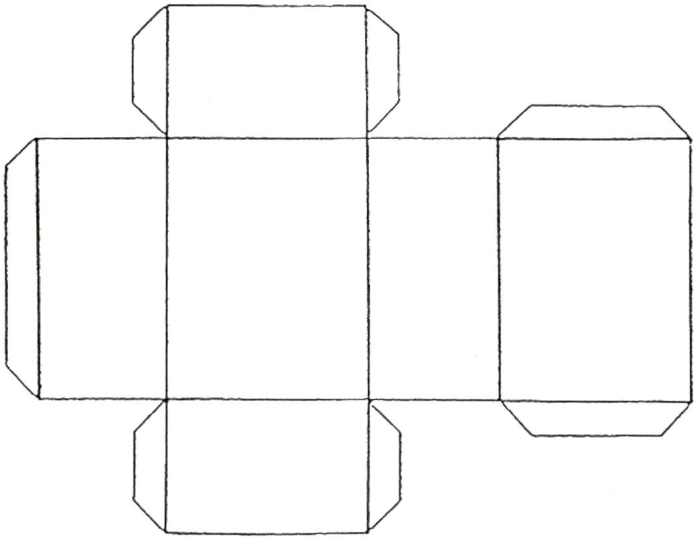

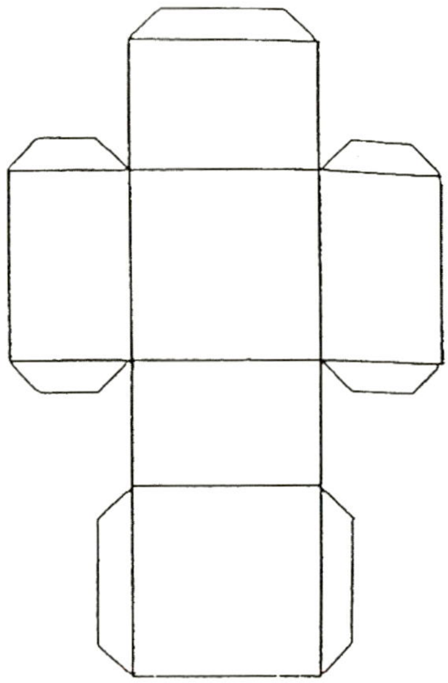

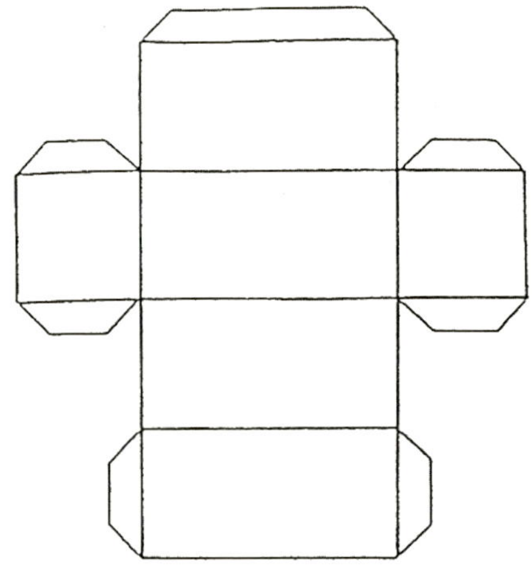

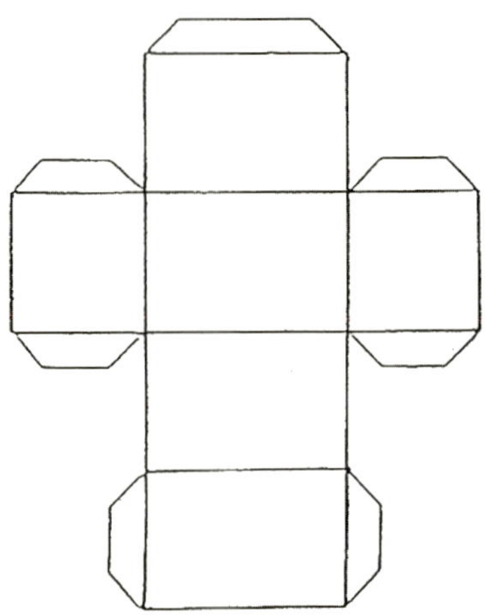

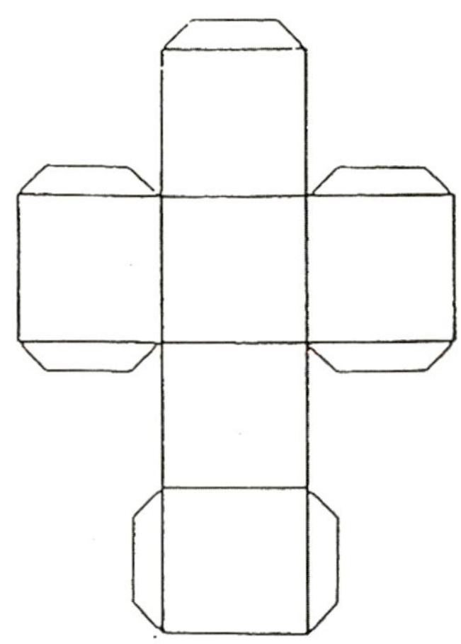

5 측 정

측정은 가장 유용한 수학적 기술 중 하나이다(Charlesworth, 2000). 측정은 한 집단 혹은 물체의 연속적인 양에 수를 부여하는 수학적 과정이다. 측정은 길이, 무게, 부피, 면적에 대한 구체적 사물의 직접적인 측정과 시간과 온도 등과 같은 간접적인 측정으로 구분할 수 있다(이경우 외, 1997). 용량은 액체를 측정하는 것으로 그릇에 최대한 담을 수 있는 양이고, 부피는 3차원적(넓이, 높이, 길이) 물체가 차지하는 공간이다. 유아들은 모래놀이나 물놀이에서 작은 그릇을 이용하여 큰 그릇에 몇 번 들어가는지 측정한다.

측정단위에는 비표준 단위와 표준 단위로 나눌 수 있고, 유아를 위한 측정은 비표준 단위를 사용하여 우선 경험할 수 있도록 권장한다. 유아는 측정활동을 통하여 수 이해와 셈하기와 같이 수와 양에 대한 경험을 하게 된다(이경우 외, 1997). 첫째, 유아는 직접적 측정을 통해 구체적 사물의 길이 개념과 무게 개념, 무게와 부피의 개념, 면적과 부피의 개념을 구별하게 된다. 넓이는 폭과 높이(길이)의 이차원이며 부피는 3차원적으로 물체가 차지하는 공간이고 그릇의 용량이다(NCTM, 2000). 둘째, 시간, 온도와 같은 간접적인 측정은 사물이나 사건의 수량적 상징화가 요구되는 어려운 과업이라고 하였다.

1) 측정의 발달과정

측정의 초기단계는 사물을 직접 들어 알아보고, 그 다음 시각적 판단에 의해 비교하는 방법을 사용한다.

사물의 수가 많을 때는 수를 부여하여 측정하는 방법을 사용한다.

Piaget는 "유아들의 측정개념의 형성은 거리와 길이의 보존개념 또는 불변성의 원리 인식이 선행될 때 가능하므로 원리 이해가 전제되지 않으면 측정은 불가능하다."고 하여 "먼저 수에 대한 보존개념이 생기며 양에 대한 보존 개념이 발달하여 만 4세 이상이 되면 측정에 대한 이해가 가능하다."고 하였다.

Piaget는 유아의 측정에 대한 이해 수준을 3개의 수준으로 나누었는데 제1수준은 만 4세경으로 시각적 판단에 의해 비교, 제2수준의 5, 6세경은 유아 자신의 신체 부위를 이용하여 측정에 관한 문제를 해결할 수 있고 제 3수준의 6, 7세경은 측정의 단위를 인식하여 계열과 순서가 포함된 측정을 하게 된다(이경우 외, 1997). 측정하위 요소로서 길이나 크기능력은 서열화와 관련되어 있으며, 넓이의 측정은 공간과 기하와 관련되어 있다.

유아기에는 실물그래프, 그림그래프, 상징그래프 단계의 활동을 할 수 있다. 4, 5세 유아들은 데이터, 차트, 그래프의 통계적 사고까지 할 수 있으므로 자료를 나타낼 때 어떤 표현 수단이 적절한지에 초점을 맞추어야 한다.

2) 측정의 내용

호순이와 도순이 - 비례의 개념(임경희, 이상준 | 지식더미)

1) 동화를 들려준다. 2) 동화내용을 회상한다.

이야기 나누기 talk

- 유치원에서 호순이와 도순이는 무엇을 했을까요?
  - 초콜릿 만들기
- 어떤 약속을 했나요?
  - 서로 만들어서 내일 갖고 오기로 했어요.
- 호순이의 크기와 도순이의 크기는 같았나요?
  - 호순이는 호두만한 크기의 초콜릿 6개, 도순이는 콩알만한 크기의 초콜릿 6개
- 어떻게 했나요?
  - 세 개씩 바꿔 먹기로 했어요.

- 도순이가 어떻게 말했나요?
  - 네 건 콩알만 하게 작지만 바꿔 먹었어요.
- 도순이와 호순이가 어디에 갔나요?
  - 음식점
- 또 무엇을 먹었나요?
  - 어묵을 먹었어요.
- 어묵을 어떻게 나누어 먹었나요?
  - 8개니까 네 개씩 나누어 먹었어요.
- 호순이는 왜 기분이 좋지 않았나요?
  - 도순이가 큰 어묵만 네 개 먹었어요.
- 호순이는 엄마랑 어디에 갔나요?
  - 시장
- 엄마를 졸라 무엇을 사먹었나요?
  - 막대사탕
  - 막대사탕은 큰 것과 작은 것이 있었어요.
  - 호순이는 큰 것 두 개, 작은 것 세 개를 샀어요.
- 주인 아줌마는 호순이에게 어떻게 말했나요?
  - 큰 것 몇 개? 작은 것 몇 개?
- 그러자 호순이는 또 다시 어떻게 말했나요?
  - 모두 다섯 개
- 아줌마는 또 다시 호순이에게 어떻게 말했나요?
  - 큰 게 몇 개고 작은 게 몇 개냐고 물었어요.
  - 호순이는 왜 큰 것과 작은 것을 따로 따로 세는지 알 수 없었어요.
- 호순이는 큰 것과 작은 것 따로 세는 이유를 알았나요?
  - 큰 것 하나에 500원, 작은 것 하나에 300원
  - 다음 날 도순이가 호순이에게 음식점에서 어묵을 사 먹자고 했어요.
  - 이번에도 크기가 다른 어묵 여덟 개 들었어요.
  - 호순이는 어떻게 했을까요?

앗! 곰돌이가 발을 다쳤어요.(강경태, 오 정 | 베틀북)

1) 동화를 들려준다. 2) 동화내용을 회상한다.

이야기 나누기 talk

• 곰돌이는 친구들과 왜 놀지 못했니?
 －발바닥에 상처가 나서요.
• 친구들이 같이 놀기 위해서 어떤 것을 생각해 냈니?
 －신발을 선물하기로 했어요.
• 친구들이 모두 어떻게 했니?
 －신발을 한 켤레씩 들고 왔어요.
• 어떻게 되었니?
 －너무 크고 너무 작아 맞지가 않았어요.
• 그래서 어떻게 하였니?
 －구둣방 할아버지한테 신발을 만들어 달래기로 결정했어요.
• 그래서 어떻게 하였니?
 －발 크기를 알기 위해서 손으로 재었어요.
 생쥐는 한 뼘, 두 뼘, 모두 두 뼘
 강아지는 한 뼘, 두 뼘, 세 뼘, 네 뼘 모두 네 뼘.
• 크기가 달라서 어떤 방법으로 했나요?
 －나무 막대로 재기로 했어요,
• 생쥐는 어떻게 크기를 표시했나요?
 －이빨로 갉았어요.
• 구둣방 할아버지가 만든 곰돌이의 신발은 어땠나요?
 －딱 맞았어요.

두 나무(엘리자베스 브라미 | 여원미디어)

1) 동화를 들려준다. 2) 동화내용을 회상한다.

이야기 나누기 talk

- 나무가 몇 그루 있니?
  - 두 그루요
- 무엇이 다르니?
  - 키가 달라요.
- 계절에 따라 어떻게 변했니?
  - 봄에 꽃이 피고 겨울에는 추위에 떨었지.
- 두 나무는 어떤 시합을 했니?
  - 누가 먼저 초록빛이 되나?
  - 누가 잎이 더 많은지?
  - 누구에게 새가 더 많이 오는지?
- 어느 날 정원이 팔리고 담을 높이 쌓아 두 나무는 어떻게 되었니?
  - 서로 볼 수 없게 되었어요.
- 큰 나무는 왜 눈물을 흘렸니?
  - 작은 나무를 볼 수 없어서요.
- 작은 나무는 어떻게 했니?
  - 소리쳤어요.

  "용기를 내, 조금만 더 크면 담을 넘을 수 있어"라고 큰 나무에게 작은 나무가 소리쳤어요.
- 두 나무의 마음은 어떠했니?
  - 슬펐어요.
- 작은 나뭇잎 하나가 큰 나무를 만나러 담을 넘었다. 큰 나무는 어땠니?
  - 반가웠어요.
- 봄이 끝날 무렵 큰 나무는 작은 나무를 만날 수 있었니?

–만났어요.

• 다시 만난 두 나무의 마음은 어떠했니?

–너무너무 기뻤어요.

• 그런데 달라진 게 뭐니?

–큰 나무가 작은 나무보다 더 크지만 작은 나무가 큰 나무보다 더 작지도 않았어요.

• 다시 시합은 했지만 두 나무는 어떻게 했니?

–다투지 않게 되었어요.

• 왜 그렇게 되었니?

–만나게 된 것이 너무 기뻐서 나뭇잎으로 서로 어루만졌어요.

• 나뭇가지가 더 길게 자라 어떤 모습으로 변했니?

–서로 엉키고 헤어지지 않게 되었어요.

• 두 나무는 자라고 자란 모습이 어떠니?

–크고 아름다워서 갈라놓지 못했어요.

내가 크면 어떻게 되나요?(조이스던바 | 중앙출판사)

1) 동화를 들려준다.   2) 동화내용을 회상한다.

이야기 나누기 talk

• 윌라는 혼자서 잠에서 깨어나 꼬꼬댁 슬리퍼를 신고 아침밥을 먹으러 아래층에 내려갔다.

–윌라는 빵, 꿀, 오프밀, 우유, 사과를 꺼내려고 애썼지만 손이 닿지 않았다.

–그래서 형 윌록스비를 불렀다. "형은 키가 크니까 높은데까지 손이 닿을꺼야."

–"너도 언젠가는 커질거야."

- "형 커진다는 건 접시를 닦을 수 있다는 얘기지?"
  - "형 커진다는건 어떤거야?"
  - "할 수 있는게 많아지는 거지."
  - "어떤 일?"
  - 혼자서 스탠드도 켤 수 있고 로켓을 타고 달나라로 갈 수 있고 샤워할 때 물을 틀 수도 수건에 손이 닿아 혼자서 몸을 닦을 수도 장난감도 정리 할 수 있고….
  - "장난감이 필요 없어질거야." 장난감보다 더 커질테니까?
  - "난 싫어. 장난감하고 놀고 싶어."
  - "우린 장난감한테 관심이 없어질꺼야, 대신 어른스러운 일을 하게 될거야."
- "어떤게 어른스러운 일일까?"
  - 혼자서 문을 열고 밖으로 나가고 길을 걸어가고 혼자서 사는 거야.
- 이야기 속에 누가 나왔나요?
- 윌라는 왜 키가 컸으면 좋겠다고 생각할까요?
- 키가 큰 것을 무엇으로 알 수 있을까요?
- 키를 잴 수 있는 물건은 무엇이 있을까요?
- 우리 교실에서 길이를 잴 수 있는 물건을 찾아볼까요?
- 넓이란 무엇일까요?
- 내가 크면 내 몸의 넓이는 어떻게 될까요?
- 넓이를 잴 수 있는 물건은 무엇이 있을까요?
- 내 몸의 넓이를 재어 볼까요?

가젤이랑 놀자(뤼시 알봉 | 키득키득)

1) 동화를 들려준다.　　2) 동화내용을 회상한다.

이야기 나누기 talk

- 동물원에 새 친구 가젤이 들어왔다.
  - 기린은 목이 길어 인기가 많았다. 가젤이 앞발을 들고 몸을 일으켜 봐도 눈길 주는 사람 하나 없었다.
  - 가젤은 기린 옆에 서면 너무 작다.
  - 가젤은 자기 눈이 얼마나 커다랗고 예쁜지 보여주고 싶었다. 그럼 사진을 찍고 싶어 할텐데……. 목이 긴 기린이 샘 났어요.
- 마음씨 좋은 기린 한 마리가 "사람들이 온다!"
  - 외치고 제일 먼저 몸을 푸욱 숙였어요.
  - 다른 기린들은 다 함께 몸을 숙이고 웅덩이에 고인 물을 마시는 척 했어요. 가젤을 볼 수 있게 되었어요.
  - 사람들은 "가젤 참 예쁘다!"소리쳤어요. 가젤은 기린 친구들이 고마워 기린 친구들을 샘내지 않았답니다.
- 이야기 속에 누가 나왔나요?
- 가젤은 사람들이 기린만 사진을 찍자 왜 그렇다고 생각했나요?
- 기린이 머리를 쑤~욱~ 숙이자 누구의 키가 커 보였나요?
- 키가 작은 가젤이 키가 커 보이려면 어떤 방법들이 있을까?

콩 옮기기

1. 대상 연령 : 2.5세 이상
2. 선행 학습 : 쟁반 옮기기 활동
3. 교　　재 : 콩, 용기 2개, 쟁반
4. 제시 방법 :

제시 Ⅰ

1) 교구를 가져와 책상 위에 놓는다.
2) 우리 몸에서 어느 부분으로 물건을 잡고 옮길 수 있을까?
3) 교사가 그릇에 담긴 콩을 한 손으로 쥐었다 내려놓는다. "이렇게 한 손에 쥐는 것을 한 줌이라고 한단다."
4) "콩을 한 줌으로 옮길 수 있을까?", "오늘은 한 줌으로 콩 옮기기를 해 보자."
5) 빈 용기에 콩을 한 줌으로 옮기기를 한다.
6) 동일한 방법으로 오른쪽 콩을 왼쪽 그릇에 옮긴다.
7) 유아에게 권한다.
8) 교재를 제자리에 정리한다.

제시 Ⅱ

1) "이 콩 전부는 몇 줌이 될까?" 예측 해 본다.

2) 숫자를 세면서 왼쪽 콩을 오른쪽 그릇에 옮긴다.
3) 동일한 방법으로 오른쪽 콩을 왼쪽 그릇에 옮긴다.
4) 유아에게 권하고 교재를 정리한다.

5. 흥미점 :
   1) 콩을 만졌을 때의 촉감에 흥미를 가진다.
   2) 콩을 옮길 때 나는 소리를 듣는다.
   3) 콩이 몇 줌일지 세어 본다.
6. 오류의 통제 : 콩을 떨어뜨린다.
7. 직접 목적 :
   1) 한 줌으로 콩을 옮긴다.
   2) 비표준 단위로 양을 측정한다.
   3) 양의 개념을 경험한다.

   간접 목적 :
   1) 쓰기와 읽기의 준비
   2) 질서감, 독립심, 협응력, 집중력
   3) 한 줌으로 쥘 수 있는 물건을 예측한다.
   4) 측정과 관련된 어휘를 사용한다.
8. 변형 및 응용 :
   1) 다양한 내용물로 옮기기를 한다.
   2) 나누어 옮기기를 한다.
   3) 한 줌으로 잴 수 있는 것과 잴 수 없는 것을 알아본다.
9. 언어 : 옮긴다, 콩, 한 줌
10. 비고 :
   1) 학기 초에는 내용물을 적게 하고 입자도 큰 것을 사용한다.
   2) 내용물을 떨어뜨릴 경우에도 주워 담는 법을 지도한다.

숟가락으로 쌀 옮기기

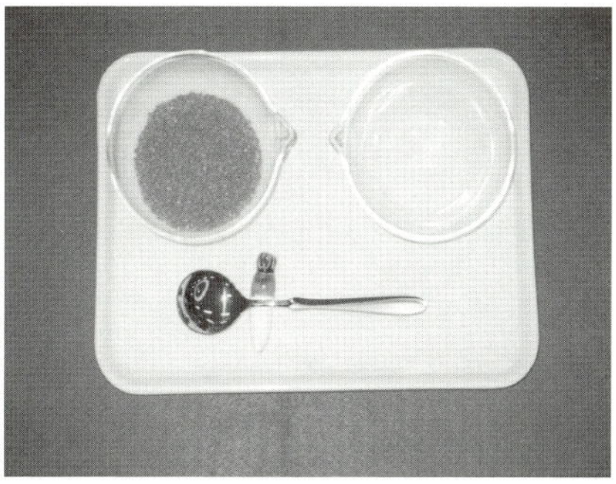

1. 대상 연령 : 2.5세 이상
2. 선행 학습 : 옮기기, 한 손으로 옮기기 활동
3. 교　　재 : 쌀, 용기 2개, 숟가락, 숟가락 받침, 쟁반
4. 제시 방법 :

숟가락으로 옮기기 게임을 소개한다.

- 한 명씩 차례대로 출발선에 서서 호루라기를 불면 앞에 놓여진 책상까지 뛰어간다.
  쌀을 다른 그릇에 3숟가락씩 흘리지 않고 옮긴 후 출발선으로 돌아온다.
  먼저 들어오는 팀에게 점수를 준다(단, 빨리 들어와도 흘리면 점수를 주지 않는다).
- 게임에 대해 회상한다.
  1) "숟가락으로 쌀을 어떻게 흘리지 않고 다른 그릇에 옮길 수 있는지 선생님과 함께 배워 볼까요?"
  2) 교재를 활동할 장소로 옮긴다.
  3) 숟가락 사용법을 보여준다(오른손 세 손가락은 숟가락의 손잡이 중간을 집어 들고 왼손은 숟가락의 둥근 부분을 받친다. 오른손의 세 손가락을 수저의 손잡이 끝 부분으로 옮겨 잡는다).

4) 왼쪽 그릇에 있는 내용물을 숟가락으로 떠서 떨어지지 않을 때까지 멈춘 후, 오른쪽 빈 그릇에 옮긴다.
동일한 방법으로 오른쪽 그릇의 쌀을 왼쪽 그릇에 옮긴다(내용물이 용기에 남았을 경우 그릇을 기울여 내용물을 모두 옮긴다).
5) 주위를 살펴보고 흘린 내용물이 있으면 주워 담는다.
6) 숟가락을 제자리에 정리한다.
7) 유아에게 권한다.
8) 교재를 제자리에 갖다 놓는다.

제시 방법 II

"이 쌀 전부는 이 숟가락으로 몇 숟가락이 될까?"
숫자를 세면서 옮긴다.

5. 흥미점 :
   1) 쌀을 흘리지 않고 옮긴다.
   2) 쌀을 옮길 때 나는 소리를 듣는다.
   3) 숟가락을 사용하여 옮긴다.
   4) 쌀이 몇 숟가락일지 세어 본다.
6. 오류의 통제 :
   1) 쌀을 흘린다.
   2) 쌀을 끝까지 옮기지 못한다.
7. 직접 목적 :
   1) 숟가락을 사용하여 쌀을 옮긴다.
   2) 양의 개념을 경험한다.
   3) 비표준 단위로 양을 측정한다.

   간접 목적 :
   1) 쓰기와 읽기의 준비

2) 질서감, 독립심, 협응력, 집중력, 근육조절

3) 측정과 관련된 어휘를 사용한다.

4) 측정도구의 준비단계

8. 변형 및 응용 :

1) 다양한 종류의 용기와 도구, 내용물을 옮긴다.

2) 나누어 옮기기를 한다.

3) 큰 숟가락과 작은 숟가락을 사용하여 비교한다.

9. 언어 : 숟가락, 내용물의 이름, 비었다.

10. 비고 :

1) 용기는 자연물의 재질로 사용한다(나무그릇, 유리그릇).

2) 내용물의 양과 크기, 도구를 고려한다.

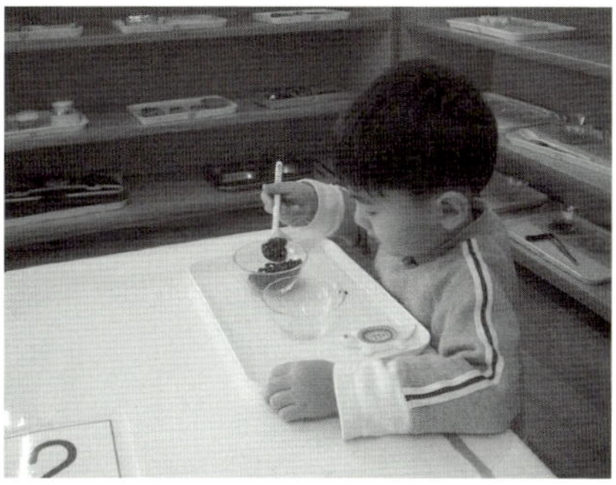

스펀지로 물 옮기기

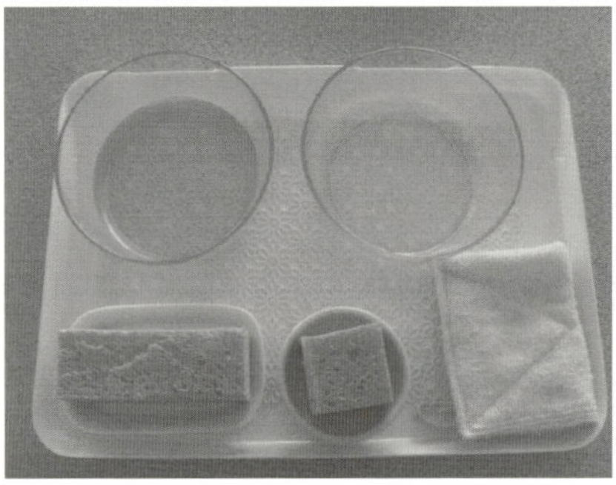

1. 대상 연령 : 2.5세 이상
2. 선행 학습 : 옮기기, 붓기의 활동들
3. 교　　재 : 대야 2개, 쟁반, 스펀지(큰 것, 작은 것), 수건
4. 제시 방법 :

스펀지 물 옮기기(게임 활동)

- 한 명씩 차례대로 출발선에 선다.
- 호루라기를 불면 앞에 놓여진 대야까지 뛰어가 스펀지로 색 물을 긴 병에 옮긴 후 돌아온다.
- 동일한 방법으로 진행한다.
- 색물을 많이 옮긴 팀이 이긴다.
- 게임에 대해 회상한다.
- 스펀지로 어떻게 많은 물을 옮길 수 있는지 이야기 나누고 "선생님과 함께 스펀지 짜기를 해 보자."

물을 흡수하는 것과 흡수하지 않는 것 분류하기

준비물 : 물을 흡수하는 것과 물을 흡수하지 않는 것, 바구니 2개, 스포이드, 색물이 든 컵, 여러 가지 물체가 담긴 바구니(헝겊, 휴지, 스펀지, 은박지, 종이, 비닐 등), 물기를 닦을 천

- 여러 가지 물체가 든 바구니에서 물체를 꺼내어 스포이드로 색물을 떨어뜨린다.
- 물을 흡수하는 물체와 물을 흡수하지 않는 물체로 분류한다.

제시 방법 I

1) "오늘은 물을 흡수하는 재료 중 스펀지를 사용하여 짜기를 해 보자."
"스펀지를 만져 본 적이 있니?"
"어떤 느낌이었니?"
2) 싱크대에 가서 대야에 물을 담아온다.
물이 담긴 왼쪽 대야에 스펀지를 넣는다.
"스펀지를 물에 넣어볼까?"
"어떻게 되었니?"
3) 스펀지의 변화된 느낌을 안다.
양손으로 스펀지 위를 누른 후 천천히 손을 떼면서 물이 스펀지에 흡수되는 것을 관찰한다.
4) 물이 스펀지에 흡수되면 두 손으로 든다(물이 떨어지지 않을 때까지 기다린다).
5) 오른쪽 그릇으로 옮긴다.
6) 스펀지를 정확하게 잡는다.
"스펀지를 짜 볼래?", "짜고 나니 어떤 느낌이 드니?"
7) 스펀지에 물이 남지 않을 때까지 짠다(비틀어 짜지 않는다). "스펀지를 물에 넣어볼까?", "어떻게 되었니?"

8) 스펀지의 변화된 느낌을 안다.
동일한 방법으로 반복한다.
9) 스펀지를 제자리에 놓는다.
10) 주변에 물이 떨어져 있을 경우 작은 스펀지로 닦는다.
11) 오른쪽에 있는 물을 왼쪽 대야에 옮긴다.
12) 동일한 방법으로 진행한다.
13) 주변의 흘린 물을 작은 스펀지로 닦는다.
14) 수건으로 손을 닦고 제자리에 정리한다.
15) 활동 후 대야에 담긴 물을 싱크대에 가서 버린다.
16) 교재를 제자리에 갖다 놓는다.

제시 방법 II

"이 물의 양을 스펀지 몇 번으로 다 옮길 수 있을까?"
숫자를 세면서 옮긴다.

5. 흥미점 :
   1) 스펀지에 물이 스며드는 것을 본다.
   2) 스펀지를 짤 때 물이 떨어지는 소리를 듣는다.
6. 오류의 통제 : 쟁반이나 책상에 물이 떨어진다.
7. 직접 목적 :
   1) 스펀지 짜기를 배운다.
   2) 양의 개념을 경험한다.
   3) 비표준 단위로 양을 측정한다.

   간접 목적 :
   1) 질서감, 독립심, 협응력, 집중력
   2) 측정도구의 준비 단계.
   3) 보존성과 이행성을 안다.

8. 변형 및 응용 :
   1) 실생활에서 스펀지 사용을 경험한다.
   2) 스펀지로 도장 찍기를 한다.
9. 언어 : 스펀지, 누른다, 뗀다, 짠다.
10. 비고 : 스펀지를 짤때 비틀지 않고 꽉 쥐어짠다.

중량판

1. 영역 : 중량의 변별
2. 연령 : 3.5~4세
3. 교구 : 3칸으로 나누어진 나무 상자 안에 크기(8cm×6cm)와 두께는 같으나 무게가 다른 3종류의 나무판이 각각 6장씩 들어 있다. 무게의 차이는 6g으로 가장 가벼운 것은 12g 그 다음은 18g, 가장 무거운 것은 24g, 눈가리개

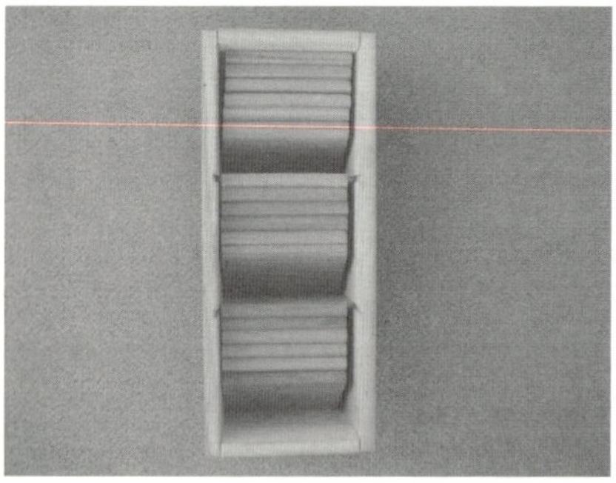

▣ 가장 무거운 것, 가장 가벼운 것 그래프 만들기

- 교실에서 가장 무거운 것과 가벼운 것을 찾아와 순서대로 놓아보고 그래프 만들기 활동을 해 본다.

4. 제시 방법 :

1) 교구장에 가서 중량판을 가져와 책상에 옮긴다.
2) 상자를 열어 뚜껑을 내려놓고 그 위에 상자를 놓는다.
3) 가장 무거운 것, 가장 가벼운 것을 모두 꺼내 책상에 흩어 놓는다.
4) 시각적으로 구별할 수 있는 차이점을 살펴보고, 또 다른 차이점을 찾아본다. “어떤 것이 무거울 것 같니? 어떤 것이 가벼울 것 같니? 왜 그렇게 생

각했니? 정말 그런지 알아보자."

5) 무게가 다른 것을 각각 하나씩 양 손가락 끝에 올려놓고, 위, 아래로 가볍게 천천히 흔들어 무게를 식별한다.
"여기 있는 중량판을 손가락 끝에 하나씩 올려 놓아보자."
"어떤 것이 더 무겁니?"
"어떻게 알 수 있니?"
6) "무겁다.", "가볍다."라고 말한다.
7) 유아에게 양팔을 자연스럽게 벌리고 손바닥을 위로 향하게 하여 올리게 한다.
8) 눈을 감게 한 뒤 교사는 무게가 다른 판을 각각 1장씩 올려준다.
무거운 것은 왼쪽, 가벼운 것은 오른쪽에 놓는다.
9) 동일한 방법으로 진행한다.
10) 눈을 뜨고 색깔로 식별한다.
11) 동일한 방법으로 중간 무게의 중량판을 사용하여 분류해 본다.
12) 정리한다(같은 색끼리 포개어 상자에 넣는다).

5. 흥미점 : 손을 위, 아래로 흔들어 무게를 느낀다.
6. 오류의 통제 : 나무판의 색이 맞지 않다.

7. 직접 목적 :
   1) 중량을 통한 식별
   2) 무게측정

   간접 목적 :
   1) 주의력, 관찰력
   2) 과학에 대한 준비
8. 변형 및 확장 :
   1) 눈을 감게 한 후 한 쪽에는 2개, 다른 쪽에는 3개를 올려놓고 어느 쪽이 무거운지 식별한다(한 손에는 12g 판 2장, 다른 손에는 18g 판 3장을 올려놓는다).
   2) 환경에서 부피는 같아도 중량이 다른 것을 찾는다(솜, 철).
   3) 양동이에 물을 담아 들어본다.
   4) 천칭 저울에 교구들의 무게를 재어 보게 한다.
   5) 중량판 1개를 꺼내어 손으로 무게를 가늠해 본 후 교실에서 무게가 비슷한 것을 찾아오는 게임을 한다.
   6) 중량판과 같은 과일 무게 찾기를 한다.
9. 언어 :
   1) 반대말(무겁다 → 가볍다)
   2) 비교급(더 가볍다, 더 무겁다)
10. 비고 : 물이 가득 찬 물통과 물이 없는 물통처럼 중량차가 큰 것부터 시작하여 점차적으로 중량의 차이를 좁혀 나가는 것이 효과적이다.

저울

1. 영　　역 : 중량의 변별
2. 연　　령 : 5세 이상
3. 교　　구 : 체중계, 종이, 연필
4. 제시 방법 :

1) 교구를 소개한다.
"오늘은 선생님과 저울을 어떻게 사용하는지? 저울 사용법을 알아보자."
2) 교구장에 가서 교구를 가져와 활동할 장소에 옮겨놓는다.
3) 유아와 함께 저울에 대해 이전 경험들을 이야기해 본다.
"저울을 사용해 본 적이 있니? 언제 사용해 보았니?"
4) "저울은 물체의 무게를 측정하는 도구란다. 그리고 사람의 몸무게를 측정하는 도구를 체중계라고 부른단다."라고 저울과 체중계를 정의한다.
5) 유아를 체중계에 표시된 눈금과 바늘에 주의 집중시킨다. "여기 바늘이 지금 가르키는 눈금의 숫자는 무엇이니?", "이 바늘은 숫자 0을 가르키고 있단다. 그리고 물체가 올라가면, 움직이지. 선생님이 올라가면, 바늘이 움직여서 어디에서 멈추었는지? 알려줘."라고 말하고 양발을 올려놓고 올라선다.
6) 유아에게 묻는다. "바늘이 어디에서 멈추었니?"
"50에 멈추었구나. 그러면 선생님의 몸무게는 50kg(킬로그램)이라고 읽는단다."라고 알려준다.
7) 유아의 몸무게를 측정해 준다. "이번에는 네 차례야. 체중계 위에 선생님이 올라갔던 것처럼 네가 올라가 줄래."라고 권유한다.
8) 유아의 몸무게를 종이에 날짜를 적고, 표시해 준다.
9) 정리한다.

5. 흥미점 :
   1) 바늘이 움직인다.
   2) 바늘로 무게를 안다.
6. 오류의 통제 : 바늘이 고정될 때까지 내려오지 않는다.
7. 직접 목적 :
   1) 측정의 단위를 알고 표준화된 도구를 사용한다.
   2) 체중계로 무게를 비교한다.

   간접 목적 : 체중계의 사용법을 안다.
8. 변형 및 응용 :
   1) 길이 측정도구(자, 줄자, 곡선자, 신장계)을 탐색하여 도구의 특징을 알게 한다.
   2) 저울로 무게재기를 한다.
   3) 컴퓨터의 '저울달기' 프로그램을 해 본다.
   4) 양팔저울로 무게를 재어보게 한다.
   5) 물건의 무게를 어림잡아 선택하여 저울을 이용하여 재어본다.
   6) 물건의 합을 1,000g으로 맞추기를 한다.
9. 언어 :

   저울 사용법, 물체의 무게를 측정하는 도구, 체중계, 눈금의 숫자 0~100kg
10. 비고 :
    1) 실제로 몸무게를 재어 그래프판에 기록한다.
       기록된 그래프판을 관찰하고 비교하여 유아가 저울의 눈금을 알아볼 수 있도록 표시한다.
    2) 체중계에 올라가면 몸을 움직이지 않도록 주의시킨다.
    3) 양발을 모아서 올려놓고 선다.

계량컵

1. 영역 : 중량의 변별
2. 연령 : 5세 이상
3. 교재 : 계량컵(1ℓ 또는 500㎖), 피쳐(1ℓ 또는 500㎖), 주스병(2종류), 비커(100㎖, 200㎖, 500㎖) 양동이, 비닐매트, 스펀지

▣ 같은 무게 찾기

- 컵을 이용한 게임을 해 본다.
  - 여기 무엇이 있나요?
  - 색물이 담긴 컵 중 어떤 것이 가장 무거울까요?
  - 어떤 것이 가장 가벼울까요?
  - 색물이 담긴 컵의 무게를 느껴보고 같은 무게를 가진 것을 찾아올 수 있을까요?
  - 중량판 교구를 보여주며 색물이 담긴 컵과 같은 무게를 가진 교구를 찾아볼까요?

4. 제시 방법 :

제시 I

1) 교재를 소개한다.
   "오늘은 선생님과 물 따르기를 해보자."
2) 교구장에 가서 교재를 가져와 활동할 장소에 옮겨놓는다.
3) 비닐매트를 깔고 그 위에 주스병 3개를 올려 놓는다.
4) 작은 주스병이 왼쪽에 오도록 하여 왼쪽부터 ①, ②, ③으로 명칭한다.
5) 피쳐의 선만큼 물을 받아온다.
6) 받아온 피쳐의 물을 ①의 주스병 선만큼 옮겨 붓는다.
7) ②의 주스병을 가르키며 "이 병의 선까지 물을 채우려면 ①번 병의 물을 몇 번 부으면 될까?
8) ①번 병의 물을 ②번 병에 붓는다.
   "어떻게 되었니? 한 번 더 부어보자."
9) ①번 병에 다시 물을 채워 ②번 병에 붓는다.
   "②번 병이 선까지 채워졌구나! ①번 병의 물을 몇 번 부어서 채울 수 있었니?"
10) 같은 방법으로 ②번 병의 물을 ③번 병에 채워본다.
11) 병 속의 물을 양동이에 붓고 싱크대에 버린다.
12) 교재를 교구장에 정리한다.

제시 Ⅱ

1) 교재를 활동할 장소에 옮겨 놓는다.
2) "오늘은 물을 비커에 옮겨보도록 하자."
3) "비커를 사용해 본 적이 있니? 언제 사용해 보았니? 비커에는 어떤 숫자가 적혀있니?" 경험을 회상하며 이야기 나눈다.
   "비커는 물이나, 가루 등의 양을 측정하는데 쓰이는 도구란다." 라고 계량컵을 정의한다.
4) "선생님이 비커를 어떻게 사용하는지 보여줄게." 라고 말하고, 비커를 탐색한 후, 비커에 그려진 눈금과 숫자들을 읽어본다.
   "100, 200, ……미리리터(mℓ), 그리고 숫자가 없고 줄로 표시되어 있는 곳은 일정한 간격을 두고 약속된 숫자가 있다는 것을 의미한단다. 그것은 50미리리터라고 한단다."라고 알려준다.
5) 주스병 ①②③을 선까지 물을 붓는다.
6) 주스병 앞에 비커를 놓는다.
   (①번 주스병 앞 100mℓ 비커, ②번 주스병 앞 200mℓ 비커, ③번 주스병 앞 500mℓ 비커)
7) ①번의 주스병에 담긴 물을 앞에 있는 비커에 옮겨 붓는다.
8) 비커의 물을 확인한다.
   "비커의 물이 얼마인지 읽어보자, 눈금이 100이구나. 비커의 물의 양은 100mℓ라는 것을 의미하지." 라고 알려준다.
9) 비커의 물을 주스병에 다시 붓는다.
   "비커의 물과 주스병의 물의 양이 똑같구나. 그럼 주스병의 물은 몇 mℓ이니?"

10) 같은 방법으로 ②, ③번의 주스병을 비커에 옮겨 몇 mℓ인지 확인한다.
11) 물을 양동이에 버리고, 교재를 교구장에 정리한다.

5. 흥미점 :
   1) 계량컵의 모양을 본다.
   2) 물의 높이를 본다.
   3) 단위를 읽어본다.
6. 오류의 통제 : 쥬스병과 비커가 맞지 않는다.
7. 직접 목적 :
   1) 양을 측정하는 단위의 인식
   2) 근사치와 부피개념

   간접 목적 : 계량컵의 용도를 안다.
8. 변형 및 응용 :
   1) 계량컵의 물의 양을 정해 놓고, 다른 용기에 나누어 따른다.
   2) 쥬스 등의 실제 음료를 계량컵에 재어보고, 종이에 음료의 이름과 양을 적어본다.
   3) 병 2개에 물을 똑같이 부은 후 한 병에만 모래를 넣는다.
   4) 병 2개에 물을 똑같이 부은 후 한 병에는 클립 1개, 다른 병에는 클립 5개를 넣은 후 어느 클립이 더 빨리 물속으로 가라앉는지 측정해 본다.
   5) 계량컵을 이용하여 물과 밀가루의 양을 측정(물 1컵과 밀가루 1컵)한다.
9. 언어 : 계량컵, 미리리터, 리터, 잰다, 측량한다.
10. 비고 :
   1) 일상생활 중에서 여러 가지 사물의 속성에 대해 단위를 설치하여 길이, 높이를 재고, 무게를 달고, 계량컵으로 양을 잰다는 것을 인식하도록 한다.
   2) 메스실린더나 눈금을 새긴 시험관 등 다양한 측정도구로 양을 측정해 보도록 한다.

압력봉

1. 영역 : 압력의 변별
2. 연령 : 4.5세 이상
3. 교구 : 색깔과 힘이 다른 6종류의 압력봉이 쌍을 이루고 있다.

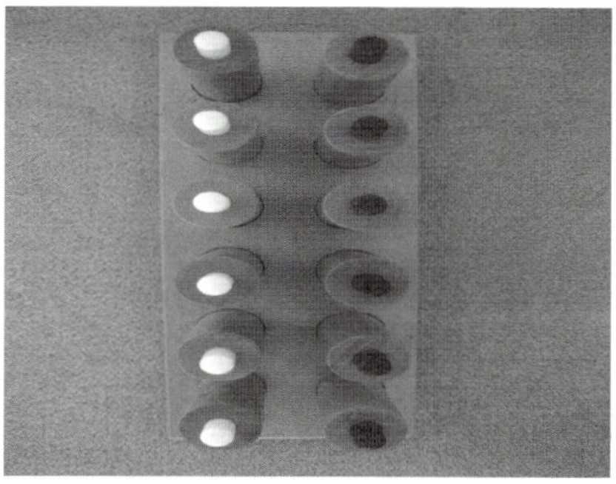

4. 제시 방법 :

신체부위를 눌러 딱딱한 부위와 말랑한 부위를 알아본다.

1) "오늘은 선생님이 압력봉을 보여줄게."
2) 교구를 가져와 책상 위에 놓는다.
3) 하얀색 봉을 꺼내 대각선으로 왼쪽에 놓는다.
4) 검정색 봉도 동일한 방법으로 오른쪽에 놓는다.
5) 압력봉 틀을 책상의 오른쪽에 옮겨 놓는다.
6) 교사는 하얀색 봉을 집어 유아에게 압력봉 쥐는 법을 보여준다. "압력봉을 잡는 방법을 보여줄게."(엄지손가락은 하얀색 봉 위에 대고 나머지 손가락은 막대로 된 기둥을 가볍게 쥔다)
7) 하얀색 봉을 눌러서 압력을 확인해 보고 제자리에 놓는다.
   "어떤 느낌이니?"
8) 검정색 봉을 하나 꺼내 하얀색 봉 옆에 놓는다.

9) 꺼내놓은 검정색 봉을 쥐고 "이 검정색 봉이 하얀색 봉과 같은지 알아보자. 만일 같으면 짝을 만들어 옮겨보자."
10) 하얀색 봉을 눌러보고 검정색 봉과 같은지 알아본다. 만일 같으면 가운데 짝을 지어 올려놓는다.
11) 동일한 방법으로 진행하고 숫자 표시로 같은 짝인지 확인한다.
12) 압력봉 틀을 정리한다.

5. 흥미점 : 압력봉을 눌러 압력을 느낀다.
6. 오류의 통제 : 압력봉의 압력의 차이를 알지 못한다.
7. 직접 목적 : 압력 감각의 변별력
   간접 목적 : 쓰기 위한 준비
8. 변형 및 확장 :
   1) 두 명의 유아가 한다.
   2) 서열화해 본다.
   3) 여러 종류의 공을 눌러본다.

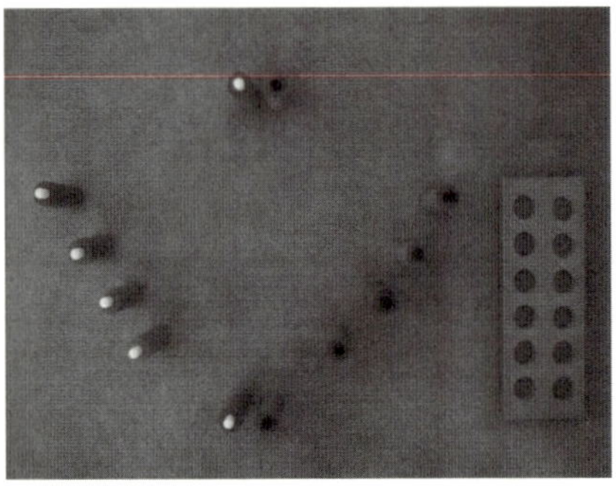

9. 언어 : 강하다 → 약하다
10. 비고 :

온도판

1. 영역 : 온도 감각의 변별
2. 연령 : 3~4.5세
3. 교구 : 크기는 같고 재질이 다른 4종류의 직사각형 판이 각각 2장씩 모두 8장이 상자에 들어 있다(금속, 나무, 대리석, 펠트지).

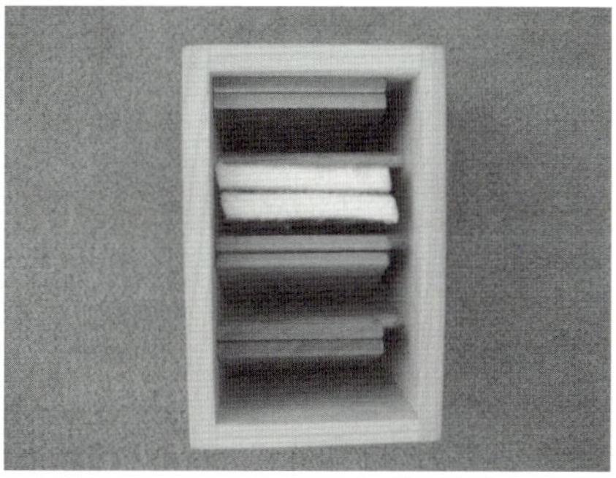

3) 교구를 소개한다.

• 우리 몸의 피부에 대하여 이야기 나눈다.
  온점–따뜻함을 느끼게 한다.
  냉점–차가움을 느끼게 한다.
  압점–접촉을 느끼게 한다.
  통점–아픔을 느끼게 한다.

"선생님이 가지고 온 교구에서 따뜻한 느낌이 드는 것은 어떤 것일까?"
"차가운 느낌이 드는 것은 어떤 것인지 함께 찾아볼까요?"

4. 제시 방법 :

1) 교구장에 가서 온도판 상자를 책상에 옮긴다.
2) 상자 뚜껑을 열고 그 위에 상자를 놓는다.
3) 온도판을 모두 꺼내 놓는다.
4) 온도 감각이 양극단인 것(금속과 나무)을 각각 손바닥으로 느껴 온도를 식별한다.
5) "차갑다.", "따뜻하다."라고 말한다.
6) 눈을 감고 손바닥으로 온도 감각을 느끼고 뺨에도 느끼면서 같은 쌍을 찾는다.
   "같은 느낌끼리 찾아 짝을 만들어보자."
7) 같은 쌍은 책상 왼쪽 위에 놓는다.
8) 동일한 방법으로 진행한다.
9) 확인하고 난 뒤 상자에 정리한다.

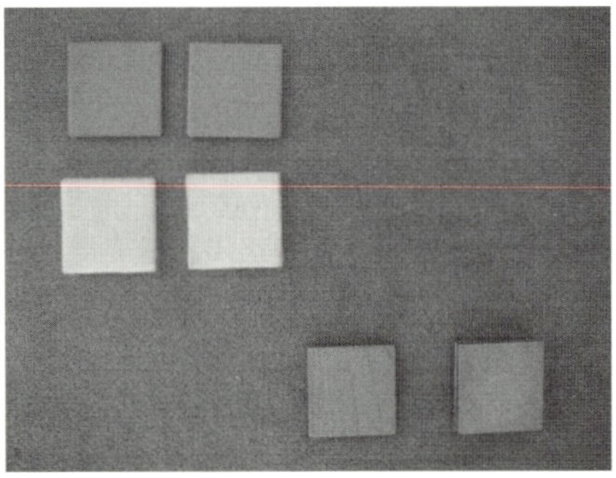

5. 흥미점 : 온도 감각을 느낀다.
6. 오류의 통제 : 색이 맞지 않는다.
7. 직접 목적 : 촉각을 통한 온도 변별력

   간접 목적 :

   1) 주의력, 관찰력
   2) 환경에 대한 관심
8. 변형 및 확장 :
   1) 온도감각의 점차성을 안다(하나씩 모두 꺼내어 눈을 감고 따뜻한 순서대로 놓거나 차가운 순서대로 놓는다).
   2) 거리를 두고 짝 맞추기를 한다.
   3) 판의 온도와 비슷한 온도를 가진 물건을 환경 안에서 찾는다.
   4) 차가운 물건, 따뜻한 물건, 미지근한 물건, 시원한 물건(고무, 유리, 종이, 헝겊 등)을 찾는다.
9. 언어 3단계 : 따뜻하다, 차갑다, 미지근하다, 시원하다.
10. 비고 :
    1) 우주교육에 도입한다(각 재질을 설명하는 작은 책 만들기, 각각의 재질로 된 제품 알아보기).
    2) 유아의 신체에서 온도를 느껴본다.(얼굴, 손……)
    3) 온도의 측정은 간접적인 측정이기 때문에 유아는 일상생활의 경험을 통하여 온도의 변화를 기억하여 회상하게 된다.

       실제 사물에는 온도의 차이가 있다는 것을 인식시켜 온도의 측정에 관한 활동을 경험하여 온도를 변별하는 기회를 갖도록 한다.

온도계

1. 영역 : 온도감각의 변별
2. 연령 : 5세 이상
3. 교구 : 온도계, 종이, 연필

▣ 온도를 재어보아요.

• 체온계를 이용하여 몸의 온도를 재어본다.
  –우리 몸에서 따뜻한 곳은 어디일까요?
  –차가운 곳은 어디일까요?
  –이 체온계로 우리 몸의 온도를 재어볼까요?

• 체온계로 신체의 온도를 재어보고 적는다.

4. 제시 방법 :

1) 교구장에 가서 교구를 가져와 활동할 장소에 놓는다.
2) 유아와 온도계에 대한 사전 경험을 이야기하고 활동명을 알려준다.
   "이것을 본 적이 있니?", "어디에서 보았니?", "무엇을 할 때 사용하는 도구일까?", "오늘은 선생님과 온도계에 대해 이야기를 나누어보자."
3) 비커에 물을 붓는다.
   2개의 비커에 한쪽에는 차가운 물을 붓고 한쪽에는 따뜻한 물을 붓는다.
4) 비커 안에 온도계를 넣고 변화를 본다.
   "어떻게 되었니?" 같은 방법으로 온도계의 변화를 확인한다.
5) 온도계에 대해 정의한다.
   "온도계는 공기의 온도를 측정하는 도구란다."
6) 온도계를 책상중앙에 바로 놓고 유아와 함께 살펴본 후 사용방법을 알려준다. "여기 눈금이 있지. 온도계의 빨간 눈금은 무엇을 의미하는 걸까? 이것은 공기의 온도를 표시하는 눈금이고, 중앙에 빨간색의 액체는 날씨

가 아무리 추워도 얼지 않고, 아무리 더워도 끓지 않는 성분으로 되어 있어서 추운 날씨, 더운 날씨를 측정하는데 편리하단다. 그래서 공기의 온도는 이 액체의 높이를 측정하는 것이야. 그러면 지금 공기의 온도는 얼마인지 알 수 있겠지? 그리고 측정 단위는 °C(도씨)로 표기한단다. 지금은 ○○ °C야."라고 알려 준다.

7) 종이와 연필로 오늘 날짜와 시간을 먼저 기입하고, 외기의 온도를 적어보도록 한다.

8) 정리한다.

5. 흥미점 :
   1) 온도계의 모양을 본다.
   2) 빨간 액체의 변화를 본다.

6. 오류의 통제 : 액체의 높이 변화를 인식하지 못한다.

7. 직접 목적 :
   1) 온도의 변화를 예측하고 알아본다.
   2) 외기의 계측단위를 알게 한다.

   간접 목적 : 온도계의 사용법을 알게 한다.

8. 변형 및 응용 :
   1) 냉장고의 냉장실과 냉동실의 온도를 비교해 본다.
   2) 체온계로 체온을 재어 본다.
   3) 하루 날씨를 측정한다.
   4) 얼음물과 뜨거운 물의 온도를 예측해 보고 결과를 그래프로 그린다.

9. 언어 : 체온계, 온도계, ℃, 올라간다, 내려간다, 높다, 낮다

10. 비고 : 알맞은 실내 온도를 감각적으로 체험하게 하고, 적정 실내 온도는 겨울철에는 18°C ~ 20°C, 여름철은 24°C 임을 알려주어야 한다.

    * 우리 몸이 가장 쾌적한 온도 23~26 °C.

3) 시간

시간은 시계 · 날짜 · 주 · 달 · 계절과 같은 단위로 측정할 수 있는 개념이다. 시간은 추상적인 개념으로 유아는 자신이 경험한 것과 연관 지어 시간 개념을 습득하게 된다. 어떠한 사물이나 사건들 간의 관계, 사물의 위치나 순서가 바로 시간적 개념으로서 가장 늦게 발달된다(Althouse, 1994). 시간의 경과를 위해 모래시계, 요리용시계, '1분 동안 할 수 있는 일' 등을 계획할 수 있다.

Piaget는 유아의 시간 개념 발달은 3단계에 걸쳐서 이루어지며 수준 1의 영아기에는 '전', '앞'의 사건관계를 경험함으로써 시간의 흐름을 인식한다. 수준 2는 사건의 순서와 간격을 이해하면서 의식하기 시작한다. 수준 3의 유아는 사건의 시간적인 연속을 통해 시간 개념이 점차 발달하여, 조작적인 수준에 이르게 된다. 시간개념은 개인적인 시간, 사회적 시간, 문화적 시간으로 나눈다. 개인적 시간은 유아자신의 경험으로 과거, 현재, 미래를 생각하고 사회적 시간은 유아가 사회적응을 위해 정해진 일과를 이해하고 학습하는 것으로 정리정돈시간, 양치질시간 등을 말한다.

문화적 시간은 시계, 달력 같은 객관적 시간을 이해하는 것이다.

교사는 유아가 매일의 생활경험을 통해 시간과 관련된 활동과 정확한 어휘를 사용하도록 한다. 유아의 시간 개념은 그들의 성숙과 관련되므로 의미있는 경험과 연관시켜 주는 것이 효과적이라고 하였다(이경우, 1987).

시간이 뭐예요?(파스칼 에스텔롱 | 문학동네)

1) 동화를 들려준다.

2) 동화내용을 회상한다.

이야기 나누기 talk

• 만질 수도 먹을 수도 없지만 셀 수 있는 것은 무엇일까?
　－시간

• 1초는 어느 정도의 시간일까?
  –'1이라 말하는 순간 지나가 버리는 아주 잠깐이다.
• 1분은 어느 정도의 시간일까?
  –1분은 60까지 셀 수 있는 시간이다.
• 1시간 동안 어떤 일을 할 수 있을까?
  –그림을 그릴 수도, 놀이를 할 수도 있고 잠을 잘 수도 요리를 할 수 있는 시간이다.
• 하루는 어느 정도 시간일까?
  –오전, 오후, 저녁, 밤으로 나눌 수 있는 시간이다.
• 하루는 몇 시간이니?
  –24시간입니다.
• 시계를 본 적이 있니? 어디에서 보았니?
  –학교, 극장, 시청, 기차역에서 보았어요.
• 시계의 종류에는 어떤 것이 있을까?
  –전자시계, 꽃시계, 바늘시계가 있어요.
• 시계 안에는 무엇이 있니?
  –긴 바늘과 짧은 바늘이 있어요.
• 짧은 바늘은 시를 나타내고 긴 바늘은 분을 나타낸다.
  –짧은 바늘은 하루에 몇 바퀴 돌까?
  –우리 몸도 시계가 될 수 있단다.
  –식사시간은 배가 고프면 알 수 있고, 쉴 시간은 피곤하면 알고, 놀러 갈 시간은 기운이 넘치면 알 수 있단다.
• 일주일은 어느 정도의 시간일까?
  –7일
• 오늘, 어제, 내일은 무엇을 말하니?
• 오늘은 지금 우리가 살고 있는 날이요.
  –어제는 오늘의 하루 전날이지요.
  –내일은 오늘의 하루 뒷날이요.

• 일주일 동안 무슨 일을 하는지 알 수 있는 방법으로 무엇이 있을까?-
  –일정표
• 한 달은 어느 정도의 시간일까?
  –4주가 조금 모자라기도 하고 넘기도 한단다.
• 한 달에 들어 있는 숫자를 알 수 있니?
  –한 달의 날수에 따라서 1일에서 28일, 29일, 30일, 31일까지 있단다.
• 날짜를 말해 볼 수 있니?
• 일 년은 어느 정도의 시간일까? 12달 혹은 365일
• 달마다 며칠인지 쉽게 알 수 있는 방법은 있을까?
  –오목하게 들어 간 곳은 날수가 적은 달, 볼록하게 나온 곳은 많은 달이다.
• 1년 안에는 4계절이 들어 있단다.
• 1년 안에는 4계절이 들어 있고 여러 날씨도 들어 있고 생일도 들어 있단다.
• 1세기는 어느 정도의 시간일까? 100년
• 이 기나긴 시간을 어떻게 셀까?
  –그래서 사람들은 달력을 발명했단다. 년, 월, 일, 요일
  –시간은 결코 멈추는 법이 없대요.

너무 늦었어요!(엄혜숙 | 아이세움)

1) 동화를 들려준다. 2) 동화내용을 회상한다.

이야기 나누기 talk

• 다람쥐 쫑쫑이가 아침 일찍 숲으로 버섯을 따러 갔다. 저녁에 친구들을 초대했다.
• 곰돌이가 열심히 풀을 뽑고 있었다. 둘이 한참동안 풀을 뽑았다.
  –쫑쫑이는 이제 그만 버섯따러 가야겠다고 나섰다.

- 한참가다 멍멍이를 보았다.
  - 멍멍이는 문을 고치고 있었다. 한참동안 쫑쫑이는 멍멍이와 문을 고쳤다.
- 쫑쫑이는 점심때라 같이 점심을 먹고 나왔다.
  - 한참 걸어가다가 송이버섯을 발견하고 잔뜩땄다.
  - 날이 저물어 서둘러 집으로 돌아갔다.
  - 그런데 친구들이 저녁밥을 준비해서 모두 배가 불룩해졌다.
- 다람쥐 쫑쫑이가 언제 집을 나왔니? 아침 일찍 나갔다.
- "오늘 언제 친구들을 초대했니?"
- 언제까지 곰돌이랑 있었니? 아침입니다.
- 두 번째 만난 친구는 누구니? 멍멍이
- 언제 멍멍이 집을 나섰지? 점심을 먹고 나서요.
- 한참 걸어 가다가 무엇을 보았니? 송이버섯을 보았어요.
- 송이버섯을 따고 나니 날이 어떻게 변했니? 저물고 있었어요.

시간표로 척척(조임생 | 지식더미)

1) 동화를 들려준다.
2) 동화내용을 회상한다.

이야기 나누기 talk

- 친구와 만날 때 너희들은 무엇을 정하니?
- 왜 시간을 정할까?
- 시계를 보면 어떤 점이 좋을까?
- 시간이 부족하다고 느낀 적이 있니?
- 우리 모두 똑같은 시간을 가지고 있어.
- 그런데 어떤 친구는 시간이 남고 어떤 친구는 시간이 모자란다.
- 왜 그럴까?
- 시간을 잘 쓰려면 어떻게 하면 좋을까?

- 시간표를 짤 때 가장 먼저하면 좋은 것은 무엇일까?
  ① 해야 할 일을 먼저 적는다.
  ② 먼저 해야 할 일의 순서를 정한다.
- 누구랑 만날 시간을 정하면? 기다리지 않는다.
- 시계를 볼 수 있다면?
  –시간을 활용할 수 있다. 그래서 시계를 보는 방법을 배운다.
- 시계에는 큰 바늘과 짧은 바늘이 있다.
- 긴 바늘이 6에 오면 반이라고 읽는다.
- 친구를 사귀면 할 일을 못 할 수도 있지만, 시간표를 짜서 움직이면 바쁘지 않다.
- 시간 계획표를 만들어서 이대로만 지키면 해야 할 일을 못 하는 일이 없다.

곰돌이는 날마다(스텔라블랙스톤 | 여원미디어)

1) 동화를 들려준다. 2) 동화내용을 회상한다.

이야기 나누기 talk

- 곰돌이는 날마다 어디 있었니?
  –시내요
- 월요일은 어디 있었니?
  –빵집에서 (빵)을 사요.
- 화요일은 어디 있었니?
  –수영장에서 (수영)을 해요.
- 수요일은 어디 있었니?
  –극장에서 (영화)를 봐요.
- 목요일은 어디 있었니?
  –체육관에서 (운동)을 배워요.

• 금요일은 어디 있었니?

–장난감가게에서 (장난감)을 사요.

• 토요일은 어디 있었니?

–공원에서 (산책)을 해요.

• 일요일은 어디 있었니?

–놀이터에서 (친구랑) 놀아요.

아기토끼를 도와줘(김현좌 | 베틀북)

1) 동화를 들려준다. 2) 동화내용을 회상한다.

이야기 나누기 talk

• 마녀가 토끼에게 무엇을 했나요?

–못된 마법을 걸었어요.

• 언제 했나요?

–아침요.

• 어떻게 변했나요?

–자그마한 입, 몽실몽실한 꼬리, 통통한 발로 변했어요.

• 마녀가 무어라고 말했나요?

–세 가지 일을 해야지만 마법에서 풀려날 수 있대요.

• 첫 번째는 어떤 일이었나요?

–은행나무에 있는 은행을 점심까지 모두 따라고 했어요.

• 누구를 만났나요?

–원숭이요.

• 원숭이가 어떻게 도와주었나요?

–나뭇가지를 흔들어 은행을 떨어뜨리게 했어요.

• 마녀가 또 무엇을 시켰나요?

–저녁 때까지 땅을 모두 갈도록 했어요.

- 누구를 만나 어떻게 되었나요?
  -두더지가 앞발로 땅을 파 주었어요.
- 저녁 때 마녀가 또 무슨 일을 시켰나요?
  -들판에 떨어진 쌀알을 모두 주워 놓으라고 했어요.
- 마녀가 아침이 오지 못하게 누구에게 어떻게 했나요?
  -수탉을 만나 꿀 엿을 주었어요.
  그래서 입이 딱 달라 붙여서 아무 말도 할 수가 없었어요.
- 누가 와서 어떻게 도와주었나요?
  -생쥐들이 쌀알을 물어 왔어요.
- 수탉이 울고 아침이 되어서 토끼는 어떻게 변했나요?
  -예쁜 토끼가 되었어요.
- 마녀는 어떻게 변했나요?
  -원숭이 꼬리에, 두더지 입에, 오리 발을 하고 있어요.

시계

-돌림놀래-

나운영 작곡

시계

1. 영역 : 시간감각의 변별
2. 연령 : 5세 이상
3. 교구 : 모래시계, 해시계, 초시계, 태엽시계, 모형시계 등

- 여러 종류의 시계로 시간이 흐른다는 것을 감각적으로 경험하게 한다.
- 두루마리 종이를 준비해서 등원하는 아동의 순서대로 종이에 막대 표시를 하게 한다.

4. 제시 방법 :

제시 I : 하루의 소개

1) 1 ~ 12까지를 일정한 간격으로 표시해 둔 두루마리 종이를 교실벽에 붙혀 두고, 등원 시간을 9시에 표시해 둔다.
2) 다음 날도 9시에 등원시간을 표시하고, "어제와 똑같은 시간에 왔어요."라고 말한다.
   "우리는 이것을 하루가 지났다고 해요."
3) "오늘 몇 시에 아침을 먹었지요?", "7시에 빵을 먹었어요."
   어제는 "몇 시에 아침을 먹었지요?"
   "7시에 밥을 먹었어요."
   "하루가 지났네요. 어제 아침을 먹고, 오늘 아침을 먹을 때까지 어떤 일이 있었지요?", "자고 일어나서 밥을 먹었어요.", "우리는 잠을 잔 시간을 / 밤 시간 / 잠을 자지 않고 유치원에 왔을 때를 낮 시간이라고 해요."
   하루에는 낮과 밤이 있다는 것을 말한다.

제시 Ⅱ : 그림카드로 밤과 낮 시간 분류하기

제시 Ⅲ : 시계모형 소개하기

<실제 시계와 모형시계>

1) 실제의 시계를 모형시계 왼편에 옮겨놓는다.
2) "이 모형시계는 우리가 시간을 연습하기 위해 특별히 만들어 놓은 시계란다."라고 말해준다.
   "시계에는 어떤 것들이 있니?"
   "시계에 있는 숫자는 무엇일까?"
3) 유아에게 모형시계의 시간을 나타내는 1의 숫자 알을 집어 실제 시계의 1의 위치와 같은 곳에 끼우도록 권유한다.
4) 12까지 다 끼워 보도록 한다.
5) "시계 바늘은 어느 쪽으로 움직일까?" 시계의 바늘을 돌리면서, "어제 몇 시에 일어나서 밥을 먹었나요?", "7시"
   바늘을 돌리면서 7시를 만들어서 유아에게 보여준다.
   동일한 방법으로 유아에게 질문하고 시간을 만들어 보여준다.

제시 Ⅳ : 시간 소개하기

<분 소개하기>

• 분을 먼저 소개한다.

1) "작은 바늘이 한 시간을 갈 때 긴 바늘은 부지런해서 한 바퀴를 돌아요. 긴바늘이 한 바퀴를 돌면 몇 분일까요?"라고 묻는다.
2) 긴바늘이 하나가 가면 "1분."이라고 세고, 한 칸을 가면 "5분."이라고 말한다.
3) 5의 구슬 12개를 준비하고, 5의 구슬 1개를 12시와 1시 사이에 놓고, 긴

바늘을 천천히 돌린다. 12까지 세면서 5의 구슬을 놓는다.

4) 다 놓여진 5의 구슬을 계산한다.
"5, 10, 15, 20, 25, 30, ~ 55, 60."
"1시간은 60분이 됩니다."
5) 30분을 소개한다.
"30분을 놓아보겠니?"라고 권유한다.
6) 시계로 반을 만들어 유아에게 보여주면서 가르쳐 준다.
7) 1시 반, 2시 반, 3시 반
8) 스템프 시계 연습을 한다.

<바늘 소개(정각 소개)>

1) 작은 바늘과 큰 바늘을 움직이면서, "작은 바늘은 시간을 가르키고, 큰 바늘은 분을 가르킵니다. 작은 바늘이 1시간(1칸)을 가려면 큰 바늘은 60분(1바퀴)을 돌아야 합니다."라고 말해 준다.
2) 유아에게 정각을 만들어 보게 한다.
3) 스탬프로 시계 연습을 한다.
4) 스탬프로 시계를 찍어 정각을 만들어 보게 한다.

5. 흥미점 :
   1) 시계 바늘이 움직인다.
   2) 긴 바늘과 짧은 바늘의 관계에 대해 알아본다.
6. 직접 목적 :
   1) 하루가 24시간이라는 것을 안다.
   2) 시간에 대한 기본 개념을 안다.
   3) 1에서 12까지 수에 대해 안다.
   4) 시계 보는 것을 안다.

간접 목적 :

1) 시간의 측정 단위를 알고 시계를 사용한다.

7. 오류의 통제 : 시계를 읽지 못한다.

8. 변형 및 응용 :

1) 손목시계를 만든다.
2) 농촌의 하루 생활을 알아본다.
3) 도시의 하루 생활을 알아본다.
4) 시계도장을 준비한다.
5) 시간 소책자를 만든다.

9. 언어 :

하루, 낮시간, 밤시간, 낮과 밤, 시계 1~24시, 5~60분, 1시간, 작은 바늘, 큰 바늘, 정각

10. 비고 :

1) 일상생활 속에서 자연스럽게 시간과 연결시켜서 물어본다. 예를 들면 활동을 마친 시간을 이야기해 주어서 유아들이 시계를 보고 행동할 수 있도록 유도한다.
2) 교사는 하루일과와 관련된 활동을 제공하여 시간의 간격을 이해시킬 수 있다.

6 패 턴

패턴은 사물이나 사건의 양상이 일정한 규칙성을 지니고 반복되는 것을 말한다. 패턴에 대한 지각은 규칙성을 의식하는 행동으로서 기본적인 인지적 기술이며, 추상화와 일반화를 할 수 있는 능력의 토대가 된다(Lovell, 1961). 규칙성에 대한 이해는 문제 해결력 및 논리·수학적 지식 획득의 기초가 되는 유아 수학교육의 중요한 내용이다(Clements, 2004). 수 체계에서 나타나는 질서와 구조는 패턴에 의해서 이루어진다.

기하는 시각적 패턴, 함수 관계는 경사와 속도, 무게와 거리의 관계에서 나타나는 규칙성과 일반화가 가능한 패턴을 경험함으로써 문제를 해결하고 예측하는 도구로서 유아의 수학적 발달에 영향을 준다.

4세 유아는 단순한 패턴을 인식하고 5세 유아는 패턴 이어가기, 패턴 끼워 넣기, 패턴 전이하기, 패턴 만들기등을 할 수 있다.

패턴에는 순서가 반복되는 반복패턴과 예측 가능한 방향으로 증가 변화하는 성장패턴이 있다.

신체를 이용한 운동적 패턴과 소리를 이용한 청각적 패턴, 물체나 그림을 이용한 시각적 패턴(유지연, 2002)이 있다.

운동적 패턴은 자신의 신체를 이용하여 동작을 반복하면서 규칙성을 만드는 것이며, 청각적 패턴은 박수치기, 발 구르기 등 여러 가지 소리를 규칙적으로 만들어 내는 것, 시각적 패턴은 물체나 그림을 규칙적인 순서로 표현하는 것을 말한다.

패턴지도 방법

① 기본 규칙성을 모방하고 반복한다.
② 규칙성을 예측하게 한다.
③ 기본 규칙성을 변형시킨다.
④ 하나의 규칙성을 다양한 형태로 나타낸다.
⑤ 유아가 구성한 규칙성을 관찰하고, 준거를 말로 표현한다.

구슬 끼우기

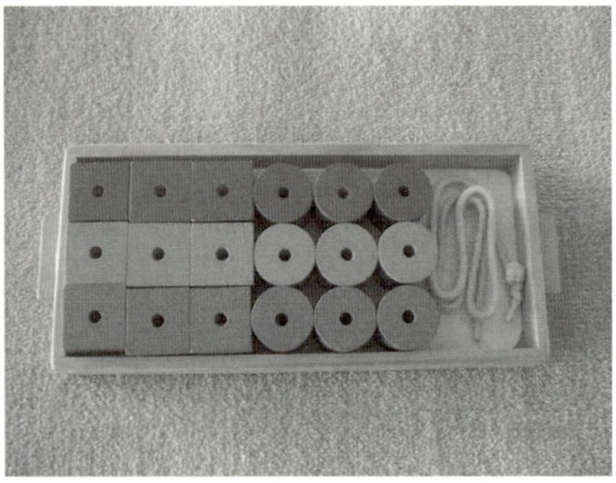

1. 대상 연령 : 2.5세 이상
2. 선행 학습 : 소근육 활동들
3. 교　　구 : 구멍이 있는 구슬들, 구슬의 구멍 크기에 맞는 끈 쟁반 또는 바구니
4. 제시 방법 : 개별 또는 소그룹 제시

1) 교구를 활동할 장소로 옮긴다.
2) 교구를 소개한다.
   "어떤 모양이 있니? 가운데 구멍이 있구나. 무엇을 할 수 있을까? 오늘은 구슬 목걸이를 만들어 보자."
3) 구슬 끈을 집어 일직선으로 놓는다(끈 매듭 부분이 오른쪽에 가도록 한다).
4) 오른손으로 끈을 잡고 왼손으로 구슬을 꺼내 구멍을 본다.
5) 끈에 구슬을 끼운다.
6) 구슬을 잡아 줄 매듭까지 옮긴다.
7) 동일한 방법으로 반복한다.
8) 교사는 "구슬을 빼보자."라고 말한다.
9) 맨 앞에 있는 구슬부터 한 개씩 뺀다.
10) 뺀 구슬은 바구니에 담는다.

11) 다양한 패턴을 만들어 본다.
"어떤 방법의 패턴을 만들 수 있을까?"
"다음에는 어떤 모양이 올 것 같니?"
규칙성 있게 구슬을 끼운다.
"어떤 규칙을 발견할 수 있을까?"
"어떤 색(모양)이 어떻게 들어가 있니?"
12) 구슬을 빼서 정리하고 끈 중앙을 왼손 검지로 누르고 반으로 접고 다시 반으로 접은 후 정리한다.

5. 흥미점 :
   1) 구슬의 색깔과 모양을 본다.
   2) 구슬을 구멍에 맞추어 끼운다.
6. 오류의 통제 :
   1) 구슬이 끼워지지 않는다.
   2) 구슬이 끈에 남아 있다.
   3) 구슬이 규칙적으로 끼워져 있지 않다.
7. 직접 목적 :
   1) 구슬 끼우기를 배운다.
   2) 일정한 규칙성을 이해하고 예측할 수 있다.
   3) 창의적인 규칙성을 구성할 수 있다.
   간접 목적 : 질서감, 독립심, 협응력, 집중력
8. 변형 및 응용 :
   1) 다양한 크기, 형태, 색깔의 구슬 끼우기를 한다.
   2) 고리 끼우기, 벨트 고리 끼우기를 한다.
   3) 동화책 소개 - 빨간끈, 초록끈(케이유니버스)
9. 언어 : 구슬, 끼우다, 구멍, 끈, 규칙성, 패턴

10. 비고 :

어린 유아에게는 지침판 위에 구슬을 먼저 올려놓아 본 후 구슬을 끼우게 한다.

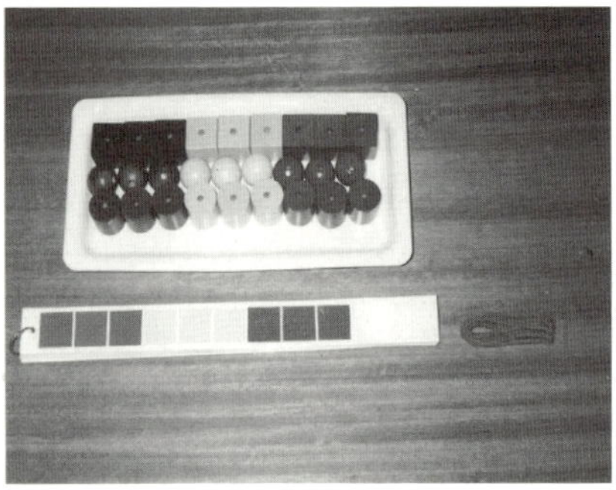

※ 연령이 어린 유아에게는 지침판을 사용한다.

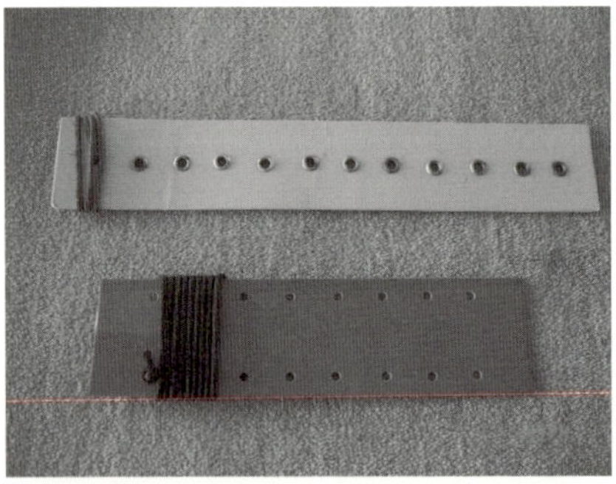

스티커 붙이기

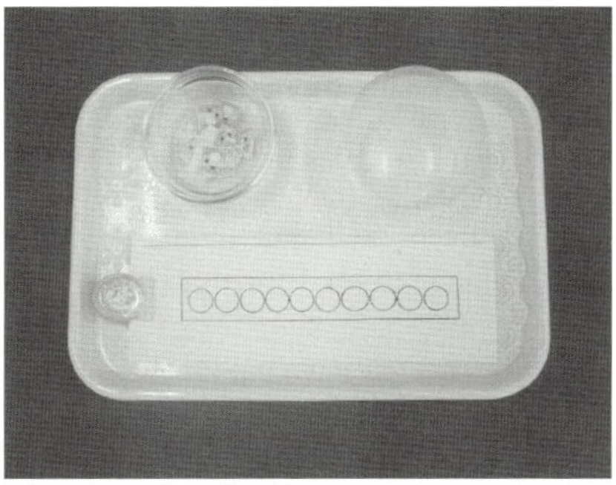

1. 대상 연령 : 2.5세 이상
2. 선행 학습 : 소근육 활동들
3. 교　　구 : 스티커(원의 크기와 같다), 스티커 담을 용기 2개, 10개의 원이 그려진 종이
4. 제시 방법 : 개별 또는 소그룹 제시

제시 Ⅰ : 스티커 붙이기

1) 교구를 활동할 장소로 옮긴다.
2) 교구를 소개한다.
   "무엇이 있니?" 스티커와 ◯ 모양이 그려진 종이로 무엇을 할 수 있을까? 오늘은 스티커 붙이기를 해 보자."
3) 종이를 책상에 놓는다.
4) 스티커를 가지고 와서 스티커의 그림을 본다.
5) 스티커를 뗀다(오른손으로 스티커를 떼고 껍질을 용기에 담는다).
6) 붙일 원을 본 후 스티커 그림을 바르게 붙이고 엄지손가락으로 스티커를 꾹 눌러준다.
7) 날짜와 이름을 기록한다.

제시 방법 Ⅱ : 스티커 패턴 만들기

1) 다양한 패턴을 만들고 완성해 본다.
   다른 2개의 스티커의 모양(색)을 가지고 패턴을 만들어 본다.
2) "어떤 방법의 패턴을 만들 수 있을까?"
   "어떤 색(모양)이 규칙적으로 들어 있니?"
   "이 다음에는 어떤 색(모양)이 올 것 같니?"
   "또 다른 방법을 생각할 수 있니?"

5. 흥미점 : 원 안에 정확하게 붙인다.
6. 오류의 통제 :
   1) 원을 벗어나서 스티커를 붙인다.
   2) 스티커가 규칙적으로 부쳐 있지 않다.
7. 직접 목적 :
   1) 스티커를 붙인다.
   2) 일정한 규칙성을 이해하고 예측할 수 있다.
   3) 창의적인 규칙성을 구성할 수 있다.

   간접 목적 :
   1) 질서감, 독립심, 협응력, 집중력
   2) 수학의 준비(십진법 체계)
8. 변형 및 응용 :
   1) 스티커 종류를 늘려준다.
   2) 45개의 네모 칸 종이를 준비해 준다.
   3) 실생활에 적용한다(출석카드, 숫자와 바둑알의 연습 과정).
   4) 색종이 풀칠하기의 패턴을 한다.
9. 언어 : 스티커, 뗀다, 붙인다, 패턴, 규칙성
10. 비고 :
   1) 처음에는 스티커를 정확하게 붙이기 위해 종류를 1개로 제시하고

패턴 활동을 돕기 위해서는 2~3개 종류의 스티커를 준비해 준다.

2) 여러 가지 패턴으로 만들어 보고 말로 표현해 보게 한다.

3) 여러 가지 재료를 이용하여 계속 변화시킨다.

직조 짜기

1. 대상 연령 : 3.5세 이상
2. 선행 학습 : 소근육 활동들
3. 교　　구 : 사각형 종이의 틀, 색지
4. 제시 방법 : 개별 또는 소그룹 제시

제시 Ⅰ : 색조 직조짜기

1) 교구를 활동할 장소로 옮긴다.
2) 활동명을 알려준다.
   "이 색지로 무엇을 할 수 있을까?"
   "직조 짜기를 해 보자."
3) 칼로 선을 그어 놓은 모양 틀 종이를 준비한다.
4) 준비된 색지를 이용해 직조 짜기를 한다(색종이를 위, 아래로 넣어가며 반복한다).

제시 Ⅱ : 색지 패턴만들기

1) 2가지 색지를 이용해 패턴을 만들어 본다.
2) 재질 혹은 색으로 규칙성을 만들어 본다.
   "더 예쁘게 만드는 방법은 없을까?"

"규칙을 정해서 만들면 어떨까?"
"어떻게 할래?"
3) 순서에 맞게 직조 짜기로 규칙성을 한다.
4) "색지가 어떻게 끼워져 있니?"
"다음에 어떤 색을 끼울까?"
"그 다음에는 어떤 색이 올까?"
"어떤 규칙을 발견할 수 있니?"
"또 다른 방법을 생각할 수 있니?"

5. 흥미점 :
   1) 칼로 그어진 선을 따라 직조를 짠다.
   2) 색지가 그어진 선 안으로 들어가는 것과 나오는 것을 본다.
6. 오류의 통제 :
   1) 색지가 그어진 선에 잘 들어가지 않는다.
   2) 색지가 규칙적으로 끼워져 있지 않다.
7. 직접 목적 :
   1) 직조 짜기를 한다.
   2) 일정한 규칙성을 이해하고 예측할 수 있다.
   3) 창의적인 규칙성을 구성할 수 있다.

   간접 목적 : 독립심, 질서감, 집중력, 협응력
8. 변형 및 응용 :
   1) 종이 이외의 다양한 도구를 이용한 직조 패턴 짜기를 한다.
   2) 석쇠 판을 이용해 끈으로 직조 패턴 짜기를 한다.
   3) 바느질하기를 통해 패턴을 구성한다.
9. 언어 : 직조 짜기, 석쇠 판, 끈, 패턴, 규칙성
10. 비고 : 처음에는 색지를 바르게 끼워 놓는 것으로 시도한다. 점차적으로 색이 다른 색지 2장을 가지고 규칙적으로 변화하는 순서 패턴으로 진행하다가 색지의 폭을 좁게 한다.

7 통계와 확률

통계는 우리 주위의 세계를 수를 사용해서 기술하고 해석하여 문제 해결을 하는 도구이다(NCTM, 1989). 통계 자료의 방법으로서의 그래프는 다양한 정보를 조직하고 기록하여 문제 해결력과 논리적·확률적 사고를 통해 수학적 기술을 습득하게 된다.

통계와 확률 지도방법

① 어떤 자료를 어떻게 수집 할 것인지 생각한다.
② 수집한 자료를 기록하는 방법에 대해 결정한다(그림그래프, 실물그래프, 상징그래프, 막대그래프, 다이어그램, 꺾은선 그래프).
③ 공통된 속성에 따라 다양한 방법으로 분류해 본다.
④ 그래프 형식으로 나타낸다.
⑤ 그래프를 보고, 결과를 해석하고, 다른 상황에서의 적용 가능성을 예측해 본다.

그래프 놀이(로렌 리디 | 미래아이 - 미래M&B)

1) 동화를 들려준다. 2) 동화내용을 회상한다.

이야기 나누기 talk - 왕눈이는

• 친구들이 진흙을 좋아하는지(예, 아니요)를 가로로 부쳐서 그래프를 그리고 있어요.
• 내 친구가 좋아하는 과일파이를 피자 모양으로 색깔을 분류해서 그래프를 그리고 있어요.
• 누구의 발이 가장 긴지 발을 찍어서 인치로 나타내고 있어요.
• 내 친구들이 사는 곳을 벤다이어그램으로 나타내고 있어요.
• 그래프 그리기 시합을 하기로 했어요.

- 수학적인지, 창의적인지, 적절한지 따져보고 점수를 매기기로 했어요.
- 매끈매끈한 돌과 울퉁불퉁한 돌 중 어느 것이 더 많을까?
  - 사각형 두개를 그려서 한쪽에는 매끈한 돌, 다른 쪽에는 울퉁불퉁한 돌을 놓아야지.
- 초코릿 과자, 땅콩과자, 설탕과자 중 어느 것이 더 많은지 막대 그래프처럼 쌓아 보았어요.
- 수영복을 가지고 그래프를 그리기로 했어요.
- 꽃무늬 수영복, 벌레무늬 수영복, 꽃무늬와 벌레무늬 둘 다 들어있는 수영복을 벤다이어그램으로 그렸어요.
- 어떤 색의 나비가 가장 많은지 색깔과 원모양으로 나타냈어요.
- 알이 부화되어 태어난 동물들을 하나씩 그려 파충류의 뱀과 거북, 새로 나누어 수평막대 그래프로 그림그래프로 나타냈어요.
- 파충류와 새들 중 어느 쪽이 많이 부화했을까?
- 꽃시장에서 새로 산 꽃으로 뭘 할까를 설문조사를 했어요.
- 꽃을 산 동물의 수에 키운다. 선물한다. 먹는다를 나누어서 막대그래프를 그렸어요.

궁금한 게 많은 악어 임금님(이지연 | 아이세움)

1) 동화를 들려준다. 2) 동화내용을 회상한다.

이야기 나누기 talk

- 이야기 속에 누가 나왔나요?
- 열매가 몇 개가 달렸는지 궁금했던 악어 임금님은 무엇을 만들었나요?
- 우리 친구들도 악어 임금님처럼 우리 교실에 있는 ○○는 몇 개인지 그래프를 만들어 볼까요?

배고픈 애벌레(에릭 칼 | 더큰 - 몬테소리CM)

1) 동화를 들려준다. 2) 동화내용을 회상한다.

이야기 나누기 talk

- 이야기 속에 누가 나왔나요?
- 배고픈 애벌레가 먹은 것은 무엇이 있었나요?
- 일주일 동안 먹은 것을 그래프로 만들어 볼 수 있을까요?
- 우리 친구들이 일주일 동안 먹은 음식은 무엇이 있나요?
- 우리 친구들이 일주일 동안 먹은 음식을 그래프로 나타내 볼까요?

누구 꼬리가 더 길까?(박선우 | 랜덤 하우스 코리아)

1) 동화를 들려준다. 2) 동화내용을 회상한다.

이야기 나누기 talk

- 이야기 속에 누가 나왔나요?
- 아기 도마뱀은 무엇을 찾아 다녔나요?
- 악어아저씨의 꼬리와 아기 도마뱀 중에서 누가 더 꼬리가 길까?
- 아기 도마뱀보다 긴 꼬리를 가진 동물은 무엇이 있을까? / 짧은 꼬리를 가진 동물은 무엇이 있을까?
- 우리 교실에서 가장 긴 교구는 무엇인지 찾아보자 / 가장 길이가 짧은 교구는 무엇인지 찾아보자

수학은 재밌어 2 - 누구 발에 맞을까?(이소라 | 비룡소)

1) 동화를 들려준다. 2) 동화내용을 회상한다.

이야기 나누기 talk

- 이야기 속에 누가 나왔나요?
- 누구의 발이 가장 컸을까? / 누구의 발이 가장 작았을까?
- 누구의 발이 가장 길었을까? / 누구의 발이 짧았을까?
- 우리 반 친구들 중에서 가장 발이 큰 친구를 찾아볼까?
- 우리 반 친구들 중에서 가장 발이 작은 친구를 찾아볼까?

6

유아 수학교육의 평가

평가란 교육과정 및 프로그램의 적절성과 교수-학습 과정의 성취 정도를 알아보는 것이다.

유아에 대한 평가는 유아가 무엇을 할 수 있는지, 어떻게 행동하는지에 관심을 두고 유아의 발달과 학습에서의 성취와 진보에 대한 증거를 수집하기 위해 관찰하고 기록하는 것이다(Fleege, 1997).

유아 수학교육 평가는 수학교육에 대한 계획과 실행 조정이 효과적으로 이루어지는 계속적인 과정이다(Shaw & Blake, 1998).

1 유아 수학교육 평가의 목적

전통적인 관점에서 수학교육의 평가는 발달적 준비도 검사와 표준화된 검사의 성취도 평가로 사용된 '결과 중심의 평가'(Copley, 1997; Kennedy & Tipps, 200)이다. 하지만 현재에는 유아의 발달에 적합하며 수행과정에 기초한 평가를 적용해야 한다(NAEYC & NCTM, 2002)는 '과정 중심의 평가'로 설정하고 있다.

수학교육의 목적은 수학적 지식과 수학적 과정기술, 태도를 평가할 수 있어야 하며, 수학 내용지식도 내용별로 균형있게 이루어져야 한다.

수학교육의 평가는 유아의 성취 및 진보 정도와 수학교육 프로그램을 활용하고자 하는 데 목적이 있다.

NCTM(1991)은 유아 수학교육에서의 평가의 목적은 다음과 같다.

첫째, 유아의 진보에 대한 자료를 수집한다. 유아가 수학 학습에 있어서 어느 정도 도달해 있는지를 결정하는 근거로 삼는다.

둘째, 교사의 교수에 관한 결정을 돕는다. 교사의 질 높은 학습을 제공하기 위함이다.

셋째, 유아의 성취를 평가하고 의사소통을 위한 자료로 활용한다.

넷째, 유아 수학교육 프로그램의 결과 효율성을 알아보기 위한 목적을 가진다.

다섯째, 교사 자신의 수행에 대한 정보를 제공하여 수업기술에 대한 반성 및 전문성을 개선하도록 돕는다.

NCTM은 이와 같은 평가를 위해 고려하여야 할 사항을 다음과 같이 제시하였다.

첫째, 평가는 학습의 방향을 안내할 수 있어야 한다.

둘째, 평가는 수학 학습을 고양시켜야 한다.

평가의 과정을 통해 유아는 자신이 알고 있는 것을 증명하고 강화를 받아 수학 학습에 기여해야 한다.

셋째, 평가는 평등성을 가져야 한다.

각 유아에게 수학적 힘을 증명할 동등한 기회를 제공해야 한다.

넷째, 평가는 개방된 과정이어야 한다.

부모 및 다른 관계자에게 어떤 것을 어떤 방법으로 평가할 것인지, 평가 결과에 대해서 알려야 한다.

다섯째, 평가는 관찰, 인터뷰, 문제 해결 상황 및 포트폴리오 등 다양한 평가 자료를 근거로 이루어져야 한다.

여섯째, 교육과정의 교육목표, 교육내용과 일관성을 가져야 한다.

2 평가의 방법

교사는 정보를 수집하기 위해 일화기록, 체크리스트, 평정척도법 등을 이용한 관찰법, 표준화검사, 교사가 제작한 도구검사법, 포트폴리오 평가 등을 통합적으로 사용할 수 있다.

1) 관찰법

교사는 유아들의 일상적인 활동을 관찰하여 유아의 성장과 진보에 대한 증거자료를 기록한다. 자유선택 활동 시간, 간식 시간, 소집단 활동시간 등을 이용하여 하루에 6~7명 정도 유아를 관찰하는 것이 좋다.

이때 교사는 무엇을 관찰할 것인지 목표를 분명히 해야 한다.

유아의 수학적 태도를 관찰하고자 한다면, 유아가 수학활동에 참여하는 시간과 참여할 때의 정의적 태도 등을 관찰할 수 있다.

평가의 목적에 따라 일화기록법, 평정척도, 행동목록 등으로 교사의 적절한 방법을 결정할 수 있다.

(1) 일화기록

유아의 일상생활에서 일어난 일에 대해 사건이나 행동을 중심으로 사실적으로 기록하는 방법이다.

특정행동이나 상황에 초점을 맞추어 언제, 어디서, 어떻게 일어났으며 그 상황에서 유아가 어떤 말과 행동을 했는지를 객관적이고 사실적으로 기록하는 것이다. 활동 상황 중에는 기록하기가 어려우므로 사건의 핵심, 대화, 주변 상황적 맥락 등을 적어 두었다가 일과 후 구체적으로 기록하는 것이 좋다.

(2) 체크리스트

관찰하고자 하는 내용을 사전에 목록으로 만들어 놓고 특정한 행동과 사건의 출현여부를 체크하는 방법이다. 정해진 목록에 따라 '예', '아니요'로 기록하는 것으로 관찰자가 쉽게 사용할 수 있는 반면 유아 행동의 자연 발생적인 맥락과 행동의 이면을 소홀히 할 수 있는 단점이 있어 Beyer(1993)는 어느 정도 수행하는지를 알려 주는 수행지표를 활용할 것을 제안하였다.

(3) 평정척도

유아의 행동 및 특성의 정도를 몇 단계로 나누어 평가하는 것으로 간접 관찰 방법이다.

2) 면담법

교사가 유아와의 상호작용을 통해 여러 가지 자료를 수집하는 방법이다. 교사가 알아보고자 하는 내용을 정하여 이루어 질 수도 있고 자연스러운 일상의 상황에서 이루어지기도 한다. 교사는 유아와 친밀감을 먼저 형성하여 면담 도중 유아의 반응을 기초로 질문을 수정할 수 있어야 한다.

최근에는 놀이를 하는 과정에서 비형식적 방법으로 유아의 수학적 지식이나 과정기술, 태도를 평가할 것을 강조하고 있다.

3) 검사법

표준화 검사와 평가의 목적과 내용에 따라 교사가 직접 제작한 교사제작 검사가 있다.

(1) 객관적 검사도구

표준화 검사는 특정 수학적 내용이나 수학적 기술에 대한 유아의 성취도를 표준화된 검사 방법으로 측정하는 것을 말한다.

유아가 무엇을 알고 있으며, 무엇을 알지 못하는가 하는 것으로 유아의 능력을 쉽게 규정지을 수 있다.

학습활동의 시작 혹은 다음단계의 이행 등 유아의 수학적 이행상태를 파악하는데 적용하거나 다른 평가와 병행하여 사용한다.

(2) 교사 제작 검사

4) 포트폴리오

유아의 수학 학습에 대한 태도와 학습 능력의 진전을 증거하기 위한 그림, 그래프, 쓰기 등의 수학 관련 작품, 수행결과, 사건, 비디오, 오디오자료 등을 시간의 흐름에 따라 조직적으로 모아놓고 교사가 설명을 기록해 놓은 것이다(권영례 외 1998; 류진희, 2000).

포트폴리오는 유아의 작품을 모으는 것이 아니라 유아들의 수행에 있어서의 진보를 확인하기 위한 목적을 갖고 체계적으로 작품을 수집하는 것으로 자기 평가 과정을 포함하며, 교사의 교육과정운영에 중요한 역할을 한다.

포트폴리오 평가는 유아의 실제 수행을 보여주는 참 평가로 널리 사용되고 있다.

Reference 참고문헌

교육과학기술부, 보건복지부(2013), 3-5세 연령별 누리과정: 해설서. 교육과학기술부, 보건복지부.
교육인적 자원부(2007). 유치원 교육 과정. 서울: 교육인적 자원부.
곽노의 · 이명환(2001). 프뢰벨과 몬테소리. 밝은누리.
구경선(2001). 몬테소리 사상과 실제. 교육아카데미.
권영례(1997). 유아수학교육. 서울: 학지사.
권영례(2003). 유아수학교육. 서울: 양서원.
권영례(2010). 유아수학교육. 경기도: 양서원.
김순옥(1999). 유치원 교육과정과 새로운 몬테소리 교육 접근법.
김영선(1995). 몬테소리 유아교육. 서울: 학지사.
김정환 역(1992). 몬테소리 유아교육 첫걸음. 서울: 서원.
김숙령(2000). 유아수학교육. 서울: 학지사.
김숙령(2001). 유아수학교육. 학지사.
나귀옥, 김경희(2012). 문제해결력을 기르기 위한 유아 수학교육. 서울: 학지사.
문연심(2009). 통합적 접근에 기초한 영유아 수학교육. 경기도: 양서원.
박경희 · 이성숙 공저(2003). 몬테소리 교육. 정민사.
박성은(2001). 몬테소리 유아교육의 철학적 이론과 실제. 창지사.
박석돈(1997). 몬테소리 치료교육에 관한 고찰. 몬테소리교육연구 제2집.
송미령 외(1992). 몬테소리 교육 대 전집(수 교육). 프뢰벨사.
신화식(1996). 몬테소리 교육의 이론과 실제. 서울: 양서원.
신화식 · 김헌수(1992). 몬테소리 교육 모형. 서울: 양서원.
신화식(2003). 몬테소리 교육의 이론과 실제. 양서원.
신화식(2007). 개별화 교육을 위한 몬테소리 이론과 실제. 양서원.
심성경 외(1998). 유아교육 개론. 창지사.
이경우 · 홍혜경, 신은숙, 진명희(1997). 유아수학교육의 이론과 실제. 서울: 창지사.
한국 유아교육 학회. 부산 · 울산 · 경남지회. 2008.1.7.

이상금 · 지경애(1987). 몬테소리 교육 이론과 실천. 교문사.
이순형 외(2011). 유아 수학교육. 서울: 학지사.
이영숙 외(1995). 몬테소리 교육에 대한 현대적 이해. 창지사.
이영숙(2000). 몬테소리, 그 교육의 모든 것. 서울: 창지사.
이정욱, 유연화(2006). 유아수학교육. 정민사.
임승렬 · 김효생(2001). 몬테소리 교육의 이론과 실제. 서울: 양서원.
오금희(1996). 몬테소리의 유아교육. 문음사.
동덕여대 부속유치원(2000). 몬테소리 교육. 다음세대.
장혜순, 문연심, 이봉자(2006). 아동 수 · 과학지도. 형성출판사.
정영혜(1996). 몬테소리 교육의 기본 체제에 관한 연구. 부산여자대학 논문집 제17집.
정영혜 · 이미령(1999). 몬테소리 이론과 실천. 효민사.
정영혜 · 이미령(2000). 엄마! 혼자서 할 수 있도록 도와줘요. 부산: 효민사.
조성자(1996). 몬테소리 교육학. 중앙적성 출판사.
조옥희 · 권영자(1998). 3 · 4 · 5세 유아를 위한 몬테소리 유아교육. 중앙 적성출판사.
최혜진(2003). 유아 수학 능력 검사 개발 연구. 부산대학교 교육대학원 박사논문.
한유미(2009). 유아 수학 교육. 창지사.
허영림(1999). 몬테소리 교구의 이론과 실제. 창지사.
홍혜경(1996). 유아의 수학 활동 과제를 활용한 평가의 적용에 관한 연구, 유아교육연구, 15(2), 173-191.
홍혜경(2001). 유아공간능력의 측정도구개발. 유아교육연구, 21(4), 189-209.
홍혜경(2009). 유아 수학능력 발달과 교육. 양서원.
황의명 · 조형숙 · 서동미(2009). 유아 수학교육. 정민사.
林信二郎 編(1981). 現場のための モンテッソ-リ教育の實踐. あすなろ書房.
市丸 成人 · 松本 靜子 編著. モンテッソ-リ教育の理論 と 實踐. エンデル書店.
松本靜子(1995). モンテッソ-リ教育と生きゐ. 學苑社.
クラウス·ル-メル(1993). モンテッソ-リ教育の道. 學苑社.
野村綠(1995). あかあさんのモンテッソ-リ. サソパウロ.
Association Montessori Internationale. Maria Montessori, A Centenary Anthology. Amsterdarm, 1970.
Ball, T. S(1976). Itard, Seguin and Kephart, 金子孫市역. 日本教育經營協會.
Burger, B(1978). Researching Dottoressea Montessori. The American Montessori Society Buletin, 6(1).

Corfsdco, F.(1976). A brief history of education. Boston: Houghton Mifflin Co.

Dennison, George. The Lives of Children. New York : Random House, 1969.

Erikson, Erik H. Childhood and Society. New York : W. W. Norton, 1940.

Evans, D. C.(1975). Contemporary influences in early childhood education. New York: Holt Rinehart & Winston.

Gettman, D.(1987). Learning activities for under five. New York: St. Martin's Press.

Haintock, E.(1978). The essential Montessori. Ontario: The New American Library.

Harlow, H. F. "Mice, Monkeys, Men and Motives," Psychology Review, LX(1953), 23-32.

Hebb, Donald O. "Drives and Norman Haber, PP. 267-78. New York : Holt, Rinehart & Qinstion, 1966.

Hunt, J. McV.(1964). The Epigenesis of Motivation and Early Cognitive Learning. In Current Research in Motivation Ed. RN, Haber, pp355-370. New York : Holt, Rinehalt & Winston, 1966.

Itard, Jean. Wild Boy of Aveyron. New York : Appleton - Century - Crofts, 1962.

Itard, J. M. G(1978). The wild Boy of Aveyron, 김정권역, 아베롱의 야생소년 - 감각 교육위 원리, 자행회.

Kilpatrick, William. The Montessori System Examined. Boston : Houghton Mifflin, 1914.

Kramer, R.(1983). Maria Montessori: A biography. Chicago: University of Chicago Press.

Lillard, P. P.(1972). A modern approach. New York : Schocken Books, Inc.

Montessori, M.(1975). Childhood education. New York: Meridian Co.(1973). The absorbent mind. Translated by C. A. Claremont. Madras : Kalakshetra Publication Press.(1973).

Montessori, M.(1955). Childhood Educqtion. Trans, AM, Joosten, New York : A Meridian Book, New American Library, Inc.

Montessori, M.(1964). The Montessori Method. Trans, AE, George, New York : Schocken Books, Inc.

Montessori, M.(1965). Spontaneous Activity in Education, Trans, F, Simmonds, New York : Schocken Books, Inc.

Montessori, M.(1966). The Secret of Childhood. Trans, SJ, Joseph Cstelloe, New York : Ballantine Books, Inc.

Montessori, M.(1967). The Absorbent Mind. Trans, A, Claude Claremont, New York :

Holt, Rinehart & Winstion, Inc.

Montessori, M.(1967). The Discovery of the Child, Trans, SJ, Joseph Cstelloe, New York : Fides Publishers, Inc.

Seguin, Edouard. Idiocy and Its Treatment. Albany, N. Y. : Press of Brandow Printing Co. 1907.

Standing, E. M.(1962). Maria Montessori. Her Life and Work. New York : A Mentor Book from New American Library of World Literature, Inc.

부 록

〈유아 수학동화 목록〉

수학적 요소	동 화 명	출 처	
분류하기	가장 멋진 선물	베틀북	78
	생글이가 이겼어요	지식더미	78
순서짓기	커다란 순무	시공 주니어	87
	낮잠 자는 집	보림	97
	옛날 옛날에 파리 한 마리를 꿀꺽 삼킨 할머니가 살았는데요	베틀북	113
	요셉의 작고 낡은 오버코트가	베틀북	120
수 세기	숫자가 사라졌어요	웅진주니어	137
	곰돌이의 생일잔치	아이세움	138
	잘잘잘 123	사계절	154
	숫자야 어디 있니?	뜨인돌 어린이	166
	난 뭐든지 셀 수 있어	예꿈	167
	1부터 10까지	비룡소	168
	브라이언 와일드스미스의 숫자책	웅진주니어	169
	발타자의 산책	청어람 미디어	173
수의 연산	많아지고 적어지고	랜덤 하우스 코리아	219
부분과 전체	뭐가 들었지?	비룡소	285
	배고픈 개미 100마리가 발발발	보물창고	285
	펭귄 365	보림	286
	누구 그림자일까?	보림	289
	누굴까, 누굴까	베틀북	290

수학적 요소	동 화 명	출 처	
기하 – 공간	누가 숨겼지?	비룡소	312
	보물상자를 찾아서	베틀북	313
기하 – 도형	알록달록 동물원	시공 주니어	343
	달라서 좋아요	대교출판	344
	모양들이 병이 났어요	세상 모든 책	352
측 정	호순이와 도순이	지식더미	392
	앗! 곰돌이가 발을 다쳤어요	베틀북	394
	두 나무	여원미디어	395
	내가 크면 어떻게 되나요?	중앙출판사	396
	가젤이랑 놀자	키득키득	397
	시간이 뭐예요?	문학동네	424
	너무 늦었어요!	아이세움	426
	시간표로 척척	지식더미	427
	곰돌이는 날마다	여원미디어	428
	아기토끼를 도와줘	베틀북	429
통계와 확률	그래프놀이	미래아이	444
	궁금한 게 많은 악어 임금님	아이세움	445
	배고픈 애벌레	더큰(몬테소리CM)	446
	누구 꼬리가 더 길까?	랜덤 하우스 코리아	446
	수학은 재밌어 2-누구 발에 맞을까?	비룡소	446

〈수 교구 진도표〉

이름 : ____________

수영역		3세		4세		5세	
		제시	이해	제시	이해	제시	이해
분류	분류하기						
	빨래집게 집고 빼기						
순서 짓기	빨간막대						
	분홍탑						
	갈색계단						
	꼭지원기둥						
	색원기둥						
수 세기	마른 것 붓기						
	색물 붓기						
	볼트와 너트						
	열쇠와 자물쇠						
	수막대와 빨간막대의 연결						
안정된 순서의 원리	수막대						
	모래숫자						
	수 나열하기						
기수의 원리	수막대와 수카드						
	셈막대 상자						
	기억 놀이						
	숫자와 바둑알						
	색구슬 세기						
	수만큼 옮기기						
	세강판 1						
	금구슬 1,111의 소개쟁반						
	금구슬 1,111의 수카드						
	금구슬 1,111의 양과 수카드 합치기						

수영역		3세		4세		5세	
		제시	이해	제시	이해	제시	이해
기수의 원리	1,000, 100, 10의 빌딩쟁반 (10의 쟁반)						
	9나열하기						
	45나열하기						
	큰 수 만들기(수합치기)						
	세강판 2						
	100판						
	100의 줄 구슬						
수의 연산	수막대 덧셈(작은 수막대)						
	10의 분석						
	은행놀이-덧셈						
	우표놀이-덧셈						
	색구슬틀 덧셈						
	색구슬에 의한 덧셈						
	덧셈판						
	덧셈의 암산판						
	점놀이						
	은행놀이-곱셈						
	우표놀이-곱셈						
	색구슬틀 곱셈						
	5의 평방구슬						
	곱셈판						
	곱셈의 암산판						
	은행놀이-뺄셈						
	우표놀이-뺄셈						
	색구슬틀 뺄셈						
	뺄셈판						
	뺄셈의 암산판						
부분과 전체	색물 옮겨붓기						
	은행놀이-나눗셈						
	우표놀이-나눗셈						

수영역		3세		4세		5세	
		제시	이해	제시	이해	제시	이해
부분과 전체	나눗셈판						
	나눗셈의 암산판						
	분수봉						
	분수판						
기하 -도형	종이 접기						
	기하입체						
	기하도형 서랍						
	도형겹치기						
	직사각형 상자 1						
	직사각형 상자 2						
	삼각형 상자						
	큰 육각형 상자						
	작은 육각형 상자						
	작은 직사각형 상자						
항식	1항식						
	2항식						
	3항식						
측정	콩 옮기기						
	숟가락으로 쌀 옮기기						
	스펀지로 물 옮기기						
	중량판						
	저울						
	계량컵						
	압력봉						
	온도판						
	온도계						
시간	시계						
패턴	구슬 끼우기						
	스티커붙이기						
	직조 짜기						

저자소개

정영혜

부산 외국어대학교 일본어과 졸업
중앙대학교 교육대학원 교육학 석사(유아교육 전공)
XAVIER UNIVERSITY 몬테소리교육 전공
A.M.S 교사자격(3세~6세 과정)
동아대학교 대학원 교육학 박사(교육방법 전공)
전 부산여자대학교 유아교육과 부교수

저 자
인 지

유아수학교육

-몬테소리교육 응용-

초판 1쇄 발행 / 2011년 8월 25일
초판 5쇄 발행 / 2020년 10월 25일

저 자 / 정 영 혜
발행인 / 이 중 수
발행처 / **동 문 사**

서울특별시 서대문구 홍제동 137-8
Tel : 02)736-3718(대), 736-3710, 3720
Fax : 02)736-3719
등록번호 : 제9-17호
가격 : 21,000원

ISBN : 978-89-8251-495-1(93370)
E-mail : dong736@naver.com
www.dongmunsa.com